延展力

未来职场的创造性重构与自我迭代

[美]凯瑞·维尔叶(Karie Willyerd)
[美]芭芭拉·米斯蒂克(Barbara Mistick) 著
李奇 牛树军 译

中信出版集团|北京

图书在版编目（CIP）数据

延展力：未来职场的创造性重构与自我迭代 /（美）凯瑞·维尔叶，（美）芭芭拉·米斯蒂克著；李奇，牛树军译．—北京：中信出版社，2021.8

书名原文：Stretch: How to Future–Proof Yourself for Tomorrow’s Workplace

ISBN 978-7-5217-2963-4

I. ①延… II. ①凯… ②芭… ③李… ④牛… III. ①职业选择–通俗读物 IV．① C913.2–49

中国版本图书馆 CIP 数据核字（2021）第 140295 号

延展力：未来职场的创造性重构与自我迭代

著者：　[美] 凯瑞·维尔叶　[美] 芭芭拉·米斯蒂克

译者：　李奇　牛树军

出版发行：中信出版集团股份有限公司

（北京市朝阳区惠新东街甲 4 号富盛大厦 2 座　邮编　100029）

承印者：　北京诚信伟业印刷有限公司

开本：787mm×1092mm 1/16　印张：15.75　字数：208 千字
版次：2021 年 8 月第 1 版　印次：2021 年 8 月第 1 次印刷
京权图字：01–2017–3153　书号：ISBN 978–7–5217–2963–4
定价：55.00 元

服务热线：400–600–8099
投稿邮箱：author@citicpub.com

推荐语

在如今快速变化和多世代并存的职场环境下，我们所有人都希望从自身的工作经验中获取更多营养。这本书就你如何感受自己的价值和如何掌控自己的职业提出了具体建议。这是一部能够提振你的精神，甚至改变你人生的著作。

——林赛·波拉克（Lindsey Pollak），《成为老板》（*Becoming the Boss：New Rules for the Next Generation of Leaders*）作者

神经科学研究显示：充满希望和憧憬美好未来能够帮助一个人找到通往理想未来的道路，同时减少压力和不确定性带来的负面影响。通过她们的故事和指导，维尔叶和米斯蒂克将复杂的研究和新兴趋势转变成了一场愉快的旅行。这本书不仅能帮助你做好迎接未来的准备，同时也能帮助你将梦想变为现实。

——里查德·博亚特兹斯（Richard Boyatzis），凯斯西储大学教授，曾与丹·高曼（Dan Goleman）和安妮·麦基（Annie McKee）合著了《最根本的领导力》（*Primal Leadership*）

维尔叶和米斯蒂克敢于直言当今很多员工的痛处。他们并没有回避很多人内心感到焦虑不安的现状。这种不安不仅仅来自需要与时俱进的压力，同时也来自要为变化莫测的未来做好准备。这本书用具体的工具、实例和实用理念鼓舞每个人及每个组织，给他们带来希望，帮助他们继续前进。

——乔·坎贝尔（Joe Campbell），耐克公司人才管理部门主管

未来十年的工作注定与现在天差地别。颠覆性技术、大数据、人口结构变化以及对新技能的需求，要求我们用全新的方式看待职业、建设面向未来的人力资源。这本书直击这些问题，同时为职场人士和渴望为未来做好人力资源准备的组织提出实用建议。有所准备的人就能抓住巨大的机遇。职场即将面临巨大变动，每一个渴望在明天的经济环境下一展拳脚的人从今天开始就应该认真阅读这本书。

——伊娃·塞奇-加文（Eva Sage-Gavin）阿斯彭研究所“美国未来技能”咨询委员会副主席

被淘汰，这是当今职场人最担忧的问题。维尔叶和米斯蒂克的这本书给出了这个问题的答案。认真研究影响工作方式的大趋势，分析她们有关工作动力的综合数据，然后，将她们简单易行的原创解决方案运用到实践中。想要与时俱进吗？那就延展、延展再延展。

——惠特尼·约翰逊（Whitney Johnson），“全球最具影响力的五十大管理思想家”之一，《颠覆式成长》（*Disrupt Yourself: Putting the Power of Disruptive Innovation to Work*）作者

这本书将研究与实践相结合，进行深入全面的阐述。书中就如何应对快速变化的职场提出了一系列发人深省的观念，这些观念将帮助你在未来的竞争中占据优势。

——约翰·布德罗（John Boudreau），美国南加州大学教授、研究室主任，《未来的工作：传统雇用时代的终结》（*Lead the Work: Navigating a World Beyond Employment*）作者

有远见的组织现在就应该为未来的人才需求做好准备。这本书将目光对准一个关键且复杂的议题——领导者为何需要成为成就他人职

业生涯的人。引人注目的案例分析和强有力的研究让这本书成为必读之作。

——劳拉·斯特恩（Laura Stein），《财富》世界500强企业高管和董事

当门槛提高或者规则发生变化时，差不多这个标准永远会差很多，而且规则和门槛会同时发生变化。这本书以一种强有力的方式阐述了这个问题。维尔叶和米斯蒂克论述了在当前的时代，忽视自我发展挑战的人会被时代所淘汰，以及持续自我发展的必要性。随后她们帮助读者了解了如何才能以一种有意义的方式实现自我发展。如果你希望采取切实可行的措施，在未来从事一份有意义且充满目标感的职业，你需要认真阅读这本书。这不只是一本好书，还是一部意义重大的著作。

——拉里·彼得斯（Larry Peters），得克萨斯基督教大学尼利商学院管理与领导力发展学教授，《领导力的简单真相：把员工变成合伙人》（*The Simple Truths About Leadership: Turning Your People Into Your Partners*）作者

维尔叶和米斯蒂克完美阐释了未来职业的图景会如何变化以及我们应该如何应对。如果你正在职场打拼或者在找工作，那你就需要认真研读此书！

——雅各布·摩根（Jacob Morgan），《工作的未来》（*The Future of Work*）作者、演讲家和未来学家

序言

我一生都致力于利用社会科学帮助人们解决生活中最麻烦的问题，比如改掉顽固的恶习，或与固执的同事进行重要事情的沟通等。这些年来，我有幸与一些人开展过合作，这些人不光是杰出的学术专家，也是我人生修行的亦师亦友。以下所说的，也是因此有感而发。

《延展力：未来职场的创造性重构与自我迭代》一书中收集了各种案例，这让它非常好读。这本书很及时，也很重要，它是一个知识的汇总，告诉我们如何在今天与时俱进，如何合理地预测未来。这不是一本普通的书，书中充分阐述了很多实践方法，可以帮你把握未来，实现理想中的职业和生活。

书中的理念与我在工作中所追求的一切不谋而合。它散发着严谨却富有激情的学术气息，按照里面的方法去实践，你不但会变得更聪明，还会开始享受这个过程。单是冲着这本书本身我就非常愿意作序推荐了，更不要说两位作者之中有一位是我倾慕已久的人物，所以我只有怀着敬意为这本书作序了。

在“职业”这个话题上，公元前330年亚里士多德曾说过：“所有赚取酬劳的工作都会让心灵迟钝和退化。”而在这本书的作者看来，我们已经远远超越了那个时代。她们认为，全身心投入工作不仅是可行的，而且能给人生带来积极的改变，这也是对自我授权的一种肯定。职业对人生来说是很重要的。人生最重要的两个选择就是：和谁一起生活，和谁一起工作。这本书不仅可以帮你创造一个更满意的职业生涯，还可以帮你打造更美满的生活。

我时常感叹自己的福气，我在工作中培养的能力让我有机会在那些我关心的社会问题和全球性问题上出一份力。不过这其实是无心插柳，并非有意识的努力。而《延展力：未来职场的创造性重构与自我迭代》这本书恰恰告诉我们如何通过有意识的努力，去实现理想的生活。

有些人相信自己可以在世界的某个角落做一些有益的事情，这群人是最有可能造福全人类的一群人，过去20年中，他们对旧的工作方式进行了革命。在变化来得更加迅速的今天，我们需要新的声音、新的策略，来指导我们如何为职业做好准备以及如何投入工作。阅读这本书，可以帮你为明天做好准备。这本书逻辑严谨、引人入胜、方法新颖，可以说非常出色，不仅提供了成功职业生涯的指导，还告诉读者如何让人生更为美满。

现在的商业书籍多如牛毛，很多本身是顾问的作者甚至从来没有在大型企业工作过，没有创立过公司，没有领导过公共机构，也没有在非营利性组织中服务过，因此一旦触及真实生活中的实践，他们的理论马上就会土崩瓦解。这本书则不同，两位作者独特的背景让她们可以给出非常具有实操性的指导意见，帮助读者实现职业梦想。

不论你在做什么工作，也不论你现在工作了5年还是25年，这本书都将改变你的人生。当我在阅读这本书、思考书中的观点时，我感受到了全书核心观点的吸引力，我的旧观念受到了挑战，我也得到了深深的启发。这本书会提醒我们，让我们回想起那些在繁忙生活中常常被忘记的真理。我想最终你会发现你也同意我的观点：《延展力：未来职场的创造性重构与自我迭代》是一本不容错过的好书。

约瑟夫·格雷尼（Joseph Grenny）

《影响力大师》（*Influencer*）和《关键对话》

（*Crucial Conversations*）的作者

前言

> 学习这个世界为什么总在变化，是什么导致了它的变化。只有学习才能使一个人的思想永远不会被耗尽、被疏远、被折磨，永远不会恐惧或怀疑，永不后悔。只有学习会永远与你同在，很多东西都需要你去学习。
>
> ——T. H. 怀特（T. H. White）[①]，
>
> 《永恒之王》（*The Once and Future King*）

本书旨在解答这样一个疑问——我们如何在职业生涯中与时俱进？我们给出的答案是：延展。延展我们的学习方式，通过延展让我们保持开放思维，打造多元化人际网络，获取各种经验，同时延展我们的动力。

这是一项难以完成的任务。虽然我们对此没有快速又完美的解决方案，但我们从不断地尝试、试错、研究和经历中总结出了大量建议。这本书将目光对准难以预测的未来职场，在未来的职场上，你需要拥有多种选项才能实现自己的梦想。在追求各自的博士学位梦想的道路上，我们（芭芭拉·米斯蒂克与凯瑞·维尔叶[②]）相识了。这个博士项目针对的是在职高管，旨在充当学术和实践之间的桥梁。然而将博士学位视为你所能获得的最高学位的想法其实十分讽刺，因为正是读

① White，T. H. “Book 2.” The Once and Future King. New York：Putnam，1958.

② 由于这本书是我们合著的，因此，在描写我们的生活片段时，我们在提到自己时使用了名字——芭芭拉和凯瑞，而非姓氏。

了博士才让我们意识到学无止境，没有一个人敢说自己不用再学习。

我们惊讶地发现，我们原来生活在匹兹堡的同一个街区。当时，凯瑞正效力于一家大型跨国组织，芭芭拉则在经历从企业家向学者的转型。没过多久，我们就一起坐车，分享彼此的想法。

我们发现我们有非常多的共同点：我们生的都是女儿，都在第一年就从大学退学，但最后都坚持下来，成为家族里第一代成功读完大学的人。同时，我们都经历了各种角色的转换。我们都创过业，也都在企业、机构和学术界留下足迹。我们的职业生涯都与父母那一代有天壤之别。我们也都在不断充实着自己，努力在不断变换的新岗位上获得成功。

有趣的是，我们的研究兴趣都是如何帮助人们实现自我发展。我们成了好朋友，彼此坦诚交心，我们发现随着博士项目的推进，我们会时不时地感到难以应付目前的状况，我们也正在不断延展自己的极限。项目里大约1/3的同学选择了退出，他们都是非常成功、非常出色的人。我们则一直彼此支持着坚持到了最后，完成了博士项目。夏天，我们共同推进我们的研究，早上到风景好的地方学习用假蝇钓鱼，下午便合作进行研究。凯瑞的推特用户名@ Angler（意为垂钓者）正是源自这段经历。

研究中，最让我们感到吃惊的是，我们的研究对象很少能清楚地意识到是哪些因素让他们的职业走向成功。不管怎样，他们做到了。他们将零散的碎片连成线，要求升职，并且都在领导岗位上取得了成功。他们的数据让我们意识到，成功不只有一条道路，而是有很多条。我们找到了成功的模式，这些模式是我们所有人未来工作以及这本书的基础。

我们有机会与思爱普公司（SAP）和牛津经济学研究院合作，进行一项全球范围内的调查，进一步剖析职场趋势。研究获取的真实数据揭示了职场上存在的巨大压力。受访者告诉我们，迄今为止他们对工作的最大担忧是他们可能被淘汰。作为研究人员，我们坚信我们能够针对这种担忧给出有意义的观察以及建立在证据基础上的切实可行的解决方案。

显而易见，技术的发展、迅猛的变革速度、工作离岸外包的威胁以及对历史新高的失业率的记忆对此都有影响。受访者告诉我们，他们担心所在企业或者行业正走向衰亡，如果他们不更新自身技能或重塑个人品牌，就可能面临裁员、失业或者就业不充分的风险。你在职场打拼的时间越长，在不断变化的就业市场惨遭淘汰的可能性就越大。

就这样，我们的多年研究以及企业家、学者和企业高管的工作经验促使我们重新思考该如何帮助人们实现自我发展。作为我们的研究成果，这本书从根本上指导人们该如何做到与时俱进，在职场上屹立不倒。

我们先从在线研讨会和讲座入手，测试我们提出的举措，通过博客征求意见，同时也向同事们征求建议。我们与全世界的学习领导者以及学术界最顶尖的思想家对话，从数以千计的评论和访谈中，我们发现三个描述职业抱负实际情况的主题反复出现。我们将其称为“延展要务”。

对被淘汰的恐慌影响着所有年龄段的人。在寻求能够改变我们未来的替代方案时，绝大多数人都会感到手足无措。在盖洛普的调查中①，全球大多数员工承认处于无所事事或者消极怠工的状态。我们相信不管你的老板是好是坏，对所从事的工作是否喜欢或者仍在职场上寻找满足感，你都有能力提高自己的工作参与感，可以延展成最好的自己。我们相信在读完本书后，你能够认同我们的想法。

我们展示的实践有坚实的研究作为支撑。我们提到的未来学家对大趋势的见解以及对未来职业前景的解读，能够让你了解未来你可能

---

① “State of the Global Workplace,” Gallup, 2013.

面临的情况。在关于五大实践的章节结尾，我们都向组织和管理者建议了对他们来说最有价值的做法和窍门。

最重要的知识也可以从他人的经验中获取。我们列举了很多在工作中成功做到自我延展的专业人员的故事，让读者了解他们是怎么做到的，运用了哪些激励策略以及他们发现的新意义。延展是我们所有人未来的要务。不管人们何时延展，在工作生活中的哪一个领域延展，都能达到他们之前从未想象过的成功。有时候，我们需要的不过是一点指导。你有自己的梦想，我们希望我们在本书中阐述的发现能够鼓励你努力实现梦想。我们知道你的潜力是无限的，我们已经迫不及待地想听听你的故事。

目录

第一部分　引言

第二部分　对自己负责

第三部分　积累备选机会

第四部分　把握梦想

第五部分　规划通向未来的航线

第一部分　引言

第一章　延展要务

时代大潮正在塑造着未来的工作环境。随着人一生中工作的时间越来越长，我们需要重新思考自己在职业生涯中的定位。当今的工作环境正带来3个关键的职业要务。

梦想

握紧梦想
因为如果梦想死去
人生将变成无翼的鸟
欲飞不能

握紧梦想
因为如果梦想离去
人生将变成贫瘠的地
冻雪深藏

——兰斯顿·休斯（Langston Hughes）[1]

第一章　延展要务

杰德走出她公寓的天井[2]，透过河面上的雾气环视自己所在的城市。通过爱彼迎的帮助，一对来自芝加哥的夫妇将在她的公寓里住上

---

① Langston Hughes. Dreams from The Collected Poems of Langston Hughes, edited by Arnold Rampersad with David Roessel, Associate Editor, copyright © 1994 by the Estate of Langston Hughes. Used by permission of Alfred A. Knopf, an imprint of the Knopf Doubleday Publishing Group, a division of Penguin Random House LLC. All rights reserved. Reprinted by permission of Harold Ober Associates Incorporated.

② 杰德是我们认识的一些人的虚构集合体。戴维是我们认识的真人，故事稍微进行了一些虚构，以起到匿名效果。在整本书里，当我们提到除我们之外的人名时，讲述的都是与我们有过交流的人的真实经历。有时候，书中人物的故事可能是一个大杂烩，将多个人的故事集于一身。在使用姓名或者说明情况时，我们运用了一些艺术手法。在某些案例中，当事人同意我们使用全名，我们也做了说明。

3 个星期。手机应用告诉她，她在优步上叫的车还有 10 分钟就会到达，接她踏上古巴之旅的第一程。杰德就职于市里的一家大型日报社，被编辑安排去古巴采访，报导最近的贸易政策调整如何对古巴和美国的医药行业产生巨大影响。曾经被禁运的美制处方药现在已经进入古巴，挽救着人们的生命。而古巴的医学工作者们也给美国带来了一些回报，他们可以为美国的公共健康政策提供一些有价值的建议——古巴是北美地区人均寿命最长的国家，接近 79 岁。

10 年前，杰德在刚刚毕业时曾有一个梦想，就是去外国旅行和报导重要新闻。但作为一名记者，她所选择的职业领域正经历着剧变，虽然大学的学习让她具备了基本的技能，但是翻天覆地的科技变化和新闻行业的裁员大潮让她的职业生涯充满不确定性。在过去的 10 年中，她为 9 个不同的老板工作过，为了积累经验和维持生活，她还不得不接一大堆兼职零活儿。

在这个过程中她逐渐意识到，为了给自己创造理想的职业生涯，她必须关注一下新媒体领域了。坦白说，这些新的工作机会既让人兴奋又让人害怕，她需要完成自身的蜕变才能学习全新的技能。新的工作纷纷涌现出来：网页设计师、媒体应用开发者、增长黑客①、新媒体编辑、受众战略专家、博主、播客。她一边在一些创业公司尝试着前面列举的这些工作角色，另一边还经营着一个名叫“新兴记者”（*Journ Emerge*）的博客，主要讲述新闻工作者在不断变化的新世界中如何适应，以及他们在适应过程中的体验。好笑的是，在向新媒体转型方面所做的努力，却带给她进入世界上最大的日报社之一的机会，而且是做一份非常传统的工作。其中的机缘是这家报社的招聘经理正好关注了她的博客和推特，所以在出现岗位需求的时候直接找到了杰德。

---

① Ryan Holiday，“Everything Is Marketing：How Growth Hackers Redefine the Game，” Fast Company（December 17，2012）.

从杰德博客上的评论来看，她很清楚自己的人生很可能一不小心就变成了另一个样子。一个读者在她的博客上留言，讲述了自己的故事。

你好，我叫戴维，你的博客让我受益匪浅。我的故事与本站其他网友非常相似，变化来临的时候，我竟然毫无觉察。拿到裁员通知的那天，我走出报社坐到车里，闻到了新车特有的味道。早晨来公司时，我爱死这个味道了，但现在却觉得它像是一道勒住喉咙的锁链。

不是自夸，我原以为自己可以高枕无忧，因为我曾3次被提名普利策奖，获得过无数调查记者大奖，在东京、北京、伦敦和圣保罗都工作过。当时团队里的其他人没有一个有我这样的国际化经验，也没有一个获得过像我这么多的荣誉，但是这些东西都没能让我留下。

我们的报社请了一位年纪轻轻的新闻主管，她总是在我耳边絮叨所谓的"社会影响力"和"你打算怎样给你的报道做推广"。老实说，我当时觉得这些都是扯淡，根本就不搭理她。后来才知道，我大错特错了。

我还算走运，没过多久就在一家国际化的咨询公司里找到了一份工作。他们很赏识我的国际化经验，特别是在亚洲生活的经验，再加上我的写作能力，我能做一个不错的分析师。现在回头看，我确实是能做好这份工作的，但当时我的思维框架还没有转换过来。我总是想进行独立报导，对于事实真相进行毫不留情的揭露，但客户并不买账，所以我做了一年半就夹着尾巴离开了。

终于，我有了一种醍醐灌顶的感觉。两年之内被裁两次，总会有点醒悟。如果我再不改变，可能我的孩子们就要自己筹钱上大学了。但我向他们保证了会供他们上大学，我不是一个喜欢食言的人。我联系了原先开除我的女上司，请她吃饭，然后请她当我的导师。

她真是一个心肠特别好的人，给我提供了6次辅导，让我一点点看清了新媒体。不久后，我就在一家国际化的调研公司找到了一份工作并且一口气干了7年，我的两个孩子现在也都毕业了。我希望用我的故事让本站的网友们知道：转型不怕晚。像我这样的年纪也能成功转型，关键是要有一个开放的心态。

以戴维和杰德的故事为例，我们可以看出，很多人为自己的职业做了准备，却在职业发展的过程中远远地偏离了既定的航线。杰德能够更快速地适应媒体行业的剧变，是因为她年纪尚轻，而且能够放眼未来。戴维则花了更长的时间才完成自我突破——那个他曾经熟悉的世界已经不复存在了。也许你的故事有点不同，但是不论你所在的公司、领域、行业、地域如何，为了做好适应未来的准备，你都必须不断冲破你现在的能力边界。

明天你想成为谁?

盖洛普（Gallup）的一项研究称：大部分人在工作中敬业度不足[①]。这是谁的错？最直接的责任者莫过于让管理者来背这个黑锅了。用盖洛普总裁和CEO（首席执行官）吉姆·克利夫顿（Jim Clifton）的话来说："美国的大约1亿名全职工作者中，只有3 000万人（30%）对工作有足够的投入并获得成就感。所以我们可以认为他们都有个好老板。与之相对的，大于2 000万人（20%）处于'积极不敬业'状态。这些员工的老板都是魔鬼，他们擅长让员工痛苦不堪，在公司里面到处散播负能量。剩下的那5 000万人（50%）处于'不敬业'的状态。他们

---

① "Gallup State of the American Workplace Report 2013," Gallup, 2013.

在企业里尸位素餐，他们对工作不感兴趣，他们的管理者也没有很好地激励他们。”按盖洛普的说法，员工不敬业好像完全是老板的责任了。照这个逻辑推下去，你无非只有两个选择：要么换个老板，要么忍着。

大错特错。

敬业不是一个单方面的行为，不应该完全由老板来承担责任，就像婚姻不可能完全是丈夫或妻子一个人的责任一样。我们相信不管你的老板是个什么样的人，你都有能力让自己从不敬业状态变成敬业状态，最终实现自己的职业梦想。为什么要把自己的发展、自己的幸福、自己的职业生涯交到另一个人手中呢？盖洛普测量敬业度指标已经15年了，这15年中企业花了数百万美元来培训自己的管理人员，但是敬业度并没产生多大变化。也许我们应该换一种思路了。

作家和普利策奖得主斯塔兹·特克尔（Studs Terkel）[①] 说过：“工作不仅是为了吃饭，也是为了寻找人生的意义；除了钱之外，我们还需要得到认可；工作应该充满惊喜而不是死气沉沉。换句话说，工作是应该让你体验到活着的感觉，而不是朝九晚五的混吃等死。”工作是幸福人生不可缺少的一部分，工作给你带来的满足感不应该只发生在每月发工资的时候。在工作中，你可以找到人生的意义，全情投入，最终实现职业辉煌。老板什么的，根本不是核心问题。

芭芭拉在她的职业生涯早期曾经与弗莱德·罗杰斯（Fred Rogers）一起工作。弗莱德是一名未成年人法律代理人，也是电视节目主持人。他非常敬业，世界各国孩子的来信他都一一亲自回复。在工作了近40个寒暑之后，因为身患癌症，他开始在家里办公，但他要求工作人员继续将来信发给他，直到去世之前他都一直在回复这些来信。这可不仅仅是职业道德这么简单了，这是真正的敬业，它能让人充满能量和

---

① Studs Terkel, *Working* (The New Press, 1997).

激情。

想象一下，如果包含你自己在内的每个人都能像弗莱德·罗杰斯一样努力工作，世界将会怎样。而我们也确实可以做到，不论你的现在或以前的工作环境、教育水平还是童年经历如何。也许你是家里的第一代大学生，也许你对自己未来的设想会留下父母生活经验的烙印，很多父母给孩子的职业建议会限制孩子的未来发展。演员伦纳德·尼莫伊（Leonard Nimoy）因在《星际迷航》（*Star Trek*）中扮演史波克而广受赞誉，但是他出生在乌克兰的父亲曾经劝他，如果想要走演员这条路的话，就要先学一门实用手艺，让自己饿不着。"学手风琴吧，"老尼莫伊建议，"会拉手风琴的人总归饿不死。"① 还好伦纳德没有听他父亲的劝告，要不然《星际迷航》的粉丝们可能就看不到他的精彩表演了。

即使你进入自己的职业生涯时有雄厚的经济基础和家人的支持，你也一定收到过类似尼莫伊的老爸这样的建议。比如：为了拿个学位，去学一个自己完全不感兴趣的专业；或者为了付助学贷款而接受一份薪水可观，却与你的职业梦想八竿子打不着的工作；也可能是你工作了数年的职业还不错，也给你带来了一些回报，但你最近才发现自己真正的激情是在另一份职业上。

随着人一生中工作的时间越来越长，我们需要重新思考我们在职业生涯中的定位。我们绝对可以奔向新的未来，重新点燃梦想，超越我们在职业生涯的起点时所定下的所有目标。

写作本书的目的，就是将我们的大量研究和个人经验分享给大家，让大家可以在工作中全情投入、能力升级，并为未来做好准备。不论你现在在职业生涯中处于什么状态，你都可以受益。同时，我们也希望帮

---

① Steve Chawkins, "Leonard Nimoy dies at 83; 'Star Trek's' transcendent alien Mr. Spock," *Los Angeles Times* (February 27, 2015).

助大家躲避职场陷阱，避免被未来淘汰，并找到工作的意义。

我们可以帮你：

1. 学习一些可以自助使用的职业生涯管理工具，不需要花大量金钱或借助企业的资源。
2. 提供多种方向和策略，帮助你更好地进行工作并发展自己的职业生涯。你可以按自己的情况灵活选择。
3. 评估现实，找到一条通向职业梦想的道路，让你为未来的工作环境做好准备。

未来在召唤。你要继续留在那70%的“职业僵尸”队伍中吗？还是说你正面临着被淘汰的危险，像获得过普利策奖提名的戴维一样？让我们来想象另一种生活，如果你的生活像电影《遗愿清单》（*The Bucket List*）一样充实，你每天只想着怎么让自己的工作和日子变得更有意义，这样的生活岂不爽快？现在就开始延展自己吧，为你的未来做好准备，开始握紧自己职业梦想的方向盘。

影响未来的大趋势

为了不走错方向，我们先要看清楚自己要去哪里。要为明天的工作做准备，我们必须以工作环境会发生变化为前提，而变化已成为当今世界无可争议的事实，所以在开始学习实用性工具之前，我们要先对必将改变未来工作环境的因素做一个概览。

我们找到了7种大趋势，它们一定会对未来的职业种类、创业机会和职场技能产生深刻影响。有很多书就是专门探讨这些趋势的。下面提供的全局性的综述可以帮助你理解这些趋势：它们会对你产生什么影响，以及你需要如何应对。

全球化

商业行为发生的地点正在剧烈改变。据麦肯锡估算[①]，那些著名的大公司中，有一半会将总部设立在现在我们所说的新兴市场，例如巴西、印度和东欧国家。到2030年，全球人口的2/3将步入中产阶级队伍[②]。随着世界的发展，世界经济形势也会发生剧变。由于国际化的竞争和其他相关因素的影响，2000年《财富》世界500强公司中有40%在2010年跌出了500强名单，它们主要是输给了新贵跨国公司和科技公司。而《财富》世界500强企业的年收入在2014年相当于美国GDP（国内生产总值）的72%，这个比例比1955年翻了一倍[③]。

仅仅10年的光景，巴西的3G公司就已经收购了很多老牌企业，例如卡夫（Kraft）、亨氏（Heinz）、百威英博（Anheuser-Busch InBev）、提姆霍顿（Tim Hortons）和汉堡王（Burger King）。之后，按照3G一贯的管理风格，它们大刀阔斧地缩减开支、精减部门，造成了成千上万人失业[④]，同时还在一路高歌猛进地进行国际化扩张，保持利润增长。

即使是朝阳行业中的绩优企业也面临着来自全球化的竞争压力。比如视觉特效公司Rhythm & Hues，在它们的第3部奥斯卡奖作品《少年派的奇幻漂流》获奖的同时，公司正在法院里履行破产程序。《华尔街日报》报道指出：像美国其他的大型视觉特效公司一样[⑤]，Rhythm &

---

① Yuval Atsmon, Peter Child, Richard Dobbs, and Laxman Narasimhan, "Winning the $30 trillion decathlon: Going for Gold in Emerging Markets," *McKinsey Quarterly* (August, 2012).

② Mario Pezzini. "An Emerging Middle Class," *OECD Observer* (2012).

③ Alan Murray, "5 Things You Didn't Know About the Fortune 500," *Fortune* (June 4, 2015).

④ Daniel Roberts, "Here's What Happens When 3G Capital Buys Your Company," *Fortune* (March 25, 2015).

⑤ Ben Fritz, "Rival Visual-Effects Firm Wins Rhythm & Hues Auction," *The Wall Street Journal* (March 31, 2013).

Hues 已经面临巨大的竞争压力，压力来源包括像加拿大这样给企业巨额税收优惠的国家、低成本的新兴市场的竞争，还有使用现成技术的“精品店”式小企业。

受全球化影响最大的工作是那些不受地域限制的工作，它们依赖互联网就可以传播，比如我们看到的电脑行业和数字影像行业。借用约翰·邓恩（John Donne）① 的话来说，在当今的世界中，没有一个人、公司、行业和国家是自给自足的孤岛。我们都彼此互联在一起。

人口统计学变迁

在全球多个经济区域中，医学的进步和出生率的下降都导致了人口的老龄化和劳动力的减少。在美国每天有 11 000 人达到 65 岁，这个趋势将持续到 2030 年。人的寿命长了，工作时间也相应变长了②，当前预计人们平均的退休年龄将会是66 岁，而仅仅 20 年前这个年龄是 57 岁。令人吃惊的是，美国 55 岁以上的人口中有 43% 退休储蓄不到 25 000 美元③，很多人在可见的未来都要一直工作来养活自己。

日本的人口也在持续减少，而欧洲在上个 10 年中刚刚经历了总人口 1 个百分点的下滑。根据联合国人口司（United Nations Population Division）④ 的研究，德国、意大利和西班牙未来都会出现人口下降，下降比率从 14% 到 25% 不等。到 2030 年，中国 65 岁及以上的老年人将和 15 岁及以下的孩子一样多，从而产生巨大的劳动力缺口。

---

① John Donne, *Devotions Upon Emergent Occasions*（1623）. www. poemhunter. com/poem/no-man-is-an-island.

② Amy Langfield, “Average US Retirement Age Is 61—And Rising,” *CNBC*（May 16, 2013）.

③ Dave Burdick, “Retirement Savings Low? It Doesn't Take a Catastrophe to Be Part of the Retirement Crisis,” *The Denver Post*（July 1, 2013）.

④ Karie Willyerd and Jeanne Meister reported on these statistics in their book, *The 2020 Workplace*. Also see W. David Delong, *Lost Knowledge*: *Confronting the Threat of an Aging Workforce*（Oxford University Press, 2004）.

在老龄化的另一面是千禧世代，他们是大多数国家历年劳动力市场中规模最为庞大的一代人，这是被社交媒体连接的一代人，他们的声音将给工作的文化带来越来越大的改变。代替了老一辈工作者的千禧世代通常更精通科技①，他们当中的80%认为互联网给生活带来了好的变化，相比而言，他们的上一代中只有不到一半认为互联网是好东西。1964年和1979年之间出生的X世代，也拥抱了科技的力量，他们手握黑莓开创了20世纪的90年代。可以预见，千禧世代将越来越敢于表达他们的价值观和感受，这将带来很多改变，例如工作流程与技术的简化、企业福利、薪酬和个人成长需求等。

职场也变得越来越多元化。今天，女性工作者②已经占到了美国劳动力的47%，这个数字在1970年只有38%。同时，大学新生中女性的比例已经超过了男性③。千禧世代越来越多元化，美国人口统计学者估算，到2040年，少数族裔将成为人口中的多数派④。在很多国家中，移民也在改变着劳动力市场的面貌。劳动力的紧缺带来了岗位空缺，特别是基层岗位，这时就需要大量移民才能支持经济发展。未来，女性、少数族裔和移民将会要求在企业管理层中占据应有的位置，并且会要求同工同酬。

数据大爆发

“大数据”不是叫着玩儿的，数据真是非常大。据专家的统计，2009—2020年，数据量增长了4 300个百分点⑤。这些数据不仅包含

---

① Paul Taylor and the Pew Research Center, *The Next America* (Public Affairs, 2014).

② “Women in the Labor Force in 2010,” U. S. Department of Labor, July 19, 2011.

③ Mark Hugo Lopez and Ana Gonzalez-Barrera, “Women's College Enrollment Gains Leave Men Behind,” Pew Research, March 6, 2014.

④ Jennifer M. Ortman and Christine E. Guarneri, “United States Population Projections: 2000 to 2050,” U. S. Census Bureau.

⑤ “Big Data Universe Beginning to Explode,” *CSC*, 2012.

过去的那种结构化的、可以轻松整合到数据库中的表单数据，还包含越来越多的非结构化数据，例如社交媒体推特、照片墙、脸书、Vine 等。

被互联网连接的机器，也就是所谓的“物联网”，将对数据的生产做出越来越多的贡献。2011 年 20 个普通家庭所产生的互联网流量比 2008 年全世界的互联网流量还要大[①]。懂得如何挖掘大数据，洞悉用户趋势的企业将引领未来的市场。

大数据挖掘方面的人才已经开始供不应求了。2015 年，IBM（国际商业机器公司）预计[②]全球的数据科学家需求量是 440 万人，但供应量只有这个数量的 1/3。随着更多的数据在无人干预的情况下自动联网，网络安全和个人隐私也成了人们关注的问题。

不论你在哪个领域，与数据和机器的合作将成为影响你工作成功的越来越重要的因素。传感器、位置应用程序、汽车、冰箱这样的机器都会向你输出个性化的信息，帮助你提高生产力和改善生活。想象一下，你的手机在你到达宾馆一小时之内将房间设定到你最喜欢的温度，或者你的健身应用程序向你的医疗保健服务商发送一系列信息，帮助它们为你制订个性化的保健方案。

联合国已经宣称[③]上网是一种基本人权。互联网已经落地生根了，虽然不同年龄层中都有人认为“永不下线”和“永远被监视”是一个潜在的危机，但科技的趋势已不可逆转。

新兴科技

新兴科技抢走人们饭碗的现象已经初见端倪。2015 年 4 月，在经

① Dave Evans, “The Internet of Things,” *Cisco Blogs* (July 15, 2011).

② “What Is Changing in the Realm of Big Data?,” ibm. com/big-data.

③ David Kravets, “U. N. Report Declares Internet Access a Human Right,” *Wired* (June 3, 2011).

历了9天的行程后，人类历史上第一辆无人驾驶汽车穿越了美国[①]，到达了它的目的地曼哈顿。虽然在未来，司机和飞行员这两个职业会不会完全消失还有待观察，但是有一次芭芭拉在经济舱遇到一个飞行员分享的经验很有启发，他是这样说的："我坐在驾驶舱里只不过是让乘客安心罢了，实际上没有我，飞机一样能飞。"

另一项找到了独特应用的技术是3D打印。制造商的生产过程将从"减法"变成"加法"。原先的工艺是从一块材料中挖去不需要的部分，而现在它们可以把产品一层一层地打印出来。人们用3D打印技术做出了各种各样的东西，比如鞋子、民谣吉他、无人机、仿生耳朵、枪械和汽车……还有很多其他的东西。我们可以想象一下，未来的设计师可以设计任何东西，并直接把打印说明书卖给世界上任何地方的人。

在很多新兴科技中，有一个特别值得一提的是机器人。日本预计，2030年1/3的人口会超过65岁[②]，同时，1/5的人口会超过75岁，照顾老人的市场将会产生巨大需求。因此，日本在服务型机器人研究中处于前沿地位一点也不让人意外。2015年，一家日本酒店开张，使用一种智能机器人（actroids）来负责前台接待工作[③]。机器人还能用于向房间内递送食物、报纸和洗漱用品之类的东西。在护理院中，机器人助手的出现也指日可待，这意味着很多基层工作将面临着被淘汰的命运。你觉得多久之后你会遇到客服机器人？可能比你想象的还要早。

---

① Chris Isidore, "Driverless Car Finishes 3, 400-Mile Cross-Country Trip," *CNNMoney* (April 3, 2015).

② Naoko Muramatsu and Hiroko Akiyama, "Japan: Super-Aging Society Preparing for the Future," *The Gerontologist* (May 24, 2011).

③ Adrian Bridge, "Robots to Serve Guests in Japanese Hotel," *Telegraph* (February 3, 2015).

气候变化

气候变化将对未来产生深远影响。据经济合作与发展组织（OECD）①估计，到2050年，世界上40%的人口将会面临严重的水文危机，造成洪水或干旱，一并统计的话将把资产的经济价值所面临的风险推上历史新高。2015年美国加州的强制控水事件让我们瞥见了未来的影子。用水成本的上升和企业增长受阻很容易影响企业的发展方向。比如加州的企业在选择向哪里扩张时很容易便打起俄勒冈热带雨林附近地区的主意；再比如中国的南水北调工程②，沿路也成长起了不少新的企业。人是跟着经济发展走的，自然会有人为了找工作迁徙到其他地区。

缩减厂房、替换有利于环境保护的建筑，这在很多企业中是头等大事。从经济学的角度来说，安置公司产业时，必须选择气候灾难风险小的地方。

最后，提升资源的利用效率，不仅有益于社会，也有利于降低企业成本。企业要适应越来越多的监管法规，包括能源效率、废物处理、漏水、城市拥堵、效能效率、土壤退化、货运冲击以及很多其他因素③。允许员工在线办公也能减少企业对场地的依赖，并帮助企业把碳排放减到最低。

对职业的重新定义

什么叫职业？谷歌对职业的第一个解释是：“长期雇用的、有报酬

---

① OECD, February 9, 2013. 经济合作与发展组织（OECD）致力于推动能够促进全球经济发展和改善社会福利的政策。

② Lily Kuo, “China Has Launched the Largest Water-Pipeline Project in History,” *The Atlantic*（March 7, 2014）.

③ Richard Dobbs, James Manyika, and Jonathan Woetzel, *No Ordinary Disruption*（Public Affairs, 2015）, 121.

的岗位。”在网上随便看几个定义，我们就能发现已经很少有人还局限于这个定义了。当然，我们的职业的确有报酬，但是它只有一个来源吗？它是长期的吗？随着兼职和劳务工变得越来越多，好像不是那么回事了。在美国，兼职与全职员工的比例一直很高，这很可能是因为企业需要为每周工作30小时以上的员工支出社保福利。很多人已经不记得为固定的雇主工作、每周工作40小时的职业是什么样子了。现在专家们的评估是大约1/3的美国职业人口是自由职业者或劳务工①。

事实上，“职业”的定义更像是谷歌上的第二个解释：“一个任务或一件工作，尤其是有报酬。”同时打很多份工的人或是在很多有活儿干的地方来回穿梭的自由职业者已经变成了新的常态。根据Freelancer. com的统计，自由职业机会增长最快的领域包括幻灯片制作、会计、报告撰写、脸书登录页面设计和社区管理等。

现在很少有人在分配或选择工作时头脑里会有一个清晰的战略，也很少有人会有意地培养技能和能力，为未来的工作做准备。事实上，在当今的商业环境下工作量非常不稳定，这导致随时会有紧急需求需要满足，而根本不管你是否有匹配的技能与动力。超过83%的企业高管告诉我们，他们会考虑在未来两三年内使用更多的临时工、兼职员工和弹性工作的员工。而职业的性质将变得越来越像金钱和能力的交易，也就是说，如果你的能力是我当前需要的，那么我会雇你来完成一项特定的工作，而不是全职雇用你。

哪怕你在做一份全职的工作，或者自己创业了，你还是可以接一些零活来锻炼自己的能力。有一些网站专门帮人找到有特殊技能的人，比如Crowdspring、Upwork和Freelancer。科技的进步和市场需求的变化还

---

① Richard Greenwald, “A Freelance Economy Can Be Good for Workers: Let's Make It Better,” *The Atlantic* (November 16, 2012). 理查德·格林沃尔德（Richard Greenwald）是一位聚焦职场动态的社会学家，还是圣约瑟夫学院布鲁克林分校的教授。根据他的预测，未来十年自由职业者的比重可能达到50%。

创造了新的职业门类，很多10年前根本不存在的工作出现了，例如应用程序开发者、市场调研数据挖掘专家、留学申请顾问、社交媒体或网络社区管理员、云计算服务等，这个清单还在不断变长。

完成工作的方式也在快速地发生变化。共享办公空间遍地开花，让不同组织、不同领域的人可以在同一个地方办公，甚至可以擦出火花找到合作契机。工作在任何地方、任何时间都可以完成。甚至工作时间与个人时间的边界也在变得模糊，因为工作时间和个人时间相互渗透、相互重叠。工作不再代表一个地理位置，工作就是工作。

复杂性

不论是对企业还是对个人来说，复杂性都在不断增加。在组织层面上，一层层的政府监管以及服务于不同国家，再加上用户带来的独特需求，这些都使复杂性成倍增加。从我们给企业高管的问卷调查中可以发现，监管力度的增加是很多企业提升未来竞争力时着重考虑的影响因素①，因为复杂的监管将会产生复杂的流程和规章制度。

虽然我们积累了海量的数据，而且这些数据中埋藏着洞察市场和提升生产力的巨大宝藏，但是如果这些数据不能经由慧眼识别理解，转换成有洞见的决策和管理流程，就会像空有宝库却没有钥匙。有能力改善和简化自身结构、流程、系统和文化的组织，才会在未来的竞争中占有优势。

在个人层面上，人们越来越需要掌握这种复杂性的能力，以及平

---

① Alan Murray, "5 Things You Didn't Know About the Fortune 500," *Fortune* (June 4, 2015). 在我们对高管进行的独立调查中，高管们表示，不断收紧的监管要求是他们运营业务时的最大担忧。《财富》杂志将其列为全球高管的第二大担忧，仅次于技术革新。

衡各种相互冲突的需求的能力。斯坦福大学找到了影响员工健康和幸福的一系列压力因素①，包括加班、职业不稳定、职业要求过大、工作与家庭冲突、不公平的工作环境等。不管你就职于大企业还是小企业，这种永恒的不稳定、不确定、变化和模糊性都会让职业变得更加复杂，这导致我们的决策变得更加困难，亟须简化。

很多研究一致认为，这些时代大趋势正在塑造着未来的职业环境。一些趋势可能看起来稍微遥远一些，而有些趋势你可能已经在经历着了。所有这些趋势都有可能让我们的职业产生实质性的改变，让很多人面临被淘汰的危险，哪怕是某些领域的专家也无法幸免。你知道什么时候这些趋势会影响到你吗？你知道你的技能是否面临着被淘汰的命运吗？

你有保质期吗？

虽然戴维在他的工作领域技能突出、成绩斐然，还获得了不少的奖项，但当征兆出现时，他并没有意识到自己将无法继续从事他所热爱的工作。我们最初跟他交谈的时候，聊到他为什么会退出新闻业，他说道："我没有抛弃新闻，是新闻抛弃了我。"戴维有一个"保质期"，可惜他在过期之后才发现。

其实事情发生之前已经有很多征兆，但戴维视而不见，因为当时他所聚焦的领域太过狭窄了。用作家兼领导力教练马歇尔·戈德史密斯（Marshall Goldsmith）的话说就是："你现在拥有的，不足以带你去未来。"② 在某一个时候，通过社交媒体进行内容营销成了职业的一部分，但那些给戴维的职业生涯早期带来成功的技能和经验，没能帮他在面对

---

① Shana Lynch, "Why Your Workplace Might Be Killing You," *Stanford Business* (February 23, 2015).

② Marshall Goldsmith, and Mark Reiter, *What Got You Here Won't Get You There* (Hachette Books, 2007).

变化时做好准备。幸运的是，他“重启”成功，在一家大型管理咨询公司里挑战他的下一个职业角色失败后，还能成功逆袭，在一家调研公司实现了职业成功，让他的国际化经验和访谈技巧都发挥了巨大的价值。

今天的世界已经不是我们的祖父工作时的世界了，甚至不是我们的母亲工作时的世界了。今天的世界变幻莫测，即使世界上规模最大的那些企业也不能幸免，而受到影响的企业又会通过滴漏效应影响到你我这样的普通人。50 年前，《财富》世界 500 强企业平均在 500 强名单上稳坐 75 年，而现在这个数字是 15 年①。1955—2011 年，只有 67 家企业继续留在了 500 强名单上②，因为不断有新的公司用新的市场手段摧毁旧的商业模式，而且这些企业被淘汰的速度越来越快了。在我们祖父的时代，企业会用一块有象征意义的金表作为退休礼物，来表彰 50 年服务同一家公司的忠诚员工。这个时代已经过去了，就像 20 世纪 70 年代流行的白色休闲装、90 年代流行的男子乐团一样过时了。

戴维只是个例，但他是记者这个行业的一个典型代表，很多记者都面临着同样的问题：行业剧变、举步维艰。纸媒是在 2008 年金融危机中受创最重的行业之一，但是它不是唯一的一个。根据文化评论家斯考特·蒂姆伯格（Scott Timberg）的研究③，席卷整个职业种类的裁员大潮包括：

- 图形设计相关就业机会在 4 年内缩水 19.8%。
- 摄影相关就业机会在 7 年内缩水 25.6%。
- 建筑相关就业机会在 3 年内缩水 29.8%。

---

① Steve Denning, “Peggy Noonan on Steve Jobs and Why Big Companies Die,” *Forbes* (November 19, 2011).

② Mark J. Perry, “Fortune 500 Firms in 1955 vs. 2011; 87% Are Gone,” AEI Carpe Diem, November 23, 2011.

③ Scott Timberg, *Culture Crash: The Killing of the Creative Class* (Yale University Press, 2015).

虽然到了2014年就业总数已经恢复到之前的水平，但是这些新增的就业在质量上根本不能和当初相提并论。中等收入和高收入的就业机会被低收入的就业机会所取代了，如图1.1所示。其结果是，2003—2013年，典型美国家庭的资产净值在扣除通胀因素之后下降了36个百分点①。

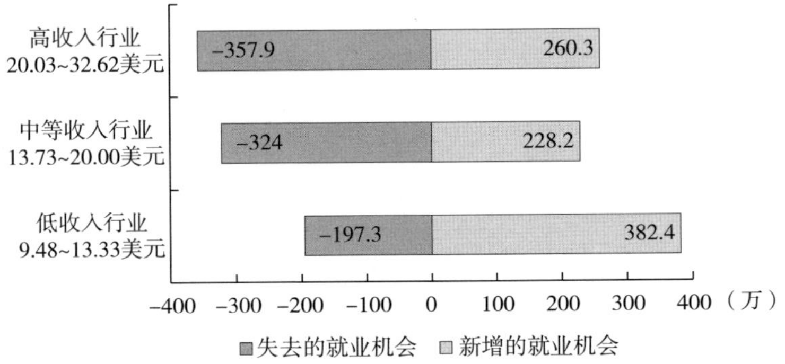

图1.1　私营企业雇用人数净变化

资料来源：全美就业法律专案（National Employment Law Project）

但是，杰德和戴维的故事告诉我们，只要我们愿意面向未来延展自己的能力，重新找到自己的职业定位，一切就还有希望。你的收获绝不会辜负你在过程中的努力。

对被淘汰的担心并不是什么新鲜事，只不过现在事情发展变化的速度加快了，让我们不得不尽早思考自己的职业生涯。保质期这个概念起源于一个让人意想不到的地方，它的创造者也不是什么光明磊落的人物。20世纪20年代，芝加哥以黑帮猖獗而闻名。其中最为臭名昭著的黑帮老大阿尔·卡彭（Al Capone）②也被称为“刀疤脸”，据说他策划了数十起，甚至可能有数百起谋杀事件，其中就包括著名的情

---

① Anna Bernasek, “The Typical Household, Now Worth a Third Less,” *New York Times* (July 27, 2014).

② “Al Capone.” Bio. A&E Television Networks, 2015.

人节大屠杀。而在美国的禁酒令时期，酿私酒是阿尔·卡彭犯罪帝国很重要的一部分。

有时黑帮老大也需要面对商业模式变化的问题。在卡彭的罪行受到法律惩处之前，他多次想要洗白自己的名声，从此走上正经生意人的道路，但这些努力全都效果短暂。眼看禁酒令就要被废除了，卡彭想要找别的买卖来代替做不下去了的私酒生意。既然他已经为自己的不法私酒建立了成熟的分销系统，可以把私酒运往全城各地，而且禁酒令废除不可避免，很快制酒会变成公开合法的生意，因而他开始考虑如何在这个变化来临之后仍然可以利用已有的设备、技能和人脉去赚钱。“你们知道吗，”他说，“我们再怎么拼命倒腾酒，赚头也赶不上倒腾鲜奶大。而且牛奶还是合法的。我的老天爷呀，咱们入错行了呀，伙计们！”①

意识到不行动就会面临被淘汰的局面后，卡彭和他的小弟们先是垄断了印章设备市场，然后又游说市政厅通过了一个监管条例，要求所有的牛奶盒必须印上保质期。这个创举使保质期第一次用于表明牛奶的新鲜度②，并且这个做法保留至今。当然，卡彭可不是一个模范公民，我们也不是要号召大家学习他。这个故事想表达的是，只要愿意面向未来进行思考，有时候一个零碎的点子也可以带来巨大的收获。

卡彭的目标在于保持他的产品新鲜度，并且让每个人都看得见，这样才能更好地做市场推广和卖钱。过期的产品不能卖钱，过期太久的产品则只能扔到垃圾桶里，这个道理对于职场人士也一样说得通。让我们的技能和能力保持新鲜，才能让我们在未来拥有竞争力，这是一件非做不可的事情。想要让我们的“过期”时间不断地推迟，我们

---

① John William Tuohy, “The Milk Men,” AmericanMafia. com, *Feature Articles*, 178 (December 1, 2001).

② Al Zagofsky, “Milk Expiration Dates—Courtesy of Al Capone,” *Carbon County Magazine* (August 2011).

必须时时更新自己。

延展

1. 突破今天的能力边界，为明天做好准备。
2. 延伸你的观点和技能，更上一层楼。
3. 在追求你的职业梦想时，毫无保留地发挥你的聪明才智。

不用考虑你是否有保质期，因为你一定有的。你真正应该问的问题是，怎样做才能延长你的保质期。根据你所在领域的不同、你拥有的经验和教育的新旧程度不同，可能你很快就过期了，也可能你在接下来的几年内都能保持新鲜。不过虽然你的技能可能有保质期，但是你的梦想却没有保质期，所以这本书里提供的建议才会这么重要。

延展要务

职业本身没有未来，未来掌握在做这个职业的人手中。

——乔治·W. 克兰（George W. Crane）①

从我们的调查问卷中所有参与者留下的评论和访谈里，我们一再地发现3个主题，它们反映了当今职场的现实。这些主题代表了本书所讨论的职场的大环境。我们叫它们“延展要务”。为了给你提供最佳实践指导，帮助你打造一个成功的职业生涯，我们必须先帮你认清当今职场的现实。

① 克兰是名作家，这句话引述自丹尼斯·斯万博格（Dennis Swanberg）和克利斯韦尔·弗里曼（Criswell Freeman）的《斯万医生的职业处方》（*Dr. Swan's Prescription for Job-itis*）。

延展要务1：对自己负责

不仅你的敬业度是你自己的责任，你的个人成长也是你自己的责任。我们在研究中发现，企业高管最看重的员工品质是教育程度和职业资历。然而只有不到1/3的高管表示，他们的企业会提供激励或津贴，帮助员工提升教育水平或工作技能。只有34%的员工声称他们的企业给他们提供了有效的培训。

在2013年举办的芝加哥首席人力资源官大会上，一位来自《财富》世界500强的企业人力资源高管在演讲中声称："我只对自己的个人发展负责，其他任何人的个人发展都不是我的责任。"现场一片寂静。这种话也可以公开说出来吗?[①] 接着听众开始叫起好来，全场欢腾。因为事实就是这样啊，这本就应该是自己的责任。

如果你想要成为一个领导者，那么你更要对自己负责。我们请企业高管对最重要的员工品质进行排序，他们说相比于具有领导能力的员工来说，愿意追随领导的员工更让他们喜欢。所以如果你准备成为一个管理者，那么你必须自己帮自己锻炼领导技能。有一家公司回顾了参加过公司培训计划的17 000名管理者[②]，从反馈上来看，管理人员第一次接受领导力培训的平均年龄是42岁，而这些人平均在30岁就已经第一次走上管理岗位了。在这12年的空档期中，这些管理者不得不完全依靠自己的天分来开展管理工作，或者在企业没有提供支持的时候自己去寻找外部资源。

虽然很多企业会提供一些内部职业发展的信息，但是很少有企业会在个人层面上对员工进行指导和帮助。因为工作压力太大，员工仅

① 凯瑞参加了这场会议，是这些评论的第一手来源。

② Jack Zenger, "We Wait Too Long to Train Our Leaders," *Harvard Business Review* (December 17, 2012).

仅是完成眼前的工作就已经非常困难了，更不要说去主动延展自己的能力和为未来做准备了。一不小心，你可能就掉队了。

伊莱恩的故事就是一个典型例子，可以让我们知道每天只顾低头拉车，没有时间抬头看路会带来什么后果。大学毕业后，她进入一家当地制造业公司做人力资源工作，积攒了两年经验并还清了助学贷款后，她又回到学校里读了一个 MBA（工商管理硕士）。通过朋友和家人的关系，她在美国西南部一家大型航天公司找到了一份工作。接下来的日子顺理成章：职位越来越高、结婚、两个孩子出生。

到了第 15 个年头，公司决定进行一次大型的组织结构调整，她所在的部门主管宣布本部门的每个想留下来的人，都必须重新进行求职申请。伊莱恩决定趁着这个机会去看一下人才市场的行情，她从几个招聘专员那里得到的反馈把她吓坏了。这些招聘专员认为她在同一个行业和公司待得时间太久了，这可能会让她的选择机会变少，而潜在雇主也可能对她有所疑虑。

虽然她最后保住了自己原来的工作，但这次经历让她明白了一个道理：在自己的职业生涯中，她不能再这样随波逐流了。她开始在工作当中寻找新的机会，在本领域内拿到了一个新的资格认证，而且开始集中精力建立外部人脉关系。她发誓说，再也不会让自己有那种“离开了这里就找不到活路”的感觉了。

为了帮助你在个人发展中为自己承担起责任，我们接下来会探讨一下如何在工作中学习，以及如何以开放的心态进行思考和发现新的或不一样的机会。

延展要务 2：积累备选机会

关于为未来做准备这件事，每个人都有不同的方法。有时候虽然你所在的企业已经为你提供了一条职业发展通道，你却可能并不愿意按照既定的路线前进。举例来说，在一家顶级咨询公司工作的前 5 年可能意味着每周工作100小时和天天扮演“空中飞人”，但是5年之后情况并不会改变，这个让人筋疲力尽的循环又会重新开始。还有些公司有这样的规定，不管你的能力或水平如何，想要升职就必须在某一个级别上做满特定的年限。为了让你的个人成长最大化，你必须储备更多的备选机会。

在我们的问卷调查中，有个受访者是这样说的：“我希望向独立工作的方向发展，接项目，提升自己的能力，同时还有机会去建立更广的人脉。我不希望自己未来一直这样朝九晚五，我的目标是职业的灵活性。”不过也有的受访者在大企业里做得风生水起，还有人喜欢小型创业公司；有一些人爱上了现代社会7天×24小时的工作节奏，也有些人觉得18点之后的时间应该属于家人，不应该被工作侵占。

为了增加你的备选机会，本书涉及一些关于建立人脉和获取经验方面的关键实践。在每个实践中，我们为你提供了5～7个实用策略，让你可以根据自己的情境设计出最适合自己的方案。你需要找出对你自己来说最好的策略。

延展要务3：要有梦想

我们的问卷调查的受访者跟我们吐露了他们的职业梦想和野心，他们想要通过职业发展在未来取得更高的成就。这个梦想可能是在现在的公司或其他的公司里扮演更重要的角色，也可能是自己创业。①不论具体的梦想是什么，我们都能感受到大家的决心，每个人都希望为自己和家人带来更多的收入，每个人都愿意采取行动为自己的职业

① “Mind the Gaps：The 2015 Deloitte Millennial Survey Executive Summary，” Deloitte，2015. 根据德勤公司2015年的一项研究，千禧一代的创业兴趣愈发浓厚，尤其是在新兴经济体中。

生涯做好准备。

不管你想要的是更多的钱、更好的个人发展（比如希望找到一个优秀的导师），还是有机会从事更有挑战性的工作，只要想到了这些，你就已经在面向未来思考了。有一个问卷受访者说：“我做营销已经有一段时间了，积累了不少人脉。我自己有一个目标，但是在现在的公司似乎看不到出路，我计划换工作，在更大一点的公司找一份好工作。”

当前的工作绩效固然重要，但是你不能没有全局观。在“员工职业满意度上影响最大的因素是什么”这个问题上，排名第一的答案是“职业生涯综合发展，达成人生目标”。有一个受访者是这样说的：“我的自我提升的目标是让自己变成一个更好的人，而不仅仅是让我的工作绩效更好。”你不仅仅要为明天的工作做好准备，更应该关注的是你作为一个人的成长，这会在未来给你带来更多的职业选择权。你要延展自己。

为了帮你实现你的职业梦想，本书会探讨如何让你的经验帮你在实现梦想的道路上进退自如。

5 种延展实践概览

我们写作本书的目的就是帮助你进行延展，帮助你避免被淘汰以及提高你工作的投入度。我们梳理了我们一直以来帮助别人进行职业发展的经验，开展了原始研究，并大量应用了别人的研究成果。现在，我们的目标是提供一套实用的解决方案。我们在研究中找到了 5 种实践，可以帮助大家为未来做好准备。这 5 种实践与延展要务相互对应，请见表 1.1。

表 1.1　延展要务与所对应的延展实践

延展要务	延展实践
为自己负责	边做边学 开放心态
积累备选机会	建立多元化人脉 经验多多益善
要有梦想	勇往直前

既然第 1 条要务就明确指出你要为自己负责，你就必须做到：

- 在任何情况下都能做到边做边学。
- 保持开放心态，不要仅仅考虑眼下。

你需要更多备选机会，而第 2 条要务中的这两个实践恰恰可以帮到你：

- 建立人脉，找到可以帮助你未来职业发展的人。
- 积累经验，为未来做好准备。

最后，为了保证你能够实现第 3 条要务中所说的梦想，我们会给你提供一个自我激励策略：

- 学会勇往直前，在职业的顺境和逆境中都要保持高昂的斗志。

这 5 种实践形成了你的基础能力，它们能帮助你实现职业生涯目标，让你不惧挫折，为不可见的未来做好准备。我们相信，这 5 种实践一定可以帮助你走上一条灵活、可持续发展的职业道路。

延展要务 1：对自己负责

实践 1：边做边学

去年你花了多少时间参加培训？花了多少时间和你的领导或导师讨论问题？在企业学习行业，有一个经典的 70－20－10 模型①，是创意领导力中心（Center for Creative Leadership）最先提出的，如图 1.2 所示。这个模型认为：70% 的学习过程是发生在工作过程中的非正式学习；20% 的学习来自和他人的交流，例如教练、管理者、导师等；10% 的学习来源于正式的课程或培训学习。

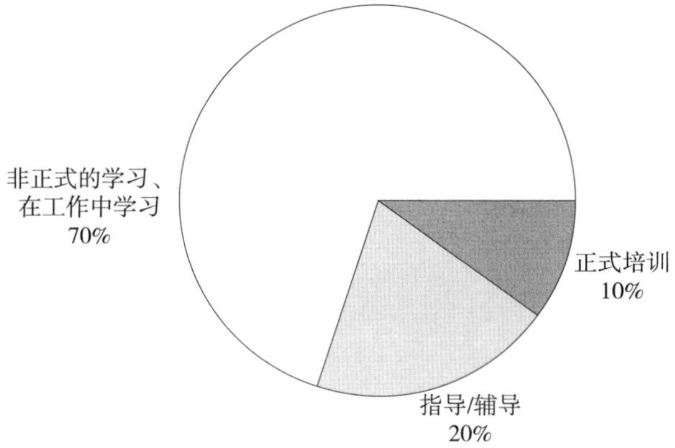

图 1.2　70－20－10 模型

非正式学习可以有多种形式。比如与同事闲聊、工作角色拓展和承担更大的工作责任、使用新工具和新技术、团队协作、参加本职工作之外的项目，甚至在工作之外以志愿者的身份扮演全新的角色等。因为你的学习过程很大程度上是非结构化的，所以你必须找到合适

---

① Ron Rabin, "Blended Learning for Leadership: The CCL Approach," Center for Creative Leadership, 2014.

的策略和工具，这样你才能更好地边做边学，更好地挖掘自己的潜能。

科尔特是一个反面教材，他没有掌握边做边学的能力。科尔特的项目经理工作陷入了一潭死水，从别人的反馈中，他知道别人希望他“更有决断力”，他觉得自己需要一些外部帮助了。于是科尔特来到当地的书店，把“成功励志”和“职业规划”区的图书一本一本地看过去，想找一本教人决断的书。但好笑的是，因为选择实在太多了，他又一次无法决断，最后空手离开。

我们发现厉害的学习者与科尔特不同，在自我提升方面，他们有一套专门的技术。我们会给大家讲解这些学习专家使用的技巧，希望可以帮助你在边工作边学习的时候避免一些陷阱。

实践 2：开放心态

即使你已经具备了学习的能力，你的心态也很重要。人们在面对工作和外部环境时总是抱着开放或封闭的心态，你是愿意坦承自己所知有限，还是喜欢假装自己什么都懂？《菜鸟的智慧》（*Rookie Smarts*）的作者莉兹·怀斯曼（Liz Wiseman）说过：“菜鸟没有心理负担，没有偶像包袱，没有资源拖累，一张白纸的过往不会限制他们的思考和灵感。对今天的知识型员工来说，持续学习比业务精熟更有价值。”① 要保持一个开放的心态，我们就必须意识到世界的变化比我们自己的成长快得多。

在第三章“保持开放心态”中，我们会教你一些技巧，让你用安全和创新的方式获得他人的反馈，来评估你自己到底开放到什么程度。我们会为你提供一些策略，让你可以提升自己的开放性，用新的眼光发现机会，辨别无关紧要的决策和影响职业生涯的重要决策。

---

① Liz Wiseman，*Rookie Smarts*（Harper Business，2014）.

延展要务2：积累备选机会

实践3：建立多元化人脉

在访谈过程中有很多人告诉我们，要扩展自己的视野、保持自己不落伍，就一定要交到正确的朋友。这种朋友可能是聪明人、交流广泛的人、年轻人、长者或有权势的人。请看以下的两种人脉网络，你觉得哪一种能更好地帮助你找到工作？

第一种人脉由跟你亲近的人组成，朋友、社区、家庭成员，不论你发达还是潦倒，他们都会一如既往地支持你。如果你要找工作，他们一定愿意帮你引见甚至托个人情。你与这些人的关系非常紧密。

第二种人脉由熟人组成，你跟他们的接触可能没那么频繁。比如你在脸书加了乔治·竹井（George Takei）① 为好友，这可不算数。我们说的是那种跟你吃过一两次饭的人，或者你在行业会议中认识、偶尔通信的人，以及在公司的年度节日派对上认识的人。这种人脉网络与第一种相比，可能在地理分布上更为分散。第四章“建立多元化人脉”会进一步探索这两种人脉网络的功能和应用，并会揭晓“什么时候应该使用哪种人脉”这个问题的答案。

根据职业和个性特点的不同，每个人建立人脉网络的方式可能也各不相同。我们提供了多种方法供你选择，并且会告诉你基于你的工作和个人特质，在不同情境下应该使用哪种方法。

实践4：经验多多益善

经历同一件事情，不同的人从中得到的知识提升和能力成长可能

---

① 日裔美国演员，曾出演影片《星际迷航》。——译者注

天差地别。道格拉斯·亚当斯（Douglas Adams）在《银河系漫游指南》（*The Hitchhiker's Guide to the Galaxy*）中写道："人类天赋异禀，具备从别人的经历中学习经验教训的能力，但同时，这个种族又有一种神奇的拒绝学习的倾向。"①

有意识地积累各种有意义的经验是一个强大的工具，它能让你在工作中与时俱进。汇丰银行加拿大的高级副总裁迈克尔·韦伯（Michael Webb）曾把他父亲传授给他的经验分享给大家："经验绝对要多多益善。"②

在第五章"经验多多益善"中，我们会给你出一些主意，让你在工作中和工作外都能提升能力。如果你现在的老板是个糟糕的老板，或者你的老板不错，但无意中限制了你的个人发展，关于这种情况的处理你也可以在第五章中找到答案。

延展要务3：要有梦想

实践5：勇往直前

在你通向成功的路上，一个最重要的因素就是你的毅力③。毅力是坚韧不拔加上你对长远目标的执着，它会帮你超越挫折。在遇到挫折时，我们不仅要学会爬起来，更要学会迎难而上，向着我们的目标不断学习和成长。超凡的决心是预测成功最有效的指标④，这也是为什么在挫折面前坚挺不倒的人往往最终能获得成功。

---

① Douglas Adam, *The Hitchhiker's Guide to the Galaxy* (Del Rey, 1995).

② 引自2014年12月的一次谈话。

③ Angela L Duckworth, Christopher Peterson, Michael D. Matthews, and Dennis R. Kelly, "Grit: Perseverance and Passion for Long-Term Goals." *Journal of Personality and Social Psychology*, 92 (June 2007), 1087 – 1101.

④ Malcolm Gladwell, *Outliers: The Story of Success* (Back Bay, 2011).

你有没有说过“我再也不这么做了”的时候？你会这么说，是因为失败或坏事对人的影响往往比一大堆好事加在一起还大。负面的事件是强有力的学习工具，至少在学习这件事情上，坏事比好事更有效[①]，因为它可以把教训深深地刻在我们的记忆中。

我们如果想要勇往直前，就必须以未来的目标为动力，在跌倒的地方重新爬起来。虽然失败是最可怕的挫折之一，但其他种类的挫折也同样可能让人丧失斗志。选错方向的后果可能跟失败一样严重，比如到了大四才发现自己对本专业一点兴趣都没有，这个时候沉没成本已经很高了，而且会有一种必须从头来过的恐惧感。

还有一种挫折是干扰，通常来自一些你无法掌控的事件。比如你工作的公司被收购了，或者是政策环境发生了变化，像禁酒令的废除对阿尔·卡彭私酒营生的影响。再有就是我们一生中错过的那些机会，这也会让我们在懊悔中蹉跎而忽视眼前的大好机会。决心和毅力可以帮你击败所有这些挫折，第六章将介绍一些自我激励的策略，帮助你在实现梦想的征途上坚韧不拔。

布兰登的故事

布兰登是一名培训总监，他的经历就是一个寻找人生目标并努力达成的故事。布兰登小时候被一位心理学家诊断出有注意缺陷障碍和阅读障碍。他告诉布兰登的母亲，如果幸运的话，她的儿子大概能拿到高中学历，大学就不要想了。然而在父母的强力支持下，布兰登竟然拿到了心理学的学士学位。但他不知道自己想要做什么工作，他先是去做了建筑工人，后来又成为夏令营指导员。随着他做过的工作越

---

① Roy F Baumeister, Ellen Bratslavsky, Catrin Finkenauer, and Kathleen D. Vohs, “Bad Is Stronger Than Good,” *Review of General Psychology*, 5 (2001), 323 - 370.

来越多，他发现相比于用自己的双手干活，他更喜欢跟人打交道的工作。

花了一年的时间在世界各地旅行后，布兰登决定做一名销售。很快，他就发现自己讨厌销售工作，于是默默地在心里把销售划到了“不想做的工作”一栏。还是不知道自己想做什么的布兰登，决定先学一个 MBA，然后去找一份与成人教育有关的工作。

用布兰登自己的话来说，他在企业培训岗位上的第一个老板“糟糕透了”，不过这个老板走了之后，他终于得到了升职的机会。“这一刻我终于想通了，”他说，“我纠结了 6 个月，终于发现边工作边学习是没问题的。”布兰登终于找到了一个任何行业都需要的职业领域，因为只要稍有规模的企业几乎都有培训部。回首自己的过往他发现，在找到真正适合自己的职业的过程中，过往所有的职业经历都发挥了价值。

虽然经历过各种障碍、各种错误的方向，还有过一个糟糕的老板，但布兰登学会了如何在挫折中勇往直前。他尝试了各种工作，一边帮自己想清楚自己想要的工作环境是什么样子的，一边找到了最适合自己的工作。他也学会了利用他的人脉关系来获得支持和找到新的工作。布兰登工作努力又开心，你想不想像他一样?

延展总结

- 你要为自己的敬业度负责。
- 全世界的职场人士最担心的问题就是岗位的变化和技能面临淘汰。
- 3 个延展要务是员工和高管访谈以及问卷调查中不断出现的 3 个主题。它们是：

要对自己负责。你是自己职业发展的唯一驱动力。你的敬业度不是你的老板或你所在企业的责任。

你需要积累备选机会。企业搬迁了，或者岗位发生重大变化了怎么办？并不是每个人都有能力和意愿来适应这种变化的，你需要为你的明天储备更多的后备选择。

要有梦想。你的梦想可能在你现在的企业中实现，也可能在另一家企业中实现，还可能在你自己的创业公司中实现。你的梦想可以让你更努力。

- 为未来的工作做好准备的 5 种实践与 3 个延展要务的关系如下：

为自己负责	边做边等 开放心态
积累备选机会	建立多元化人脉 经验多多益善
要有梦想	勇往直前

第二部分　对自己负责

第二章　边做边学

第三章　保持开放心态

要对自己负责并实现自我的延展，最重要的基础就是随时随地学习以及发现身边的机会。

21世纪的文盲不是那些不会阅读和书写的人，而是那些不会学习新知识、忘掉旧知识和重新学习的人。

——阿尔文·托夫勒（Alvin Toffler）①

第二章 边做边学

不论你在世界上的哪个地方，如果你参加过高中同学会，你一定会这样观察大家：谁看起来很棒？谁老得厉害？谁的变化大到大家都认不出来了？

变化不仅仅发生在样貌上，也会发生在职业生涯上。班上的大多数人会在各自的职业生涯中达到差不多的里程碑，但是总有那么几个人特别出色。有些人的出色不出大家的意料，也总有那么几个异军突起的人物，谁也没想到这些人会获得成功，然而他们变得非常出色。他们是怎么做到的？

最近的研究发现，让这些人脱颖而出的原因很简单：他们保持了持续学习的能力。那些在离开学校之后还能坚持学习的人潜力无穷。未来的每一次同学会上，他们都会更加成功。

在高中时期，乔纳被大家公认为班里的“学渣”②，而在同学会上，不少人见到他后都大跌眼镜。他说自己拿到历史学学位没费什么力气，但是直到去当地一家学校做志愿者之后，他才发现了自己对教育事业的热爱。他做出了与他这一代中很多人相同的选择③，进入了教育行业。

---

① From an interview with Herbert Gerjuoy，Alvin Toffler，*Future Shock*（Bantam，1984）.

② 该故事述自2013年10月进行的一场访谈，访谈中有关身份的细节应受访人要求使用了化名。

③ U. S. Chamber of Commerce Foundation，“The Millennial Generation Research Review.”

乔纳认为一个高道德水准的环境对于年轻人的发展是最为有利的，所以他加入了一家特许学校①。工作的第一年跟他想象的完全不一样。"太难了。我每天沉浸在苦闷中，经常想辞职，我觉得这个工作我做不好。我当时每天工作 14 个小时。周围的人说我每天愁眉苦脸地在学校里晃荡，这对学校影响不好。但我真的想要做得非常出色，我有那么一股信念，我相信自己一定有这个潜力。"

唯一的办法就是让自己变得更强。为了实际这个目标，他需要学习新的技能。"我讲话太多了，孩子们听烦了就开始做其他的事情。然后我就会感到很失败，而我的情绪又会写在脸上。"他知道自己必须在第二年里有所改善。他不但阅读了一些图书，纠正了自己的一些错误思路，还组织了几次跟其他老师的职业发展交流会。"有时候一个很小的窍门也能帮到我，比如课间的 5 分钟如何管理学生。我发现，学习就是一个不断练习的过程，而我也在主动寻找练习的机会，让自己变得更好。"

到了第三年，他已经开始辅导新人老师了。不久后，他发现自己在辅导新老师中得到的满足感不亚于教学生。乔纳现在正在参加一个校长培训项目，曾经的"学渣"已经完美逆袭。

"差不多"不是长久之计

也许每个人都对乔纳的第一年感同身受，每个人都可能经历过初入职场时为了胜任工作而付出的辛苦努力，但不是每个人都会坚持挑战自己的极限、超越工作的要求、挖掘自己的潜能。对有些人来说，"差不多"就可以了，而恰恰是这些"差不多"的员工是最有风险的。他们很难进步，在工作中找不到满足感，工作上变得不投入，最终可能被淘汰。

我们在研究中发现，只有不超过 40% 的职场人对自己的工作满

---

① 这是美国的一种公立学校之外的办学形式，有一些实验学校的性质。——译者注

意。有意思的是，超过一半的员工说自己有可能在未来6个月内考虑离职。了解到这种心态之后，我们很容易明白为什么有些人停滞不前，不再学习新的技能了。一个管理者最近这样问我们："如果你的员工只想在工作中尽量少付出努力，得过且过，你又有什么办法呢?"

有一些人跟乔纳相似，他们急切地希望在自己的职业生涯早期培养自己的胜任力，但对很多其他人来说，工作好像只是一种习惯，而不是一种机遇。如果你从来不学习新技能，也不想面对新的挑战，你可能就会在自己的领域中渐渐趋于平庸。更糟糕的情况是，现在新技术、新流程、新知识正不断地侵蚀着每个人的胜任力，而不论这个人工作了多少年。这种衰减曲线在某些行业更加陡峭（比如医药行业），随着时间的流逝，在任何行业里浸淫多年的老专家，都可能变得比不上一个新手。工作年份并不能保障专业度或高绩效①，事实恰恰相反。

想象这样两个人，他们在职业生涯起步时都热情满满地为这份新工作而学习，他们在前期进步的速度也一样，如图2.1所示。第一个人在工作过程中持续学习，不断积累新的知识、技能和专业性；而第二个人逐渐变得自满或是在工作中遇到了挫折，于是只在工作中付出最低程度的努力，仅仅保证自己不被开除。然而，这种最小努力的状态会不断积累，新的工作内容会不断出现，旧的工作内容会不断消失。最终，

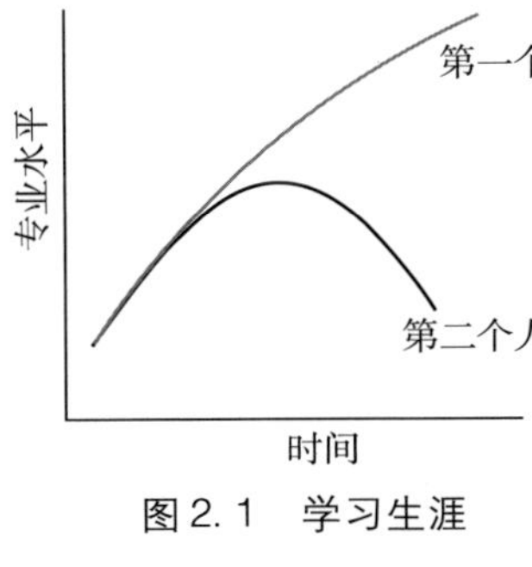

图2.1　学习生涯

① Steve Sonnentag, "Excellent Software Professionals: Experience, Work Activities, and Perceptions by Peers," *Behavior & Information Technology*, 14 (1995), 289-299.

第二个人虽然可能比新手赚得更多，但专业性上可能更低。此时，第二个人就过时了，一旦发生就业危机，这样的人首当其冲。

生活不是“讨”出来的，而是“学”出来的

想要不被淘汰，你必须不断地学习。学习并不局限于学校或其他正式的学习环境。从某种意义上来说，生活不是“讨”出来的，而是“学”出来的[①]。在我们的访谈中，很多人都这样说：“我要为自己的成长负责。”人力资源的管理者和其他人也纷纷赞同这个观点。欧洲工商管理学院（INSEAD）的教授詹皮埃罗·彼得里利埃里（Gianpiero Petriglieri）也支持这个观点：“每个人都说学习是企业成功和个人成功的关键。但是，看看我们的日常生活，谁关心你的学习过程呢?[②] 没人关心。大家只关心你都学到了什么，他们关注的是你的学习结果。学习是件好事，但你要用自己的时间悄悄学。”

一些企业为员工提供了学习机会[③]，这可以提升员工的知识水平和技能水平，同时还可以提升员工满意度，这件事对企业和员工都有好处。可惜的是，当代的企业并没有为员工提供足够的培训机会让员工与时俱进，更不要说应对未来的挑战了。

根据埃森哲（Accenture）2011 年的一项研究，接近 80% 的员工[④]在

---

① 在第三章中提到的克里斯·詹姆斯（Chris James）常年用这句话来提醒自己在工作中要保持与时俱进。

② Gianpiero Petriglieri, “Learning Is the Most Celebrated Neglected Activity in the Workplace,” *Harvard Business Review* (November 6, 2014).

③ James L. Heskett, W. Earl Sasser, and Leonard A. Schlesinger, *The Service Profit Chain* (The Free Press, 1997). 服务利润链理论已经很完善了。其他很多研究也表明培训能够让员工获得满足感，例如德保罗大学管理系的丹尼尔·考艾斯（Daniel J. Koys）2001 年公布的研究“员工满足感、组织归属感行为和人员流动对组织效率的影响”（The Effects of Employee Satisfaction, Organizational Citizenship Behavior, and Turnover on Organizational Effectiveness）。

④ “Accenture Study Finds U. S. Workers Under Pressure to Improve Skills, But Need More Support from Employers,” *Accenture* (November 16, 2011).

入职5年内没有享受到任何由企业资助的技能培训，一次也没有。这就意味着很多员工要靠自己摸索。当今美国企业在每个员工身上投入的培训成本平均只有每年1 200美元[①]，主要用于法律合规培训和领导力培训。幸运的是，现在我们已经看到了企业增加正规培训投入的趋势。[②]

当然，有很多公司以出色的员工培养能力出名[③]，例如通用电气（GE）、泰勒斯（TELUS）、信诺（Cigna）、联合利华（Unilever）、联合服务汽车协会（USAA）、希尔顿（Hilton）、万豪（Marriott）、康宁（Corning）等。但是包括彼得里利埃里教授在内的很多人都意识到，这类公司少之又少，还没有成为主流。你必须为自己的职业成长承担起责任，特别是要学会在工作中学习。在你的职业生涯中，你学到的大多数东西都会是来自工作当中，而不是在教室里学到的。你必须在工作中学习，经常是边做边学，这样才不会落后。

什么是卓越?

> 在我们关注的领域成为一个高效能的人，并不仅仅是为了给自己带来职业自信。从某个层面上来说，职业自信与我们的梦想息息相关，我们内心深处总有那么一个地方，它渴望超越自我，成为某个伟大事业的一部分。我们希望自己的生命有意义。
>
> ——雷蒙德·J. 沃德科沃斯基（Raymond J. Wlodkowski）[④]

早在古希腊文明时期，人们就对专家推崇备至。想要在公众论坛上

---

① ATD Research，*2014 State of the Industry*（Association for Talent Development，2014）.

② *Global Human Capital Trends 2015*（Deloitte University Press，2015）.

③ ATD BEST Awards. 人才发展协会（ATD）BEST奖表彰那些因员工技能提升，而让整个企业取得成功的组织。

④ Raymond J. Wlodkowski，*Enhancing Adult Motivation to Learn*（Jossey-Bass，2008）.

发表自己的观点，就必须在某个领域有一定的专业性。根据苏格拉底的描述，公众集会想要做出决定时，不同领域的专家会被请来发表意见。关于建筑的讨论会请来造房工匠，关于造船的讨论会请来造船师等。“但如果其他人想要发表意见①，无论他长得多么英俊、出身多么高贵，集会群众根本就不会认可。相反，人们会哄堂嘲笑他，直到那个想讲话的人说不下去而放弃，或者会议主持找来卫兵让他闭嘴甚至把他拖走为止。”想要你的意见被别人重视，你就必须成为这个领域的专家。

专业性的等级

“你懂品酒吗?”凯瑞问她的朋友瑞克·哈维尔（Rick Harwell），他们正在为一次到加州北部的出差做准备。现在如果周六晚上在酒店多待一天，机票会便宜很多，所以他们决定出差后多留一天，去看看纳帕谷（Napa Valley）②。“我略懂一点。我最喜欢的是普伊—富赛（Pouilly-Fuisse）③。”瑞克说。凯瑞从来没有听说过普伊—富赛，不过旅途中有一个貌似专家的人做伴是件让人高兴的事情。

周六来临。他们先是在一家品酒会所参加了一场两小时的品酒课程。一名品酒师介绍了品酒的规矩和方法，让这门高大上的学问感觉亲民了一点儿。两个小时的课程后，瑞克转头对凯瑞说：“忘掉我说过的话吧，我发现我一点也不懂品酒。”

当你进入一个新领域时，你通常什么都不懂。但是你可能会像瑞克一样，一开始觉得自己略懂一点，直到遇到真正的行家——比如这里的品酒师。

在某个领域中的专业性可以分成5个等级。大学刚毕业时，你可能在

---

① Plato（Translated by C. C. W. Taylor），*Protagoras*（Oxford：Clarendon Press，1991）.

② 美国著名葡萄酒产区。——译者注

③ 位于勃艮第的葡萄酒产区，也指当地用霞多丽葡萄酿造的酒。——译者注

新手级，正准备在你选择的领域中大展身手，见表2.1。除非你能持续学习，否则你很可能一直在这个水平徘徊。卓越的能力来源于刻意的努力。

表2.1　专业性的等级①

水平	定义
初始级	很少接触或完全没有接触过
新手级	一些概念性的了解；可能接受过正式培训，但缺少实战经验
熟练级	在本领域进行积极的学习和工作；通常有5年或5年以下的经验；在某些复杂领域这个时间可能长达12年；解决复杂问题时，需要依靠别人的帮助和建议
专业级	在较高的水准上独立或基本独立工作；获得过奖项或对本领域做出过突出贡献；通常拥有重大的决策权
专家级	广受尊敬；可以解决困难问题和疑难杂症；有相关细分领域的技能；能够提出突破性的解决方案；在本领域的工作经验很少会少于10年

延展运动

延展2.1

你如何选择个人成长的方向？思考下面的几个问题，它们可以帮助你找出你希望在哪个目标领域达到卓越。

- □ 在职业上，你希望大家认为你是怎样的人？
- □ 如果彭博社（Bloomberg）或其他新闻机构需要采访你作为专家的建议，你希望是在哪个领域？
- □ 在这个领域中，你已经走了多久？在专业性水平上达到了哪一级？
- □ 为了让你的专业性更进一步，你有没有刻意采取哪些行动？
- □ 综合性地考虑你的职业抱负，你接下来要学习哪个领域的知识？或者你有没有全新的领域想要研究？

① Table adapted from Michelene T. H. Chi, "Two Approaches to the Study of Experts' Characteristics," *Cambridge Handbook: Expertise and Expert Performance* (Cambridge University Press, 2006).

你可以在几个领域中达到卓越?

很有可能你现在的工作涉及多个领域。例如你从事市场营销相关工作，你的专长可能是营销传播，但是同时你可能需要对社交媒体营销有所了解。在表2.1中显示的5个等级中，想到某个领域工作，你必须至少达到熟练级，但对于知识型员工来说，想要在工作中出类拔萃，必须至少达到专业级。大部分人一生都无法突破专业级，因为仅仅是不掉队就已经非常有挑战性了。

了解了这些后，我们就知道一个人在职业早期通常只能在一个职能领域达到专业级。你可能会从做营销传播入手，在工作中不断提升专业性，同时学习积累其他领域的能力。最终，根据你学习的投入和经验的积累，你可能会选择专业路线成为一个营销专家，或者选择跨职能综合能力，向管理路线发展。

这需要多久？一些人比较走运，恰好遇到了合适的挑战、积累了合适的经验，他们可能在几年之内就能达到目标。对大多数人来说，这个时间要长得多，如果你在一个特别复杂的领域或企业中，这个时长还要更长。国际象棋大师、外科医生和飞行员需要花大约一万个小时才能成为专家，但不是所有的领域都需要这么大的投入。你所在的领域越复杂，你可能就需要越长的时间来达到卓越。

边做边学的学习策略

> 在我的眼中，世界不是分为强者和弱者，也不是分为成功者和失败者，不是胜者为王败者为寇。我认为世界上只有两种人：学习的人和不学习的人。
>
> ——本杰明·巴伯（Benjamin Barber）[1]

① Benjamin Barber, *The Reader's Digest*, 140 (1992).

边做边学
延展策略

1. 学会成长式思维模式。
2. 留心观察。
3. 培养好奇心。
4. 留出反思的时间。
5. 敢于反向学习。

面试的时候，几乎所有的人都喜欢说自己“学习能力强”，但是他们怎么知道自己边做边学的能力有多强呢？况且我们的大脑本来就是一架强大的学习机器呀。这就类似于说人人都会呼吸，但是人人都是呼吸的专家吗？大家可能认为自己已经是呼吸的专家了，但只要上一节瑜伽课我们就知道自己对于呼气和吸气一无所知。

研究者认为，成年人学到的大部分东西都是通过自动化的思维过程无意识间学会的。如果我们让老师或专家[①]把他们所会的讲出来，那么即使他们觉得自己已经倾囊相授了，事实上还有70%的知识藏在他们的潜意识中。你肯定有过这样的经历，请别人告诉你一件事情怎么做，却发现关键的几个步骤他根本没有说出来。很多年前，凯瑞买了她的第一只划桨小船，请一个邻居来教她怎么从码头划出去最好。“只要从码头上走上船就可以了，”他说，“简单得很，你没问题的。”

然而邻居忘了交代一件重要的事情：船一定要事先拴好。所以凯

① Richard E. Clark, “Cognitive and Neuroscience Research on Learning and Instruction,” The 11th International Conference on Education Research, whitepaper, September 29 - October 1, 2010.

瑞一只脚踩在船上，另一只脚踩在码头上时，两腿劈开的力道越来越大，最终不可避免地导致了人倒船沉的结果。20 分钟后，凯瑞总算让船重新浮在了水面上，但成功离岸后，她才发现船桨忘在了码头上。在她的第三次尝试成功之前，凯瑞不得不又表演了一次花式跳水。

既然我们的指导者在关键信息上有所保留，不管他是有意还是无意的，我们就不能在学习过程中完全依赖他们的指导，我们必须开发自己的策略和技巧。人们对亲手实践过的事情记忆最深，当一项技能变得自动化了之后，我们很容易忘掉其中的步骤，这也就是为什么你在第一次尝试的时候根本试不出自己的潜能。

幸运的是，有一些策略可以帮助你改善学习和获取新技能的能力，而且你不需要表演花式跳水。下面我们会提供一些策略供你参考，让你可以更好地边做边学。

成长式思维模式

阻止一个人实现梦想的因素可能多种多样，但其中最重要的一个是他对自己潜能的固有信念。要获得边做边学的能力，第一件要做的事情就是切换你的思维模式①，要相信自己有学习和成长的能力。卡罗尔·德韦克（Carol Dweck）在《终身成长》（*Mindset*）一书中写到了这一点。如果一个人认为自己的潜力是固定的，不管是来源于基因、出身、背景还是机遇，那么他就会努力证明他认为的潜力，而不管他觉得自己潜力是高还是低。“我没有学数学的脑子，所以我不能当分析师”、“我上的学校不好，我无法融入这里的文化”或“我是个天生的运动好手，所以我不需要练习得那么勤快”，按照德韦克的说法，他们的思维模式是僵化式思维模式。

在观察大一学生时，芭芭拉经常发现他们急须改变自己的思维框架。对他们来说，高中生活可能是相对容易的，并不需要特别努力。

---

① Carol Dweck，*Mindset*（Ballantine Books，2007）.

进入大学之后，这些学生突然发现学业要求明显变高了，有那么多需要学习的东西，而且竞争又很激烈，总有一群“学霸”头悬梁锥刺股地追求成绩。如果学生们还依赖“我很聪明，所以我不需要努力学习”这种思维模式的话，他们很容易在大学里挂科。他们必须调整自己的思维模式，让自己变成主动学习的人。

与僵化式思维模式相反，如果一个人的思维模式是“成长式思维模式”①，那么他会认为潜力是“无法看清，而且永远看不清的。因为你不知道你的激情、辛苦和自我训练会让你达到怎样的高度”。德韦克断定，拥有成长式思维的人“不仅会寻求挑战，还会在挑战中成功。挑战越大，他们的成长就越大”。

芭芭拉的一个同事向她的学生介绍了成长式思维模式，给她看了德韦克的TED演讲。后来那名学生告诉她，她当时几乎要退学了，因为她看不到什么快速有效的办法，感觉自己撑不过这一学期了。这个学生当时的思维模式就是僵化式的，她认为既然看起来没有办法，她就只能退学。但理解了成长式思维的概念之后，她找回了内心的平静。她知道虽然现在看起来没有解决方案，但她一定可以找到方法，“不是不会，是暂时不会”变成了她的口头禅。

在工作情境中也是一样，不论你是职场新人还是经验丰富的老员工，用成长的眼光看问题，你就会发现到处都是学习的机会，你会以开放的心态迎接新的工作体验②，而你为自己设定的职业成长和技能提升目标也更可能实现。③

---

① Carol Dweck, *Mindset* (Ballantine Books, 2007).

② Don VandeWalle, “Are Our Students Trying to Prove or Improve Their Ability? Development and Validation of an Instrument to Measure Academic Goal Orientation.” 该论文于1996年在俄亥俄州辛辛那提的美国管理学会全国大会上发表。

③ Joan F. Brett and Don VandeWalle, “Goal Orientation and Goal Content as Predictors of Performance in a Training Program,” *Journal of Applied Psychology*, 84 (1999).

如何从僵化式思维模式转换到成长式思维模式呢？首先要明白，你不是只能拥有一种思维模式，因为你对情境的思考可能会发生变化。当你对一个困境感到绝望时，你是不是在用僵化式思维模式思考？比如，你有没有说过这样的话："还是放弃吧，老板不会理解我的观点的，因为他不喜欢我。"当你意识到自己正陷入僵化式思维模式时，你就可以问自己：我能不能用成长式思维模式看待这个问题呢？我的老板与我在很多问题上的看法都无法一致，但是有没有什么办法能说服他采纳我的观点呢？我可以找谁来帮忙呢？

延展运动

延展 2.2

你的思维倾向是学习和成长型的吗？这里有一些问题，可以帮助你进行思维倾向的自我评估。在回答这些问题的时候，请回想一下你最近的几个工作任务。给每个问题打分，1 分代表非常不同意，7 分代表非常同意。把你的分数加总起来再除以 5，得到平均数。

学习思维倾向	非常不同意				非常同意		
	1	2	3	4	5	6	7
我喜欢选择有挑战性的工作环境，这样我可以学到更多东西	1	2	3	4	5	6	7
我总在寻找机会，培养新技能，提升知识水平	1	2	3	4	5	6	7
我喜欢有挑战性和有变化的工作内容，这样我可以学到新技能	1	2	3	4	5	6	7
我认为为了工作能力的发展值得冒风险	1	2	3	4	5	6	7
我喜欢在需要很高能力和才华的地方工作	1	2	3	4	5	6	7

资料来源：Don VandeWalle，"Development and Validation of a Work Domain Goal-Orientation Instrument"，*Educational and Psychological Measurement*，December 1，1997. 此表是这个量表的三个组成部分之一。

如果得分超过6分，说明你有很强的学习型思维倾向。看到得分时，你自己满意吗？你能看出自己哪里做得好，哪里需要改进吗？如果不是自己评分，而是让你的老板或相熟的同辈来给你打分，你觉得他们会怎么说？

留心观察

你可能有过这样的经历，从同一个会议中走出来，你和你的同事对于会议的评价完全不同。也许你的同事在会议上一直玩手机或涂鸦[①]，低着头，时不时心不在焉地听几句，一半的时间在魂游天外。你则不同，你认真地观察与会人员的反应，提问并试图综合不同的观点。你的同事可能认为这个会议就是走个形式，完全没有必要，而你则收获颇多心得，产生这种差别的原因就是有没有用心。

把这种用心应用于学习意味着关注当下的体验[②]，有意识地调动意识和注意力，并且认清人生永远处于变化中这个现实。

要把这种留心应用于边做边学，一种方法是用多种不同的视角观察问题。在学校或教室里，我们会被教导采纳或应用哪种观点，在工作中则不然，处于观察的过程中不要马上做判断。

在观察时[③]，如果你不急于做出反应或下结论，那么你就为自己创造了一个机会，可以看到新颖和有创意的观点，可以反思这些观念会产生什么影响，从而找到理解信息的新方法。显然，优秀的倾听技巧可以帮助我们更好地进行观察。大学教授兼企业教练戴维·尤里奇（Dave Ulrich）曾讲过一个故事。他曾经培训过的一个客户有个坏习惯：总是不等别人讲完话就插嘴。戴维问这个身为企业高管的客户什

---

① Linda Stone, "Continuous Partial Attention," lindastone. net.

② Bauback Yeganeh and David Kolb, "Mindfulness and Experiential Learning," *OD Practitioner* (2009).

③ Ellen J. Langer, *The Power of Mindful Learning* (Da Capo Press, 1998).

么是好的倾听，客户说："我能明白对方想告诉我什么就是好的倾听。"戴维说："错了。倾听的终点不是你理解了对方，而是对方感到自己被理解了。"① 学会倾听可以让你发现新的视角。正如亨利·詹姆斯（Henry James）所说："要努力做一个不漏掉任何信息的人。"留心观察加上倾听，你也会成为一个不漏掉任何信息的人。

培养好奇心

保持虚心学习的心态和留心观察是非常重要的，但是如果再加入一点好奇心，多问几个为什么，它们就会发挥更大的作用。好奇心能让我们保持工作的激情，避免自满。企业和个人越成功，就越有可能陷入自满的状态，不再学习，对工作缺乏好奇心。

我们在自己的人生中，一定会无意识地学到一些潜在规则，而好奇心和多问为什么则可以帮助我们有意识地去检查这些规则。如果凯瑞多问邻居几个为什么，她就不会这么狼狈地表演湖面跳水了。永远保持好奇心可能会让我们永远得不到满足，但是"永远不会满足正是好奇心的可爱之处"②。

好奇心还能让我们更快乐。"通往幸福之路有点自相矛盾，"乔治梅森大学的托德·卡什丹（Todd Kashdan）教授说③，"可能真正的幸福需要你接受一点小挑战，让你费点小劲儿。"从某种意义上来说，一旦我们让自己保持好奇心，生活将充满惊喜。

今天的搜索引擎非常强大，但是它产生了一个不好的影响，它让我们产生了一种错觉，好像有了搜索引擎我们就不需要自己积累知识

---

① 戴维·尤里奇在2015年3月巴西圣保罗的会议上如是说。凯瑞当时也是论坛的一名主讲人。

② Ian Leslie, *Curious: The Desire to Know and Why Your Future Depends on It* (Basic Books, 2014). 33.

③ Elizabeth Svoboda, "Cultivating Curiosity," *Psychology Today* (September 1, 2006).

和信息了。但是只有深厚的背景知识才能让我们问出好的问题。具有讽刺意味的是，随着搜索引擎技术越来越成熟，我们向搜索引擎提问的精确性却下降了。谷歌搜索的负责人阿米特·辛格尔（Amit Singhal）说："机器的准确度越高，提问者就越懒。所以实际上我们的生活反而变得更糟了。"[1] 精准提问能力的缺失，让我们找到了一大堆搜索结果，反而找不出那个真正想要的答案了。

延展运动

延展2.3

下面的清单中列出了一些问题，你几乎可以在任何商业情境中使用这些问题来刺激自己的好奇心。使用它们可以帮助你更好地理解你周围的世界，找到让你感兴趣的问题，并帮助你设定学习目标。

刺激好奇心的问题清单

- □ 问跟你的工作内容相差很远的人：你觉得你的工作中有没有一件东西是大家都不知道的？
- □ 问某个领域的专家：你做过的最有意思的项目是什么？或者你未来想做什么有意思的项目？
- □ 在会议中：反对派的观点中有什么可取之处？
- □ 在倾听一个新想法时：这个想法与那些成功的想法有什么相似点？有什么不同点？（小提示：先找相同点，再找不同点，不要一开始就思考这个主意为什么行不通）
- □ 当你与某人意见不同时：在这个情境中，是不是背后有一些基本的假设或模型导致你同意或不同意？

① Tim Adams, "Google and the Future of Search: Amit Singhal and the Knowledge Graph," *The Guardian* (January 19, 2013).

留出反思的时间

你还记不记得上个月那次会议，你的同事做了一个信息丰富的市场情况介绍？当时你有个超有价值的心得，是什么来着？你记不得了吧？我也跟你一样健忘。但是通用克劳顿管理学院（GE Crotonville）的鲍勃·坎卡洛斯（Bob Cancalosi）跟我们不一样①，在整整 11 年间，鲍勃写下了厚厚的管理日志，记录自己作为一个管理者的成长历程。图 2.2 展示了他的日志写得多么详细。

图 2.2　管理日志的照片

鲍勃在接触一些事实性信息或有创意的想法时，有时会把幻灯片缩小插入他的日志，有时只复制核心观点，在旁边标注上可以采取的行动和他自己的见解。鲍勃对一些话题特别感兴趣，所以他对 30 种不同类型的信息加上了分类标签，这样他就可以按时间和主题回顾和整合这些信息。“我现在记到第 35 本了，有一段时间我在考虑要不要改成用在线的方式来记录。不过我从斯考特·哈尔福德（Scott G. Halford）的书《脑力全

① 故事来自 2015 年 3 月对鲍勃·坎卡洛斯的一次访谈。

开》（*Activate the Brain*）中学到，写字比打字记忆更深。他的研究认为，写字就好像是给大脑做健身运动一样。”①

鲍勃会定期回顾他的笔记，思考这些年来自己学到了什么，这样学习就变成一个三次循环过程。第一次是鲍勃把自己的思考写下来的时候。第二次是每50页，他会插入一个叫“反思小站”的页面，总结前面收获的最有意义的洞察。第三次循环是在每本笔记的最后，鲍勃会把前面所有“反思小站”中最精彩的收获总结到一张纸上。到目前为止，他已经记录了696个学习事件，他用其中最好的80个来准备自己的演讲稿或给其他的高管做训练。他已经把自己的好奇心和记笔记的好习惯变成了灵感的源泉，帮助他更好地给别人做辅导和培训。我们甚至可以把鲍勃分享知识心得、为别人提供灵感的过程，看作他的第四次循环学习。

写日志的人不少，但是很少有人像鲍勃这样，写一本只与工作相关的日志并且通过它培养自己反思的习惯。鲍勃管它叫“领导力反思训练”。每次使用新笔记本之前，鲍勃会随机挑选几页写上一个私人的问题，例如：“我现在幸福吗?”“我现在有没有向我的个人健康目标迈进?”“我有没有追寻自己的抱负?”他很喜欢这种翻过一页意外看到这些问题的感觉，这让他可以时刻提醒自己不偏离目标。

如果你实在没有写日志的习惯，那么至少也要找出一些时间来回顾一下上一周的工作，展望一下未来一周的计划，这个时间可以是你在跑步机上跑步的时间或者是午休时散步的时间。或者能找一个学习伙伴就更好了，你们可以每2~4周见上一面，分享一下你们的学习目标，讨论一下学习成果。反思一定会促进学习。②

---

① Pam A. Mueller and Daniel M. Oppenheimer, “The Pen Is Mightier Than the Keyboard: Advantages of Longhand Over Laptop Note Taking,” *Psychological Science* (April 23, 2014).

② Lillian A. Rafeldt, Heather Jane Baden, Nancy Lesnick Czarzasty, Eilen Freeman, Edith Ouellet, and Judith M. Snayd, “Reflection Builds Twenty-First-Century Professionals,” Association of American Colleges & Universities, 2014.

敢于反向学习

有没有感觉你的阅读量已经跟不上了？有没有感觉你在你的领域里已经开始落伍了？这不是错觉。巴克敏斯特·福乐（Buckminster Fuller）提出过一条“知识倍增曲线”理论，根据他的观察，截至1900年，每过一个世纪，世界知识总量就会翻倍。根据估计，当前知识翻倍的速度已经达到了每13个月1次，再过不久就会变成每12个小时1次了①。

信息存储资讯科技公司易安信（EMC）的一篇报告中称，到2020年全世界的数据量将比宇宙中所有星星的总数还多②。即使只考虑你所在领域中需要的知识，数量也远远超过一个人穷其一生所能掌握的总数。现在还没有很好的工具能帮我们整理新信息并进行个性化的推送，不过已经有一些公司取得了一些进展，希望能找到让我们与新增信息保持同步的方法。

即使我们可以跟上新增信息的节奏也没用，因为已知的信息会发生变化。复杂性系统科学家塞缪尔·阿伯森（Samuel Arbeson）③ 提醒我们，如果你出生在婴儿潮一代，在1970年之前高中毕业，那么今天的元素周期表中有10%的元素是你没见过的，冥王星已经不算行星了，而且现在大家都在热烈地讨论恐龙到底是长羽毛的还是长鳞片的。信息的半衰期不断地变化，不同的领域中还会有所不同，但是有一点可以肯定，你之前在学校中或工作中学到的东西，现在很可能是错的

---

① David Russell Schilling, “Knowledge Doubling Every 12 Months, Soon to Be Every 12 Hours,” *Industry Tap* (April 19, 2013).

② “Executive Summary: Data Growth, Business Opportunities, and the IT Imperatives | The Digital Universe of Opportunities: Rich Data and the Increasing Value of the Internet of Things,” EMC, April 2014.

③ Samuel Arbesman, “The Half-Life of Facts,” *The Economist* (November 28, 2012).

或已经失效了。我们必须在学习新东西的同时快速地反向学习，抛弃旧的知识。

新学习的知识会取代旧知识，但是要让自己意识到学习新知识和反向学习的需求，还是需要一些小机缘的[①]。举个小例子，凯瑞在一篇博客上读到，如果你在一篇文章中发现句子后面有两个空格，那么作者铁定超过40岁了。所以在写这本书的时候，我们必须放弃句尾加两个空格的习惯，虽然这对我们这些在1990年以前学会打字的人来说已经习惯成自然了。一开始改掉这个习惯使得我们打字变得缓慢，但最终我们还是突破了障碍，养成了加一个空格的新习惯。只要保持开放的心态，你就会更容易发现世界给你的小提示，告诉你应该放弃一些旧知识了。

我们怎样知道什么时候应该反向学习呢？我们每个人都在生命的过程中积累了一些显性或隐性的知识，也形成了自己的参考系，或者叫思维框架，这些都会影响到我们对这个世界的认知[②]。我们根深蒂固的习惯和习以为常的工作方法可能会让我们不愿做出改变[③]。

反向学习的过程是痛苦的，你一定要有这个觉悟，因为痛苦是必经之路[④]。在反向学习的时候，那种重新被打回起点的不适感是你必须要克服的挑战。在这么多年来持续地自我升级和职业生涯发展中，出现一些挫败感是理所当然的，这种时候就需要想一想自己的职业生涯目标，它会给你带来克服困难的勇气。下一章中我们会探讨如何保持开放心态，如何觉察自己的参照系，以及它们会如何影响你“学或

---

① 特别感谢哈佛学习创新中心分享的有关反向学习的研究。

② Karen Becker, “Individual and Organizational Unlearning: Directions for Future Research,” *International Journal of Organizational Behavior*, 9 (2005), 659 – 670.

③ Katie Heikkinen, “Unlearning to Learn: Changing Mindsets,” President and Fellows of Harvard College, October 2013.

④ Julee H. Hafner, “A Conceptualization of Unlearning in Organizational Employees,” The Chicago School of Professional Psychology, 2014.

不学”的选择。

延展运动

延展2.4

有些时候，你可能会对工作环境中出现的新事物、不同寻常的现象或让你不舒服的事件产生过激反应。这种过激反应可能意味着你在抱着某个过时的思想不放。下面这些问题可以帮你判断，什么时候应该主动开始反向学习。

反向学习检查表

- ☐ 有人跟我说新词儿或新概念，我不理解，而我用老掉牙的例子来反驳他。
- ☐ 我在工作中所依赖的那些人是否在各自的领域与时俱进？我的要好的同事有没有要求我转换新的思考方式，抛弃旧的方法或工具？
- ☐ 来跟我一起工作的新人与我的想法差别很大吗？这是不是意味着我需要转换思路了？
- ☐ 我是不是喜欢年复一年地使用同样的理论和例证，而很久没有检验它们是否还有效了？
- ☐ 我工作的方式与那些年轻人不同吗？这种不同来源于他们没有经验吗？还是说他们的方法更高效，而我的工作方法已经过时了呢？
- ☐ 有没有可能我思考这个问题的方式已经过时了或者是错误的？我是不是需要改变一下自己的思维模式呢？

在学习中需要避开的陷阱

当你看到一些成功地不断进行自我延展，在职业生涯中得到很好发展的人时，你要知道他们一定避开了一些陷阱。前面我们已经学习了一些边做边学的策略，下面我们就讲几个警示性的小故事，告诉大家学习的时候有哪些事情不应该做。

错把自信当胜任

在一个会议上，一家大型消费品公司的人力资源负责人向凯瑞坦白："我真的不知道应该怎么处理手头的这个情况。"他刚刚听完一个关于职场中的千禧世代的演讲，产生了强烈的共鸣。"我们公司有一个非常有才华的年轻人，毕业两年了。他坚持说自己已经可以当总经理了。当我们跟他说，希望他再积累一些管理上的经验时，他说我们是官僚作风。他非常相信自己已经做好准备了。但我怎么跟他说呢？他们这一代人从出生就生活在不断的正强化中，一直在强化着自己的自信，但他在能力上确实还没准备好。"

这看起来有点矛盾，能力不太好的人反而会对自己过度自信，而能力强的人则总觉得自己的成就没什么了不起的，这种现象叫达克效应（Dunning-Kruger Effect）①。如果你的老板曾经因为他的过度自信逼你接下你根本完不成的工作，那么你已经深受其害了。

不时刻小心的话，我们很可能会因为不清楚自己的斤两而陷入盲目乐观之中。要避免这个陷阱，最为有效的做法就是转换到成长式思

---

① Justin Kruger and David Dunning, "Unskilled and Unaware of It: How Difficulties in Recognizing One's Own Incompetence Lead to Inflated Self-Assessments," *Journal of Personality and Social Psychology*, 77 (December 1999), 1121 – 1134.

维模式上去①，因为用成长的眼光看问题的人对自己能力的评估更为准确，也更明白自己需要怎样自我成长。避免这种陷阱的另一种方法是寻求他人的反馈，这个话题我们会在下一章详细讨论。

无意中丢失技能

科技和自动化不仅可能在未来让你工作不保，还会让你在现在的工作中变得更蠢。很多研究发现，我们在工作中越依赖自动化②，我们自己动手处理问题的能力，以及处理机器无能为力的工作的能力就越低。当有了智能手机后，你还记得几个电话号码？从某种意义上来说，我们把自己的很多认知能力外包给了机器设备，这样一来，我们的记忆力会越来越差，不仅记不住电话号码，在其他的事情上也会更健忘。

在职业领域，我们可以想一想现在的飞行员，自动驾驶帮助他们完成了大部分的工作，一旦出现紧急事件，他们的准备度就一定非常让人担心，除非他们主动花时间来练习手动驾驶的技能。这样的事情发生在很多行业。例如，手工绘制设计草图会激活大脑中与创造力和学习有关的区域，但操作设计软件则不会。

有一种解决方案是定期进行人工操作训练。萨利机长③因在哈德逊河上成功迫降的壮举而成为传奇性人物，他一直勤于训练自己的手动驾驶能力，包括进行滑翔机训练。正是因为他练习不辍和丰富的经验，才拯救了155名乘客和机组人员的生命。

另一种解决方案是在科技无能为力的领域寻找挑战。假如你现在要进行数据分析，而且正在使用多个数据分析系统，那么也许你可以

---

① Carol Dweck, *Mindset* (Ballantine Books, 2007), 11.

② Nicholas Carr, "Automation Makes Us Dumb," *The Wall Street Journal* (November 21, 2014).

③ Andrew Prince, "Experience, Training Make for Smooth River Landing," NPR, January 16, 2009.

找一个样本，然后把不同系统产出的报告放在一起对比，用肉眼观察规律，寻找相似性和矛盾点。大数据是死的，人是活的，只有人提出的问题和得出的结论才是真正有价值的。偶尔后退一步，思考一下自己是否提出了最好的问题，这可以让我们在脑力外包的时候保持自己的分析能力不退步。

过度风险管理

随着你的家庭责任和经济负担越来越重，你可能很自然地想要避开任何风险。欧洲工商管理学院教授詹皮埃罗·彼得里利埃里认为，巨大的变化——他称为脱胎换骨的学习，这个过程“需要打破很多堡垒——自鸣得意、从众心理、一切常规。因此，除了要付出时间之外，还需要莫大的勇气①”。

这种“破壁”意味着愿意承担风险，意味着不走寻常路，意味着追寻看起来没意义的思考模式，而这些在当今的社会文化背景下尤其困难。因为我们的社会不鼓励离经叛道，对失败的容忍度也很低，而失败恰恰与这种冒险精神常伴左右。除非你衣食无虞，否则在走上这样的道路时还是要适当谨慎的。但问题是，要谨慎到什么程度？创业者每天都在这种困境中挣扎，所以了解一下他们的思考方式可以帮助我们更好地面对自己职业生涯中的风险。

爱彼迎的创始人布莱恩·切斯基（Brian Chesky）就非常熟悉这种风险。他的公司是基于所谓“共享经济”概念上的一种全新的商业模式。爱彼迎让人们可以直接把自己的家出租给旅行者，这显然对传统的酒店业和相关的监管部门带来了冲击。“我学会的最重要的东西就是学习本身。我已经习惯了每天都行走在未知的领域，总是要做一些以

---

① Gianpiero Petriglieri, “Learning Is the Most Celebrated Neglected Activity in the Workplace,” *Harvard Business Review* (November 6, 2014).

前从未做过的事情。我已经习惯了这种没有清晰定义的工作角色，它让我不得不快速找到可以帮助我的人并且快速学习。[1]”你对自己边做边学的能力越有信心，你的风险管理能力就越强。

回报

> 知识树和不老泉，它们其实是同一个东西。
>
> ——刘易斯·拉普曼（Lewis Lapham）[2]

良好的教育和持续的学习可以为职业生涯打下坚实的基础。为了不落伍，你必须不断学习和成长，这样你才能不断延长自己的保质期。只要拥有了边做边学的能力，不论在工作中面临什么困境，你都能快速适应、从容应对。想要走上不断学习的成功之路，你需要做的是现在就开始学习[3]。

边做边学和保持开放心态是最基础的实践，因为它们改变了你学习和思考的方式。下一章我们将阐述如何保持开放心态。你的学习方式和思考方式为你定下了基调，它们会对你的人脉和经验的扩展产生积极影响。即使时运艰难，你也一定可以激流勇进，走向成功。

---

① Adam Bryant, “Brian Chesky of Airbnb, on Scratching the Itch to Create,” *The New York Times*（October 11, 2014）.

② Lewis H. Lapham, “Old Masters,” *The New York Times*（October 23, 2014）.

③ 感谢拉瑞·彼得斯（Larry Peters）分享他自己对得克萨斯基督教大学的学生所说的格言警句。

延展运动

延展2.5

学习有时让我们感觉挺尴尬的。突破自我、提升绩效意味着必须学习新的技能，改变自己的工作方式，这个过程可能会让我们显得有点笨拙。这里的工具可以帮你判断，你是否因为害怕风险而逃避机遇。在每一题上给自己打分，1分代表非常不同意，7分代表非常同意。把分数加总再除以4就可以得到你的平均分。

逃避倾向	非常不同意				非常同意		
	1	2	3	4	5	6	7
我可能会逃避没做过的工作，因为这会让别人觉得我无能	1	2	3	4	5	6	7
对我来说，藏拙比学习新技能更重要	1	2	3	4	5	6	7
我很担心在工作中接受新的工作内容会让我绩效下降，显得无能	1	2	3	4	5	6	7
如果工作中有些情景我处理不好，我就会逃避它们	1	2	3	4	5	6	7

资料来源：Don VandeWalle，“Development and Validation of a Work Domain Goal Orientation Instrument”，*Educational and Psychological Measurement*，December 1，1997. 文章中的量表共有三个部分，这里引用的是第三部分。我们决定不在本书中引用第二部分。

这个测试的分数越低越好。你的分数越高，意味着你越有可能对自我延展抱有逃避倾向。是不是你的工作环境厌恶风险？你能不能通过学习和自我突破获得更好的机遇？

延展总结

- 为了让自己不被淘汰，你必须学会边做边学。绝大部分知识能力都是在工作中习得的。
- 想要提升自己的专业性，必须投入时间，保持专注并选对方向。
- 边做边学的实用策略包含以下几个：

  - 用成长式思维模式看问题。我们对自身能力有两种态度，一种是认为能力在出生时就已经固定了，另一种则认为潜力是无限的，因为我们会在一生中不断成长。
  - 留心观察。主动调动自己的大脑资源，专注于当前所做的每一件事可以让我们时刻保持进步。
  - 培养好奇心。我们需要培养自己的好奇心，这样才能问出正确的问题。依赖搜索引擎是不够的。
  - 留出反思的时间。用反思整合你的经验，这样学到的东西才能持久。
  - 敢于反向学习。生活在不停地变化，想要不被生活淘汰，我们就必须不断地反向学习和重新学习。

- 躲避职业生涯发展陷阱：

  - 不要错把自信当胜任。
  - 不要一不留神丢掉了技能。
  - 不要过分害怕风险。

组织和管理者可以做些什么

本书的重点是帮助个体延展自己的能力，发掘自身潜能，为未来的职业做好准备。开明的企业会主动为员工提供良好的工作环境，帮助每个员工在工作中学习，最终发挥自身潜力。正规的培训课程既消耗资金又占用工作时间，让员工学会在工作中学习则既简单易行又经济划算。我们在研究和访谈中遇到了很多优秀的企业，这里给大家整理了几个例子，让读者了解这些企业是如何帮助员工成长、打造学习型文化的。

为各种职业转变提供成功路径指南

很多企业都有入职培训计划，但是一旦员工已经成为企业的一员，之后的升职、转岗过程就有一点任凭员工自生自灭的感觉了。这造成的结果是，员工转换工作岗位的失败率高达40%[①]。所以，为这些职业转变在最初的几个月提供指导，可以避免转岗过程中产生的混乱，还能降低雇用新人的巨额成本。

所以企业仅仅在入职时为新员工提供入职指南是不够的，而应该在员工进入任何新的工作角色时都为之提供相应的指导，告诉他们应该了解哪些信息、学习哪些技能。通用电气的安迪·利兹（Andi Litz）[②] 说，当初她在公司里刚刚升职时，主动去找那些刚做过这个岗位的人聊一聊对她帮助很大。“因为他刚刚离开这个岗位去担任通用电气其他的工作职位。”她说，“他对我的帮助真的太大了。我们用电话、短信和即时通信工具聊过很多次，我在讨论中遇到问题时，也经常发信息给他，他立即就能给我提供很棒的建议。”

---

① Anne Fisher, “New Job? Get a Head Start Now,” *Fortune* (February 17, 2012).

② *HBR Guide to Getting the Mentoring You Need* (Harvard Business Review Press, 2014), 79. See chapter “Accelerate Your Development: Tips for Millennials Who Need Mentoring” by Jeanne C. Meister and Karie Willyerd.

合适的入职和转岗指导可以对员工起到很好的帮助作用，在一开始就告诉员工他们应该学习哪些东西，可以向哪些人请教，并且鼓励他们与自己的指导人加强沟通。

对岗位能力要求进行清晰定义

大多数企业对于员工胜任力都有一些宽泛的定义，这些定义可以为这群一起工作的人们设定一些有用的基础价值观，它们可能非常具体（“发邮件的时候不应该使用密件抄送功能”），也可能非常宽泛（“别做令人反感的事”①）。

我们认为，想要把企业中每个岗位的胜任力都细细梳理清晰是没有意义的。还没等包含胜任力、技能和知识的胜任力词典编写发布完成，工作内容就可能已经发生变化了。为了避免这种情况，胜任力分析师们在编写的时候通常会稍微含糊一点，为职业的变化留下余地。不过，这种模糊的表述也会让胜任力词典的价值大打折扣。

岗位职责描述应该只是一个起点。想要真正做好工作，最好的方式就是跟领导深入沟通一次，了解他对这个岗位的期望。企业真正应该做的，是给管理人员提供指导，告诉他们怎样与下属进行绩效沟通和帮助下属成长。管理者应该能够非常清晰地表述本岗位的专业要求是什么，并举出恰当的实例。

帮员工精选学习资源

有时选择太多不是好事情。现在有很多在线企业培训机构，它们的产品目录中有成千上万节课程，如果企业的培训部对这些课程

① 兴趣广泛的拉尔斯·达尔加德（Lars Dalgaard）是 SuccessFactors 公司的前 CEO。他围绕这些简单规则以及一些其他规则打造了整个企业文化。由于他设立的规则，凯瑞至今不在电子邮件中使用密件抄送功能。

不加筛选和整理，一股脑地引进企业扔给员工，那么这些课程只能被遗忘在硬盘里无人问津。

领英为自己的员工提供了多种多样的工具，帮助他们在充足的企业学习资源库中进行选择。这些学习资源和信息不仅按职能和主题进行了分类，而且领英还会用问题引导员工，例如“你希望在哪些方面获得提升?”学习系统通过问一系列问题，为员工提供精细化的建议。比如，如果一个员工想要往专家方向发展，而不想走管理路线，系统就会为他提供一系列专业领域的课程供他选择。在任何一个具体的专业领域，员工看到的也都是精挑细选的资源，像在线课程、电子书下载、TED 演讲链接、专业文章、Lynda. com① 上的培训资源、高管讲话录像等。

领英的首席学习官凯丽·帕尔默（Kelly Palmer）说②：“在领英，每个人都很忙，我们不能让他们把宝贵的时间浪费在找资源上，而是会事先帮他们选好。我们会根据自己对领英的工作内容和企业文化的理解，帮助员工找到最好、最相关的资源。员工自己不需要在良莠不齐的资源中浪费时间挑选，这样，我们可以让他们的学习过程轻松高效。”

员工看到的精品资源列表背后，是凯丽团队的辛苦工作。他们根据不同的角色、学习需求、主题等要求，从成千上万的资源中寻找出最好的。当然，做到这些的前提是企业订阅了大量的培训服务，并为自己的员工定制了许多个性化资源。

提供大量的教育机会和随需应变的学习资源

薇娜利雅·辛格（Vinolia Singh）是那种能量满满的人③。虽然

---

① 一个在线学习网站。——译者注

② 故事来自 2014 年 2 月对领英的首席学习官凯丽·帕尔默的一次访谈。

③ 故事来自 2015 年 3 月对薇娜利雅·辛格的一次访谈。

她在南非的约翰内斯堡办公，但你似乎能感觉到她的活力顺着电话线传过来了。她所在的公司是南非领先的付费电视服务提供商 MultiChoice。MultiChoice 发现了薇娜利雅的能量和潜力，并为她这样的高潜力人才提供了大量的学习资源。例如，MultiChoice 为自己的一些高潜力员工提供了奖学金，支持他们攻读 MBA 学位，一切费用都由公司承担。

公司提供的另一种资源是 Books 24X7，一个在线图书馆。这里提供了上千本图书，MultiChoice 的员工在任何时间、任何地点都能读到。当薇娜利雅想在自己的两个本科学位之外再拿一个硕士学位时，这个在线图书馆让她节约了不少时间。

“我的硕士学位对毕业论文要求很高，”她说，“我要在这篇 100 多页的论文中引用数十种参考资料。一开始我去了一家实体图书馆进行资料收集，但当我看到一排一排的书架时，巨大的时间成本让我望而却步。这个时候我想起公司给我提供了 Books 24X7 在线图书馆，最终我真的完全通过在线查阅的方式完成了我的论文撰写。我以最优异的成绩毕业，并且被邀请把我的论文扩写成一本白皮书，我没有踏入实体图书馆一步就实现了这一切。身为两个孩子的母亲，这对生活与工作的平衡带来很大的帮助，因为我能在家里做研究。”

公司对薇娜利雅的个人成长投资没有白费。她在 MultiChoice 步步高升，现在已经成为集团人力资源高管，直接向 CEO 汇报工作了。

解决复杂问题需要有探究精神，还需要敢于尝试以找到全新的解决方案。

——丹尼尔·平克（Daniel H. Pink）[1]

第三章 保持开放心态

克里斯·詹姆士（Chris James）最初在竞聘副总裁职位落选时非常沮丧[2]。成功上任的副总裁是从别的公司挖来的，所以克里斯还需要给他做培训，帮助他了解本公司的业务。更让人吐血的是，没过几个月，公司又找来一位高管，把这位新任副总裁换掉了，而克里斯又要重新开始给自己的上司做培训。他感觉自己的职业生涯陷入了一潭死水。

作为一个在美国工作的威尔士人，克里斯给人的印象俨然是一个从英剧里走出来的英式管家，只不过更年轻、更苗条一些。在工作时一本正经的严肃劲儿背后，他其实还藏着带点黑色幽默的另一个自我，不过他的同事很少看到他有趣的另一面。

新上司了解到克里斯在公司里根基深、人脉广后，给了他一个新的工作岗位，直接向自己汇报。在接下来的6个月中，他们紧密合作，一起推动了全集团范围内复杂的组织结构调整，向其他职能部门争取支持，调整预算，重新定义了整个集团的架构。在这个项目中，克里斯的新上司给了他非常多的反馈，用克里斯的话来说就是："我在这个项目中得到的反馈比我整个职业生涯加起来还多。"

---

① Daniel H. Pink, *Drive* (Riverhead Books, 2011).

② 故事来自2015年1月对克里斯·詹姆士的一次访谈。

这些反馈有时并不那么容易接受。“如果你听到一个想法时立即反驳，大家会觉得你拒绝变化，”新上司有一次对他说。“但是我是个拥抱变化的人呀，”他反驳道，“我在全世界都有工作经验，而且我也接受这个角色的挑战。”

“但是别人觉得你没有好好倾听他们的建议。就拿今天别人提出的这个提议为例，人家刚讲了几张幻灯片，你就开始说这个方法行不通。就算你整体上是同意对方观点的，如果你出口的第一句话是批评，双方就必然会陷入对抗之中。”

这样的反馈还有很多。克里斯开始思考别人眼中的自己，并且逐渐开始接纳上级的反馈。一点一点地，他发生了一些改变。项目结束的时候，他已经在公司的关键岗位上工作了，而且有几个很大的团队向他汇报工作。他的老板观察了他和他的团队的工作后，对他说：“你这两年的变化让我简直不敢相信。你的下属喜欢你，你们的团队业绩出色，而且你们看起来都很开心。”

“这让我领悟了一些东西。”克里斯说。“领导力不是以我自己为核心的，而应该以团队为核心。我更多地倾听，从他们那里得到了更多的反馈，这些才是最重要的。”克里斯尝试着给他的下属提供开诚布公的反馈，就像当初他的上司给他的那样。他还参加了“关键对话”培训，并成为一名认证培训师，这个过程极大地提升了他的领导力和教导技能。后来在不到一年的时间里，公司又让他担负起更重要的职责。接下来，他在两家公司里担任过副总裁，现在是一家公司的总裁。他的职业生涯能够再度焕发青春，得益于他思维方式的转换、对反馈的开放心态和改变自己的决心。

开放心态的重要性

开放心态是事业有成的人们的一项重要修炼。这不仅仅是因为开放心态可以帮助他们优化自己的行为，还因为开放心态可以帮助他们抓住机遇，哪怕这些机遇在一开始的时候那么不起眼。像玩滑道梯子棋[①]游戏一样，心态开放的人更容易找到职业生涯的捷径。

这些职业捷径可能来源于对很多不同的东西保持开放。举例来说，调整自己的风格适应企业文化会让你更快得到大家的认可。而要想恰当地调整自己，你就必须细心观察企业文化，并且接纳他人的反馈。也可能你需要放弃一个已经投入很多精力的职业赛道，奔向新的机遇，比如虽然你使用老工具可能已经非常熟练了，但你还是要努力学习新的流程和工具。

就像第一个延展要务说的那样，你要对自己负责，所以你需要能够在自己的职业生涯中考虑多种可能性。虽然你对世界的看法可能帮你在过去取得了一些成功，但如果现在它限制了你的发展，那你就应该做出一些改变。成功也有不好的一面，用比尔·盖茨的话来说就是："成功是一个糟糕的老师，它让聪明人陷入一种自己不可能犯错的错觉。[②]"过去有用的方法未来不一定仍然有用，在今天这个快速变化的世界中尤其如此。

作家兼领导力教练马歇尔·戈德史密斯把这个现象称为"成功错觉"[③]。如果你持续得到升职、正面反馈和赞扬，你可能会产生已经登上人生巅峰的错觉。"那些人还没有我成功呢，他们有什么资格教我？"如果一直这样自我感觉良好，总有一天你会迎来失败或者惨遭淘汰。为了避免那一天的到来，让你在职业生涯中不断进步，我们为你准备了一些小建议。它们会让你的思维方式每天改变一点点，有时可能改变很多，让你保持开放的心态，甚至可能给你带来一些顿悟。

---

① 一种儿童游戏。棋盘上画有滑道和梯子，遇到梯子则前进，遇到滑道则后退。——译者注

② Bill Gates, *The Road Ahead* (Viking, 1994).

③ Marshall Goldsmith, *What Got You Here Won't Get You There* (Hachette Books, 2007). 这是任何一位走上新岗位或者换了新公司的高管的必读书。

你是不是关上了通往未来的门?

从长远来看，有时候最轻松的决定并不是最正确的决定。奥黛丽毕业5年之后进入了一家很棒的公司，这让她的父母很高兴。在公司的资助下，她开始学习MBA课程。有一天她找她的教授谈心，想要得到一些职业生涯上的建议。她向教授讲述了自己的工程师生涯后，教授说："感觉你不是有5年经验，而是1年经验重复了5次。"奥黛丽惊呆了，但认真想想她就发现，自己虽然对公司的业务流程和工作中使用的工具理解越来越深，但她并没有为自己的进一步发展做好准备。奥黛丽只是坐等公司来培养她，她把自己通向未来的门关上了。

如果说奥黛丽是被动地等着门关上，曼尼就是拼命主动关门。他完全坚持自己对世界的错误看法，在事实证据面前也毫不悔改。在他跟老板的信任关系还没有建立起来之前，他就喜欢对自己的历任老板指指点点，说他们哪里做得不好。所以连续在3家公司，他都是第一批被裁掉的员工。曼尼总是把自己的失败归因于经济不好、老板不好，却从没想到是他自己的行为方式让他关上了通往未来的门。

接受不确定性

罗恩·韦恩（Ron Wayne）① 想要放弃自己在业余时间和人合伙开的公司，卖掉自己的股份。促使他这样打算的原因有几个：一是这个项目马上要变成一个全职工作，他已经花不起这个时间了；二是他在一家游戏公司还有一份稳定的全职工作，收入也不错，如果辞职全职投入这个公司的话，肯定要在经济上冒一定的风险；三是他开的另一

① Andrew Couts, "Why Apple Co-founder Ron Wayne Threw Away His Golden Ticket," *Digital Trends* (February 24, 2012.)

家公司让他的投资打了水漂，这让他感觉有点害怕了，而这可能是最重要的一个因素。

罗恩的两个合伙人想要改变世界，但是罗恩的观点与他们不同。他说："简单来说，这不是我要的工作环境。①"所以，这个业余项目正式成立公司后的第12天，罗恩以800美元的价格卖掉了自己的10%的股份。后来，公司有些起色后吸引到了一些投资人，他又以1 500美元的价格卖掉了他重新参股的权利。

如果当初他没卖的话，罗恩就是这个世界上最富有的人之一了。因为他的两个合伙人是史蒂夫·乔布斯和史蒂夫·沃兹尼亚克，公司的名字叫苹果电脑。罗恩为这家公司设计了第一个Logo（标志），编写了第一本产品手册。苹果公司是当今世界上最值钱的公司之一。

希望你的人生选择不会这么悲剧，在做决策之前想想可能的结果会帮助你尽量不要错失良机。我们并不是说罗恩应该预见到未来并辞掉自己的工作，但从几次公开访谈记录上来看，罗恩下定决心后就没有重新思考过这个问题。卖掉自己的股份后，他本来还有机会重新参股的，但是他为了一笔小钱而断了自己的这条路。他有没有思考过，如果当时他辞去雅达利（Atari）的工作，要多长时间之后他才会遇到钱的问题？他有没有思考过，有没有可能与雅达利协商，让他的工作时间缩短一些，以便有更多的时间投入苹果公司呢？如果他留在了苹果公司，他的见解和世界观会不会让苹果公司发展得更好？如果他做了不同的决定，他自己的生活和苹果公司将产生什么改变？可惜我们永远也无法知道这些问题的答案了。

考虑一个决定在未来可能会给你带来的风险或不适时，如果能够开放心态，拥抱不确定性，那么你的人生潜能可能会得到更好地发挥。

① Ron Wayne，"Why I Left Apple Computer After Only 12 Days." Facebook post，February 22，2012.

要为充满变化的未来做好准备，你就必须对不同的选择保持开放心态，即使是你已经否定过的选择，或者这个选择曾经让你不舒服。适应能力对职业生涯的成长很重要。

开放心态
延展策略

1. 把自己看作一次精益创业。
2. 学习无人侦察机的能力。
3. 有创造性地折腾。
4. 验证你的假设。
5. 主动寻求反馈。
6. 留心寻找，到处都有机会。
7. 最先的选择未必最好。

艾丽莎接到一家搜索公司的邀请，去面试一个她不是很感兴趣的职位。当时她感觉自己已经在一个重要的项目上延后了，所以她的第一反应是拒绝。表面看来，她拒绝面试邀请的原因很简单：她不想花时间和精力做面试准备。但是，再次思考了一下，她发现还有一些其他的因素需要考虑。

这家搜索公司声誉极高，通常它的职位是市场上最好的职位。如果不去面试的话，她就失去了一次与这家搜索公司建立联系的机会。如果面试表现出色，即使最终发现这份工作不合适她，她也可以在这个过程中建立一些人脉关系，未来也许用得上。同时，她也知道自己在面试的过程中通常会学到一些新东西，可以有助于她现在的工作。而且她可能对这份工作的理解并不全面。

重新考虑之后，她决定接受面试邀约。她原先想得没错，这份工作的确不适合她，但这次面试也确实帮她建立了新的人脉，在以后的日子里为她带来了很多其他的机遇。

有时候机遇和浪费时间的岔路很难分辨。当然，谁也不能预见未来，我们没有办法把所有的好处和坏处一一列出，但是我们可以利用谨慎的思考过程，让自己做出正确的决策。

下面的几个策略能帮你更好地抓住机遇，找到职场捷径或新的选择，为你的职业生涯打开新的局面。

把自己看作一次精益创业

在加利福尼亚帕罗奥多的沙丘路（Sand Hill Road）上，你随便走进一家风投公司都能听到以下词汇。

> “你的最简化可实行产品（MVP）什么时候做好？”
>
> “这是一个虚荣指标（vanity metric）吗？”
>
> “我觉得你需要做次转型（pivot）了。”

最简化可实行产品的英文全称是 Minimum Viable Product，意思是用户可用的最简化版本的产品。虚荣指标是指考察用户表面上的活跃度，而不是产品的用户价值。转型或坚持是公司需要慎重思考的决策点：是要修正航线（转型）？还是在现有的产品道路上继续坚持下去？

这些大家耳熟能详的词汇最早出自《精益创业》（*The Lean Startup*），作者是埃里克·里斯（Eric Ries）①。里斯认为，每一个企业、产品或服务都可以看作是一次创业。我们认为，你也可以把自己看作一次创业。

精益创业的魅力来源于两个方面：一是速度，二是用数据驱动的方式理解客户需求。你应该有过这样的经验，在一个网站上点击按钮后看

---

① Eric Ries，*The Lean Startup*（Crown Business，2011）.

到的是“即将上线”的提示，实际上你的这次点击已经成为精益创业公司数据收集实验中的一条数据了。它们不是先把产品做出来再让你点击，而是通过点击行为来预判如果它们做了这个产品，有多少人愿意掏钱。如果很多人都像你一样点击了，那么它们就会认为这个产品会有市场。

成功的创业公司通常开始于一个点子，但在过程中会依据客户的反馈来不断学习和调整。如果它们对自己的产品盲目自信，不考虑客户的想法的话，创业公司很可能会失败。那些从不测试新点子，固守自己的老路线的创业者最不可能成功。而对于找工作来说，投出多少份简历就是一个“虚荣指标”，真正有意义的指标是你能不能得到回复并争取到面试机会。简历的投放量固然重要，但没有达到最终结果的话也就没有意义了。

人的职业生涯发展与开公司一样，由一路上大大小小的决策组成。有时我们知道要回答什么问题，比如“我要接受这份工作还是那份工作”。有时我们并不知道自己做了决策，因为我们根本没有思考过更多的可能性或其他选择。有时我们找到了一个让自己舒服的小水洼，变得不敢去闯荡更广阔的江湖，我们可能觉得这里太舒服了，结果新的机遇摆在眼前也视而不见。

把自己的职业生涯想象成一次精益创业意味着发现一些职业的好点子，再找机会来测试它们能不能成功。你需要不断适应外界环境的变化。如果你想做一次职业转型，考虑自己要不要去学习法律，那么先不要申请学校，而是找个律师聊聊，了解一下他是怎么工作的。不要一时头脑发热做出一个费时费钱、将来还会让自己后悔的选择。“我以前喜欢开玩笑说，因为我是个晕血的犹太小孩，所以我没法去医学院，这才进了法学院，”曾经是职业律师的凯西·伯曼（Casey Berman）说，“我花在要不要买 iPhone 这个决策上的时间都比花在选专业上的时间多①，要知

① Leigh Mcmullan Abramson, “The Only Job with an Industry Devoted to Helping People Quit,” *The Atlantic* (July 29, 2014).

道，上大学可是很贵的，而且要在我二十几岁年华正好时花掉三年时间。”

如果你学会采用精益创业的方式，那么你需要进行的决策成本可能会大大增加，因为每一个重大决策都需要通过试验才知道可不可行。但是你多付出的这些努力不会白费，你会像硅谷创业公司一样进行尽职调查，让自己做出正确决策的概率大大增加，从而让你付出的时间和金钱带来更多回报。

延展运动

延展 3.1

哪怕只花一点点时间来考虑一下你的决策对未来的影响，都会改变你的未来。当你面临日常的职业选择时，你可以问自己下面这些问题：

- □ 如果我选择了这条路，那我会错失哪些潜在的机会？
- □ 如果我做了这个选择，我的能力、经验、人脉和收入会有显著增加吗？
- □ 为了测试这条新的职业路径是否适合我，我能不能提前做一些小步的探索呢？比如访谈、观察或者浏览 Glassdoor. com① 这样的网站？
- □ 在我的前几次选择中，我学到了什么？对当下有用吗？
- □ 有谁经历过这个职业路径，他能不能给我一些指导，告诉我应该考虑哪些因素？

像精益创业一样，点子、实践、测试、学习和适应的循环是发展

① 美国一家与职业相关的网站。最初是大家匿名交流各公司薪酬的地方，现在在上面也可以找到员工对公司的评论、企业面试经验和企业招聘服务。——译者注

职业生涯最有效的方法。你不想像凯西一样，对职业生涯草率做决策，但也绝对不想一直犹豫不决。决策太慢的人绝对不会是高效能的人①。创业公司要想抓住机遇，速度就是一切。在面对无限的可能性时，缺乏决断的人会随波逐流、迷失方向。在这个后现代身份认同危机②的世界中，我们的身份已经脱离了我们的工作、社会阶层、所处环境的束缚，我们必须在这样一个世界中找到自己的位置。我是一个未来主义者，还是企业中的一颗螺丝钉？我是个博主，还是个自媒体人？

与其做一个重大决定并长期保持不变，不如像精益创业公司那样小步快跑，一边寻找自己的定位、实现自己的目标，一边逐渐进化。好消息是现在你可以同时尝试多种方法，而不需要像凯西那样为一个决定浪费数年的时间了。

向无人侦察机学习

虽然无人侦察机引发了很多争议，但是它有一个特别的能力还是值得我们学习的。这个能力可以让你对工作保持开放心态，不错过职业生涯发展的机遇。你的工作习惯也许是高屋建瓴式的，喜欢对工作有一个全景式的把握；也可能是更关注细节的，在处理具体问题时一点一点拼凑出自己对全局的理解。如果能在这两种视角间进行自由切换，那么你对未来的选择和机遇的把握就会更加到位。

罗莎贝斯·莫斯·坎特（Rosabeth Moss Kanter）是哈佛大学的教授兼作家，她把这两种思路称为“镜头拉近”和“镜头拉远”③。每个

① Karen M. Taylor and Nancy E. Betz, “Applications of Self-Efficacy Theory to the Understanding and Treatment of Career Indecision,” *Journal of Vocational Behavior*, 22 (1983), 63–81.

② Kenneth Gergen, *The Saturated Self* (Basic Books, 2000).

③ Rosabeth Moss Kanter, “Managing Yourself: Zoom In, Zoom Out,” *Harvard Business Review* (March 2011).

决策都不是孤立的，都要结合大背景来考虑。也许一个升职的机会让你特别心动，这时你能不能把镜头拉远一点呢，比如，看看整个行业的大趋势，是不是已经成为夕阳产业了？接受这个升职机会会不会让你不好意思辞职，从而失去离开这个行业、去其他地方大展宏图的机会？

雪莉正好来到了自己职业生涯中“转型还是坚持”的岔路口。用前面所说的两种不同的视角思考，让她可以更开放地看待未来的多种可能性和潜在的困难。雪莉已经在这家公司最大的部门工作了3个年头，此时，千里之外的公司总部出现了一个岗位空缺，那边的管理者邀请雪莉去申请这个职位。

在“镜头拉近”模式下，雪莉考虑了下面几个问题：

我的职级会提升吗？
我的收入会提高吗？
搬家对家庭的影响有多大？
我会喜欢我的新老板和新同事吗？
我现在做到一半的项目会不会半途而废？
在公司总部我能适应吗？
如果我不接受这个邀请的话，别人会不会怀疑我对公司的忠诚度？

然后，雪莉又想象自己是一架无人侦察机，飞上高空拉远镜头，用更广阔的视角思考这个机会。她可能会考虑以下这些问题：

这个职位会成为未来更大机遇的垫脚石吗？
在这个职位上锻炼的能力能帮我实现职业生涯目标吗？它们会起到什么作用？
我有机会建立更强大的人脉，对我的整个职业生涯产生帮助吗？

搬家会不会给我的家人带来更多经历、机遇和羁绊，让我们一家终生受益呢？

公司的前景怎么样？总部的职业对我的未来发展有益吗？

行业前景和全球商业局势会怎样发展？如果我接受这个职位，我未来的职场竞争力会增强吗？

社会和政策的发展有没有可能影响到我和这个职业的未来？

这些问题没有对错之分，因为所有这些问题都很重要。相反，用不同的视角开放性地思考自己的决策是大有裨益的。当她开始思考关于要不要搬家、怎么搬家的细节问题时，发现自己还有更多的选择。

她的家人不反对搬家，同时在她用“镜头拉近”的模式思考时，发现这种职业的变化是可以接受的。但是把镜头拉远之后她又发现，自己所在的企业主要业务在美国，而且大部分的营收来自政府合同。雪莉相信国际市场才是这个行业的未来，而如果她去了总部工作，她就没有办法为这个未来的发展趋势积累经验了。

在做出最终的决策前，她还探索了另外的几个选择。当时一个猎头与她会面，向她推荐了另外一家企业的职位。雪莉努力拿到了这份工作，搬了家，并在很短的时间内取得了显著的职业发展。5 年后，她已经是另一家《财富》世界 200 强企业的高管了，如果当时选择了总部的工作，她绝对不会得到这么好的发展。

哪怕你当前没有考虑换一个城市或换一份工作，从整体（镜头拉远）和细节（镜头拉近）两个视角来考虑问题也可以对你的职业生涯产生帮助。你的工作与其他部门的工作有什么关联？即使你在日常工作中不直接接触客户，你也能为他们提供价值吗？有了这样的全局观，你的日常决策就会发生一些改变，因为你更清楚地认识自己工作的流程和影响了。

参与我们问卷调查的员工认为充分了解自己所在的企业、拥有全局视角非常重要。绩效优秀的员工都理解大局观的重要性，并在这方面努力锻炼自己①。有全局观的人更清楚什么时候应该和他人合作以及怎样合作②，那些能从自己工作的细节中抬起头来③，用全局的视角观察问题的员工更有创造力，因为他们能看到别人看不到的联系，而且这些人工作也更开心。做好具体的工作固然重要，但你应该时不时地学习一下无人侦察机，高飞远望把握全局。

有创造性的折腾

从建筑师到全球著名运动装备的 CEO，科林 · 巴登（Colin Baden）的职业生涯不同寻常④。可话又说回来，他本来就不是个寻常角色。很多超级体育巨星都力挺欧克利（Oakley）的产品，包括美国职业高尔夫球巡回赛（PGA）的巴巴 · 沃森（Bubba Watson）和获得了两届奥运会冠军的中国羽毛球星“超人”林丹。

走进科林的办公室，首先映入眼帘的是他办公桌前摆放的一辆摩托车，从这一点你就知道他跟你以前见过的 CEO 一点也不一样。坊间还流传着他在公司搞的众所周知的恶作剧：有一次他知道员工密谋要用水枪对付他，他竟然叫来一辆消防车，在公司礼堂里先发制人。他骨子里这种非主流的劲头，不要说在 CEO 中非常少见，在任何其他的职业中恐怕也找不到。他自己设计的公司总部大楼也很另类：草坪上

① 全球有 52.5% 的员工表示希望进一步了解整个业务流程。

② Jens Förster, “Relations Between Perceptual and Conceptual Scope: How Global Versus Local Processing Fits a Focus on Similarity Versus Dissimilarity,” *Journal of Experimental Psychology: General*, 138 (2009), 88 – 111.

③ 同上。

④ 故事来自 2013 年 4 月对科林 · 巴登的一次访谈。巴登是一个充满话题的人物，从巴巴 · 沃森的气垫船高尔夫球车到与米歇尔 · 奥巴马在教育领域的重要贡献都有他的身影。不过，他也是一个非常谦虚的人，从他的多次采访中就可见一斑。如果你还没见过气垫船高尔夫球车，请移步 https://youtu.be/z5u_2bGPdUY。

竟然摆了辆坦克作为装饰，大楼的面貌就像从科幻电影《银翼杀手》[1]里搬出来的后天启时代的布景一样[2]。

所以下面的话从科林口中说出来，你一点儿也不会奇怪："每天我都想开始一次新的冒险。要是没有这种冒险机会，我觉得每个人早上起来问自己的第一句话都应该是：'我今天整蛊谁比较好呢？'"就算你是那种爱玩爱闹的人，如果是被科林盯上也有罪受了。

当然，思考一下欧克利在市场上表现出的创造力的背后的原因也很有意思。他们是怎样打造企业文化和管理团队的呢？可能正是这种"折腾"的精神，让他们永远不满足于现状，永远在创造变化而不是被变化牵着鼻子走。经济学家约瑟夫·熊彼特（Joseph Schumpeter）指出[3]：现代企业要想生存就一定要紧跟时代变化，不断打破既有产品、既有操作和既有结构。旧的不去，新的不来，自己不会折腾，就等着被折腾吧。

科林是在为欧克利的创始人詹姆斯·简纳德（James Jannard）设计住宅的时候认识他的。后来，欧克利开始在企业形象和产品设计上征求科林的专业意见。最终，科林加入欧克利成为设计部总监。进入公司后，他的创造力和设计能力塑造了企业的发展方向，而他也逐步走上了总裁的岗位。如果当初科林不去追求这个新的机遇，而是固守着自己在建筑行业的地位，他也可以生活得很惬意。可是，他选择了新的冒险，离开了建筑业而到了一个具有不稳定结果的企业环境。他不仅喜欢折腾别人，还喜欢折腾自己。我们的生活也是一样，有时候我们必须敢于抛弃自己经营多年的旧方向，才能拥抱新的未来。

---

① 由雷德利·斯科特导演、哈里森·福特主演的一部动作科幻电影，1982 年在美国上映。——译者注

② *Blade Runner.* Warner Bros.，1982. 从走进欧克利前门的那一刻起，你就知道一定会看到非同一般的东西。大厅的等候椅是回收再利用的弹射座椅，大厅里的任何人都能看到极端产品测试区。

③ Joseph Schumpeter，*Capitalism*，*Socialism*，*and Democracy*（Start Publishing LLC，2012）.

验证你的假设

你在某个领域内越成功，你的思路就越有可能变得狭隘，你的观点也就越有可能变得局限。海瑟在一次向人寻求指导建议的时候就遇到过这种情况。杰瑞对办公室政治了如指掌，这让海瑟很是佩服。有一次，她需要申请一笔预算来购买一些新设备，于是她去寻求杰瑞的帮助，希望杰瑞告诉她怎么才能得到批准。没想到杰瑞说："哦，这个我试过了，他们肯定不会批准的。"

海瑟有点失望，收起自己的笔记本电脑，回到自己的办公室想其他的办法。后来她想到应该再多问杰瑞一句："上次你是什么时候申请的？他们当时为什么反对？"

"哦，"杰瑞想了想说道，"恐怕是 7 年前了吧。"海瑟这才发现，她的这位老师还抱着过去的旧经验不放，可能在过去这些经验是有效的，但现在情况也许已经发生了改变。海瑟提出他们可以换一种方式，即使 7 年前的那些审批人有些还在，但毕竟现在的情况与过去不同了，也许结果会不一样。最终她的方案被通过了。这件事情之后，她仍然把杰瑞看作一个值得信任的顾问，但是海瑟意识到自己需要在当前的环境下重新检验杰瑞的建议，而不是完全用他的旧视角来看问题。

杰瑞不是一个好榜样。想要减少自己被淘汰的风险，我们可以使用下面这些技巧让自己对环境的变化保持开放心态。以下这些技术可以帮你判断是否需要重新检验自己的假设。

听听新手的声音①。一旦你走在了成功的大道上，你自己的经验可能会强化你的思维方式，习惯性地用新的信息去迎合你以前总结出

---

① Liz Wiseman, *Rookie Smarts*（Harper Business, 2014）. 莉兹·怀斯曼认为新手解决问题的方式比专家强，因为新人一直在不断学习。我们认为两种方式——持续学习和成为专家各有所长。

来的规律。你会觉得这些规律仍然正确，新的信息也符合这些规律。但情况真的如此吗？实际上，可能你的观察已经有了偏差，只吸收那些支持自己结论的信息，这是一种残缺的开放心态，被称为“确认偏差”（confirmation bias）。比如你看到一辆车开得非常慢，远远慢于道路的限速，你超过它的时候一看，不出你所料，果然是个老年人。这个时候你可能开始相信所有的老年人开车都很慢。但很可能有很多八旬老人超了你的车，只不过你没有注意到而已。

而新手一般还没有形成根深蒂固的偏见，所以他们看到的规律跟你看到的不会完全相同。历史上很多人敢于在没有任何经验的情况下进入一个新领域，尽管专家们纷纷表示他们肯定不会成功，这些人却收获了巨额的财富。1977 年美国数字设备公司（Digital Equipment Corporation）的 CEO 肯·奥尔森（Ken Olson）① 不相信有谁会需要在自己家里摆上一台个人电脑，而与此同时，比尔·盖茨和保罗·艾伦已经花了两年的时间为个人电脑设计软件，并最终帮助个人电脑变成了现实。

如果你在一个领域已经工作 10 年以上，或你所在的领域变化非常迅速，你就特别需要想一些办法，比如找个年轻人来给你做反向指导。你们可以建立一种互利的关系：你可以向他请教业内最新的进展，年轻一代的客户如何进行购买决策，或者如何利用社交媒体工具把握市场脉搏；作为交换，你可以帮他结交更多人脉，接触更多资源，也可以给他提供建议或反馈。另一种了解新人观点的方式是上网，去年轻人常去的网站浏览。现在很多企业都建立了自己的内部协作网站，新人们可以在上面互相结识或提问题。新人们问的问题对你来说是一种丰富的数据来源，可以帮你了解他们的想法与你有什么不同。或者，

---

① Ken Olsen, “10 Most Memorable Tech CEOs of the Digital Era,” *PC Magazine* (January 21, 2011). 几十年后，他曾澄清说人们不希望过上杰特森（Jetson）那样的生活，也就是让电脑控制住宅的各项功能。所以他的公司始终未能进入这个市场，而住宅智能化仍在不断发展。

你可以多接触一些包含不同观点的在线资源，比如 TED 演讲①。除了演讲本身，论坛里的讨论也有很多很有意义的想法。

假设每一个不同意见者都有正确之处。回想一下你高中的辩论赛。不同的队伍拿到辩论主题，各自准备自己的论点论据，一方提出自己的论据时，另一方进行反驳，最终有一方获得胜利。可惜的是，这种方法对可持续的职业发展没什么作用，因为它假定了这样一个前提：在一个问题上，总有一个正确的观点和一个错误的观点，正确的观点会赢，错误的观点会输。

换一种思路，如果你假定每一个持反对意见的人的观点都包含一些正确的思考，这会怎么样？比如你刚刚做完一个非常完美的幻灯片演示，向管理团队推销你的新项目，这个时候有人提出费用太高的问题，你可能会怀疑他是不是怕自己的预算被你的项目抢走。但是你也可以换一种思路，先不要为自己的立场辩护，能不能先站在对方的角度上想一想，把他的忧虑变成一个可能供大家讨论的话题呢？比如，你可以这样说："这个忧虑我也考虑过，我想在座的各位应该也有同样的忧虑。在幻灯片第 18 页上提到，我认为这个项目的投资回报率非常让人心动，我们在一个财年之内就可以收回成本。各位怎么想呢？"他们的讨论会支持哪方观点呢？你可以仔细倾听，找出讨论中出现的要点问题，并考虑这些问题是不是意味着你需要调整自己的思路。

有时候，问题的解决方案就坐在离你不远的工位上，但并不是所有人都懂得这个道理。你有没有这样的同事？他可能跟你在大多数观点上的看法都不同，但是如果你换一个角度来看问题的话，不妨把他看作一个有用的资源。人们通常不喜欢和混蛋一起工作，不管他能力有多强②，但是为

---

① http：//www. ted. com。

② Tiziana Casciaro and Miguel Sousa Lobo，"Competent Jerks，Lovable Fools，and the Formation of Social Networks，" *Harvard Business Review*（June 2005）.

了给个人和企业找到最佳解决方案，你是否能克服这种个人好恶呢？

学会风险对冲。优秀的企业金融投资实践通常会有一个对冲策略，用来防止货币波动造成的意外风险。你的职业生涯也需要类似的对冲策略，以对选错生涯方向的风险进行防范。

马尔克姆是一个安全专家，他的职业生涯发展得相当不错，刚刚举家搬到美国参加公司的一个很有潜力的开发项目。到了美国之后，他感到公司马上就会被收购的风声有可能是真的，因为他总是看到各色不明人士（可能是未来买家的代理人）在公司大楼里走来走去。由于不想让人觉得他对企业不忠诚或者过于自私，他选择性地忽视了这些征兆而埋头工作。3 个月后，他收到了一份归国通知和一笔遣散费。他的忠诚让他的家人吃了大亏，因为在几个月的时间里他们又要再搬一次家，而且他还要重新找工作。

忠诚和长期的奉献是优秀的品质。我们与牛津经济学研究院联合开展的问卷调查也显示，这两个品质在世界各国的管理人员心目中名列前茅①。然而，如果马尔克姆准备了风险对冲方案，他就不会这么狼狈。因为他的忠诚并没有得到回报，反而给他的家庭和职业生涯带来了巨大的损失。他初来乍到，还没能建立强有力的人脉来帮助他在企业并购的过程中保护自己。他原本可以采取一些策略来对冲风险，比如可以在举家来到美国之前跟他原来的老板讨论一下那些“如果”会发生的事情。既然他知道公司有很大的可能会被并购，那么就应该提前跟他的主管开诚布公地讨论一下这个问题，了解自己可能会面临什么状况，以及在这种状况下自己是否还愿意留在这家公司。或者，他也可以在听到风声之后马上开始在自己原先的人脉圈子里寻找机会，提前接触几家其他的公

① 我们问高管，员工的哪些素质对他们而言最为重要。对方的回答是，最重要的是拥有较高的受教育程度或训练有素，其次重要的才是对公司忠诚和能够长期为公司服务。详见附录。

司，探探自己的市场行情也会是不错的对冲策略。

延展运动

延展3.2

在什么情况下你需要考虑对冲策略？如果你对下列任何一个问题做出肯定回答，你都应该马上考虑风险对冲，而不管你现在的职位多么舒适：

- □ 最近你有没有感觉到老板越来越疏远、难以接近？这说明你正在失去他的信任吗？还是他已经打算离开，部门有可能变得不稳定？
- □ 你的工作职责与别人重叠大吗？如果有企业效能专家做组织优化的话，会不会把你的角色砍掉？
- □ 你的公司最近是不是收到了分析师的负面评价或股票一路下跌？
- □ 新兴科技有可能对你的工作产生影响吗？对你的公司呢？对你的行业呢？
- □ 有没有哪些国际趋势或社会趋势会影响你的行业或你的公司？

寻求反馈

你在组织中的职位越高，工作成绩越好，别人就越不会主动向你提供反馈意见。你收到的反馈会变少①，或者变得非常不清晰，让你难以觉察，而且得不到什么帮助。随着你的职业生涯的发展，主动寻求真

① Douglas T. Hall, Karen L. Otazo, and George P. Hollenbeck, "Behind Closed Doors: What Really Happens in Executive Coaching," *Organizational Dynamics*, 27 (1999), 39 – 53.

诚反馈是你越来越重要的责任。你不能坐等别人给你提供优质的反馈，它将越来越不是一种优雅的“馈赠”。在后面的“经验多多益善”一章中，我们会介绍一些小技巧，让你更好地给他人提供反馈，这对你自己的成长也有好处，但是你首先要学的是如何虚心地接受别人的反馈。

马克是个才华横溢的战略专家，面对工作中的任何问题都能对答如流。从哈佛毕业后，他先是在一家全球领先的管理咨询公司工作，后来又加入一家企业进行战略管理工作。每天晚上，他办公室的灯总是最后一个熄灭的。他还每天挑灯夜战，分析各种数据和报告，试图寻找可能影响公司发展计划的市场趋势。

这是他第一次在企业中工作，所以马克特别想要做出成绩来让人刮目相看。他的努力工作收到了非常多正向的反馈，大家毫不吝惜溢美之词：

“你的见解太赞了。”

“你真是个了不起的参谋。”

“这个分析超棒。”

这些赞扬让他倍感振奋，让他加倍努力持续产出价值。但是，他的团队协作评分与其他人略有差距，而马克没有在反馈中注意到这个暗示。其实还有另一种声音在同事间流传，只是没有传进马克的耳朵里：

“他不尊重别人的观点。”

“他不会协作。”

“他不懂倾听。”

马克感受到自己没有真正融入公司的集体，就向另一个同样喜欢加班的同事请教，他们一起在公司边吃外卖边交谈。同事委婉地给马克提出一些建议，希望帮助他更好地被大家接受。“贝丝想跟你合作的时候，不要那么快回绝，她的视角也许能让你看到一些以前被忽视的东西。”还有，“如果你最近没有从鲍勃那里得到反馈，你可以直接去请他指教一二。”这些细节原先被马克不屑一顾，认为是没用的办公室政治，但他的同事帮助他明白了，这些事情有利于让他和周围的人保持团结，这对于工作的正常开展是非常必要的。

据哥伦比亚大学教授凯文·奥克斯纳（Kevin Ochsner）估计，人们只利用了30%的来自他人的反馈①。另外的70%哪里去了？有时大家直接主动忽视了，或者他们可能根本想不起来了。所以，当你在听取别人反馈的时候，最好把自己切换到倾听和记录的模式，这样你可以把正面和负面的反馈信息一一记录下来。很重要的一点是不要对批评进行反驳，相反，你应该试着站在自我反思的角度想一想，并向批评者表示感谢，让他知道你会好好思考他说的话。

研究人性脆弱的学者们都知道，批评会让我们的自信心受到极大伤害。想要获得他人反馈的职场人士，可以听一听政治家和他们的家人是怎么说的，因为他们经常受到别人的批评和攻击。“你的脸皮需要变得像犀牛皮一样厚。②”这是曾经的美国第一夫人埃莉诺·罗斯福（Eleanor Roosevelt）的建议。丈夫担任总统的那几个年头对她来说颇具挑战，但是她逐渐修炼成为有目共睹的优秀倾听者，学会了在听取反馈的同时，对人身攻击熟视无睹。

在这个电子化沟通盛行的时代，倾听反馈未必需要面对面。有时，反馈会出现在电子邮件里，这时你的第一反应可能是回信进行反驳。不妨后退一步，你可以思考一下打个电话会不会更合适？如果不行的话，一定要先对反馈表示认可，比如说一句“你的观点非常有见地”。

---

① Scott Halford, “Five Steps for Giving Productive Feedback,” *Entrepreneur Magazine* (April 7, 2011).

② 埃莉诺·罗斯福（1884—1962），美国政客、外交家、激进分子，1933—1945年曾为美国第一夫人。

延展运动

延展3.3

不论你是向自己的下属寻求反馈，还是向自己的老板寻求反馈，下面这些建议都可以帮助你。它们可以在你听取别人的建议时，为你创造一些心理上的距离感和安全感。

- □ 提问的时候把自我排除在外。例如："在你的想象中，如果有一个人把我的工作做到完美，你觉得他做的会跟我有哪些不一样的地方？"或者"大家都说爱丽丝和其他部门合作非常顺畅，你觉得她有什么诀窍？如果你是我的话，你会主动向她学习什么？"
- □ 承认自己永远有成长空间，并在这个语境下寻求反馈。"刚才的演示到了结尾的时候，我觉得大家都快睡着了，至少不像我希望的那样认真了。你能不能给我两三点建议，帮助我把这场演示做得更好？"
- □ 问一些开放性问题，但同时要具体。不要问："你觉得我怎么做才能独立带项目？"而要问："合理预期的话，你觉得我多久之后才能独立带项目？在那之前我还需要做哪些能力上的准备？"
- □ 关注你的口头语言和肢体语言。给你反馈的人通常对你的反应非常敏感，一旦他们发现你感觉不舒服或对他们的观点有抵触情绪，他们马上就会退缩。你应该保持反思的心态，问一些澄清性的问题表示你在认真听，有意地放慢一下自己的节奏，让对方感受到你真的在考虑他们的观点。

要想提高自己收到有价值的反馈的可能性①，其中一件最重要的事是你需要为反馈者创造一个安全的环境。回想一下上一次别人向你请教的时候你是怎么做的。你可能只说了一半的真话，而且要加一个委婉的开头，因为你也不确定对方到底是想听真话还是只想让你夸他两句。记住这个场景，一定要让你的反馈者感到自己的真实反馈是受到欢迎的。

那些对你的职业生涯有帮助的反馈，你一定吸收了10%都不到。你需要做的是找到另外的90%，并针对它们采取行动。不要限定反馈来源。有一家娱乐公司的管理人员习惯向前台小姐弗吉尼亚询问她对应聘者的印象如何。任何细微的行为都很重要，例如，如果一个应聘者在弗吉尼亚打电话时打断了她，那么他在日常工作中也可能是一个粗鲁的人。而如果有应聘者帮快递员挡住电梯门，让他方便推车出来，弗吉尼亚也会把这种小善举告诉面试官。对周围人的观点表示尊重对你大有裨益。如果你走向前台小姐，问她这样的问题："我是来面试的。你一定见过很多应聘者吧，能给我点建议吗？什么样的人才能适应这里的企业文化？"也许你的礼貌和好奇心可以给对方留下个好印象。

留心寻找，到处都有机会

当看到一个人在洛杉矶市中心小巷的垃圾桶里捡玻璃瓶时，你永远想象不到他未来会有怎样的际遇②。约翰·保罗·德约里尔（John Paul DeJoria）过去做过各种工作，10岁时他就做了报童，十几岁时则辛苦地做着挨家挨户的推销工作。因为没有筹到上大学的钱，他辍学了。不久之后，他成为一个无家可归的单亲爸爸，靠着做门卫、卖人寿保险和他能找到的任何工作勉强糊口。

---

① Kerry Patterson, Joseph Grenny, Ron McMillan, and Al Switzler, *Crucial Conversations* (McGraw-Hill, 2011). 本书就如何在风险较高时展开棘手的对话给出了绝佳建议。

② Jim Bates, "John Paul DeJoria...From Homeless to Billionaire," *Winners Win* (November 6, 2013).

他曾经还在护发品行业工作过，在那里，他意外地找到了自己的激情所在，而这将会改变他的人生。不过，他后来丢掉了那份工作，又开始了第二轮短暂的无家可归的生活。待找到了一份新的销售工作不再流浪后，他开始寻找创业机会。约翰·保罗从他在护发产品行业的经验中发现，这个行业前景不错，而且市场上还缺少一个主打高端护发成分的品牌。他找到了自己的好朋友——一个在当地小有名气的发型师，向他说了自己的主意。于是他们一起开发了一些产品并开了一家公司，当时他们的预算紧张到连 Logo 都是黑白的。

接下来，是约翰·保罗挨家挨户推销的经验让他坚持了下去，因为他早就习惯了卖出一单之前碰壁三四十次。约翰·保罗和他的朋友在穷困潦倒中苦苦支撑了两年，这两年中，他们每天都想一气之下撂挑子不干了。接下来，销售情况终于有了起色，他们不起眼的品牌一跃成为国际大品牌，拥有了 90 多款产品。约翰·保罗的合伙人叫保罗·米切尔（Paul Mitchell）。而约翰·保罗不仅是宝美奇的创始人，他还成功创立了培恩（Patron）公司，生产出全球热销的高端龙舌兰酒。

约翰·保罗的故事给了我们很多启示。他可以对未来机遇保持开放的心态，同时还能利用自己过去积累的技能。他培养了自己在销售方面的核心能力，并且学会了如何面对不断的拒绝。他对行业的深入理解让他可以找到新的市场切入点。最重要的是，他意识到为了让自己的想法获得成功，他还缺乏某些关键技能，所以他找到了一个与他有共同愿景的关键合伙人，一起创办了公司。

寻找机会并不意味着一定要创办公司，有时候我们只需要换一个框架来思考我们面对的困境。丹娜获得了参与一个高级经理职业的竞聘的提名，但她担心另一个候选人比自己厉害，于是找自己的职业导师讨论了这个话题："如果我得不到这个岗位的话，我就不得不辞职了，因为这个岗位几年之内都不会有空缺了。"

"你的思考方式完全错了，"她的导师说。"工作是时常变化的。你需要找到公司在哪里存在难点或问题，并且想想自己怎样才能最完美地解决它们。只要你体现出自己的价值，职业机会自然会出现。”丹娜最终还是成功获得了这个职位，但是导师的建议促使她向公司总裁提出了一个企业文化优化的提案。她被任命负责整个公司的企业文化调整，这个项目最终给她带来的提升远远超出了那个当初让她患得患失的岗位。

约翰·保罗和丹娜的共同点是，他们都能跳出眼前直观的选择，并对未来保持开放性。你又是用什么框架在思考你现在的职业和理想的职业呢？如果你能跳出原来的框架，思考一下有什么其他选择能够让自己更好地发挥才华，这些选择会是什么呢？如果有一个不同版本的自己，那么他在这种情况下会做何选择？而你为什么不现在就成为这个版本的自己呢？

最先的选择未必最好

那些可以在职业生涯中不断学习和成长的人通常有这样一个思维倾向：他们把自己看作一件未完成的作品、一个进行中的实验。而真正有创造力的设计师通常不会满足于一个答案或一种方法。迪克·波兰德（Dick Boland）在设计建筑的过程中对这一点深有感触①。

波兰德是一个商学教授，他曾与法兰克·盖瑞（Frank Gehry）一起设计了凯斯西储大学（Case Western Reserve University）的商学院大楼。盖瑞是著名建筑家，曾设计过西班牙毕尔巴鄂的古根海姆博物馆（Guggenheim Museum）以及华特·迪士尼交响音乐厅（Walt Disney Concert Hall）。因为成本超标和预算限制，大楼的建筑面积必须缩减37平方米。波兰德和盖瑞的设计团队加班加点忙了两天，才在这么小的空间内满足了所有教职员工的使用需求。他拿着修改过的建筑蓝图，

---

① Karl E. Weick, “Organizational Design and the Gehry Experience,” *Journal of Management Inquiry*, 12 (March 2003), 93 – 97.

对自己的解决方案颇为满意。

建筑公司的项目负责人认可了这个方案，觉得它可行，但随即当着教授的面把新蓝图撕成了碎片。

“你干什么？”波兰德吃惊地问。

“既然我们已经知道了可行方案，我们何不再看看有没有更好的方案？”那个建筑师说。波兰德想了想，认可了建筑师的说法。因为他们的第一个解决方案想的都是怎么把原本旧建筑物的空间在新的设计中呈现出来，所以一旦他们可以放下“这是唯一的解决方案”的想法，就可能找到全新的空间利用方式。

同样的创造性设计过程也可以用来思考职业生涯的设计。第一个选择和第一条路有可能行得通，但是也有可能浪费了潜在的机会。格雷格的上一家公司正面临来自国外制造商越来越激烈的竞争。他是一个财务专家，在这家公司做金融风控工作。从他掌握的数据来看，这家企业的前途堪忧。在他的预计中，公司被迫迁址或被收购只是时间问题，所以他选择了主动辞职，拿一份补偿金。仅仅一个星期后，一家谁也没有想到会倒闭的银行竟然倒闭了，这是全球经济衰退的一个先导信号。他原以为找到新工作是件轻松的事情，现在却觉得情况有点不妙了。

让他大感宽慰的是，几乎是马上他就收到了一份新工作的邀请，他也有点动心，但是，当他后退几步审视全局时，他认为自己可以做得更好。既然他能拿到一个工作机会，那么他一定可以拿到更多的工作机会，而且兼职的工作机会也很充裕。这些充裕的兼职机会让他有了更多选择。所以在后面的一年时间中，他愿意出差和搬到不同的地方，让他为很多公司做了兼职项目。因为经济走势不明朗，相比于雇用全职员工，企业更愿意雇用兼职或合约工。通过这种方式，他尝试了几种不同的工作岗位和工作地点。他和最后一家公司的合约岗位似乎很适合他，所以他与这家企业又续约一年。这家企业就是苹果公司，最终苹果给了他一个全职的工作岗位，这个工作机会比他两年前拿到的要好太多了。

格雷格的经历就像是未来工作方式的一个预告片。全球各国的企业管理者异口同声地告诉我们，他们未来希望使用更多的临时工、合约工和“灵活”工作的员工。如果你愿意灵活工作，为获得更多的工作机会而放弃稳定的劳动合同，那么很多公司的招聘部门都会对你青睐有加。企业将有机会检验你的能力，而你也可以同时检验这个企业是否适合自己，另外，你不但可以提升自己的能力，而且更重要的是还能扩展自己的人脉。

格雷格放弃了他最先遇到的安全选择，这从长期来看给他带来了丰厚的回报。每当你面临一个职业选择时，你也应该这样问自己：“如果我选择了这次机会，会不会错失其他的潜在机会呢?”

在我们的职业生涯中，每一天我们都会遇到这样那样的选择，而在任何时刻，你实际的选择可能比你自己意识到的要多。我们认识一个千禧世代的孩子，姑且叫她特蕾希吧。在毕业的第一年，她为了申报个税填了 11 张 1099 报税表①。她妈妈对她有点失望，说：“工作不是这么做的。”

“但是，妈妈，”特蕾希反驳道，“不这样做我怎么知道自己喜欢什么工作呢?”你用了什么方法去探索自己喜欢的工作方向呢？你是不是把安全和稳定看得太重了？多一些探索会不会对你有所帮助？即使你对自己的企业忠诚度很高，除了你现在的岗位外，你还能不能探索一些其他的岗位角色？当新的机会来敲门时，你可以后退一步，想一想还会不会有更好的机会。

你不是一个人

我们用延展第一要务开始了本部分的写作：为自己负责。其实在现实中，你从不孤单。除了那些与世隔绝的人之外，每个人都会在职

---

① 美国报税表的一种。它与另一种 W2 报税表的区别在于：W2 主要用于全职固定工作时间的员工，而 1099 主要用于散工和不受上班时间限制的员工。——译者注

业发展的道路上获得他人的帮助。

本书的这一部分所讨论的实践方法，可以帮助你在职业生涯的游戏中少走弯路。边做边学和培养开放心态会帮你找到职业生涯的捷径。

除此之外，你还可以通过建立更强大的人脉和积累广泛的经验来给自己找到更多选择。我们将在下一部分讨论这这些策略。

延展总结

- 职业生涯就像“滑道梯子棋”这个游戏，你需要拥有识别捷径的能力，这需要你保持开放心态。
- 保持开放心态的策略包括：
  - 把自己看作一次精益创业。要确保自己关注真正重要的指标。
  - 学习无人侦察机的能力。在面临重大职业决策时，细节和全局都要考虑。
  - 有创造性地折腾。找出各种方法，突破循规蹈矩。
  - 验证你的假设。你的工作做得越好，你就越容易忽视自己过时的危险。为了避免这种情况出现，你可以倾听新手的声音，假设不同意见者都有可取之处，以及学会风险对冲策略。
  - 主动寻求反馈。你得到的反馈远远小于你的需求，这一点不用怀疑。你需要主动走出去寻求他人的反馈，但注意要给反馈者创造一个安全的氛围。
  - 留心寻找，到处都有机会。即使是在最绝望的情况下，你仍然可以找到希望。
  - 最先的选择未必最好。第一个出现的机会往往不是最好的机会，所以在你进行职业调整时，请后退一步仔细思考。

组织和管理者可以做些什么

对组织来说，帮助员工对自己的职业选择保持开放性，以及提供反馈帮助员工成长是非常重要的。好消息是，下面讲到的几种最有效的策略不会消耗大量的成本或时间。只要对企业文化进行简单的调整，对管理实践进行少许优化，你的组织就能得到丰厚的经济回报。美捷步（Zappos）① 就是一个例子，它一向认为文化是企业的竞争优势。美捷步看重企业文化到什么程度呢？他们甚至出版了一本关于如何提高员工幸福感的书。如果组织希望自己的员工保持开放的心态，下面的这些简单的解决方案也会给他们带来巨大的改变。

打造成长型文化

罗伯特·科甘（Robert Kegan）和他的同事们花了几百个小时来研究那些他们所谓的“刻意成长型企业”（Deliberately Developmental Organizations，简写为 DDO）②。一个例子是 Decurion，它是一个私人控股公司，旗下有弧光电影院（ArcLight Cinemas）、太平洋影院（Pacific Cinemas）和豪利布鲁克老年人生活中心（Hollybrook Senior Living）等企业。但是，如果从它的经营业务来定义 Decurion，未免有点狭隘了。如果去公司主页看一看，你就会看到它是这样描述自己的：“Decurion 提供一个让人茁壮成长的舞台。”公司的很多日常实践是这个价值观的完美体现，例如每周有一个管理人员的座谈会，他们会探讨自己的员工，以及分配什么样的工作会帮助员工成长；他们还有一个公开的“胜任力看板”，每个人都可以看到谁又发展

---

① Tony Hsieh, *Delivering Happiness* (Grand Central Publishing, 2013).

② Robert Kegan, Lisa Lahey, Andy Fleming, and Matthew Miller, "Making Business Personal," *Harvard Business Review* (April 2014).

了新的能力；他们的业务评估中包含才能评鉴，其中包含那些已经做好晋升准备的员工①。

考查管理者是否为员工提供反馈

你如何知道管理者是否为自己的员工提供反馈呢？最简单的办法就是直接去问他们的下属。很多时候管理者只在一年一度的绩效评估的时候，才会想起来给员工做反馈。

欧克利公司的人力资源团队认为常见的绩效管理机制效果非常糟糕，而且员工的工作投入度也非常低②。他们决定把管理人员与员工的交谈作为年度绩效评估中最重要的一部分。受到积极心理学方法论和脑科学研究成果的启发，他们抛弃了过去使用的年度绩效表格，以一个简单的问卷取而代之。每个季度他们只问员工同一个问题："在过去的90天内，你与你的管理者有没有就绩效或职业相关的问题进行过有意义的讨论？回答是或否。"CEO科林·巴登会亲自审阅调查结果，以保证管理人员确实达到要求。管理人员与员工在绩效和个人发展层面上的沟通，应该是一个持续进行的常规性工作，而不是像一些企业那样一年才做一次。通过给管理人员传递出这样一种期望并进行考核，可以将这类沟通落到实处，从而对员工的绩效产生积极的影响。

提供关于企业运营方式的培训

为了帮助员工培养侦察机一样的能力，让他们可以拥有"镜头拉近"和"镜头拉远"的视角，企业可以为员工提供关于企业运营方式的培训，这会产生很大帮助。员工理解了企业的战略、拥有

① Jay A. Conger and Robert M. Fulmer, "Developing Your Leadership Pipeline," *Harvard Business Review* (December 2003).

② 故事来自2013年4月在欧克利总部对其人力资源部门员工进行的多次访谈。

了全局观之后，不但会减少出错、提高工作效率，还能增加对工作的满意度[1]。很多企业都有这样一类课程，比如“给非金融方向管理者的金融课”或企业产品培训。但是这些仅仅是基础，仅有它们还不足以帮助员工理解企业是如何运作的。很多企业缺少一种高度定制化的企业课程，这些课程应该向员工讲解企业的不同部门如何合作以及如何为客户提供价值。缺少这些课程，则员工的视野就会变窄，完全聚焦于他们自己能看见和理解的那部分工作。而这通常会带来部门协作不顺畅、企业使命缺乏员工支持，以及组织内部成长疲软的恶果。如果你希望组织内的员工可以更加紧密地协作，可以通过定制化的课程来培训你的员工，让他们知道企业这部机器是如何运转的。

多用教练技术，少用管理手段

蒂姆·高威（Tim Gallwey）写过一本关于如何从精神层面掌握高尔夫和网球这类运动的书[2]。他说：“所谓教导，就是通过释放一个人的潜能，帮助他们达到最佳成绩的过程。教导是帮助他人自己学习，而不是直接教会他们。”如果应用到商业领域的话，教导技术与管理手段有本质上的不同。所谓管理，是指逼迫员工完成管理者自己的目标，而教导技术是帮助员工发挥自己的最大潜力。最好的管理者和最伟大的团队都清楚这两者的区别。

克劳迪奥在与产品经理索菲亚一起工作时就注意到了这一点。索菲亚是一个经验丰富的产品经理，她负责设计新产品的需求，所以她的工作需要她经常与公司内部的工程师以及公司外部的客户进行互动。克劳迪奥发现，虽然所有人都喜欢与索菲亚一起工作，但

---

① Robert S. Kaplan，David P. Norton，*The Strategy-Focused Organization*（Harvard Business Review Press，2000）.

② W. Timothy Gallwey，*The Inner Game of Tennis*（Random House，1997）.

是她在产品创新上还应该再多一点推动力，而不是像一个好好先生那样满足所有人的要求。克劳迪奥决定不采用管理手段，而是使用教导的方法与她沟通。他与索菲亚进行了交流，并聚焦在索菲亚自己的目标和她对自己能力提升的意愿上。当索菲亚说出自己希望未来能承担更多的产品管理职责时，克劳迪奥不失时机地指出，那些比她高级的产品经理在推进创新上都做得非常不错。打开了这个话匣子之后，他就可以开始跟索菲亚具体讨论她能够做什么来帮助自己成长了。

教导和管理要怎么平衡？每个管理者和每个团队都可能是不同的，但是对大多数管理者来说，80%教练和20%管理是可以实现的。教导技术不仅可以帮助员工提升绩效，还可以帮助他们理解自己的工作①和行为会对公司的全局产生什么影响。

优秀的领导力培训课程可以让企业管理者了解教导技术和管理手段的区别，并把它们应用于企业文化实践中。高层管理者身体力行之后，其他的管理者也会纷纷效仿，人力资源部门的负责人也可以成为高管团队的教练。如果整个公司都能拥抱这种文化，它将带来无穷无尽的好处。

① Aaron De Smet, Monica McGurk, and Marc Vinson, "Unlocking the Potential of Frontline Managers," McKinsey & Company, August 2009.

第三部分　积累备选机会

第四章　建立多元化人脉

第五章　经验多多益善

在为未来做准备这件事情上，适合每个人的方法各有不同。所以你需要为未来积累更多的备选机会。在这一部分中，我们会探索建立多元化人脉的实践以及探讨经验的重要性。

这么多年来我完全聚焦在工作上，让自己的人际圈子变得非常狭窄。现在我才明白自己错过了那么多。

——托尼·施瓦茨（Tony Schwartz）①

第四章　建立多元化人脉

扎克·奥特努（Zach Altneu）天生叛逆②，高中时期，他一边出色地担任着校报和年鉴的编辑工作，一边偷偷写文章批评本笃会（Benedictine）修士，而恰好这些修士也是他的老师，他就这样被开除了。他未来的职业生涯将献给一个自己出生时（1977年）还不存在的行业——写软件和建网站。

扎克的第一份工作是在一家市场营销公司，他大方地承认当时每周工作6天，每天18个小时，外加几个通宵。他一心要把网页设计学精，并为他的客户提供成功的解决方案，所以这样的投入和奉献他觉得理所当然。扎克的另一个重心是掌握软件开发技能，而培养人脉这种事情他根本想都没有想过。不久，他当上了公司里的技术领头羊，又过了没多久，销售部的老大跑来拉他入伙，一起开公司。扎克就这样在命运的安排下变成了一个创业家：一个有理想的天生叛逆者。

年轻的创业家扎克向自己的家人寻求建议。他的祖父母、外祖父母都是创业家，他们向扎克建议：不要埋头只做技术（写代码、建网站）。尽管扎克花了那么多精力把自己变成技术专家，他的祖辈创业家

① Tony Schwartz, "What I Learned from My Daughter's Wedding," *The New York Times* (June 28, 2013). 这句话引自 The Energy Project 首席执行官托尼·施瓦茨。

② 故事来自2013年10月对扎克·奥特努的一次访谈。

们却反复向他强调，他最应该学习的技能是销售技能。

在寻找客户的过程中，他和他的合伙人发现自己的社区中就有一家大型软件解决方案提供商的分公司，而这家公司正好需要做一个动态网站，包含复杂精巧的视觉元素，并且要使用到当时新锐的交互软件。尽管扎克对这种新技术没有任何经验，但他不害怕任何技术上的挑战，唯一让他发愁的是如何争取到登门拜访客户的机会。

此时，祖父母的话在他的耳边回响起来："最重要的是你认识什么人。"扎克知道，为了拿下这个订单，他必须在新客户这里建立信任关系。他开始梳理自己的人脉网络，终于找到一个朋友的朋友，恰好是那个软件公司决策者的老朋友。扎克问这位朋友的朋友是否愿意跟他们一起去谈下这笔生意。

他们走进会议时受到了回家一般的欢迎，这位朋友的朋友让气氛一下子融洽了起来。扎克回忆道："通常免不了的那些问题，比如，'你们给谁做过类似项目？'和'你的从业背景怎么样？'一个也没被问到。"他们顺利地拿到了订单。回顾自己的职业生涯，扎克一直很享受自己与客户之间建立的融洽关系，除了为客户解决问题的能力之外，他认为自己建立人脉关系的能力也至关重要。

在描述如何寻找能帮自己拿下订单的人时，扎克并没有用"人脉"这个词，他只是把精力放在建立关系以便找到新的和必须的人脉。当时的他很可能并没有意识到，自己的人际能力将对创业之路产生深远影响。

我们从生下来就一直在人际关系网络中生活和工作，例如亲缘关系就是一种自古有之的人际关系。古希腊人建立了由村庄组成的网络以发展贸易，而古罗马人第一次提出了每个人的家庭和工作关系网络必须在人口普查时记录在案。英国则首创了利用殖民地和贸易伙伴组成通信网络的方法。在数字技术和社交媒体大行其道的今天，我们的人际网络根本没有边界。

现代人都生活在高度互联的状态中。私人关系、职业中他人的期望和与他人的互动、脸书好友、照片墙、短信、推特推送、电子邮件和各种新兴的移动通信平台都在不断争夺着我们的注意力。我们所生活的时代资源无穷无尽，而我们需要不断利用这些资源与我们的人际网络保持联系。

无论是在工作中寻求机遇还是为职业变动和求职做准备，充满活力的多元人际网络都是你拥有的最重要的资源之一。我们在研究中发现，一个不断壮大的人际网络能够发挥重要作用，甚至经常会起到颠覆性的作用。这也是为什么我们的第二延展要务中包含“发展多元化人脉”这个实践的原因：你需要让自己拥有更多选择。人际网络可以促进工作任务中的协作，帮助你实现职业生涯的整体目标。这些人可以在你得意的时候与你同乐，在你失意的时候帮你重新振作。

什么是人脉？

凯拉毕业时正赶上 2008 年金融风暴余波未平，就业市场一片愁云惨淡。她在求职过程中饱尝了挫败的滋味，数百封简历石沉大海，能找到的只有服务行业的兼职工作。除此之外，少数几个她好不容易通过了多轮面试的基层工作，也被那些条件远远超过工作要求的人抢走了。最后，她用了整整两年的时间才找到自己的第一份全职工作。她当然希望好好表现，给她的老板和同事留下好印象。

有一次，她的老板邀请她某天在下班后参加一次全公司范围的团建活动。凯拉脑子里一直有个声音在说：“我讨厌社交活动。”她需要花很大精力才能把这个声音压制住。她过去一直相信，这类社交活动的参加者一定全是低层级的员工，他们既没钱也没权，在公司里也没有什么利用价值。为什么非要见这些人呢？但是，凯拉还是努力忽视了自己脑子里的声音，放下了自己对社交活动的天生厌恶感，接受了老板的邀请。

参加活动的那天晚上她本来没有抱着很高的期望，但让她惊讶的是，自己竟然认识了这么多有趣的新同事。

第二天早上，老板把一个团队项目交给了她，这是她第一次带团队。老板对她说，这个项目对她来说是个好机会，可以帮助她在公司内培养人脉，对她的职业发展有好处。仅仅几个星期之后，一个客户那里出了一点问题，于是上级派她去解决。她知道对这个客户来说，能够快速地解决这个问题非常重要。正当她坐在自己的工位上思考下一步的动作时，她猛然记起在上次公司社交活动中认识的一个同事，他提到自己曾经与这个客户合作过。几封邮件往来就让她迅速找到了解决方案，这让她真心感叹社交活动没有白参加。她不仅在如何解决这个客户的问题上找到了一些新的思路，还交到一个好朋友。在凯拉伸手求助时，她新建立的人脉关系被激活了。

有时候交换名片这件事看起来挺没用的，因为在交换名片的瞬间，我们并不知道对方未来能不能真正成为自己的人脉。事实也确实如此，有时交换名片之后双方永远不会再有联系了。这其实不是问题，如果我们用狭隘的眼光去看人际关系的话，我们可能不愿意在培育人脉上投入很多精力①。表面上看，所谓建立人脉关系，只不过是出于职业或社交目的的信息交换而已。而只有当我们帮助别人和被人帮助、实现共同目标时，这种你来我往的过程才能真正地激活人脉关系。

人际关系不等于人脉。所谓人际关系，只不过是我们与那些人有关联，而人脉则意味着我们需要有意地去使用这种关联，实现个人或工作上的目标②。

---

① Herminia Ibarra, *Act Like a Leader*, *Think Like a Leader* (Harvard Business Review Press, 2015). 在《哈佛商业评论》的几篇文章中，赫米尼亚·伊瓦拉（Herminia Ibarra）和马克·李·亨特（Mark Lee Hunter）阐述了领导者应该如何利用人脉，包括2007年1月期《哈佛商业评论》中的《领导者如何打造和利用人脉》（How Leaders Create and Use Networks）。

② Charles Kadushin, *Understanding Social Networks* (Oxford University Press, 2011). 线上版《牛津英语词典》（2011年6月更新）收录了networking（意为建立人脉）作为名词的定义，即利用人际网络交换信息等资源，或获取职业优势及其他优势的行动或过程。自20世纪70年代以来，人脉理论便一直是大家热议的话题。而迈进21世纪，社交网站的兴起大大提高了我们建立人脉的能力。

扎克和凯拉的故事让我们知道，人脉可以成为我们强大的资源。俗话说得好："做正确的事不如认识正确的人。"人脉在面试或获取关键性信息的过程中可以起到巨大的作用。不要去数自己拿到了多少张名片，而要为自己的未来建立一个有用的关系网络，这会对你产生巨大的作用。谁不喜欢成熟的人脉网络呢？它可以帮助我们求职成功、发现商机、解决问题，还可以在我们遇到危机时提供支持。

延展运动

延展4.1

你的人脉网络质量和功能如何？在建立自己的人脉网络时，可以思考下面的问题：

- □ 你估计你的人脉网络中有多少人？
- □ 你觉得你需要多少人？
- □ 列出所有你用于记录联系人的数据库和社交网站，你能把它们整合到一处吗？
- □ 你是如何利用自己的人脉资源的？他们可以帮你想出新点子吗？他们可以帮你结识不同领域的人吗？他们可以在工作中和你协作吗？
- □ 你还缺少什么？

人人都有的两种人脉

你的生命中一定已经拥有至少两种类型的人脉了：私人人脉和职业人脉。私人人脉由你的家人和朋友组成，你们经常见面，他们也非常关心你。你可以认为这是一群为了保护你而愿意亲自披挂上阵的人。

哪怕你半夜3点打他们的电话，他们也会接听。你通常会在你的私人人脉中寻找支持和友谊。

在以私人关系为主的人脉关系网络中，你通常与这些人有很深的感情。这类亲密和稳固的人际关系①通常包含家人和朋友，比如你的配偶、生活伴侣、近亲，甚至经常见面的远亲。其他类型的稳固关系还包含朋友关系，通常是指工作以外的朋友，但有时也包含工作中认识的密友②，或者纯洁的“工作配偶”（work spouse）③，以及你在学校或教堂认识的朋友。所有这些人加在一起，组成了你的人脉网络中亲密关系的这一部分。

大部分人还有很多的“弱关系”人脉，或者叫“松散关系”人脉。也许你参加了大学的校友会，也许你有一群熟人或好友，他们已经搬到其他地方去了，但你们还时不时地发个节日祝福短信或在对方的脸书上留个言。或者，你还有一些更弱的关系，比如你以前的同事，在某个会议上互加了联系方式的人或线上的好友，不过这种好友关系必须是双向的才行。在推特上关注演员或谐星可不算，他们帮不上你任何忙。这些相对较弱的关系，特别是工作上的同伴，是你职业生涯人脉的基础。

思考一下这两种不同的人脉。你的强关系私人人脉由哪些人组成？你的弱关系职业人脉由哪些人组成？现在来回答一个问题：如果今天你要找工作，你觉得哪一种人脉对你的帮助更大？

---

① Mark Granovetter, *Sociological Theory* (Wiley, 1983), 201–233. See also, Mark Granovetter, *Getting a Job: A Study of Contacts and Careers* (Harvard University Press, 1974). Mark Granovetter, “The Strength of Weak Ties: A Network Theory Revisited,” in P. V. Marsden & N. Lin (Eds.), *Social Structure and Network Analysis* (Sage Publications, 1982).

② “Item 10: I Have a Best Friend at Work,” *Gallup Business Journal* (May 26, 1999). 盖洛普的年度职场调查共12个项目，其中之一就是确定受访者在工作单位是否有一个最要好的朋友。

③ 这是最近出现的新说法，意思是非常亲密的工作伙伴关系，有时特指工作中关系亲密的异性关系。——译者注

A. 强关系人脉。

B. 弱关系人脉。

如果你选了 A，也就是由那些愿意为你上刀山下火海的亲朋好友组成的强关系人脉，那么你跟大多数人的选择一样。我们会很自然地认为，这些跟我们最亲近的人会处处为我们着想。毕竟，你的这些亲朋好友绝不愿意看到你过得不好。如果你选了这个选项，那很可能你有坚实的家庭纽带和一群至交，你们可以彼此依赖。然而，在找工作这件事情上，你的人脉关系越广越松，可能效果越好。因为我们的强关系人脉通常会产生人际关系的重叠——他们认识的人跟你认识的人差不多。

如果你选了 B，那么你可能已经知道一个广泛的弱关系人脉有多么强大了。至少，跟这些熟人和“朋友的朋友”交流可以成为一种桥梁，让你通过他们认识更多的人。

但弱关系人脉的效用不止于此。正因为这些人通常跟你没有特别直接的关系，所以他们不会从你的角度出发，过多地帮你考虑风险。

“你知道第一次创业的成功机率有多低吗?”

“在创业公司工作不稳定，你最好找一个成熟的公司。”

“那个行业没人能赚到钱!”

你的很多朋友和家人都可能给你上面这样的建议。他们确实是为我们着想，但这可能会导致他们不会鼓励我们走出自己的舒适区，而是希望我们选择有保障的道路。

正因为他们如此关心我们，这些亲朋好友才不想看见我们失败。但是，有些时候我们必须去探索新的领域，冒一定的风险是不可避免的。

斯坦福大学的社会学家马克·格兰诺维特（Mark Granovetter）在

其代表作《弱关系的力量》(*The Strength of Weak Ties*)[1] 一书中研究了很多找工作的人，想要探明他们的人脉在找工作中起到了什么作用。他发现，善于利用弱关系的人找工作更容易成功，工作中的满意度更高，收入也更高。正是因为弱关系人脉与我们的关系有点远，他们才能用不同的视角来评估风险，对其做出更为客观的评价。

很可能你的强关系人脉网络中，没有人开过公司，没有人在高风险的创业公司工作过，也没有人辞掉过收入丰厚的工作。但是在你外层的弱关系人脉网络中，一定有这样的人，跟这些人交流可以让你更有信心去挑战更大的风险。此外，他们还能在你挑战风险的过程中给你有效的建议，帮助你成功，或者介绍你认识其他可以帮助你的人。他们可以帮你识别创业机会[2]，甚至可以帮你筹集资金。

私人和工作这两种人脉我们每个人都要用到。在图4.1中可以看到，两种人脉都很重要。在我们的事业成功、人生幸福和职业生涯中，这两种人脉都起到了至关重要的作用。但是，在帮助你找到新机遇这一点上，弱关系人脉作用最大。

为什么多元化的人脉这么重要?

在我们的访谈中，受访者无一例外地表示自己既有私人人脉也有工作人脉，我们相信你肯定也一样。现在我们就讲一讲如何有意识地让自己的人脉变得多元化，这可以让你的人脉更上一层楼。

---

① Mark Granovetter, "The Strength of Weak Ties," *American Journal of Sociology* (May 1973), 1360-1380. 在这项研究中，社会学家马克·格兰诺维特剖析了弱关系的重要影响。根据他的发现，绝大多数人找工作的途径是熟人而不是要好的朋友。

② Candida G. Brush, Patricia G. Greene, Myra M. Hart, and Harold S. Haller, "From Initial Idea to Unique Advantage: The Entrepreneurial Challenge of Constructing a Resource Base," *Academy of Management Executive*, 15 (February 2001), 64-80.

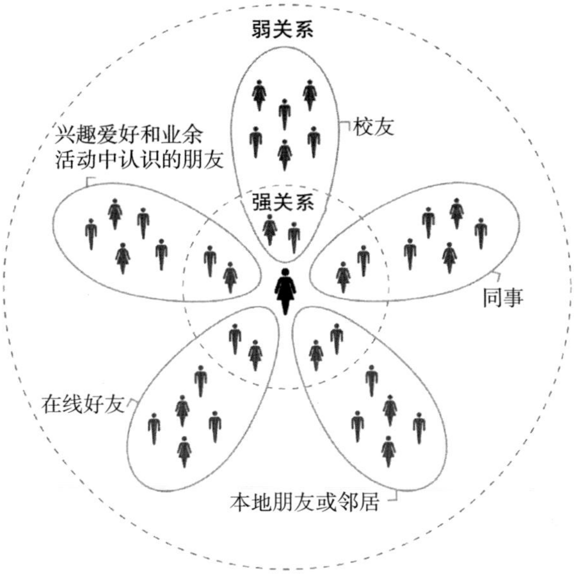

图 4.1　弱关系人脉与强关系人脉

所谓多元化人脉，应该包含来自不同年龄、不同性别的人，既包含有权力有影响力的人，也包含普通人。与你所在的企业或社区中的成功人士建立关系，可以为你的职业发展和领导力提升提供巨大帮助，还可以作为桥梁让你认识更多的人。而与年轻人多交往，则会让你跟上新技术的步伐，并提供一座接触外部社交网络的桥梁。

你的人脉也需要在地理位置上更多元化，这样可以帮助你打入新的市场。而如果你的人脉在级别上多元化，包含你的同级、直属下属和领导，你在跨职能的工作场景中就更容易成功。最好还要让你的人脉在职业和行业上多元化，这可以让你时时接触各行业的最佳实践。

“为什么多元化的人脉这么重要？”这个问题不难回答。ReWork 公司的联合创始人纳撒尼尔·柯洛克（Nathaniel Koloc）说过：“多元化的人脉非常重要。这些人脉是你在职业生涯中能培养的最重要的资产。”如果人脉都是由相同的人组成，就会限制我们能影响的人和我们可以寻求帮助的人。经过一段时间后，一个圈子里的人在信念、经验和人脉上会越来越相似，这会造成一个不利的结果：我们突破这个圈子的界限，去接触不同类型的人的能力会逐渐减弱①。而这些不同类型的人，恰恰对我们的业务扩展起到了最重要的作用。

除此之外，建立多元化的人脉背后还有一些不那么明显的原因。纳撒尼尔说："这不是什么高深的道理：你真心帮助别人的话，他们也会反过来帮助你。"ReWork 是一个面向千禧世代的网络招聘平台，它帮助这些年轻人寻找社会和环保方面的工作。网站的第一个长期客户就是人脉关系带来的。他们的早期员工中有个人刚好认识西雅图一家顶级慈善业咨询公司的一个员工。这个弱关系人脉带来的订单，让这家新公司成功地进入了公众的视线。

在找工作或升职的过程中，你的人脉可以帮你引见重要的人和获取重要信息。培养你人脉的多元性可以让你预测变化，并帮助你拥有资源，从而在工作中不与时代脱节。当你想要理解你的工作或所在行业的变化时，你的人脉就是你的私人智囊。如果你想要检验一个新想法，或更好地推销自己的企划方案时，你可以把你的人脉当作一个试验场，他们可以为你提供多种不同的视角。

甚至有可能你下一个创业的点子都来自这个人脉网络。芭芭拉第一次创业就是因为客户的一句建议。这个客户为有特殊需求的学生提供服务，他们需要找到一家客运服务商，帮助他们在新建的学生之家社区和不同的学校之间接送学生。芭芭拉也认同这个需求，而且她发现当前市场在这个方向存在着缺口。

纳撒尼尔和芭芭拉的经验告诉我们，多元化的人脉非常重要。你应该努力建立一个多元化的人脉网络，其中既有与你相似的人，也有

---

① 如需了解更多关于社交人际网络的深度内容，请参见查尔斯·卡杜申（Charles Kadushin）所著的《了解社交人际网络》（*Understanding Social Networks*，Oxford University Press，2011）.

与你不同的人。

延展运动

延展4.2

我们回过头来再看一下你人脉的质量和功能，它的多元化程度如何？在回答下面问题时，请想一想你的人脉占比最大的那一部分。

□ 他们跟你长相相似吗？

□ 他们跟你的思考方式相似吗？

□ 他们跟你同龄吗？

□ 他们跟你的信念体系相似吗？

□ 他们是你的高中好友或大学室友吗？

□ 他们是你的同事吗？

□ 他们是你的直属下属或老板吗？

□ 他们是你的客户、外部供应商或原料提供商吗？

□ 他们与你地理位置相近吗？

如果你对其中一部分问题回答为“是”，你可以想一想怎样进一步提升自己人脉的多元化水平。

混搭的魔力

你的强关系人脉倾向于不让你冒险，而你的弱关系人脉则可以为你提供知识和资源，让你冒险但值回票价。然而，这两种力量的混合才会给你带来最大的收获。

众筹网站 Kickstarter 就是一个好例子，它告诉我们如何利用强关系和弱关系两种不同人脉的力量。Kickstarter 通过它在网络上的影响力，为创新项目提供了一个最大的虚拟融资平台。像Spand-Ice的创始人海伦·沃尔科夫·本（Helen Volkov Behn）这样的创业家或投资者都是通过这个网站与其他投资人建立联系的，其中有很多人他们从未见过面[①]。

海伦经历了多年的物理治疗，因为她的脊柱有过度松弛的毛病，这让她很容易拉伤背部和腿部的肌肉。经过多年的药物治疗和物理疗法之后，她发现对付肌肉炎症的最好办法就是交替冰敷和热敷。但是，用海伦的话来说："没人有精力把整天的时间花在每20分钟交替冰敷和热敷上。"所以海伦开发了一系列整合了冰敷和热敷的服装，可以让你在别人不知不觉的情况下完成这件事情，而且还不影响正常的生活和工作。

海伦在Kickstarter网站上启动这个项目之前，先是整理了自己的人脉关系：脸书、推特、Google+、Pinterest（拼趣）和领英好友，再加上在自己所在社区认识的一些创业者。最后，她的项目上线时积累了大约1 000个联系人。此外，Kickstarter还给她的项目做了特别推荐，这让她可以通过Kickstarter网站从完全不认识的人那里获得投资。

Kickstarter给每一个众筹项目都设定了一个达到目标金额的截止时间。如果到了时间没有达到融资目标，那发起者就一分钱也拿不到。所以，在发起项目之前调动自己的人际网络是非常重要的。海伦在Kickstarter上的项目结束之前的一周，还差8 000美元才能达到30 000美元的众筹目标，所以作为在线项目的补充，她还进行了一些当面推销的工作。她特别请求了自己的强关系人脉帮忙牵线搭桥，帮她认识更多的潜在投资者。

海伦告诉我们，在这个过程中她最大的惊喜和感悟是弱关系人脉在这个过程中起到了很大的作用。她估计自己的强关系人脉只为这次众筹贡献了50%，剩下的都要感谢弱关系人脉。她说："没有这些弱关系，我的融资目标根本不可能达到。"

---

① 故事来自2015年4月对海伦·沃尔科夫·本的一次访谈。

你能联系到凯文·贝肯吗?

在帮我们找到关键人物这一点上，弱关系也比强关系更有效。例如本章开头的叛逆创业家扎克，就是通过朋友的朋友找到了帮自己拿下新订单的关键人物。虽然他祖父母的建议在他开始创业的过程中起到了重要作用，但扎克能通过自身努力有效地利用自己的弱关系人脉才是他成功的关键。因为我们对人脉的需求会随时间不断变化，在思考自己需要什么类型的人脉的时候我们一定要放宽思路。如果你正在找工作，那么你需那些交友广泛的人；而如果你像海伦这样需要创业，那么你需要那些握有重要资源的人。

在社交媒体出现之前，有一个叫“六度凯文·贝肯”（Kevin Bacon）[①] 的游戏：游戏规则是通过 6 部电影把任何演员跟凯文·贝肯联系起来。例如伊丽莎白·帕金斯（Elizabeth Perkins）出演了《长大》（*Big*），同台出演的有汤姆·汉克斯（Tom Hanks），而汤姆·汉克斯又跟凯文·贝肯一起出演过《阿波罗 13 号》（*Apollo 13*）。搞定！或者我们也可以参照心理学家斯坦利·米尔格拉姆（Stanley Milgram）的著名研究。1967 年，米尔格拉姆想要知道在内布拉斯加州随便找一个人，这个人与他在马萨诸塞州认识的一个股票经纪人之间相隔多少个联系人。他请 200 个内布拉斯加人写信给可能认识这个股票经纪人的朋友。[②] 结果在这封信辗转寄到股票经纪人手上时，平均只经过了 6 个地方[③]。

社交网络理论研究者们使用“分离度”理论来诠释你在自己的社交网络中所能触达的人。现在，人与人的分离度已经越来越小，你只

---

① 美国著名演员，曾出演过影片《刺杀肯尼迪》等。——译者注

② 并告诉收信的人，如果他们不认识这个经纪人，就重复这个过程。——译者注

③ Jeffrey Travers and Stanley Milgram, "An Experimental Study in the Small World Problem," *Sociometry*, 35 (1969), 425–443.

要点点鼠标就能找到想要找的人。最近一个研究显示，如果你在脸书有 300 个或以上的好友，那你跟脸书上任何一个人的分离度都小于 5。如果限制在美国以内的数据的话，那么这个分离度则会缩减到仅有 3 个联系人①。

按里德·霍夫曼（Reid Hoffman）在《至关重要的关系》（*The Start-Up of You*）一书中所说，在职业中使用你的弱关系人脉时，最好充分利用你的三度联系人。他解释说，三度是最优的距离，因为在你被介绍给二度、三度联系人时，整个关系链中至少有一个人是直接认识交往请求的发起者。这种三度人脉会让你的人脉网络呈指数型增长，所以领英网站才会这么宣传："你的人脉远超你的想象。②"

显然，你的多元化人脉越广，找到某个特定的人所需要的步数就越少。但是，如果真有一个特定的人对你的未来有重大影响，你需要怎么找到他呢？此时你需要识别出连接路径。领英这样的在线服务让这件事变得非常简单，因为你可以直接看到联系人的联系人，这些二度人脉也可以看作你自己的潜在人脉③。

相信我们，这些人脉会对你产生巨大帮助。因为现代人在退休前会平均会经历 11 份不同的工作④。在你的每一次职业转型中，这些人脉都会给你带来助益：可能是帮你找到新工作，可能是给你写推荐信，也可能是帮你顺利度过职业转型期。在工作流动性大大增加的今天，你的人脉比你当下的工作还要固定。

---

① John D. Sutter, "On Facebook, It's Now 4.74 Degrees of Separation," CNN, November 22, 2011.

② 领英创始人里德·霍夫曼完美地诠释了这句话。See Reid Hoffman and Ben Casnocha, *The Start-Up of You* (Crown Business, 2012).

③ David Smith, "Proof! Just Six Degrees of Separation Between Us," *The Guardian* (August 2, 2008).

④ Bureau of Laborstatistics, "US Department of Labor USDL-12-1489: Number of Jobs Held, Labor Market Activity, and Earning Growth Among the Youngest Baby Boomers." July 25, 2012.

建立多元化人脉的实用策略

> 建立多元化人脉
> 延展策略
>
> 1. 培养密友圈。
> 2. 追求深度。
> 3. 探索广度。
> 4. 不断调整。
> 5. 懂得付出。
> 6. 找到你的“关键 5 人”。

社交网络让建立人脉的速度大大加快了。现在，几乎每次交谈中，都会有人提到在网上看到的信息，比如从脸书或其他社交平台上看到的消息。自从脸书变成一个动词[①]以来，研究者们就一直研究线上生活对我们的影响。根据美国皮尤研究中心（Pew Research Center）的研究，脸书上平均每个成年人有超过 300 个好友[②]。现代的社交方式往往是认识新人之后要求对方“加我一下”。当代社会的每个人都感受到了社交网络强大的存在，甚至有些公司雇用专人进行社交媒体管理。

社交网络是一种强有力的工具，它可以帮助我们发展、维护和扩展人脉。但是，现代人对社交媒体最大的抱怨是人们有点太喜欢自曝隐私了[③]。如果你生活和工作的界限已经不再清晰，那么你应该尽量

---

① 所谓变成动词，类似于我们说“我微信你”或“你去百度一下”，微信和百度在这时变成了动词。——译者注

② Aaron Smith，“6 New Facts About Facebook，” Pew Research Center，February 3，2014.

③ 同上。

避免表现出这种自恋的倾向。

根据皮尤研究中心的研究，超过 2/3 的美国人会持续不断地在社交媒体上制造内容①，对于千禧世代而言，这个比率更是高达 80%。这是非常巨量的信息，它可能会带来一些不利的后果。在网上花费的时间变长，可能会让我们的工作时间也相应变长②，工作效率下降，并且让我们的线上生活、职业生活和个人生活之间的界限变得模糊。而且我们在网上还会遇到很多流氓网民和负能量的人，这会让我们精力耗损、怀疑人性。想要避免这些不利影响，我们就要学会有选择地上网。

现在大家攀比粉丝数量的劲头都快赶上美俄军备竞赛了。冲动之下，你可能想跟每一个关注你的人互粉，或者接受每一个好友请求③。虽然人脉社交很重要，但不要忘了，这种弱关系人脉绝对不可能取代那些可以为你两肋插刀的好友。我们今天认识的人比以往任何时代都要多，但是有时候，你可能看着几千个联系人，却不知道可以打电话给谁。

有一大堆的粉丝或好友有时并不意味着你的人脉很强大。关键就是找到在线社交和线下社交的平衡点，帮助你达到职业生涯目标。下面几个策略可能对你有用。

---

① Paul Taylor and Pew Research Center, *The Next America*（Perseus Books Group, 2014）. 这是皮尤研究中心分析十几岁和二十岁左右青年的行为、价值观及意见主张的系列报告的一部分。所谓的千禧一代便由他们构成。

② Lee Rainie and Barry Wellman, *Networked*, *The New Social Operating System*（MIT Press, 2014）. See also Kenneth Gergen, *The Saturated Self*（Basic Books, 2000）.

③ Lee Rainie and Barry Wellman, *Networked*, *The New Social Operating System*（MIT Press, 2014）. 当我们的松散人际网支配我们的亲密人际网时，这种人际关系结构的变化便被称为“网络化个人主义”。这个术语由多伦多大学网络实验室（NetLab）主任巴里·威尔曼（Barry Wellman）和皮尤研究中心主任李·莱尼（Lee Rainie）提出。如果人们的亲密人际网不再处于支配地位，这样的人际网新结构会产生一系列影响。松散关系人数量越多，越不可能建立起在紧要关头能够依靠的亲密人际网。很多人担心随着生活越来越数字化，人们正变得与世隔绝，更加孤独。

培养自己的密友圈

我们已经沦为好友收集狂了。很多人对线上好友请求来者不拒，认为这样可以对自己的人脉有帮助。我们在研究中发现，大多数人是落入下面两种类型中：第一种是对所有好友请求都点“接受”，第二种则只加自己认识的人为好友。最终我们发现，大多数情况下质量比数量更重要。如果你是甲方，有几十家供应商想要卖东西给你，那么更合理的策略是细加选择；不过也有“多多益善”的情况，如果你是个销售，那么尽量多认识人可能是更好的策略。

你最亲近的人脉关系的质量很重要，但有时候人脉网络的大小也很重要。牛津大学的进化心理学家罗宾·邓巴（Robin Dunbar）提出了一个“邓巴数”（Dunbar's Number）理论。该理论指出，我们与他人产生有意义交往的上限是150个人。他的理论出发点是关于动物脑容量与理想族群大小的研究，也叫作社会脑假说（social brain hypothesis）[①]。

脑容量较小的黑猩猩无法维持超过50头黑猩猩的族群，因为彼此梳毛花的时间会太长。他发现，随着族群中黑猩猩数量的增长，梳毛行为的压力越来越大。因为群体里面每个成员分得的梳毛时间变少了，黑猩猩会记不清楚，不知道谁会在自己需要的时候伸出援手。因此，黑猩猩的社交族群产生了一个上限。

幸运的是，人类的大脑比黑猩猩高级，能处理更多的联系人。你的每个联系人需要多少时间来维护呢？当我们的人际网络变得越来越大之后，你的管理成本会变得越来越高，但更高的成本可能并不会给你带来更多的收益。一个维护成本很高的朋友可能跟维护20个普通熟人的成本一样高，但可能在你人生的这个阶段正好遇到一些心理上的

---

① Robin Dunbar, “The Bright Stuff,” *New Scientist* (May 24, 2014) 34 – 36. Robin Dunbar, “Social Networks,” *New Scientist* (April 7, 2012).

不稳定，你恰恰需要这个高成本朋友的支持。如果你发现你在维护自己的人际网络上花费了大量的时间，而这种付出又没有带来相应的回报，那么你可能需要精简一下你的人际网络了。而如果在人际关系上一点时间也没花，那你就应该适时扩大自己的人脉了。不论是哪一种情形，你需要明白自己期望人际网络产生什么价值，这样你才能知道什么样的大小和组成是理想的。

理想的人数可能是15人、50人、150人或者1 000人。但是你需要知道，如果不投入时间维护的话，人际关系很容易衰减。按邓巴的说法，超过一年没有投入时间维护，会导致友谊度下降1/3。在设定自己人际网络的大小和组成成分之前，你最好先花时间实事求是地思考一下：你建立人际网络的目的是什么？你能投入多少时间和精力维护它？

延展运动

延展4.3

在思考你当下的人际网络时，你可能心里有一两个想要通过人脉实现的目标。也许你希望自己的人脉包含更多人，也许你希望你的人脉很强大，或者在地理位置上多元化。也许，为了建立新的、更紧密的人际关系，你需要对旧的关系放手，让它们逐渐淡化。当你想清楚自己想要在人际关系上做出什么改变时，把你的目标写在下面。

目标：近期我希望我的人脉____________________

____

____

____

追求深度

现在，你已经给自己的人脉的目的、大小和类型设置了目标，你会通过什么方法实现这个人脉呢？在我们的博士论文研究中，我们访谈了很多屡获殊荣的精英人士，我们发现，扩展人际网络的方法大概可以分为两种独特和广泛的类型①。第一类方法的特点是一个一个地建立关系，我们把它称为“盖房法”。第二类方法则更为分散，它的特点是一次建立多个关系，我们称为“搭桥法”。不同的情境适合不同的方法，使用哪种方法合适，还跟使用者的个性特点和独特吸引力有关。例如，如果你性格外向，一次处理几百个人际关系不成问题，那么广泛的弱关系网络也许更适合你；而内向者可能会更喜欢小一点的人脉圈，和更偏强关系的人际网络②。

“盖房法”包含 4 个策略，它们都是目标明确的行动，聚焦个人和深入关系。这种人脉的成长是关系导向的，而且是不断累积的。如果你性格内向，或者接触陌生人让你不太舒服，那么这个策略可能会适合你。同样的，如果你认为自己所在的环境相对稳定，这些关系可能会长期发展，那么这也是你应该采取的策略。可能你已经在经常使用下面这些策略和方法了，或者，你也可以根据你的个人风格，灵活运用上面提到的两大类不同的方法。

策略一：互相了解。这个策略的前提是你必须深入了解自己，找那些与你志趣相投的人交朋友。这个策略注重自省，它要求你对自己

---

① 此处所列举的实例基于一系列访谈，这些访谈是我们博士研究项目的一部分，采用的方法是主题分析。详见 R. E. Boyatzis, *Transforming Qualitative Information: Thematic Analysis and Code Development* (Sage Publications, 1998)。虽然有直接引用，但为了保护受访者的隐私，我们使用了化名。

② Dorie Clark, "Networking for Introverts," *Harvard Business Review* (August 15, 2014). See also, Dorie Clark, *Stand Out* (Portfolio, 2015).

加入的群体或组织有所选择。因为你会选择自己感兴趣的活动来参加，所以这个方法可以让你在建立人际关系时更有自信，从而为其他策略的使用打下基础。使用这种策略建立起来的人际关系通常来源于同一个俱乐部的会员或同一个组织的成员，这种人际关系有点像导师和学生的关系，他们经常会给你肯定和鼓励。我们访谈过的一位银行经理罗丽这样说："他们总是给我加油鼓劲，我感到随时自带后援团一样。"

策略二：坚持不懈。对于拥有充分自信的人来说，坚持不懈这个老牌优秀品质也是个好策略。凯瑞有一次录用了一个内部应征者，唯一的原因就是他几乎每天都出现在凯瑞面前，想要说服凯瑞自己是个多么合适的人选。他在求职过程中表现出的坚持不懈正是这份工作所需要的，因为工作内容要求他对很多行政管理人员进行持续地跟进。

对做销售来说，这种坚持不懈的精力尤为重要，它可以帮助他们找到关键的人，并与他们建立关系。在这个策略的视角中，世上没有做不到的事情，没有结识不了的人，那些挡在你面前的拦路虎都是暂时的小困难。因为这个策略聚焦在一个特定的目标人物身上，而且通常包含一个希望获得的结果，所以它很适用于喜欢建立关系的人。

崔西是一个刚起步的创业者。他告诉我们："我的方法很简单，就是不停地在别人眼前出现，不停地去敲他们的门。"另一个例子是卡尔，他是一家地区性生产制造型企业的生产线主管。他说："有时我根本就是硬闯去领导的办公室谈事情。"如果你在使用这个策略，那么你可以把自己想象成一个内心强大的人，喜欢不达目的不罢休。

策略三：做出成绩。如果你面对的是一个高度结构化的、等级森严的环境，这样的环境中通常会有一些潜规则，规定了你应该用什么方式去接触超出自己层级的人。在这样的环境中，先让自己做出成绩是一个不错的策略。如果你对自己做的工作充满自豪感，并且总是想要接受更多的挑战，那么做出成绩是你最好的选择。如果你想在一个领域中不断进步，并且在这个领域中认识更多的人，那么你应该找机会结识一个比你高出一两个层次的人，这样你可以知道需要怎么做才能达到他的水平。

主动承担更多的工作会让你的同事们注意到你的价值。当然，有一些人会觉得你威胁到了他们的地位，但是层级更高的人通常更认可人的能力，他们通常喜欢结交有能力的人，或者至少是有上进心的人。用美国国民警卫队（National Guard）飞行训练员缇娜的话来说："不管你是谁，只要你好好工作，别人就愿意和你交朋友。"软件工程师比尔也说："如果你发现一个人主动性很强或者绩效优秀，你想要培养下属的话自然会想到他。"

梅西百货公司（Macy's）的 CEO 泰利·朗德根（Terry Lundgren）曾经在早期的一份工作中受挫，想要辞职，当时招聘专员吉恩·罗斯（Gene Ross）给了他这样的建议："你不会永远做现在的工作[①]，你能做这份工作的时间是很有限的，所以你应该把这份工作做得非常非常好。如果你能做得非常非常好，别人一定会注意到你，并且会给你带来更好的机遇。"

策略四：耕耘。不论你跟别人交往的方式是一见如故型的还是慢热型的，或者你根本很难跟别人交往，这个策略都会对你有用。

一次只发展一个关系是这个策略的核心。本策略适合这样的人：他们在与人交往时，喜欢从一开始就花大量的精力了解对方的为人和人生经历。这种友谊可能发生在相似的两人之间，也可能发生在完全不同的两人之间。

马丁是一个客户经理，他说："我有一个厉害的天分，我很擅长记住别人的名字和他们的故事。如果你把你人生中经历的故事讲给我听，我真的会记住，关键是，我真的对你的故事很感兴趣。真诚可以带来信任。"因为客户经理要跟很多客户长时间地维护关系，马丁的这个方

---

① Adam Bryant, "Knock-Knock: It's the C. E. O. ," *The New York Times* (April 11, 2009).

式给他带来很大帮助。

探索广度

“搭桥法”相比之下更加分散，产生的人际网络连接更多，人际网络产生的回报也更间接。这种方法的好处是可以让你接触更大数量、更多样化的人。这对于外向的人来说是自然而然的事情，但是内向的人也可以从这些策略中获益。

策略一：牵线。你有没有觉得你在工作中有时候像个牵线的媒人？牵线策略可能对你有用，它一方面让你帮助有需要的人彼此认识，另一方面你自己也在这个过程中扩展了人脉。你牵过线的人会念你的人情，未来有一天你可能会用到他们。

擅长这个策略的人真心喜欢认识很多人，所以这类人常被称为牵线人或中间人。他们擅长分析人际网络，擅长给自己认识的人牵线搭桥，有一种人际中转站的效果。只要他们认识合适的人，什么难题都不在话下。琳达是一个有着20年经验的人力资源专家，她的说法非常精辟：“在你有需要的时候恰好认识一个能帮上忙的人，这个感觉太棒了。重点不是喜欢一个很大的人际网络，而是能解决别人的问题。”

策略二：交际。这个策略可以看作是从人际网络的一个点跳到另一个点。如果你不是牵线人，那么能认识这样的牵线人或中间人也不错。可你怎么认识他们呢？交际这个策略可以帮你利用牵线人的力量，在建立人脉关系时找到捷径，这个策略强调的是知识和信息。想要认识一个在人际网络中离你很远的人，有时候最快的方法就是找一个中间人。

妮娜是一家非营利组织的CEO，她分享道：“开始的时候我四处募捐资金。后来我发现山谷里面有一家酿酒厂，它的女老板对我做的事业也有兴趣，但我怎么结识她呢？我怎样才能说服她为我的募捐活动赠送6箱酒呢？然后我发现我们的一位捐款人经常和她一起打高尔夫。我不打高尔夫，但是没关系，他们打就行。”妮娜通过这一层关系快速地找到了获得引见的方法。

策略三：参加活动。我们每个人都不同程度地利用过这个策略，比如参加专业会议或社会活动。对很多人来说，他们的人脉中很大一部分来自参加活动或支持公益事业时认识的人。所以，你不妨让这些自己喜欢的活动发挥最大的价值。反正你已经在参加这些活动了，不用单独费多少力气，你就能找到很多结交人脉的机会。

积极参加社区的各种团体是个好方法。它可以让你与已经认识的人保持交往，还可以让你认识志趣相投的新朋友。有很多这类的团体可供你选择，比如商业协会、专业学会、本地商会、扶轮国际（Rotary International）这样的服务性组织，慈善活动、政府和社区协会、Meetup. com上组织的活动、教堂唱诗班、读书俱乐部、为穷人提供免费食物的流动食堂等，这个名单还可以更长。参加了这些活动后，你在活动中建立的人际关系会被带到活动之外。这个策略的好处是，虽然你在认识这些人的时候是出于单一的目的，但是这些新的朋友会给你带来意外的收获。你在动感单车课上认识的朋友可能恰好和你一样想要在演讲技巧上有所提升，然后你可能会在他的鼓励下，终于下决心报名了演讲培训班。

艾德是一位初露头角的创业家，他刚刚搬来一座陌生的城市。他说："我把能想象到的活动都参加了，就是为了认识更多的人。"或者用泰勒的话来说："其实我一开始就是随便参加了好多活动，后来我发现自己的职业成功都要感谢这些活动。"

策略四：播种。有些时候数量确实很重要。这个策略对很多人来说都很有吸引力，特别是那些想要建立庞大的人际网络以备不时之需的人。这个策略所依赖的是持续互动，它与"盖房法"所强调的"一个人一个人的结交"的策略截然相反。虽然这个策略看起来很不聚焦，但是有些人很喜欢它。这些人通常喜欢认识一大堆人，在没有什么具体目标的时候也喜欢时不时刷一下存在感。

明蒂是金融服务行业的一名市场行政人员，她是这样说的："关键是要走出去。你要走出去才能认识更多的人，各种地方你都需要有所接触。”杰克是一家在各地有多家分店的车行的老板，他也说：“在我买下这个买卖之后，所谓的‘走出去’对我来说也非常重要。你必须走出去，尽可能地认识更多的人。”使用这个策略，你可能会遇到意外的缘分。表 4.1 是以上所有策略的总览。

表 4.1　人际关系策略

盖房法	搭桥法
互相了解：体现了自我反省能力；在使用其他策略之前先深入了解自己以及自己能做什么	牵线：牵线搭桥的人，帮助其他人彼此认识；人际关系的中间人
坚持不懈：用执着的努力千方百计地结识别人，脸皮要厚	交际：通过他们介绍结识新朋友
做出成绩：通过承担更多工作职责来获得他人的认可	参加活动：参加多种组织或活动
耕耘：建立亲密和聚焦的人际关系，一个一个地深入耕耘	播种：经常性地与很多人互动，有点像打散弹枪

不断调整

仅仅建好一个人际网络还不够。经验和研究告诉我们，人们需要的是一种动态的和有适应能力的人脉，它需要能够随时间而变化，因为我们与他人的关系处在不停的变化中。跳槽会让你换一批每天见面的同事。虽然你可能还在同一个城市，但是如果你从一个地方搬到另一个地方后，你离熟人的距离就会发生改变，也会认识新的朋友。你也可以思考一下，如果你的工作角色变化了，那么你的人际网络需要怎样相应地改变呢？

欧洲工商管理学院教授埃米尼亚·伊贝拉（Herminia Ibarra）主持了一个项目，其内容是研究管理人员的升迁。他们发现，通常这些管理人员需要重新调整他们的人际网络，使之更偏向于外部人脉和未来目标。在这些新升职的管理人员中，很多已经了解到人际网络的重要性，并可以利用它来完成常规工作目标，比如销售配额。然而，新的战略层工作角色需要不一样的人际关系。这些管理人员需要在自己的人际网络中做一些牵线搭桥的工作，把不同的人连接起来才能做出成绩。最终，这些新升职的领导者无一例外地发现，他们的人际网络结构需要调整了①。

有意义的主动调整会让你获益，因为这样你可以减少花在维护过时的人际关系上的时间。一年中找几个时间来评估一下你的人际网络多元程度，这可以帮助你在建立人脉时保持向前看。因为你对信息的需求会不断变化，所以你需要确保自己的人际网络也是面向未来的，你需那些可以帮你拓宽思路、助你成长发展的人。

学会付出

人际网络由不同的人际关系组成。稳固的人际关系需要长时间的滋养，并且遵守付出和回报的法则。稳固的人际关系需要有互惠性，有些时候你必须先付出一些东西，然后这个人脉才能为你所用。所以，如果你认识的人向你寻求帮助，你一定要有所响应。

要培养自己的人脉，最好的方法之一就是先理解付出和索取之间的平衡。你应该关注别人的兴趣点，在发现相关的想法或机会时让他们知道，这样别人就会知道你在为他们着想。这种信息交换越多，别人就会越觉得你可以信任、可以依赖，并且愿意帮助他们。

像领英和推特这样的社交网络上有一些实操方法，可以为我们提供与他们分享的机会。为你的联系人提供背书或证言就是个好办法，它可以让你们保持联系，并让对方知道你在关注着他的工作而且注意到了他的进步。在博客下评论、给帖子点赞、转发有意思的文章，或者恭喜对

① Herminia Ibarra and Mark Lee Hunter, "How Leaders Create and Use Networks," *Harvard Business Review* (January 2007). To read further, check out Herminia Ibarra's *Act Like a Leader, Think Like a Leader* (Harvard Business Review Press, 2015).

方的荣升，这些动作现在一键就可以轻松完成。时常刷一下存在感可以为你的人际关系保鲜。如果你只在有事求人的时候才与人联系，对方会记在心里，未来你再有需要的时候可能会想办法躲着你。如果你能找到一些方法与你的人脉保持互惠来往，那么你们的关系就会变得更加坚实，在必要的时候能助你一臂之力，比如找工作的时候。

找到你的“关键 5 人”

> 要跟比你优秀的人交往，这样你也会自然地成长。
>
> ——沃伦·巴菲特①

最好的人脉是能让你成长的人脉。你可能认识几百个人，但是你知道哪 5 个人能帮你成为一个更好的人吗，特别是涉及工作的时候？每次与这样的人交谈时，你都会觉得自己受益匪浅，思路得到了提升。我们不可能跟人际网络中的每个人都保持亲密的关系，所以不妨聚集在那 5 个最能帮助你成长的人身上。在过去的 15 年中，芭芭拉和凯瑞始终把对方看作自己的“关键 5 人”之一。

谁能挑战你的思路、提升你的格局？你需要找出可选方案、接触新思想、结识对自己有益的新朋友。你的人际网络中能找到这样的人吗？多花一些时间与他们相处，他们会帮助你不断地成长，会帮助你更有策略性地思考问题，会帮助你接触来自其他领域的新思想。

关键是让自己拥有更多的选择

一个健康的人际网络可以让你拥有更多选择。拥有一个多元化的

① William Green，“I've Followed Warren Buffett for Decades and These 10 Quotes Are What I Keep Coming Back To，” LinkedIn，April 29，2015.

人脉也可以为你提供各种经验，帮你实现自己的人生目标。经验的重要性我们会在下一章中探讨，好好享受你的人脉吧。

延展运动

延展 4.4

识别你的“关键 5 人”。回顾一下你的日程或电子邮件，看看能不能找到过去一年中谁给了你启发或是给你带来了新颖的想法。当你与他们接触时，他们会：

- 启发你。
- 拓宽你的思路。
- 鼓励你挑战自我。
- 向你介绍来自其他领域的新知识。
- 让你见识到专家是怎么工作的。

你找到能帮你成长、探索、变得更优秀的 5 个人了吗？他们是谁？

1.
2.
3.
4.
5.

你觉得你跟这 5 个人相处的时间够吗？如果你想要替换这些人，那你需要设定一个方案，主动结识那些你想结识的人。你需要向自己保证，在后面一个月之内与这些人进行接触，在线接触不算，必须是面对面的接触。在咖啡馆或通过视频会议聊上一个小时比发几十封邮件更有用。你需要下决心投入时间和精力与这 5 个人建立关系，才能帮助自己成功。

延展总结

- 在第二延展要务“你需要更多备选方案”中，第一个重要实践是建立多元化人脉。俗话说得好：“你知道什么事情不重要，重要的是你认识什么人。”
- 多元化的人脉可以帮助你放眼未来、推销自己的想法、获取需要的资金和资源。
- 每个人都有两种人脉：亲密的私人人脉和松散的职业人脉。
- 为什么人脉需要多元化：
  - 朋友不希望看到你失败。
  - 你的人脉可能会给你提供改变一生的好点子。
  - 综合利用你的亲密人脉和松散人脉才能产生最好的效果。
  - 你和你需要认识的人之间只有三度的分隔。
- 培养和调整人脉的方法：
  - 培养自己的密友圈。培养人脉是需要花时间的，所以你需要脚踏实地地思考你培养人脉的目标和维持人脉的能力。
  - 追求深度。每个人都需要一个广泛和多元化的人际网络。
  - 探索广度。不要因为隔了一两层关系而放弃扩展和利用自己的人脉。
  - 不断调整。让你的人际网络为未来做好准备，在你的职业需求变化的同时，不要忘记调整人脉的结构。
  - 懂得付出。找机会为你的人脉提供一些帮助，这样你在需要帮助时才能依赖他们。
  - 找到你的“关键 5 人”。最好的人际网络是让你不断成长的人际网络，确保你的人际网络可以帮你成为理想的自己。

组织和管理者可以做些什么

组织内部的协作会产生积极的效果①，比如创新变得更优质，销售额变得更高，运营变得更有效率。而顺畅的协作需要协作者有成熟的人际关系网络，这样，在协作中他们就不会浪费大量的时间在寻找所需的人际关系上。如果组织和组织的管理者可以为员工提供支持，帮助他们在组织内部建立健康的人际网络，这将是一件很有意义的事情。拥有成熟人际网络的员工可以提升自己周围员工的工作绩效，从而提升整个团队的贡献。这里给大家提供几个有益的思考。

支持导师制和互助群组

企业员工在我们的问卷调查中表示，对他们职业发展产生最大帮助的两个因素是，非正式的导师辅导和员工与其主管的关系。然而，虽然这类活动对员工满意度发挥了如此大的作用，但是在我们的调查中，只有大约一半的企业管理者表示他们的企业有导师制度。为员工配备一名导师，帮助其理解公司的人际关系和组织结构，可以提升员工的人际交往能力，提高他们的影响力和社交敏感性，并最终提升他们的事业。

我们所见证过的最好的企业实践，是为员工提供多元背景的一系列导师。根据每个人的兴趣不同或工作职能不同，建立一些实践小组是最理想的方式。德马科是千禧世代人，他就职于一家大型金融服务公司。他告诉我们公司的市场营销网络在他刚开始工作时对他的帮助很大，还帮助他在不同的工作群组之间建立了人际关系。他说，这些人际群组之所以这么有帮助，是因为每个小组都有自主性。这些群组按主题或地域划分，为员工提供了交流的机会。群组

① Morten T. Hansen, *Collaboration* (Harvard Business Review Press, 2009).

会有自己的名字，例如黑人企业联盟（Black Enterprise Network）、市场营销俱乐部（Marketing Club）或跨公司女性联谊会（Women's Intercompany Network）等。

对于工作时间很长的人来说①，反向导师关系也可以为双方提供帮助。年轻有为的员工可以反过来担任高管和有经验员工的导师，因为他们对社交媒体、品牌认知和千禧世代的购买习惯有独到见解，这可以在企业内建立起一种新型的工作关系。当然，被辅导的资深员工也一定会有所回馈，他们可以给年轻员工建议和支持。

利用领导力发展活动，进行有机的人才管理

典型的人才盘点场景是这样的：人力资源部门与管理人员开会讨论组织中有哪些人才，制作继任计划，然后为每个不同等级的人才制订发展计划。总监参加总监培训、经理参加经理培训，以此类推。这种人才发展的流程和模式的问题在于，管理者既不能有意义和深刻地了解其他组织中的人才，也不清楚自己组织中其他层级的人才。比约恩·阿特斯坦姆（Bjorn Atterstam）是英国保诚集团（Prudential plc U. K.）的前人才和领导力发展部门负责人，他认为应该有更好的方法②。

在比约恩看来，当今世界可以用4个词来概括：易变性（volatility）、不确定性（uncertainty）、复杂性（complexity）和模糊性（ambiguity），简写为VUCA。人力资源部门已经无法跟上不断变化的企业战略、人才需求和能力要求了，因此，组织发展和员工能力提升的重任必须首先是企业领导者的责任。虽然按不同的层级分别训练员工有它的好处，但对保诚来说，把不同层级的人混合起来，一起

① Jeanne C. Meister and Karie Willyerd, "Mentoring Millennials," *Harvard Business Review* (January 2007).

② 故事来自2015年1月对比约恩·阿特斯坦姆的一次访谈。

参加大型的领导力发展活动效果更佳。

一个建立需要的VUCA技能和把不同层次的人才同聚一堂的例子是他们在中国香港举行的一场活动，有超过100个来自不同层级的管理者全身心地投入了这次活动。他们雇用了专业的演员并撰写了专业的脚本，通过表演的方式让整个企业的人才池对企业的战略方向有了共享与集体的理解，并了解了自己应该怎样在复杂的环境中为企业创造价值。企业的这些人才组成了小组，每个小组中都有不同层级的管理者，这给高级管理者们提供了一个观察和辅导初级管理者的机会。他们还邀请了一些外部演讲嘉宾，就一些面向未来的前瞻性话题进行了演讲，演讲之后还进行了圆桌讨论，讨论同样是不同层级混合进行的。

在这次多层级领导力发展活动结束的时候，比约恩和保诚的人才发展团队要求最资深的管理者们再多停留半天。此时这些高管刚刚跟初始管理者沟通过，趁着印象还深刻的时候，他们需要回答这些问题："既然我们已经探索和讨论了应对世界剧变的策略，那么我们需要什么样的人才？怎样培养能够接班的团队？在这次活动中你接触了哪些需要培养的人？怎么培养他们？"

最终的效果是，这些高管在人才问题上更投入了。因为他们刚刚接触了有血有肉的人才，并与他们一起工作，而不再仅仅是看到冷冰冰的报告和档案了。他们当场就能制订出很多培养方案。这类活动让企业可以"有机"地培训人才，并且创造了一种培养人才的企业文化。跟这些企业的明日之星直接交流，比在纸上看到他们要有趣多了。

开展快速交际活动

我们可以借鉴当下火爆的相亲节目，在企业内部开展一些快速交际活动。既然相亲可以帮人们省时省力地找到理想的交往对象[1]，我们为什么不能把这种理念应用在企业内部，省时省力地建立有效的职业人际关系呢？

美式相亲活动的典型做法是每桌女士坐定，而男士则在不同的桌子之间轮转。我们访谈过的一家企业把这种形式稍微调整了一下，用于企业内部导师和被辅导人的匹配。他们让希望得到辅导的员工坐在桌子旁边，让管理者在不同的桌子之间轮转。这个方法可以大大节约时间，让人们在很短的时间内认识很多人。你不妨试试下次管理会时邀请一些有潜力的人才来参加，给他们提供一个快速建立人际关系的机会。

提供在线协作工具

鼓励员工一对一的交谈或者一起喝杯咖啡是非常好的方法，它可以让员工感到自己进行了有意义的交往。虽然管理者们的日程很满，但是他们应该花时间与员工进行一些结构化的但不必太刻意的交流。只是在员工的办公桌旁边站几分钟可不算数。如果大家不在同一地点办公，那么你可以借助在线协作网站和在线公告板，让组织内的所有人可以充分沟通。

丽萨·奥唐纳（Lisa O'Donnell）是万豪国际（Marriott International）旗下的全球学习服务中心的副总裁，她曾经在多个领导力发展项目中引入在线协作工具[2]。万豪的客人服务是高接触型的，所以他们选用的培训平台也应该反映这种高接触的工作性质。

他们曾有一个培养酒店管理者的培训项目，在这个项目中他们

---

① Eli J. Finkel, Paul W. Eastwick, and Jacob Matthews, "Speed-Dating as an Invaluable Tool for Studying Romantic Attraction: A Methodological Primer," *Personal Relationships* (April 19, 2007) 149–166.

② 故事来自2015年4月对丽萨·奥唐纳的一次访谈。

就利用了在线协作平台让所有的项目参与者可以高效地交流。这次培训共有 350 人参加，这些人通过一个简单的在线破冰活动，在培训正式启动之前就都彼此认识了。公司高管们通过这个平台发布了一些非正式的视频资料，为学员们提供信息和反馈意见。所以当时的人际交流没有局限于学员之间，而是跨层级的。高管们也得到了一个很好的机会，可以提前了解这些未来的酒店管理者。

因为员工在在线协作平台上的投入度很高，所以这些工具还可以用于支持企业创新。比如万豪国际负责大品牌的高管就通过在线协作平台与世界各地的员工展开讨论，共同探讨品牌如何把酒店打造成一种生活方式。通过这种在线沟通，这些完全没有机会见面的人可以以一种全新的方式进行协作和创新，让更多的员工能够参与重大话题的讨论。

经验是知识的唯一来源。

——阿尔伯特·爱因斯坦

思想被新的经验扩充后，就再也不会回到过去的状态了。

——小奥利弗·温德尔·霍姆斯

(Oliver Wendell Holmes, Jr.)①

第五章　经验多多益善

两个律师的故事

朱莉的特长是美国华盛顿特区的银行政策，杰拉德·泰勒的特长则是旧金山地区的互联网和技术相关法律。这两个律师通过完全不同的路径发现了自己对律师事业的激情②。

出生于休斯敦的朱莉本科专业是心理学，而在阿拉巴马州的伯明翰出生和长大的杰拉德则学了政治科学专业。直到在北卡罗来纳的一家州立精神病院工作了一个夏天之前，朱莉一直以为自己希望成为一个临床心理学家。杰拉德的兴趣则从外交学转到了情报学上，他甚至申请了去美国中情局的实习。大学毕业时，他心无旁骛地在法律行业工作了一段时间，想在去法学院继续深造之前检验一下自己是否真的喜欢法律行业。

朱莉毕业之后在纽约的一家大型银行找到了一份工作。她最开始

① 小奥利弗·温德尔·霍姆斯（1841—1935）是一名美国法官。

② 故事来自2013年9月的一次访谈。使用杰拉德的故事已经获得他本人的许可，应朱莉的要求在她的部分使用了化名，但其余内容没有进行改动。

的工作是做尽职调查，用她自己的话来说就是：无聊透顶。第二年，她调整了自己的工作，在原来的工作之外，她积累了针对不同的国家撰写风险评估报告以及行业定性分析的经验。“我学到了很多。”她说，而且她发现自己对于政府监管严格的行业很有兴趣。

在银行工作两年之后，辞职的决定一点也没让她纠结。她觉得日复一日的工作毫无新意，她和她的主管交流不深，也没有找到自己的职业发展方向，这些都让她感到不满和失望。于是朱莉向密歇根大学的法学院提交了申请，并被成功录取了。

那年夏天，朱莉进入了底特律的一家汽车制造企业的信贷部门工作。“我真的很喜欢在那里工作。那里的人假设你会长期在这里工作，并以这样的前提对待你。他们有很好的员工培养计划，你可以跟不同的团队互动合作，得到非常多样化的经验。在那里工作真的很开心，大家都彼此关心。”

杰拉德也坚持了自己的计划，与他的很多同学一样，他毕业后来到了华盛顿特区做了两年的律师助理，以检验自己是否对这个行业感兴趣。“这份工作没有给我带来什么满足感。我想这可能与这家律所的工作结构有关。律师助理得到的工作都是非常零散的，我们看不到实际案子的全貌，完全不知道自己做的事情有什么用。在那段时间，我利用晚上和周末的时间开了一个博客，名叫 Tropophilia①。那时我才发现，我真正的兴趣是与互联网和科技相关的法律。”

所以当杰拉德看到谷歌在招聘法律助理时，就申请了。“当时是 2007 年，谷歌还只是一家中型企业，但已经是街头巷尾热议的话题了。我觉得自己希望不大，因为一年前我被他们拒绝过一次。但我的博客帮了我，每次面试的时候，面试官都提到了我的博客。进入公司之后，公司里很多律师都知道了我对这个领域的法律非常感兴趣，他

---

① 大概意思是“热爱变化”。——译者注

世界上没有两个完全相同的人

只有亲身经历过的，才是真实的。

——约翰·济慈（John Keats）①

即使经历完全相同的事件，不同人的观点也很少相同，比如对饭店的评价就是这样。你肯定有过这样的经历：想在一款手机应用上找推荐的饭店或看食客的评价，却发现大家的说法天差地别。有的顾客给五星好评，狂赞服务优质，菜品色香味俱全；有的顾客却只给两颗星，说服务不用心，菜品展示太过做作，口味又让人失望。

这种对相同经验的不同反馈，可能产生于多种原因。有可能是期望值不同：比如一个顾客是个大城市来的咨询顾问，吃遍天下美食，每周有 5 天在各种豪华饭店吃晚餐，所以味蕾被训练得特别挑剔；而另一个顾客则辛苦养育了 3 个孩子，有整整 4 个月没有下过馆子了，只要不是馒头咸菜，吃什么都觉得是美味佳肴。

同样，经历同样事件的两个人所获得的知识和能力的提升也不同。你需要找到适合自己的经验。我们的经历决定了我们是怎样的人，所以，你的经验越多，就会有更多的选择来开拓自己的故事。

当然，你应该想办法在工作中得到更多的经验，但你不必局限于此，何不开拓一下思路，找找其他的成长机会呢？你的经验越多样化，你的能力范围就越广阔。走出自己的舒适区，进入新的领域是一个好方法，因为新环境需要新技能，你可以通过这样做提升自己的自信心，发现新的潜力。你会经常让自己进入不太舒适的未知领域吗？如果你每年没有至少三四次觉得自己肯定要搞砸了，那说明你把目标定得太低了，你没有自我突破。

---

① Letter to George and Georgiana Keats（February 14 – May 3，1819）.

发展技能库

> 除了不断提升自己，我别无选择。这意味着我必须边做边学，在工作中提升自己的领导力和管理水平①。
>
> ——比尔·斯特里克兰（Bill Strickland）

如果你是那种看到新的任务就跃跃欲试的人，这种热情肯定会让你有做不完的工作。在这种情况下，有所选择就很重要。你需要有策略地为自己设定目标，明确自己需要哪些经验。不要总想着弥补自己的弱项，不妨聚焦于发展自己的强项，让它变成你的核心优势。如果你能成为某个领域的专家，公司里只要有这方面的问题大家都来找你，那么不仅在你自己的团队，而且在整个公司你都会拥有杰出的价值。这个时候如果你要在职场上更进一步，就会有一群强大的同盟来为你代言。更妙的是，这些着力于提升强项的人，比普通人敬业的可能性高6倍，享受较高生活质量的比例也比普通人高3倍②。

设立合理的目标可以帮你发展自己的技能库。芭芭拉刚当上大学校长的时候，学校给了她一个包含81项目标的学校发展计划。没人能记住这些目标是什么，也没人被这些目标激励得热血沸腾。这也不奇怪，因为这种计划太不聚焦了。重新调整成为只有5个目标后，这个计划才让大家可以记住，也有了可行性。通过这个方法，芭芭拉让团队的能力得到了稳步的提升，并且让大家对于共同协作实现目标更有干劲了。

---

① Bill Strickland and Vince Rause, *Make the Impossible Possible* (Crown Business, 2009). 比尔·斯特里克兰是曼彻斯特手工业行会创始人和首席执行官，麦克阿瑟基金会“天才奖”得主。

② Susan Sorenson, “How Employees’ Strengths Make Your Company Stronger,” *Gallup Business Journal* (February 20, 2014).

积累经验的几个策略

> 所谓经验，只有在结果出乎意料的时候才会出现。而你能给别人的最有价值的东西，也是经验。
>
> ——兰迪·鲍许（Randy Pausch）①

我们天生喜欢做自己感兴趣的事情，而这可能不是最好的策略。其实你需要对获取经验这件事进行策略性思考：你想要得到多少经验？你想在多长时间内得到这些经验？不要被动地等着经验，你应该主动去选择那些对你最有价值的经验。

用成长的心态进行工作

作为第一步，我们先回顾一下在第二章中你写下的自己想要获得的技能。想一想，想要获得相关经验来支持这些技能，最好的方法是什么？边做边学的一个重大挑战就是，仅仅是做好就已经让我们筋疲力尽了。打工族平均每周工作 49 个小时②，但还是时不时的感到进度落后。根据一些哈佛学者的研究③，我们对待工作可以有 3 种心态：完成任务心态、成就心态和学习成长心态。我们所采取的心态会影响我们从一个境况中所能学到的东西。

所谓“完成任务心态”是指，我们的主要目标是把工作或任务做完。我们只想把它从我们的待办清单中划掉，而不想做任何额外的挑

---

① Randy Pausch, *The Last Lecture* (Hachette Books, 2008).

② Lydia Saad, “The ‘40-Hour’ Workweek Is Actually Longer by Seven Hours,” Gallup, August 29, 2014. 平均而言，打工族的工作时间超过小时工，导致了这篇文章标题中的数字和我们所用数字之间存在差距。

③ David Perkins, Michele Rigolizzo, and Marga Biller, “Learning Better from Work: Three Stances That Make a Difference,” Learning Innovations Laboratory at the Harvard Graduate School of Education, January 2013.

战性工作。在这种心态下，学习成长的机会是偶然的。

“成就心态”更高级一点。在这个心态下，你对工作产出的质量非常关注，可能会挑战自己的极限。在完成自我挑战的过程中你会学到东西①，但你并不是有意地以学习成长为目标。

“学习成长心态”则是既关注如何将任务出色完成，也关注自己学到了什么，以及如何将这些经验应用于未来的工作。

举个例子，我们假设你接到一个新任务——负责主持一个会议，在“完成任务心态”下，你利用公司里日常开会所用的时间表和会议形式来开会，甚至比这用得还少，你只是想把开会这件事做完。

如果你的心态是“成就心态”，则你可能会想办法让会议更高效、对与会人员更有意义，或者考虑一些与众不同的开会方式。因为你在如何开会这件事上动了脑筋，你有更高的可能性从这件事中学到新东西。

如果你的心态是第三种“学习成长心态”，你可能会先研究一下如何高效地开会，跟那些特别会开会的同事聊一聊，在开别的会议时也会更用心，观察别人用了哪些技巧，哪些开会的方式有用或没用。可能你还会找个在线的课程，或者加一个慕课②（MOOC），学习如何高效开会。不论这种学习是正式的还是非正式的，这种心态都会让你从主持会议的经验中学到更多东西。

如果你正进入一个新的领域，或接手一件从未做过的工作，并且想以学习成长的心态来对待它，寻求一些辅导可能会让你学得更快更好。一项研究发现，只要软件工程师花短短的15分钟时间跟编程老手讨论一下手头的工作，其工作效果就会得到显著的提升③。你能找到

---

① For additional information, see Carol Dweck, *Self Theories* (Psychology Press, 2000), and Carol Dweck, *Mindset* (Ballantine Books, 2007).

② 英文全称为 massively open online course，即“大规模在线课程”。——译者注

③ Sabine Sonnentag, “Expertise in Professional Software Design: A Process Study,” *Journal of Applied Psychology*, 83 (1998), 703–715.

这样的人来指导你吗？毕竟你只需要花费他们15分钟的时间。

当然，我们不可能在做所有的工作时都采用学习成长心态。但是如果你在做所有的工作中都抱着完成任务的心态，那么你就很难在工作中学习成长，你的工作经验也不会给你带来真正的价值，这样你就会在工作领域中越来越落后。所以，关键是找到3种心态的平衡点。

延展运动

延展5.1

想一想你工作的整体目标和工作任务，把你手头在做的主要项目和任务列出来。接下来考虑一下，每个项目帮助你开发你想重点提升技能的潜力，把你想提升的技能列在第二栏。然后，选择你想使用哪种心态来应对这几项任务：完成任务心态（C）、成就心态（P），还是学习成长心态（D）。

正在做的工作项目	我能提升哪些技能	采用什么心态		
		完成任务心态（C）	成就心态（P）	学习成长心态（D）
1.				
2.				
3.				

国际化

在国外工作的机会能给你的职业生涯带来巨大助力。很多人有一种错误的认识，觉得现在虚拟工作的工具这么发达，不出家门就能获得自己所需的所有经验，这种想法是不对的。在经济全球化的今天，国际化的工作经验将成为你的差异化竞争优势。

夏琳幸运地成为一家创业公司的第5个员工，这家公司为欧洲、印度和东南亚的新兴市场提供销售线索。她的老板兼公司创始人的要求是，每个员工都必须愿意出差。她说："不能去欧洲、印度、日本出差的人，不是我们公司的员工。"这位创始人给所有员工的建议是学会享受商务旅行，要花时间跟当地人打成一片，而不是站得远远的进行观察。

在航空公司工作的人中，有一类人到达目的地后会直奔酒店，关门、落锁，叫客房服务。人们给这些人起了个外号："酒店宅"①（slam-clickers）。不要做这种人。出差的时候你应该在当地人家中享用晚餐，或去品尝一下当地你喜欢的饭店，也可以呼唤一起出差的同伴去领略一下当地的风光。拍张照发个朋友圈，肯定有超多人点赞。

国际化经验的一个好处就是，你可以领略不同国家文化、社会的差异性。你还可以提升自己的语言能力，在做好工作的同时，证明你有多文化、多语言工作的能力。如果你在舒适区之外也能获得成功，企业会知道你有强大的适应能力。

在竞争激烈的职场中，你若能不断扩展眼界、获取海外经验，一定会在未来的职业生涯中受益。丹·布莱克（Dan Black）是安永（Ernst & Young）的美洲区校园招聘总监。他说，如果应聘者在和平队②（Peace Corps）工作过，或者有海外实习的经验，就会更受招聘官的青睐。他说："现在我们的客户要求越来越高了③，他们需要多元化的思维和多元化的价值观。"

海外经验还能提升你升职加薪的机会。因为有海外经验的人毕竟是少数，在好的机遇面前你会拥有更多的优势。

---

① 原意为关门落锁的人。——译者注

② 美国于20世纪60年代提出的一项计划，主要目标是向发展中国家提供教育、医疗、技术等支持，并输出美国文化和价值观，以提升其国际影响力。——译者注

③ Dan Schawbel, "How 2012 Graduates Can Get Jobs and Advance Their Careers," *Forbes* (May 29, 2012).

延展运动

延展5.2

最好的国际化经验就是直接去海外工作，除此之外还有其他几个方法可以提高你的国际化意识：

- □ 研究国际新闻，思考国际大事将如何影响你所在的行业。扩展阅读信息来源，至少要涉及3个大洲，不论是报纸还是推特都可以。
- □ 与来自不同文化的人建立联系，提升你的社交能力。
- □ 练习在新环境中泰然处之的能力。尝试新的菜系，越异国风味的越好，或者参加文化庆典，欣赏不同文化的音乐或戏剧，参加不同文化的读书会；参加一门关于其他国家的课程；学习第二或第三语言。
- □ 主动邀请本地学府的国际学生来你家里寄宿，学习他们的文化和习惯。
- □ 海外旅游。有很多机会可以让你到海外做志愿者，或者去海外穷游也不错。现在很多千禧世代的年轻人定期去海外的非政府组织工作，他们还可以利用 GoFundMe. com 这样的网站来寻求资助。
- □ 在工作中寻找海外出差的机会，或主动接受海外派遣。

找到需求，解决问题

找到需求，解决问题。有这种心态，意味着你让周围的人都知道你对所在的组织非常关心，并愿意想方设法为组织尽一份力。组织中只要有需求，自然会寻求那些有志于解决问题的人。如果你能识别问题，或找到更好、更快、更聪明的解决方案，你一定能收获很多经验，而且很可能得到很多认可和支持。

从现在开始，你就可以找一找组织内有什么问题是你能解决的。有没有大家都知道，但没人想管的难题？酷炫有趣的问题会有一大堆人冲上去解决，但又苦又累的问题则没几个人愿意碰。你能解决一些这样的脏活累活，让别人了解你的问题解决能力吗？比如说，你所在的团队文档管理很混乱，各种文档分散于数十个网站和大家的硬盘中，想找一份文件要浪费很多时间。你能不能把这些文档整理得井井有条呢？或者远程工作的团队总是延期，而你恰好知道一款厉害的新应用可以帮助他们。你有没有找到处理公司大数据的全新方法？如果你有这类解决方案，就要说出来。

魏维克·古普塔（Vivek Gupta）是 Zenzar Technologies 公司的 CEO①，他说："我喜欢告诉我的员工，在公司允许的范围内尽量活跃。如果有人问'有人想接这个活儿吗？'你就举手，把任务接下来。让大家看到你，不要做个隐形人。你有好主意吗？不要藏着掖着。"

28 岁的亚历山德拉·阿米斯就是一个"给自己找活儿干"的好例子②。国际关系专业硕士毕业的她，没有多少与专业对口的工作。她在纽约的一家金融服务公司做了几年公关，最终，在 2008 年金融海啸的影响下，她忍受不了与客户无休止的各种沟通，决定辞职后自我反思一段时间。她意识到自己的理想工作要适合自己的现有技能，还要符合她喜欢户外活动和喜欢与人沟通的个性特质。她发现肯尼亚的莱瓦野生动物保护区（Lewa Wildlife Conservancy）是她喜欢工作的地方，她知道有她这样一个国际化人才的加入，一定可以帮莱瓦野生动物保

① Adam Bryant, "Vivek Gupta of Zensar Technologies: Beware of Hiring People Just Like You," *The New York Times* (March 7, 2015).

② 故事来自 2013 年 9 月和 10 月对亚历山德拉的访谈。

护区更有效地实现组织使命。

问题是，莱瓦并没有她想做的岗位。她通过在美国加州和英国伦敦认识的朋友关系，在莱瓦内部找到了一些支持者，最终说服他们为她专门设立了一个国际营销和商务发展岗位，从而成功地加入其中。现在，她平时在伦敦工作，并定期去肯尼亚出差。她还在工作中学会了几项新技能，比如在大象群中开车左冲右突，飞快地换轮胎，还学了一点斯瓦西里语。

突破你的极限

蓝调摇滚乐队“大门乐队”（The Doors）在20世纪70年代唱出了人生的真谛：“什么都要试一试①。你要学会忍耐。丰富多彩是生活的味道。”虽然大门乐队在那个年代所谓的“丰富多彩”带来了很多社会问题，但在工作的语境下，突破自己的既有能力进行丰富多彩的尝试会对你大有裨益。

如果你管理自己的部门已经轻车熟路了，能不能挑战管理两个部门？为了迎接这样的挑战，你要做哪些技能上的准备？比如说，你可能需要提升自己的人际关系技巧，或加强团队建设能力。

突破极限并不是只有“向上走”这一条路，在这一点上洛丽·戈德（Lori Goler）的经验能给我们一些启示②。洛丽准备从eBay辞职时，她给脸书的谢丽尔·桑德伯格（Sheryl Sandberg）打电话说：“你们现在面临的最大问题是什么？我怎样做可以帮你解决这个问题？”当时的脸书并不急需洛丽在市场营销方面的特长，谢丽尔把洛丽招进脸书来做另一份工作：当时最让人头痛的招聘工作。正因为洛丽愿意为了学习新的工作职能而降级跳槽，放弃了她在eBay的高管身份，她才有机会学习了新的技能，并开启了一段成功的职业生涯，延长了自己

---

① The Doors, “Variety Is the Spice of Life,” *Other Voices* (Elektra Records, 1971).

② Sheryl Sandberg, *Lean In* (Knopf, 2013).

的职场保质期。

招聘专家们普遍有一个格言，他们相信如果你现在的工作是成功的，那么你就有潜力自我突破，承担3倍于现在的职责。例如，如果你正在管理100万美元的预算，那么你就可以挑战管理300万美元。当然，难点在于，你到底能被拉伸到什么程度？在一份岗位描述中，你要满足百分之多少的标准之后你才愿意去挑战这份工作？通常男人的回答是50%就可以，而女人则很可能认为只有100%满足才行。因此，也许女性还有很多空间，可以试着给自己更多的挑战①。

阿丽森最近接到一份工作安排，她觉得自己的能力远远不够。她向自己的主管坦白了恐惧，主管建议她“带着恐惧，迎难而上”。她必须走出自己的舒适区。

另一个需要考虑的因素是，你同时需要在多少个领域进行突破。举例来说，即使你拿到了机会，如果你要同时进入新的行业，履行新的职能并同时职责内容还有增加，那么明智的选择可能是不要接受这份新工作。在上文洛丽的故事中，她虽然转变了职能，但是她降低了职级并且没有离开科技行业。要懂得适当突破自己，但也要明白自己不是超人②。

自我突破的反面就是像霍华德这样。我们有一次跟好友霍华德聊天，问他是否愿意在公司主动承担额外的任务，他说：“必然不会啊。你主动承担额外的工作，接下来就要解决额外的问题。如果解决成功了，他们还会再给你派更多的任务。”霍华德成功地限制了自己的工作职责，但同时，他也限制了自己提升专业性和向公司展现自己价值的机会。

---

① Katty Kay and Claire Shipman, “The Confidence Gap,” *The Atlantic* (May 2014). Also see, Tara Sophia Mohr, “Why Women Don’t Apply for Jobs Unless They’re 100% Qualified,” *Harvard Business Review* (August 25, 2014). 有人将女性不愿申请超出自己能力范围的职位归因于缺乏信心。其他人则认为男性和女性就申请超出能力范围的职位一事的态度之所以存在差异，背后有更复杂的原因。

② *The Incredibles* (Walt Disney Home Entertainment, 2005).

慷慨反馈

人与人之间的交往正变得越来越复杂。如果你在给别人反馈和接受别人的反馈上还没有做到得心应手，那么你需要现在就开始锻炼了，因为这些软性技能正是职场所需要的。要保持沟通和维持经常性的反馈变得越来越微妙且需要更多的技巧。

团队里那个讨厌的家伙一点自知之明都没有。他开会永远迟到，总是不记得把自己的手机静音，喜欢在别人做演示的时候插入不相关的问题。你会不会经常这样想：怎么就没人告诉他呢？怎么就没人提醒他要职业化一点呢？不论你在哪里工作，你一定会遇到这类不好相处的同事。这也就是为什么我们不但要学习接受别人的反馈（见第三章），还要学会如何给别人反馈的原因。

在人际交往技巧中，人际自信可能是我们最需要在工作中培养的技能了。而给别人反馈是提升自己职业化程度的重要手段，同时还可以帮你得到自己所需的。在给别人反馈这件事情上，你练习得越多，你处理棘手情况的能力就越强，特别是在处理与自己的直接下属以及老板的关系上。以互相信任为前提，我们才能敢于给别人反馈。为了培养这种信任，你的团队和组织中的人必须彼此熟识，愿意互相沟通情感。

很多时候我们不想伤害同事的感情，或者我们介意别人会怎么看我们，所以我们才保持沉默，不肯说出自己的观点。但是假如你能学会以一种谦逊的态度给别人反馈，那别人也很可能会以感激的心态虚心接受你的意见。

很多人都说自己没有得到足够的反馈，所以你不妨把给别人反馈当成自己的一项工作目标。记住，提建议被接受的比例平均只有30%①，

---

① Scott Halford, "Five Steps for Giving Productive Feedback," *Entrepreneur Magazine* (April 7, 2011).

所以对方没有立即按你说的做也不要灰心，有时候你需要利用多种技巧才能达到预期的目标。

延展运动

延展 5.3

向上级、同事、下级提供反馈都很重要，所以你可以思考一下在不同的情境之下，反馈方式应该有什么不同。有时，你需要向你的老板反馈，提醒他以前的工作经验可能并不适用于当前的企业；有时，你需要让你的同事们知道，准时参加会议是必须的。这里有一些小技巧，你可以通过练习让自己更擅长给别人提供反馈：

- □ 你可以在会面之前，把自己要说的内容写下来，这样可以帮助你聚焦思路。
- □ 在你和对方之间建立一个共同的目标，基于这个共同目标进行反馈。
- □ 邀请团队中的其他同事发言，请他们给出如何处理这类问题的建议。
- □ 保证你的反馈是私下进行的，只说给要反馈的人或团队听。
- □ 保持积极心态，描述问题要具体。

侧向突破

有一个特别棒的方法可以帮你得到新的经验，这个方法就是在你自己的组织中主动承担自己职责之外的其他任务——向旁边看看。如果想要得到一些销售方面的经验，你可以问问自己能不能帮销售打电话寻找销售线索。如果你想要得到一些市场方面的经验，你可以去公司的社交媒体运营团队里帮忙，或者参加他们为新产品举行的焦点小组访谈。你需要知道自己具体需要什么技能，以及能为这种经验付出多少时间。

另一种侧向突破方法是走到组织外面去。你可以短期地在组织外部免费给人帮忙，这不但有助于建立和维护你的人脉，还能给你带来特别的经验。如果你在工作中得不到销售经验，你还可以去非营利性组织，帮它们打电话拉赞助。你需要有非常具体的时间计划，虽然没有报酬，但你可以要求对方帮你提供推荐信或能力背书。你甚至能得到一个额外的头衔，让你的简历和个人主页更有料。

如果你是个自由职业者，你会发现很多人都和你一样。根据软件公司 Intuit 的调查，2020 年美国劳动力市场中有超过 40% 的自由职业者，也就是说有 6 000 万人①。然而，如果你是自由职业者，那么雇主对你的期望是你已经有很强的专业性了。乔治是一个有上进心的程序员，他刚刚更换了自己的专业领域，所以他知道像自己这样的新人是很难找到客户的。因此，当他应聘一个软件开发任务时，表示自己可以免费工作，在提供价值之前不要任何报酬。最后，他这样免费工作了 3 个月，终于找到了有报酬的工作。

索菲亚也是一位自由职业者。她刚刚推出了自己的社交媒体咨询顾问服务，希望借此扩大自己的客户群。索菲亚发现自发帮助非营利组织进行社媒宣传也能够帮助她培养自己的客户群。此外，她还能获得许多推荐信和介绍信，赢得客户的好评，这些都帮她扩展了人脉，提高了知名度。

随着技术的发展和移动办公的普及，项目式工作的机会正在爆发性地增长。你一定要抓住这个机会，尝试一些新的经验，给你的简历

---

① Jeffrey Neuner, “40% of America’s Workforce Will Be Freelancers by 2020,” *Quartz* (March 21, 2013).

添上让人眼前一亮的记录。

有两类横向扩展的机会值得你密切关注：兼职创业和学术休假。

试试兼职创业。萨曼莎花了两年的时间来开发人脉和面试，终于如愿以偿地进入一家全球排名前 10 的广告公司。但是她吃惊地发现，公司的内部文化和别人讲的不一样。在来之前，她为了了解这家企业的文化做足了功课，不但找到很多在这里工作过的熟人打听公司的方方面面，还深入研究了企业网站和博客。她原来工作的公司是一家很小但极富创造力的广告公司，而现在她却发现自己好像被绑在了办公桌上，为了一个客户而陷入官僚化的繁文缛节中，她的努力付出就像石沉大海一样看不到任何效果。短短 6 个月之后，她就提交了辞呈。

在她广告生涯的起起伏伏中，萨曼莎一直在兼职为一些数字媒体做咨询工作。辞掉了不开心的工作后，她终于有了足够的时间，可以把她的兼职咨询变成一份全职工作，她变成了一个创业者。一年半以后，灵活的工作方式和自己给客户带来的巨大价值让她兴奋不已。

在正职工作之外启动一些兼职项目是个好方法。它可以帮你培养不一样的技能，并带来额外收入。我们认识的一个银行家平时还兼职做摄影师。我们还认识一位同事，本职是首席财务官，平时还兼职卖财务建模软件。本章开头提到的杰拉德，在做着律师的正职之外，仍然利用业余时间更新他的博客。

兼职创业是试验新机遇的好机会，它可以帮你培养兴趣、释放创造力，还可以为真正的创业做好准备。

找一些学术休假的机会。安迪·克雷波恩在一家高科技公司工作①。他已经在同一个城市工作了超过 10 年，感觉失去了工作的激情。他也考虑过自己创业，但是因为要养家糊口，而且家里还有一个得了

① 凯瑞和安迪·克雷波恩曾在一家小型创业公司共事。这一段落来源于 2014 年和 2015 年他们之间多次面对面的交流和邮件往来。

终身学习

本书的两位作者是在读研期间结识的，所以读者应该可以理解我们为什么要强调教育的重要性。坦白说，我们在决定读研时并没有那么坚决，而是犹豫了好几年。决定要不要回学校继续深造并不是件容易的事情，因为这意味着你要离开劳动力市场。但是，如果你像我们一样，选择在职或远距离的学习方式，那么平衡工作、学习和家庭虽然仍然很有挑战性，却不是不可能的。

研究发现，高学历的人们失业率更低①，在整个职业生涯中收入也更高②。教育投入是一种经典的价值等式：投资自身，投资未来，最终获得回报。跟其他的投资一样，你必须谋定而后动。更高的学历对你的职业发展有作用吗？或者你想转换工作方向，所以才需要更多的教育？对于一些行业来说，学历并不是必须的，但是对另一些行业来说，学历则是必要条件，比如教育和医疗行业。

查立是一家专业礼品制造商的管理人员，硕士学历对于她来说是一个重要的台阶。她所在的公司老板决定把制造业务迁移到海外，查立和其他人都因此下岗了。幸好有美国贸易调整援助计划（U. S. Trade Adjustment Assistance Program）③ 的帮助和查立的失业辅导员的热心支持，

---

① "Employment Projections," U. S. Bureau of Labor Statistics, April 2, 2015. 根据2014年美国劳工统计局的数据，无高中文凭的人的失业率为9%，有高中文凭的人的失业率为6%，拥有专业学位的人的失业率为1.9%。

② Jennifer Cheeseman Day and Eric C. Newburger, "The Big Payoff: Educational Attainment and Synthetic Estimates of Work-Life Earnings," U. S. Census Bureau, July 2002. 这份报告指出，在成年人的职业生涯中，拥有高中学历的人平均收入为120万美元，拥有本科学历的人平均收入为210万美元，拥有硕士学历的人平均收入为250万美元。拥有硕士学位的人平均收入比有高中学历的人多出130万美元。

③ "What Is Trade Adjustment Assistance?," U. S. Department of Labor, June 22, 2012. 贸易调整援助制度（TAA）是美国联邦政府的一项计划，旨在降低进口对美国特定行业的破坏性影响。当前的贸易调整援助制度由四部分构成，分别针对工人、企业、农民和社区。

查立发现她可以用一部分失业补助来换取研究生学费资助。虽然这笔资助并不能完全覆盖学费要求，但是再加上奖学金的话，查立可以在尽量少贷款的情况下完成学业。获得非营利性组织管理学的硕士学位后，查立现在成为一个劳动力发展计划的全美总监。她达到了自己的收入目标，并且可以开始为退休存钱了。她说，回学校深造改变了她的人生。用她自己的话来说："它让其他的一切成为可能。"

如果你发现自己已经没办法在工作中学到东西了，或者你想完全改变职业方向，那么回学校深造将会大大提升你未来的职业竞争力。某一些职业领域的变化非常快，要保持跟上节奏，你必须不断学习新知识，获得更多的认证资格，才能保持自己的从业资格。如果你在这样的领域中工作，深造就更加重要了。当然，有些人单纯地很享受在

延展运动

延展5.5

正因为当今的职业世界飞速变化，你才更需要时时提升自己的能力。在考虑更多的教育学习或资格认证培训的机会时，你需要考虑下面这些问题：

- □ 深造或培训会带给你哪些机会？
- □ 那些做着我理想中的工作的人，他们有怎样的教育背景？
- □ 我的行业需要什么样的资格认证？
- □ 有哪些专业能力可以让我进步？
- □ 我用1个月、6个月或1年分别可以学到什么？
- □ 有什么在线的资源可以利用？
- □ 有没有人有过这方面的经验？他能告诉我有哪些需要考虑的问题吗？

延展总结

- 积累新的经验来获取新技能、巩固旧技能。边做边学。
- 你需要找到更多选择，这也就是为什么你需要积累合适的经验。
- 聚焦你的长处，升级你的技能。
- 积累经验的技巧包括：
    - 以成长的心态面对工作。使用下面3种心态来帮助你在工作中提升学习效果：完成任务心态——面对只要做完就可以的工作；成就心态——当工作比较重要时；学习成长心态——当你希望提升技能时。
    - 国际化视野。为了扩展你的职业选择，你可以考虑海外任命。
    - 找到需求，解决问题。人人都喜欢问题解决者。
    - 突破你的极限。什么都试一试，即使需要“化恐惧为动力”。
    - 慷慨反馈。人们普遍说自己得到的反馈不够，学习如何给别人反馈。
    - 侧向突破。不要坐等经验来找你，你可以侧向突破，通过业余创业或学术休假获取更广泛的经验。
    - 持续学习。学习是经典的价值等式，投资你自己，投资未来。
- 善用你的上级。
    - 你的好老板是否阻碍了你进步？
    - 把坏老板也看作学习的机会。

查立发现她可以用一部分失业补助来换取研究生学费资助。虽然这笔资助并不能完全覆盖学费要求，但是再加上奖学金的话，查立可以在尽量少贷款的情况下完成学业。获得非营利性组织管理学的硕士学位后，查立现在成为一个劳动力发展计划的全美总监。她达到了自己的收入目标，并且可以开始为退休存钱了。她说，回学校深造改变了她的人生。用她自己的话来说："它让其他的一切成为可能。"

如果你发现自己已经没办法在工作中学到东西了，或者你想完全改变职业方向，那么回学校深造将会大大提升你未来的职业竞争力。某一些职业领域的变化非常快，要保持跟上节奏，你必须不断学习新知识，获得更多的认证资格，才能保持自己的从业资格。如果你在这样的领域中工作，深造就更加重要了。当然，有些人单纯地很享受在

延展运动

延展5.5

正因为当今的职业世界飞速变化，你才更需要时时提升自己的能力。在考虑更多的教育学习或资格认证培训的机会时，你需要考虑下面这些问题：

- □ 深造或培训会带给你哪些机会？
- □ 那些做着我理想中的工作的人，他们有怎样的教育背景？
- □ 我的行业需要什么样的资格认证？
- □ 有哪些专业能力可以让我进步？
- □ 我用1个月、6个月或1年分别可以学到什么？
- □ 有什么在线的资源可以利用？
- □ 有没有人有过这方面的经验？他能告诉我有哪些需要考虑的问题吗？

学校中学习的乐趣，并愿意自己掏腰包。如果你的公司有支持员工职业提升的相关制度，可以报销学费的话，学习深造就会更容易。现在，我们已经有越来越多的低成本学习方式可以考虑了。

今天，我们已经拥有了很多非正式学习和提升技能的机会。TED演讲、慕课、很多大学都提供的在线或线上线下结合的课程、专业协会的资格认证、各领域中的顶级专家撰写的书籍，这些资源都可以非常容易地找到。

在工作兴趣之外，其他的学习机会也会对你有所帮助，例如参加系列讲座，加入或组织各种俱乐部或兴趣团体等。甚至在出差旅行的时候，你也有机会为你的专业执照获得持续进修学分。

善用你的上级

我们在问卷调查中有这样一个问题："让你得到最大的职业进步的是什么?"排名第一的答案是："我与上级的关系。"我们与上级和老板的职业关系对我们的工作经验有重大影响。优秀的老板会启发我们、指导我们，帮我们挑战自己，尝试新事物。当然，也有一些好老板只是对我们很好，但并不关注我们的发展。而不好的老板只会让我们讨厌工作，每天盯着钟表盼望下班和学习坏习惯。无论你的处境如何，可能很不好，但你都可以从中获得宝贵的经验。

你的好老板是否阻碍了你的进步?

在工作中，如果有一个人在你的背后支持你，让你的工作更轻松，对这样的人产生忠诚和信任是很容易的。如果你的老板对你在生活和工作中遇到的挑战表示理解，你很容易对他产生忠诚感。忠诚可以提升我们的归属感和安全感①。

罗伯特跟他的老板关系非常好，他的老板在他痛苦的离婚过程中给了他不少支持。罗伯特经常需要提前下班去接孩子放学或参加孩子的体育活动，老板也都表示理解，从来不批评他。随着时间的流逝，罗伯特的工作职责越来越重，但是他的收入增加程度却与之不呈正比，这让他感到非常沮丧。可是回想起自己这些年受到老板的照顾，他又觉得现在公司遇到了困难，他多做一点也是应该的。他似乎发现，自己所在的工商业供应品销售行业正在经历着深刻的变革。

罗伯特知道公司被收购后，他在这里的日子就进入倒数了。虽然老板并没有亲口要求他留下来，他还是坚守到了最后，直到亲手把“待售”的牌子挂在了公司仓库的外面。

失业之后再看未来，罗伯特终于发现他的好心老板和他对老板的忠心让自己陷入艰难的境地：简历写着上22年在同一家公司工作的经历，而且职业进展微乎其微。当我们在工作中变得过于舒服，或者被忠诚所蒙蔽时，我们会忘记用批判性的眼光来看待自己的职业竞争力。工作很轻松，工作是份好工作，但是工作没有带给我们挑战，于是我们就停止了成长。

相反，如果你在工作中没有获得丰富的经验，也看不到自己职业能力的提升，这是不是说明这个好老板只是个假象？好老板通常都是人才发展专家和优秀的职场导师。他们会在帮你发展职业技能、提升

① Albert O. Hirschman, *Exit, Voice and Loyalty* (Harvard University Press, 1970). 组织和企业由不同人群构成，成员会通过两种行为促使组织和企业做出反应，一种是退出（切断关系），另一种是呼吁（修复或者改善关系），忠诚能够在很大程度上缓和这些行为。根据阿尔伯特·赫希曼的理论，在忠诚度（类似于品牌忠诚）较高的组织中，退出行为能够得到遏制，成员更有可能感受到自己的呼声得到了倾听。

你的职场竞争力的同时，也为公司创造更多价值。好老板不仅帮你成长，他们还能改变你的一生。

如果你只允许老板给予你正面反馈，支持你固守在某个岗位上，这便阻碍了你的晋升之路，此时的你也在阻碍自己的个人发展之路。解决忠诚困境的唯一途径是知道如何从他人和老板那里获得你需要的反馈，同时知道何时进入下一个发展阶段。为了在发展道路上继续前进，你必须偶而尝试一下超出自己能力范围的事情，同时要确保老板能够为你提供帮助。

延展运动

延展 5. 6

你与上级的关系质量如何？下面几个问题可供你思考：

- □ 你能定期从老板那里获得反馈吗？
- □ 这些反馈是否会帮你找到自我突破的方法？
- □ 你是否总能接到一些能帮你提升能力的任务？
- □ 与你的同事相比，你的岗位描述这几年变化大吗？
- □ 你所从事的工作对教育程度和技术水平的要求变化了吗？
- □ 你有没有获得参加学习或培训的机会？
- □ 你上一次升职是什么时候？跟公司的常规相比是快了还是慢了？
- □ 同事的升职比你频繁吗？
- □ 你有没有设计过自己在公司内的职业发展通道并和你的上级讨论？

把坏老板看作学习的机会

我们都听说过很多坏老板，他们的传纪让我们着迷。我们蜂拥到电影院看他们的故事，我们甚至喜欢给他们起外号，其中最臭名昭著的就是“电锯阿尔”（Chainsaw Al），也就是阿尔伯特·邓拉普（Albert Dunlap）。他写过一本书叫《不是闹着玩的》（*Mean Business*），他是让企业起死回生的明星，也是裁员专业户。他的铁血手段让成千上万的人被开除，留下的人也个个如履薄冰、士气低落。幸运的是，他的“职场保质期”也到期了，奥士达（Sunbeam-Oster）公司的大型财务丑闻最终毁掉了他，他被禁止在任何公开上市的公司中担任董事①。

在电影《穿普拉达的女王》（*The Devil Wears Prada*）中，时尚杂志主编米兰达·普瑞斯特利［Miranda Priestly，梅丽尔·斯特里普（Meryl Streep）饰］无休止地虐待她的下属。很多影评人认为《服饰与美容》（*Vogue*）杂志的主编安娜·温图尔（Anna Wintour）是普瑞斯特利背后的人物原型。普瑞斯特利恐怖的工作安排、对她助理的百般刁难，还有让助理做一大堆毫无理由的、纯粹出于一时兴起的杂事的习惯，让她的助理像走马灯一样换了一个又一个。那么为什么大家会容忍她呢？很简单，为了下一份工作。每一个在她的虐待中活下来的助理都会事业腾飞，这正是因为普瑞斯特利的才华和难伺候名声在外，只要一个人能在她手下撑过去，她就能在任何其他工作中大放异彩。

坏老板无处不在。随便扫一眼《纽约时报》的“工作学家”（*Workologist*）专栏，你就会发现一大堆“如何对付霸道老板”的建议文章②。“把心里话说出来”——面对老板的坏行为时勇敢说出来，似乎是大家说得最多的建议。但是大家没有说的是，为这种坏老板工作值得吗？

---

① Alan Deutschman, “Is Your Boss a Psychopath?,” *Fast Company* (July 2005). Also see, John A. Byrne, *Chainsaw* (Harper Business, 1999). Dunlap’s style has been widely reported.

② Rob Walker, “Workologist,” *The New York Times.*

看情况。

你觉得为坏老板工作值得吗？谢丽尔·桑德伯格认为“值得”，但是你必须懂得权衡得失，并且把注意力聚焦在自己能从这份经验中得到什么①。与霸道但是天才的老板一起工作会学到很多东西，和单纯的被老板虐待是两回事。如果你得不到任何好处，最好的方式还是避开或离开坏老板。

遇到坏老板通常能推动我们寻求变化，而不是继续忍受。当你看清了这种不利情势的时候，也是你重新审视自己的大好时机：你如何定义成功？你到底想从职业中得到什么？你到底喜欢什么样的企业文化？在企业内部和企业外部找一些新的机会，会让你有机会面试新的职位或者检验新的职业机会。比如萨曼莎所在的广告公司，这种不健康的企业文化促使她成为一名创业者，让她有机会利用数年来积累的客户关系，成功地创立了自己的顾问公司。

当然，直面你的坏老板，想办法改善你们之间的关系也是一种选择。不过要记住，人是很难被改变的，除非他们自己想改变，所以不要试图去改造你的老板。更好的策略可能是找到一些工作中让你满意的地方，这可以让你在等着换领导的过程中保持积极性。

我们认识一家非营利性组织的 CEO，她那个喜欢微观管理的董事会主席就很让她头痛。她一次又一次地花数小时与她沟通，最终发现主席的风格不可能改变。但是，这位 CEO 没有马上离开这个组织，因为这意味着她还要花大量时间去找一份不相上下的工作，相反，她决定耐心等待董事会主席期满换届。与其把精力花在改变一个她无法改变的人身上，她认为不如在这一年中与内部管理人员做几个新的项目，在这些让人兴奋的项目中投入时间和精力，耐心地等到主席换届。她把坏老板这种不利情况转变成了一个机会，让

---

① Sheryl Sandberg, *Lean In* (Knopf, 2013).

她与团队更加团结了。新的董事会主席任期开始后，她与这位新主席建立了更有建设性的合作关系，并继续做着她喜欢的这份工作。

除非你已经决定离开，否则你必须谨慎地处理类似情况。不要跟其他人传闲话，因为你不知道谁会把话传到你老板的耳朵里。坏老板会让团队养成不良习惯，恶化工作环境，减少团队信任，增加不正当的竞争。

你仍然要按时完成任务、正常参加会议，让别人知道你并没有打算离职。一定要保持职业精神和幽默感，如果你的坏老板长年累月地把你的热情消磨殆尽，那么你只有一个选择：离开。在公司其他部门找个位置，或者直接趁此机会离开公司。最终，你至少知道怎样识别好老板，尤其有一天那个好老板就是你。

评估你的选择

积极地寻找新的经验，并且把不论好的境遇还是坏的境遇都转化为有用的人生经验，这两种方法你可以结合使用。不论你经历什么，你都要从中尽可能地学到东西。延展自己、获取经验、提升技能，努力突破任何阻碍你成长的困难，在你的能力圈边缘进行突破。不要被动地等着经验来找你，要把握自己的选择。

现在，你已经有了多元化的人脉资源和更多选择，还有了很多经验来提升能力，你可以开始实现自己的梦想了。

延展总结

- 积累新的经验来获取新技能、巩固旧技能。边做边学。
- 你需要找到更多选择，这也就是为什么你需要积累合适的经验。
- 聚焦你的长处，升级你的技能。
- 积累经验的技巧包括：
  - 以成长的心态面对工作。使用下面3种心态来帮助你在工作中提升学习效果：完成任务心态——面对只要做完就可以的工作；成就心态——当工作比较重要时；学习成长心态——当你希望提升技能时。
  - 国际化视野。为了扩展你的职业选择，你可以考虑海外任命。
  - 找到需求，解决问题。人人都喜欢问题解决者。
  - 突破你的极限。什么都试一试，即使需要“化恐惧为动力”。
  - 慷慨反馈。人们普遍说自己得到的反馈不够，学习如何给别人反馈。
  - 侧向突破。不要坐等经验来找你，你可以侧向突破，通过业余创业或学术休假获取更广泛的经验。
  - 持续学习。学习是经典的价值等式，投资你自己，投资未来。
- 善用你的上级。
  - 你的好老板是否阻碍了你进步？
  - 把坏老板也看作学习的机会。

组织和管理者可以做什么

鼓励员工丰富自己的经验一直以来像是管理者自己的责任，而并没有被看成是组织的责任，实际上，这与组织的文化息息相关。通过刻意的努力和鼓励，组织可以为员工提供成长空间，帮助他们对新想法和新尝试保持开放心态。这对组织会有巨大的作用，同时也能降低员工流失率，并且在工作内部发生变化时最大程度地保持员工绩效。

组织内部经验的衡量

你衡量什么，就意味着你关注什么。如果组织能有意地关注员工的技能提升，就会形成一种宝贵的企业文化。想要让组织内的员工踊跃探索新机会，最好的方法就是主动让他们知道有这些机会。帮助整个组织的员工获取更为广泛的经验是一种投资，既可以提升员工留任率，也可以提升员工能力。如果能把新经验的参与度与特定的绩效管理计划结合起来，使之成为一系列绩效评估中的组成部分，效果会更好。当管理者和员工知道扩展经验是考核的一部分时，他们就更愿意承担风险，从而踊跃参加。

同时，组织还可以评估管理者在人才发展和人才内部流动上的过往成绩。有没有管理者拼命捂着自己的人才，害怕被人抢走，因为害怕寻找新人会损失预算？看看你的管理者们，他们是人才“净出口”还是“净进口”？组织应该奖励那些愿意花时间、冒风险，为其他部门出口人才的管理者。

让你的员工拥有客户经验

如果组织中的所有人都有机会在一线岗位工作，都能更好地理解客户的话，你觉得怎么样？加拿大的一家电信公司泰勒斯电信（TELUS）做到了。它们的 C2C 计划（Closer to the Customer，接近客户）让那些平时不接触客户的员工有机会跟接触客户的员工一起工作，比如做应收账款管理的人可能与门店经理一起工作。团队成员对客户体验有了更深入的洞察，这会帮他们在未来做出更合理的决策。同时，他们还接触了泰勒斯其他部门的工作内容。

C2C 计划的独特之处在于其运行规模之大。每一年，都有最高达 5 000 人收到邀请，参加全公司范围的或团队范围的 C2C 活动。"你可以观察到所有事情，得到真正的一手经验，就像在《卧底老板》（*Undercover Boss*）真人秀中一样，"泰勒斯的首席设想家（chief envisioner）丹·庞蒂弗拉克特（Dan Pontefract）说[①]。"人们写博客讨论这些经验，并在我们的照片分享网站 Habitat Photo 上分享。我们的员工敬业度指标直线上升，这也有一部分要归功于这个计划。"一名泰勒斯的商业解决方案顾问保罗·布莱尔（Paul Bleier）在参加之后说："对我来说最大的收获是，我爱上了去现场。"

为员工提供学术休假

说到职业生涯中的间歇休假，我们常常想到的是学者长期休假去写书或是研究下一代突破性技术。但是像惠普、3M 和谷歌这样的公司，明白员工的兴趣是多样化的，所以它们鼓励各种各样的创造性探索。它们提供包含半职学术休假或停薪留职这样的机会，帮助员工发挥创造力[②]。比如现在无处不在的便利贴，就是 3M 公司的化学家雅特·富莱（Art Fry）在学术休假的时候想出来的[③]，当时他

---

① 故事来自 2015 年 3 月对丹·庞蒂弗拉克特和保罗·布莱尔的一次访谈。

② Stefan Sagmeister, "The Power of Time Off," TED Talk, July 2009.

③ "An Idea That Stuck: How a Hymnal Bookmark Helped Inspire the Post-it Note," NPR, July 26, 2014. 雅特·富莱是 3M 的化学家，他发明了便利贴，斯宾塞·西尔弗（Spencer Silver）发明了便利贴上用的胶水。

正因为没法方便地在赞美诗集中标注位置而头疼。少于一个月的小型学术休假可以让员工有机会去做义工、旅行、参加培训或调养身体。休假是职业倦怠的一剂强有力的解药。

提供中年实习计划

实习生可以不一定是学生。英国的巴克莱银行宣布了一项成人工作计划，其目的在于帮助那些离开劳动力市场两年以上并想重返工作岗位的人。巴克莱的计划并不是孤例，高盛、摩根大通、瑞信、大都会人寿和摩根士丹利都提供类似的计划，帮助那些在职业生涯中断后想重返银行工作岗位的员工。与没有薪酬的大学生实习计划不同，这些高龄实习生领薪水，并且让企业在正式雇用之前有机会检验他们的能力。巴克莱的学徒计划负责人说①：“我们雇用那些有过职业经验和更丰富人生经验的人，……他们能真正理解和支持客户，……这对我们很有益处。”

奖励人才培养师

提升敬业度最好的方法就是改善员工与主管的关系。那些注重培养管理人员人际关系技巧的公司，其员工流动率更低，员工满意度更高②。当上级真正关心员工的时候，他们才会最努力，并且愿意跟上级一起努力来改进绩效。为新晋管理人员提供培训和指导，

① Anne Tergesen, “ ‘Internships’ for 40-somethings take root on Wall Street,” MarketWatch. com, March 3, 2015.

② For Deci’s classic work, see Edward Deci, *Intrinsic Motivation* (Plenum, 1975). Bandura’s work on self-efficacy can be found in Albert Bandura, *Self-Efficacy* (Worth Publishers, 1997). Also see Jay A. Conger and Rabindra N. Kanungo, “The Empowerment Process: Integrating Theory and Practice,” *Academy of Management Review*, 13 (1988), 471–482. 杰伊·康格（Jay A. Conger）和拉宾德拉·凯南格（Rabindra N. Kanungo）的研究基于自我决定的本能需求和班杜拉（Bandura）的自我效能模型。

可以帮助这些新任管理者们培养他们的下属。

丹娜·莫利斯（Donna Morris）是奥多比（Adobe）系统公司的主管人才的高级副总裁。她说她的公司提供“签到”时间，管理者在这段时间内为员工提供有目标的指导和建议①。管理者不需要记录自己与员工的交流过程，只需帮助员工制订成长和发展计划。这个项目的目标是给员工实时的反馈，而不是在最佳反馈时间过去几个月后再进行说教。作为计划的一部分，管理人员进行了角色扮演培训并参加了一些讲座，训练他们给别人反馈和听取别人反馈的能力，以及处理其他有挑战的情境的能力。

创造轮岗机会或工作伙伴计划

请拥抱这句箴言：“经验是生活的真味。”在软件公司思爱普，每个管理人员都可以发起工作伙伴计划。对公司来说，鼓励管理者与其他部门合作，共同创造这些工作伙伴计划是促进跨部门学习的有力手段。思爱普会在内部的电子化招聘系统上贴出职位说明。在申请这种6个月的工作伙伴计划之前，员工会评估自己的兴趣、成长目标和自己与当前管理人员的匹配度。参加这个项目的员工还会得到一种额外的好处，那就是与轮岗部门的管理人员互动的机会。如果没有这样的计划，他们就没有机会接触这些人②。很多时候这些轮岗还意味着去国外出差，能同时发展员工的国际化能力。

---

① Julie Cook Ramirez, “Rethinking the Review,” *Human Resource Executive* (July 24, 2013). 据丹娜·莫利斯介绍，奥多比在2012年放弃了一年一次的正式书面绩效考核，改用叫作“签到”的考核流程。“签到”是一种非正式的持续实时反馈系统。

② Cynthia D. McCauley, D. Scott Derue, Paul R. Yost, and Sylvester Taylor, *Experience-Driven Leader Development* (Jossey-Bass, 2013).

第四部分　把握梦想

第六章　勇往直前

在当今职场，工作已经不是一个地点，而是一件事情。为了实现你的职业梦想，找到通往未来之路，我们不但要有韧性，还要学会勇往直前。

人活着难免会遇到失败，除非你活得谨小慎微，避免一切失败。但如果你选择这样活着，你就已经失败了。

——J. K. 罗琳[①]

第六章　勇往直前

马里奥·卡佩奇（Mario Capecchi）的母亲是美国诗人露西·兰贝格（Lucy Ramberg），父亲是意大利空军军官路西阿诺·卡佩奇（Luciano Capecchi）[②]。二战爆发时，他们一家生活在意大利境内的阿尔卑斯山区靠近德意边境的地方。在“西部沙漠”战役（Western Desert Campaign）中，马里奥的父亲负责值守一挺高射机枪，但不幸在战斗中失踪了。他的母亲则被赶进一座希特勒下令建立、以非人道行为而臭名昭著的集中营里，因为与一个反法西斯组织有牵连，她变成了政治犯而受到了迫害。听到即将被捕的风声时，马里奥的母亲提前变卖了家产，设法把他寄养在了意大利小城博尔扎诺的一个农民家里。

短短一年之后，变卖家产所得就已用尽，这个农民家庭已经无法继续抚养马里奥了。据他自己回忆：“在养活他们自己家人之外，他们已经没有余力养活我了，于是我开始流落街头。”当时只有4岁半的马里奥在意大利北部的街头流落了4年之久，辗转进出大小孤儿院，与跟他一样无家可归的孩子们流窜在大街小巷，趁着同伴分散老板的注意力时，从小商贩的手推货车里偷吃的。他活得像个小野人，差点因

① Carmel Hagen, “9 Reasons Why Failure Is Not Fatal,” *99u*, 2011.

② Christopher Lee, “From Child on Street to Nobel Laureate,” *Washington Post* (October 9, 2007).

为营养不良而死掉。用他自己的话说就是："除了活下去，根本没有精力想别的事情。"

最后，他和他的小伙伴们被送进了一家医院，但境遇也没有多少改善。为了防止他们逃跑，院方不给他们衣服穿，每天的口粮就只有一碗莴苣咖啡和一小块面包皮。

直到 1945 年，马里奥的妈妈才被美军救出集中营，她花了一年的时间才在博洛尼亚附近的一家医院找到了面黄肌瘦还身染热病的儿子。那天刚好是马里奥的 9 岁生日，妈妈送给他一套蒂罗尔（Tyrolean）①式的衣服，包括一顶插着羽毛的帽子。他至今还保存着这顶帽子。妈妈带他来到了罗马后，马里奥才结束了 6 年没有洗澡的日子。

1946 年，马里奥的叔叔资助了他们母子一笔钱，让他们移民到了美国。搬到了宾夕法尼亚后，马里奥才第一次体验到了上学的滋味。1961 年，马里奥在安迪亚克大学（Antioch College）获得了化学和物理的学士学位，随后在 1967 年获得哈佛大学生物物理学博士学位。

60 年之后的 2007 年，直到 9 岁时还没上过学的马里奥·卡佩奇，被授予了诺贝尔医学奖，这可以说是一个"激流勇进"的精彩案例。他发明了一种培养基因缺失小鼠的方法，也就是通过基因工程把某个基因"关掉"，这种小鼠被称为"基因敲除小鼠"（knockout mouse）。

不要回头，要勇往直前

勇往直前是一种关键能力，它能让人们克服最可怕的困难。很少有人能独立战胜苦难，每一个伟大的、克服艰险的故事的主人公，都会在黑暗的时光从亲密伙伴那里获得力量。然而，那些能够勇往直前的人内心的方向永远不会偏航。成功偏爱这样的人，这些人有理想、

① 阿尔卑斯东部山区的一个地区，当地人的传统服饰喜欢用羽毛装饰帽子。——译者注

有毅力，而且懂得从自己的人际关系中获得激励。

我们当中的很多人，经常会与内在的不安全感和不确定性做斗争。工作中绩效压力巨大，全球商业环境剧变，经济前景堪忧，这些因素都意味着我们必须找到方法，让自己在未来不但能活下来，还要活得很好。这意味着，你不仅仅需要有精神上的韧性来抵御压力，还要能在压力下勇往直前。

马里奥的故事告诉我们，我们必须勇往直前，不但要经受住职业困境的考验，还要在困境中奋发成功。如果你仅仅满足于面对挫折时可以挺住，那么你可能永远都实现不了你的职业目标的风险就会变大。因为你会开始自我怀疑，显然，这种自我怀疑会让你更难专注于自己的梦想。

除了要有一个坚实的支持体系之外，勇往直前是一种多维度、刻意和动态的混合产物，它包含：

1. 毅力：坚韧和对长期目标的投入（激情）。
2. 韧性：在困难中快速适应、快速恢复的能力。
3. 自我激励：发起和维持目标导向行为的自驱力。

培养这3个基础能力的各方面都非常重要。当你把3个相互依赖的能力结合起来时，毅力、韧性和自我激励三者会产生更大的能量。此外，你还需要找到信任和支持你的人，他们就像强力胶一样，可以帮你把这3个能力黏合在一起。不用怀疑这一点，看看马里奥就知道了。60年后，他仍然保留着当初与妈妈重逢时她送给他的帽子。

你怎样面对失败和挫折？当你面对不利的情境时，你依赖怎样的问题解决技巧？当你不得不面对可能改变一生的重大事件时，你从这种经历中学到了什么？在这个不断变化的世界中，我们必须找到有效的方法来训练自己管理情绪和管理恐惧的能力，而不是变成一个天真的乐观主义者。人人都有梦想，在追寻梦想时人人都会遇到挫折；我们所需要的是正确的自我激励技巧，让我们可以勇往直前，实现梦想。

在绝望中寻找希望

> 经验不是一个人身上发生了什么事情，而是这个人面对这些事情时做了什么。
>
> ——阿道司·赫胥黎（Aldous Huxley）[①]

阿兰·霍恩（Alan Horn）在2000年被迫从华纳兄弟退休时，他身为电影部门主管的事业仍然如日中天。别人告诉他，他太老了，跟世界脱节了。他可以选择退休，但是他成了华特·迪士尼工作室的总裁[②]。而迪士尼工作室最近好片不断。2011年年初，拥有160年历史的《纽约时报》发生了一件翻天覆地的大事：吉尔·爱博松（Jill Abramson）成为第一任女性执行主编。从能力角度来说，她自然撑得起这个头衔，同时，她比很多人都更懂得如何积蓄力量以迎接新的挑战。2007年，她在时代广场过马路时被一辆卡车撞倒，事故令她不得不重新学习走路。这段经历让她对人生有了奇妙的洞察，她学会了怎么样逼迫自己努力，从巨大的伤痛中恢复。

2014年她被《纽约时报》公开解雇，这是对她的韧性的又一次考验。因为仅仅两年以前，她还在《福布斯》世界女强人评选中排名第五。爱博松觉得，跟被卡车撞翻相比，被《纽约时报》炒鱿鱼不算什

---

① Aldous Huxley, *Texts and Pretexts* (Norton, 1960).

② Brooks Barnes, "Disney Film Boss Alan Horn Finds Success After Ouster by Warner," *New York Times* (November 9, 2014). Also see, "Alumni Interview: Alan Horn, Chairman of Walt Disney Studios," Harbus, November 27, 2012.

么。在评价几年之内从职业生涯高峰跌到谷底的经历时，她说："你有能力从大多数经历中恢复。①"

这也包含从被拒绝的经历中恢复。WhatsApp（瓦次普）的联合创始人布莱恩·阿克顿（Brian Acton）在推特和脸书找工作时都被拒了。目前来说 WhatsApp 成为脸书最大的一笔收购案（190 亿美元），简直是漂亮的剧情反转。阿克顿获得了 4 000 万股脸书股票②，这让他在脸书占有 20% 的股份。

这类经历告诉我们，如果处理得当，职业生涯的失败经历可以成为成功的起跳台。所有这些故事有一个共同的主题：就算有挫折，坚忍不拔的人会永往直前，他们不会陷入羞愧、悲伤或抱怨中而无法自拔。

在丢掉一份工作后或受到事业打击时，经历一段时间的震惊、否定和自我怀疑是人之常情。虽然人们很容易陷入愤怒的情绪中，但你应该想一想那些坚韧的人，想想他们的能力、特质和处世态度，他们只关注自己能在这段经历中学到什么。

安德鲁·佐利（Andrew Zolli）和安·玛丽·希利（Anne Marie Healy）写了一本书叫《恢复力》(*Resilience*)。他们在书中说，那些具有"心理韧性"的人虽然在经历失败后也会感受到悲伤，但是却能向前看，甚至适应和成长，而不会陷入悲伤或抱怨中③。在研究什么样的人韧性较强时，他们发现乐观和自信这类的特质有很大影响。克服

---

① "The 2015 meaning of life—Jill Abramson," *Esquire*（January/February 2015）. 吉尔·爱博松入选《福布斯》2014 年评选的全球最具权势人物榜。读者可登录 www. forbes. com/profile/jill-abramson/浏览爱博松的简介。

② Sarah Buhr and Frank Barbieri, "40 People Who Are Living Proof You Can Make It in Silicon Valley After 40," *Tech Crunch*（July 15, 2014）. See also, "WhatsApp founders Jan Koum and Brian Acton Own Nearly $9 Billion in Facebook Stock," *The Economic Times*（October 30, 2014）.

③ Andrew Zolli and Ann Marie Healy, *Resilience*: *Why Things Bounce Back*（Simon & Schuster, 2012）.

困难的能力被称为自我坚韧性，那些将自我认知建立在自我坚韧性基础上的人，重新审视和调节自己情绪的能力更强。简单来说，他们对自己的情绪有足够强的控制力，所以他们可以在绝望中找到希望，在面对困难时不仅可以保持韧性，还会勇往直前。

追求卓越

> 失败会让成功更美味。
>
> ——杜鲁门·卡波特（Truman Capote）[①]

越来越大的职场压力和不确定性意味着，如果你还没有经历过职业挫折，那么你未来也一定会在某个时间点经历。挫折可能有多种形式，很多时候，挫折是不可控的。失败、选错方向、外部干扰、错失的良机、工作的无聊，种种挫折不一而足。没人主动寻求失败，但是那些善于接纳失败的人往往能获得成功。

斯坦福大学的心理学教授卡罗尔·德韦克的心态理论[②]我们在第二章中已经讨论过了。按照她的理论，我们对于自己和能力的态度决定了我们如何诠释自己的经验。研究动机和成就的心理学家告诉我们，我们的信念决定了我们能否成功[③]。爱博松在严重车祸后重新学习行走的经验教会了她永远不要自我设限。而对马里奥来说，他在获得诺贝尔奖之前的几十年，就被街头流浪的生活塑造了自己作为医学研究者的世界观。

依据德韦克的理论，人们对于自己的能力有两种不同的视角：僵

---

① "Truman Capote: About the Author," *PBS American Masters*, July 28, 2006.

② Carol S. Dweck, *Mindset* (Ballantine Books, 2007).

③ Steven M. Southwick and Dennis S. Charney, *Resilience* (Cambridge University Press, 2014).

化视角和成长视角。你对自己能力的态度决定了你如何面对挫折和失败。那些感到无助的人通常相信能力是一种僵化的特质——一个人只能拥有那么多。德韦克称这为僵化视角。失败和挫折会伤害这些人的自信，因为他们把失败归因为自己的能力低，且他们认为自己没法提升自己的能力。

而那些拥有成长思维的人认为能力可以通过努力工作和学习来提升。他们享受挑战，对这些人来说，卓越永远没有止境。他们不断学习，不断发现自己学习新技能的潜力。

如果说这些戏剧性的、灾难性的重大事件会有改变我们人生的力量，深深地影响我们的信念体系，那么我们在职业生涯过程中经历那些小挫折会给我们带来什么呢？从这些小挫折中我们同样可以学到非常重要的东西。史蒂文·斯皮尔伯格（Steven Spielberg）就是一个很好的例子。他 12 岁时就拍摄了自己的第一部电影，当时是为了完成童子军的任务而获得了一枚徽章，拍完这部片子后，他就好像注定要成为一个电影人了。但是他的第一部商业化大制作电影《大白鲨》却让他备受打击。他一度相信，因为《大白鲨》的失败，自己的电影生涯已经结束了。从没有人像他这样，不但超时 100 天，还远远超出了电影制作的预算。他说自己当时处于全面崩溃的状态，因为他知道自己犯了很多错误。最终，他承认有一些事情他确实没做好，特别是人员管理和预算管理。

虽然《大白鲨》最终在票房上大获成功，但他还是放下了自己的自尊，开始为乔治·卢卡斯（George Lucas）打工。卢卡斯是有名的预算管理和进度管理高手，他当时正需要这样一位导师①，来帮助他最终成为有史以来最伟大的导演之一。

斯皮尔伯格没有把自己在预算管理和人员管理上的失败看作世界

① Jeff Stibel, "A Profile in Failure," LinkedIn, January 30, 2015.

末日。认清了自己需要提升哪些方面的能力时，他想到了一个方法：找个导师来提升这些能力。他没有放弃，而是选择了追求卓越。

拥有成长心态的人与其他人一样会遇到失败，但是这些失败只会鼓励他们去寻求别人的建议或尝试不同的策略①，克服困难，勇往直前。

弯路与正路

这两种思维框架会让人们走上截然不同的两条道路。那些好几次选择过错误道路的人们会告诉我们，那些一开始看上去很美的职业生涯可能会逐渐失去光环，让你止步不前或干脆把你逼到死胡同里。反过来说，有些人会在面临挑战的过程中快速成长。

已故的喜剧演员琼·里弗斯（Joan Rivers）曾经说过一句很经典的话："我的人生走了很多弯路。"在她刚开始演员生涯时，那个年代的女性演员有一套被众人认可的"常规"。里弗斯说："在我刚入行的时候，当一个长得好看又很搞笑的女演员是很困难的，大家根本不吃这一套。"在谈到她当时出演美国公共电视网（PBS）的系列喜剧《让他们笑》（*Make 'Em Laugh*）的经历时，她说："我们当时的传统是：你只有长得就很搞笑，才可以在台上插科打诨；要是你长得很漂亮，那你就应该当歌手。"里弗斯必须突破当时的演艺传统②。

能像里弗斯这样勇于突破常规，为自己以及整整一代女性喜剧演员创造职业机会的人并不多见。在职业生涯中走弯路是很容易的，有时候我们急于找到工作，不会考虑工作是否合适，这样我们会把自己困在一份不好的工作中或者忽略让我们的事业更上一层楼的步骤。下

---

① Carol S. Dweck, "The Secret to Raising Smart Kids," *Scientific American* (January 1, 2015). Also, "How Companies Can Profit from a Growth Mindset," *Harvard Business Review* (November 2014), and Carol S. Dweck, *Mindset* (Ballantine Books, 2007).

② "Joan Rivers: A Piece of Work," PBS, September 22, 2014.

一次你想要搁置自己的梦想时，可以想一想里弗斯的这句名言："享受过程。[①]"不要沉浸在失败的羞愧中，不要在失败中徘徊，忧虑和沉思都是成长的必经之路。

找到混乱的意义

很多事件都可能影响我们的日常工作，带来职业生涯的转变。有一些事件对我们的生命有积极作用，比如孩子出生、得到去海外工作的机会等，这些事件都会影响我们的日常习惯。还有一些事件是不可控的，比如公司被收购、全球经济滑坡等，这些事件也会让我们感到焦虑和不安。

在这些突发事件和职场变化中，我们也经常听到职场人士抱怨日常压力太大，让人应接不暇。很多公司都在探索如何在 VUCA 时代中生存，换句话说，我们生存的这个时代既紧张又疯狂[②]。

由此带来的压力感让我们想要在这种混乱中寻找意义。"寻找工作的意义"也经常作为千禧世代的理念。我们在研究中发现，不论是婴儿潮一代、X 世代或千禧世代，所有人都在重新定义什么是职业成功[③]。随着经济周期变得越来越难把握，人们对职业生涯的思考也在变化。人们越来越觉得职业生涯不是为了积累身份地位，而是为了寻找事业的意义。在职业指导委员会（Career Advisory Board）最近的一份报告中，参加问卷调查的年轻人中有将近 3/4 的人认同这个观点：

---

① "Joan Rivers: Why Johnny Carson Never Ever Spoke to Me Again," *The Hollywood Reporter* (December 6, 2012). 琼·里弗斯名言的完整版是："别担心钱，享受过程。"(Don't worry about the money. Love the process.)

② Nathan Bennett and G. James Lemoine, "What VUCA Really Means for You," *Harvard Business Review* (January-February 2014).

③ Emily Esfahani Smith and Jennifer L. Aaker, "Millennial Searchers," *The New York Times* (November 30, 2013).

"做有意义的工作是定义职业生涯成功的三大重要因素之一[①]。"

延展运动

延展6.1

忽略你的公司和行业中的各种声音[②]，你觉得你的工作有什么意义？下面几个问题是你可以考虑的：

- □ 我希望自己的职业生涯达到哪些有意义的目标？
- □ 我现在的工作和现在所在的公司与我的这些目标一致吗？
- □ 工作的哪些部分让我最有压力？
- □ 工作中的哪些部分让我最有力量？
- □ 我怎样才能创造更多的个人价值？
- □ 我怎样做才能减少工作中带给我最多压力的部分？
- □ 我的家人和朋友会如何回答以上这些问题？

如果我们能换一种思路来思考[③]，多想一想工作的意义和工作能让我们实现哪些人生价值，我们工作就会更加努力，且不会轻易离开工作岗位。变化指数（Shift Index）证实了这种思维方式的价值[④]，德勤领先创新中心（Deloitte's Center for the Edge）开发了这个指数，希望帮助管理人员理解影响美国经济的因素，并对这些趋势加以利用。

---

① Alexandra Levit and Sanja Licina, "The Future of Millennial Careers," The Career Advisory Board, March 2011.

② Donald Sull and Kathleen M. Eisenhardt, *Simple Rules* (Houghton Mifflin Harcourt, 2015). 如想进一步了解如何在工作中应对复杂局面，不妨仔细研读这部著作。我们对"延展运动"列举的某些问题的灵感便来源于此。

③ Alexandra Levit and Sanja Licina, "The Future of Millennial Careers Research," The Career Advisory Board, March 2011.

④ John Hagel III, John Seely Brown, and Tamara Samoylova, *Unlocking the Passion of the Explorer* [film] (Deloitte University Press, September 17, 2013).

变化指数追踪25个指标，包含科技发展、政局变化、信息、人才及人才对绩效的影响等。人们在研究中发现，在这个高度不确定的新世界中，那些有“探险家式激情”的人们更容易拥有坚忍不拔的精神，更容易在这样的新世界中取得成功。

这些激情探险家有下面3个特点：

- 奉献精神：愿意对自己所在的行业和职位产生长远影响。
- 积极地寻找挑战、提升绩效。
- 拥有建立互信关系的能力。

把你的工作和一个更伟大的目标关联起来，这样你在感觉不堪重负时可以坚持投入。找到工作的意义可以让你把注意力从混乱和压力中摆脱出来，让你更关注你的工作可以为自己和他人带来什么。

错失的良机

另一种挫折是错失的良机。比如面试结果不如意，又比如你为了联系到某人，努力了几个月，最后一刻你搞砸了，没有把事办成，还比如有一个投资的机会你放弃了，现在已经价值几百万美元了。这些错失的良机让我们喜欢向后看，沉湎于“如果……就……”，而不是考虑“现在我能做什么”。我们都知道你在脑中回放会议或面试的经历的感觉，在你脑海里的结果跟实际的经历不一样。或多或少，我们总在沉湎于过去，这似乎是写在人类基因里的。

《持续的幸福》（*Flourish*）的作者马丁·塞利格曼（Martin Seligman）是积极心理学大师[①]。他说，我们可以在体育教练的身上寻找

① Martin E. P. Seligman, *Flourish* (The Free Press, 2011).

灵感。他曾经观察过一位教练，这位教练开发了一套品格强化训练，用于运动员们的赛后总结。在总结会上，教练总结比赛中的成功之处和遇到的困难，并分析成功和失败背后反映出来的品格。队员们会在自己身上、队友身上和教练身上找到优秀品质，比如团队合作、耐心和坚韧。此外，他们还会分析自己错失了哪些使用这些好品格的机会，这样他们就能更有意识地在未来更好地利用这些发挥自己长处的机会。

亚当是一名自由职业的社交媒体战略分析师，他告诉我们，虽然他在领英上保持活跃，但他经常忘记检查他的领英收件箱。不可避免的，他经常会在几个星期后才看到有关工作机会的邮件。这些机会已经错过了，但是亚当没有沉湎于自责，而是找到了应对的方法：他在自己的日历中加入了提醒，这让他现在多了好几个客户。不论你错过了什么，大到全国总冠军，小到一项日常工作任务，想要最大化地利用它，就要找到当时的错误，并在未来进行弥补。

工作日的忧郁

也许工作中最常见的问题恰恰来自那些最有动力的员工。也许你就是这种员工，有激情，想把一切做到尽善尽美，你早来晚走，从不请假，周末也主动加班。你心理盘算着升职之后或者完成这个项目后就不这么拼了，但你从来没有兑现自己的诺言。结果是，5 年、10 年或 15 年之后，你发现自己已经油尽灯枯，进入职业倦怠期。

面对现实吧，你就是个工作狂，至少你周围一定有这样的工作狂。没时间跟自己的朋友小聚，更没时间拓展人脉，永远处于高压状态，工作不在最佳状态。而且，这变成了一种长期状态。

疲惫、挫败、缺乏能量、睡眠不足，这些都是警示牌，它们告诉你工作要求过高和资源不足已经打败了你。想要从这种苦闷中解脱的话，你可以考虑一下欧洲工商管理学院的曼弗里德·凯茨·德·威里斯（Manfred Kets De Vries）的建议：认真放松[①]，培养工作之外的生活，给自己放个假。

工作中的挫折将会产生负荷。我们来一起探讨一下“勇往直前”的 3 个心理成分。我们希望你不仅能承受挫折，还能越挫越勇。

反弹的药方

> 不要因为它的结束而哭泣，为它曾经发生过而欢喜吧。
>
> ——佚名[②]

不要仅仅承受挫折。你需要培养自己的心态，把工作看作是提升自己能力的机会，相信自己不仅能承受挫折，还会把挫折化为成长的养料。变化无时无刻不在发生，变化的步伐正在冷酷的加速，想要在这样的世界里勇往直前，你就必须拥有管理这种变化的能力。要从挫折中恢复，我们需要的不仅仅是自己内心的力量，耐心以及预测未来的能力也能让我们保持动力。培养自己的这种“能量”可以让我们不被挫折击垮，不在遇到挫折的时候丧失信心。

为了在梦想的道路上坚持不懈，你最好既有从失败中恢复的反射性能力，也有足够的耐力风雨兼程。然而，想要为未来做好准备，你需要理解毅力、韧性和自我激励这 3 种品质，并且知道怎样将这 3 种品质相互结合，让你的未来事半功倍。

---

① Manfred Kets De Vries, “The Importance of Doing Nothing,” *Forbes* (July 1, 2014).

② 这句引语没有引用来源，是一条谚语，通常被认为是希奥多·苏斯·盖索（Theodor Seuss Geisel，笔名为苏斯博士）所说，或是加夫列尔·加西亚·马尔克斯（Gabriel García Marquez）以西班牙语所说：“No llores porque ya se terminó... sonríe, porque sucedió.”

毅力

用心理学家马丁·塞利格曼的话来说，出类拔萃的成就是非常稀少的。他发现，所谓钟形曲线或正太分布用于描述普通的事情还算合适，比如考试成绩或身高，但是用于描述成就的话，它就极为不合适了。在测量很多领域中最优秀的人时，他发现那些“天才”比“优秀人才”要高出一大截，而所谓的“中等偏上”更是远远落后于前两者。想要在任何一个领域成为天才，就必须追求极致。

这就是毅力背后的理念：从不妥协的自我制约。塞利格曼解释说，你在一项任务上花的时间越多，你的进步就会越快①。

安吉拉·李·达克沃斯（Angela Lee Duckworth）在竞争激烈的宾夕法尼亚大学心理学系读博士研究生，塞利格曼就是这里的教授。达克沃斯发现，人的教育水平越高，毅力通常也越高。我们可能永远无法知道是谁导致了谁：是教育训练了思维的强度，从而产生了毅力？还是有毅力的人们在面对失败时会花更多的时间来学习，并克服困难？另一个有意义的发现是，年纪大的人比年轻人更有毅力②。

出生于以弗所的赫拉克利特是一位前苏格拉底时代的古希腊哲学家，他在几千年前说过：“世上唯一不变的事情就是变化。③”大体来说，我们年纪越大，就越愿意接受世界不断变化这个事实。在我们逐渐长大变老的过程中，我们的经验不断教导我们变化无法避免。赫拉克利特还说过：“没人能两次跨入同一条河流，因为河已经不是同一条河了，人也不是同一个人了。”总之，经历更多的变化可以让我们对变化做好准备，我们会知道，不同既不意味着更好，也不意味着更坏，

① Martin E. P. Seligman, *Flourish* (The Free Press, 2011).

② Angela Lee Duckworth and Patrick D. Quinn, “Development and Validation of the Short Grit Scale,” *Journal of Personality Assessment* (2009), 166 – 174.

③ Heraclitus of Ephesus (535 BC – 475 BC) Greek philosopher.

有时候不同就只是不同而已。在挑战与变化来临时，在新的想法对我们产生干扰时，我们仍然可以坚持自己前进的方向。

培养毅力就是培养这种坚持。不要与自我激励搞混，自我激励只是指你想要做什么事情，而毅力是“不论发生什么都会长期坚持的决心”。你的毅力会将你的能力和知识成倍放大，帮助你获得成功。同时，它还能帮你增长自己的能力和知识，进一步提升成功的概率。

韧性

所谓冠军，就是在起不来的时候，还能起来。

——杰克·登普西（Jack Dempsey）①

无论你请谁来讲一个关于生存的故事，你一定会听到揪心的故事——关于战争与灾难、意外的死亡、勇气、绝症和人性的光辉。用亨利·华兹华斯·朗费罗（Henry Wadsworth Longfellow）的话来说：“每个生命中都有阴雨天。”朗费罗告诉我们，每个人都会在人生中遇到逆境。而人们在逆境中如何反应，是各个历史时期文学作品的重要食粮。虽然面对逆境没有标准答案，但是英雄人物的原型都有一些相似之处。英雄最重要的特质是什么？韧性。

为什么有些人韧性比较强，另一些人韧性比较差？

毕业于哈佛大学的记者戴安娜·库图（Diane Coutu）说韧性是“人性最大的谜题之一”②。库图研究发现，大屠杀的受害者们能培养出一种“塑性盾牌”——一种心理空间，可以让他们免受伤痛的侵

① 杰克·登普西（1895—1983），美国著名拳击手，1919—1926年世界重量级拳击冠军。

② Diane Coutu, “How Resilience Works,” *Harvard Business Review* (May 2002). 按照定义，韧性不仅仅是拥有一系列特质或者技能，同时还要具备不断运用这些技能，能够迅速从失败中恢复活力的能力。

扰。这种能力加上与他人建立依恋关系的能力，再加上一点幽默感，让这些人能够对人生看得特别通透。库图还发现，韧性不仅与遗传有关，而且人在一生中可以不断提升自己的韧性。

在我们分享过的很多故事中，恐怕最能体现出韧性重要性的就是美乐蒂·佳朵（Melody Gardot）[1] 的故事了。她的人生故事对我们特别有启发，告诉我们如何用乐观、坚强和对未来的积极心态，以及在任何逆境中做出最佳选择的能力，来勇敢面对人生的重大挑战。

美乐蒂的人生被一场车祸彻底改写了。正在骑自行车的她被一辆闯红灯的越野车撞倒，她的骨盆有两处骨折，头部和脊柱也受了重伤。她的伤非常重，甚至无法连续坐着超过 10 分钟。她必须平躺在病床上整整一年。

由于神经损伤，美乐蒂变得对光线和声音极为敏感，所以她必须时刻戴着墨镜和消声装置。那些日常生活中的琐事，比如刷牙和走路，她也要重新学习。这场事故还给她带来了长时记忆和短时记忆上的问题，同时让她对时间的感知也产生了问题。

她的医生建议她用音乐来做恢复疗法。虽然她以前弹过钢琴，但是由于现在没法舒服的坐在琴凳上，她选择了吉他。她的音乐重心也产生了变化——她爱上了爵士乐。

现在，美乐蒂已经是一个专业的音乐人，并发行了一张标准长度的唱片，名为《悸动芳心》（*Worrisome Heart*），她的韧性让她在音乐领域获得了成功。美乐蒂的歌词中讲述了自己的故事："有些经验苦不堪言，有些领悟来之不易，这是我们必须支付的代价。"整个过程中，美乐蒂都没有忘记自己是多么的幸运。她说："我现在记性不好，但是我不会忘记它（我的幸运）。"

美乐蒂·佳朵勇于面对新的现实，坚定地保持着自己向前看的能

---

① "Melody Gardot's Road to Recovery," NPR, March 8, 2008.

力，与我们听到的其他克服人生逆境的故事都有相似之处。最重要的是，这些人没有把自己的境遇看作不幸。他们坚定地接纳了自己的命运，他们没有绝望，而是接受了新的生活方式，并在新的条件下做出最好的选择。

回过头来看美乐蒂的故事，你会发现她并没有明确说出“生命是有意义的”或“我要在当前的情境下做出最佳选择”这样的话，而是用自己的行动表达出了这些意思，她用自己从不幸中恢复的故事告诉我们，如何在面对困难时找回人生的意义。她是韧性的典范。

她从未回头去责备那个开车撞倒她的司机，因为她不认为自己是个受害者。相反，如果不是因为这场事故，她可能永远都不会发现自己一生的挚爱。

库图认为，韧性高的人培养了自己的一种特殊能力，就是在任何情境中都能随机应变，找到解决方案①。他们知道，在困境中寻找解决方案时，越早面对现实，他们就能越早开始解决问题。

自我激励

你读这本书的动力是什么？有很大可能，你脑子里冒出的第一个想法与钱无关。我们猜想，更有可能的答案是你希望自己在工作中做得更好。你是为了自己而读这本书，不是为了别人。当然，你希望提升自己的职场竞争力，但除此之外，你真正希望的，是成为最好的自己。

很多企业仍然把薪酬作为激励员工的首要手段，然而，大量的研究表明，钱不是最终的答案。讽刺的是，当任务特别有趣或让人享受时，经济上的激励实际上会对内在动机有反作用②。其结果是，奖励

---

① *Coutu*，“*How Resilience Works.*”

② Tomas Chamorro-Premuzic，“Does Money Really Affect Motivation? A Review of the Research,” *Harvard Business Review*（April 10，2013）. 通过对长达120年的研究进行综合分析，托马斯·查莫罗－普雷姆兹克证明金钱并非问题的答案。

有可能推动你完成一项你不喜欢做的事情，但是如果事情本身是你热爱的，内在动机对绩效的预测能力更强。钱当然很重要，但对大多数人来说，钱不是一切。

你可以这样思考自己的动力来源：是什么动力让你早上起床去工作？是什么动力让你即使在困难重重时也仍然坚持工作？也许是因为你认为你的工作会给你的社区带来好处，或者对社会产生有益影响，又或者你觉得工作可以帮你提升你看重的个人能力，这些因素都会让你不那么看重钱。

通过研究和经验我们发现，内在动力可以为我们的毅力和韧性提供坚实的基础。你的内在动力，或者说你自己想要实现的愿望就是你的指南针，让你不会迷失前进的方向。

拥有内在动力的人是什么样子的？也许他们看起来会有点像马云①，世界上最成功的创业家之一。他的电子商务公司阿里巴巴每天吸引1亿用户消费，他现在是中国最富有的人之一。但即使是他，在创建阿里巴巴之前，也需要从自己的内在动力里汲取力量。他的人生也经历了各种失败，比如高考失败了3次，申请加入警校却被说“你不行”，面试了30多份工作却一次也没被录取。他说，最让他伤心的是肯德基在他的家乡开了店，有24个人申请去那儿工作，其中23个人被录用了，而唯独没有他。

在创立阿里巴巴的时候，他遇到了更多的困难。没有银行愿意与他合作处理网购付款，但是马云下定决心要把事情做成，所以他又创建了自己的在线支付体系：支付宝。很多人跟他说：“这是你有史以来最馊的馊主意。”今天，超过8亿人在使用支付宝，而且支付宝还能帮国际买家和卖家使用不同的币种进行交易。

---

① Ashley Lutz, “Alibaba Founder Jack Ma Was Rejected from 30 Jobs, Including KFC, Before Becoming China's Richest Man,” *Business Insider* (February 17, 2015).

马云是怎么做到的？我们认为就是靠毅力、韧性和内在动力的结合。当别人说他的主意“馊”的时候，他表现出了无比的决心。他的内驱力加上激情和野心，让他可以不断找到新的努力目标，直到帮自己获得成功。

为了帮助你建立自己的内在动机，你可以思考一下人类为了工作的五大基本意义来源①：对社会的影响、对客户的影响、对公司的影响、对团队的影响、对自己的影响。按照麦肯锡的说法，与这 5 种意义中的一个或多个建立联结，可以让你找到工作的激情。

勇往直前的思维策略

勇往直前
延展策略

1. 放弃僵固的思维框架。
2. 抓住机会。
3. 碾压。
4. 广而告之。
5. 不要被小事吞噬。

现在，你已经学过了勇往直前的 3 个基本组成成分，接下来我们看一看实践它们的几个实用策略。勇往直前的核心是承认工作是不断变化的，而且并不完美。但这并不意味着你不能更多地享受工作。《魅

① Carolyn Dewar and Scott Keller, “Four Motivation Mistakes Most Leaders Make,” *Harvard Business Review* (October 17, 2011).

力》（*Glamour*）杂志的主编辛蒂·莱夫（Cindi Leive）说过："如果你希望你的工作会让你每天都心里乐开花，这是不现实的。[①]"总有那么几天，你的工作会让你面临考验。但是莱夫还说过："你可以努力让心里乐开花的日子占的比重更大一些。"你的毅力、自我激励和决心可以帮助你度过困难的时光。这里给大家一些思维策略，可以帮你在工作中找到更多的快乐。

放弃僵化的思维框架

布莱恩·雷（Brian Ray）[②] 是内布拉斯加州立大学的助理教授，他的研究论文被很多学术期刊退稿，他写的短篇故事也总被文学期刊拒发。他说，他从退稿信里学到的东西比实际发表的作品还要多。有一些想法需要更多的时间来发酵，有一些想法确实被自己写坏了，还有一些想法一开始就没有什么潜力。现在，他已经是两部小说的作者了。雷说，他的诀窍就是一直写，要么写文章、要么写小说，关键是要一直练习。

虚心接受反馈是一个能让我们终身受益的技能。正如我们在第三章和第五章里讨论过的，如果在工作中没人给你反馈，你就应该主动要求别人反馈。而当你听到一些刺耳的建议时，把它当作你进步的机会。放弃你的僵化思维框架，不要期望自己总是对的，或者总能掌控一切，相反，你需要使用成长的思维框架，这样你从失败和反馈中学到的东西会跟从成功经验中学到的一样多。

抓住机会

在艾尔·赛伯特（Al Siebert）划时代的巨著《韧性》（*The Resilien-*

① Adam Bryant, "CindiLeive of *Glamour* on Harnessing the Power of Praise," *The New York Times* (April 2, 2015).

② Brian Ray, "The Lessons of Failure," *The Chronicle of Higher Education* (January 7, 2015).

cy Advantage）中，他号召读者培养自己的好奇心[①]。首先，他问读者："面对意外的情况时，你作何反应?" 你是低下头来继续沿着既定路线前进，还是会想一想为什么会出现这种情况，寻找一下其中的因果关系？拥有好奇心的人会问一大堆问题，这是一个收集信息的好方法，能帮你做好准备，抓住机会。

弗莱德·罗杰斯（Fred Rogers）是美国长年大受欢迎的电视节目《罗杰斯先生的邻居们》（*Mister Roger's Neighborhood*）的主持人。他说过："发现真正的自己是一辈子的工作，但是付出的努力绝对值得。[②]" 罗杰斯先生的好奇心有目共睹，因为他总是在问为什么。他就像一个总是缠着父母没完没了地问"为什么"的好奇宝宝一样。

当机会出现时，保持好奇心，然后抓住它。

延展运动

延展6.2

下一次你在遇到意外的挑战或机遇时，可以想一想《韧性》中提出的这几个问题[③]：

□ 现在的情境是怎么样的？

□ 我需要采取行动吗？采取行动将带来什么影响？

□ 最重要的事实有哪些？

□ 别人采取了什么应对措施？别人没有采取什么应对措施？

□ 有没有什么是别人没看到的？你怎样引导他们？

保持好奇心，这样的话当你发现问题的正解时，你就可以毫不犹豫地抓住机会了。

---

① Al Siebert, *The Resiliency Advantage* (Berrett-Koehler, 2005).

② Fred Rogers, *The World According to Mister Rogers* (Hyperion Books, 2003).

③ Al Siebert, *The Resiliency Advantage* (Berrett-Koehler, 2005).

碾压

有一些赢家经历起起伏伏，最终胜出，还有一些则碾压全场，“一路领先”——这个词最初来源于赛马，意思是赛马从起跑到终点一直领先。这样的赢家利用自己的优势一路领先，碾压对手。

但是碾压型选手也并非一开始就每一次都一路领先。我们当中的大多数人还在成长的路上，或正从上一次的失利中恢复。而想要成就卓越，一个关键就是坚持尝试永不言败。杰诺·奥利埃马（Geno Auriemma）是康涅狄格大学女子篮球队的教练，他对自己的队员们说：“我们必须忘掉上一球，保持不断投球。①”篮球运动员都知道，不投球就没有进球。对这名教练来说，碾压对手的方法就是关注数字的稳定性。她们可能会输掉一些比赛，但最终她们一定会凭借着更多的投球赢过她们的对手。

要获得胜利，我们离不开练习和重复。就像篮球运动员一样，不投球，我们就永远没有得分的机会。而想要时刻准备好投球，就必须在场下不间断地投入训练。不仅是在比赛前练习，而且要每天练习；不是每个工作日，而是一周七天；不光今年要练习，还要一年一年地练下去。

马克斯·列夫琴（Max Levchin）② 大获成功的在线支付产品 PayPal 也不是他的第一次尝试，他是联合创始人。他说：“我创建的第一家公司失败得非常惨烈，第二家公司失败得没有这么惨烈，但仍然失败了；第三家，你知道，正常的失败了，但我已经不觉得有什么关系了；

---

① “UConn-Georgetown Post Game Quotes,” UCONN Huskies, February 11, 2012. 卡琳娜·莫斯奎达-刘易斯（Kaleena Mosqueda-Lewis）这样描述康涅狄格大学哈士奇队的投篮：“我们不想成为一支一直依靠外线投篮得分来赢得比赛的球队。我们必须在内线得分。如果身为射手的我们不能投篮得分，我们就必须忘掉上一球，不断投球。如果我们一直投不进，就必须想其他办法得分。”

② “FailCon: Failing Forward to Success,” NPR, October 29, 2009.

第四家差点就活下来了，它仍然没有做得特别好，但已经差不多了，第五家就是 PayPal。”看起来，前面的练习终于有了收获。

广而告之

练过马拉松的人都知道，你不可能只练一天就跑得完 25 千米。《盖洛威创新型马拉松训练法》（*Marathon*：*You Can Do It*）一书的作者杰夫·盖洛威（Jeff Galloway）训练了超过 20 万人参加海军陆战队马拉松赛，其中就包括本书的作者芭芭拉。他的建议是一开始的时候先从几千米开始①，半走半跑训练耐力。芭芭拉按此建议锻炼，发现渐渐的她就能跑更长的距离了。不要把你的职业生涯想象成一次史诗般的马拉松，它不需要一次跑完，你可以尝试用短跑的方式训练自己，比如做特别的项目来扩展自己的能力。

我们中的很多人始终想着退休这条“终点线”，我们总想尽快到达这个终点。而通常，当我们到达终点的时候已经筋疲力尽，没有能量去追求那些想在退休后去做的事情了。短跑运动员也想快速到达终点，但他们的策略是在短跑过程中竭尽全力，到达终点后花时间来休整，为下一次短跑累积耐力。他们知道什么时候应该努力工作，什么时候应该好好休息。一旦你做好了冲刺的准备，你最好将你的意愿告诉周围的人。

广而告之，可以帮你找到聚焦目标的动力。你可以找几个人加入你的“冲刺”计划，比如第四章里提到的“关键 5 人”就是不错的人选。当你把目标公之于众时，人们会来帮助你，并且帮你保持前进方向。从某种意义上来说，加入像“体重监督会”这样的群体就是一种“广而告之”策略。

广而告之还有其他的好处。唐总是开会迟到，他的主管在绩效反

---

① Jeff Galloway，*Marathon*：*You Can Do It*！（Shelter Publications，2010）.

馈的时候对他进行了提醒。他决定改变这个状态，但是6个月过后，在同事评估中，还是有人提到他总是开会迟到。“这不公平。”他想，因为他明确地知道，自己已经至少6个月没有迟到过了。所以在后面的几次会议中，当他走进会议室的时候，他会兴高采烈地宣布自己的到来。比如他会这样说：“还有3分钟才开始呢，但我已经来了。哇！本来可以再处理5封邮件呢。”他把自己的改变广而告之，而后面的一次绩效评估说明，同事们确实意识到了他的改变。

不要被小事吞噬

大多数人都会同意，我们不应该在小事上花太多精力。但是保持自我激励，让自己时刻知道人生的真正意义并不是一件容易的事情。富有传奇色彩的管理学大师和共同事业组织（Common Cause）的创始人约翰·加德纳（John Gardner）通过观察发现，职场人士通常比自己想的更为陈腐，尽管他们自己不愿意承认，但他们可能经常觉得无聊。工作的冗余、缺乏创造性和琐碎的挫折感让他们如临深渊，我们都被小事打败了。

加德纳研究“个人唤醒”超过30年了，我们来看看他的一句名言：“人生的意义不是你偶然发现的①，它不像谜语的谜底和藏宝图上标记的宝藏。人生的意义是你一针一线编织到你的人生历程中的。你要用自己的过往、你的爱和忠诚、你学到的人生经验、你自己的天赋和理解力、你的信念、你所热爱的人和物、那些你愿意为之做出牺牲的信念建立自己人生的意义。你是唯一一个可以把这些东西编织在一起的人，你编织的将是你自己独一无二的人生。希望这个人生让你拥有尊严和意义。”

我们都希望自己保持灵感来维持动力。很多时候，工作的第一年会一成不变地重复到第5年、第10年。不要被小事吞噬，让我们关注些别的东西，保持人生的大局观。

---

① John Gardner, “The Road to Self-Renewal,” *Stanford Alumni Magazine* (March 1994).

延展运动

延展6.3

想看看一天过得有没有意义？不要用“回了200封邮件”这样的标准，你可以想想下面的问题：

- □ 我今天帮助了谁？
- □ 今天我做的事帮我向自己的大目标前进了吗？
- □ 我是怎样保持自己的激情的？
- □ 有哪些事情我本来可以拒绝？
- □ 今天我有没有忽略那些琐碎的小事？比如聊天、抱怨公司冰箱太脏、跟难用的复印机生气？

回答这些问题，可以帮助你不被小事吞噬。

保持信念

> 大多数人在这一辈子中总有那么一点小遗憾。我们都会记得自己失去了什么东西或错过了什么人，也许当时选择了不同的道路，我们会更幸福、更好，或者至少会与现在有点不同。这些都发生在过去，但这并不意味着你不能珍惜多种可能性……也许我们应该关注另一个时间，这个时间就是现在。现在，我们可以自由选择自己想做什么。
>
> ——詹姆斯·罗伯森（James Robertson）
>
> 《大地静悄悄》（*And the Land Lay Still*）①

① James Robertson, *And the Land Lay Still* (Hamish Hamilton, 2011). Reproduced by permission of Penguin Books Ltd.

职业生涯并不是由一连串的成功组成的，它需要毅力、自我激励和韧性。当你遇到挫折时，想想未来，想想你的梦想。怎样做才能在你回首往事时，发现你当下的这段经历是你人生中最好的一段学习经验？你可以怎么样看待这段挫折，即使你在可以避免的情况下仍然会主动选择接受它的挑战吗？

海军中将詹姆士·B. 斯托克代尔（James B. Stockdale）① 是美国海军战争学院（Naval War College）的前任校长，也是美国海军史上最为功勋卓著的飞行员之一。他在越战中的经验铸就了他领袖的一生。1965 年 9 月，斯托克代尔的喷气式战斗机在北越被击落，他在迫降中受到了巨大的撞击，背部骨折，腿也受了重伤，还被敌方抓获，成了战俘。

他做了 8 年战俘，其中大多数时间是在单间被关禁闭。斯托克代尔忍受了身体上的巨大折磨和伤害：肩膀被打断，后背断了一块骨头，腿断了两次。然而，他觉得这些折磨与违背了他个人的荣誉准则所带来的耻辱相比，根本不值一提。他说："羞耻比任何身体的创伤更难承受。"在所有的被折磨过程中，他因为被迫背弃自己对《美国军事行为守则》不现实的遵守而感到了深深的耻辱。

在他的回忆录《爱情与战争》（*In Love and War*）中，他说自己的这段被囚禁的经历是改变了他一生的大事。回首往昔，他认为这段经历有不可替代的价值，让他成为一个更好、更谦逊的领导者。

那些被关禁闭的日子给了他很多时间，让他可以思考所有事情中，哪些是自己可以做主的，哪些是自己控制之外的。最终，他认定这些

① 斯托克代尔中将的故事着墨已经够多了。我们引用了这个故事的多个版本。吉姆·柯林斯在自己所著的《从优秀到卓越》一书中将斯托克代尔的困境称为"斯托克代尔悖论"（The Stockdale Paradox）。史蒂文·M·苏斯维克（Steven M. Southwick）和丹尼斯·S. 查尼（Dennis S. Charney）在他们合著的图书《韧性》中也提到了他的故事，这本书在 2014 年由剑桥大学出版社出版。

战俘们所受的折磨不是他们自己能做主的，在他们自由意志能掌控的范围之外。意识到这一点后，他更加认清了自己的价值观，让自己更容易守护自己的荣誉感。

斯托克代尔制定了一系列规则，并与他的狱友们分享。这些规则的简语是“BACK US”①，这些规则的制定充分考虑了牢狱生活的现实。例如，“US”代表“集体高于个人”（Unity Over Self），这样每一个狱友在被审问的过程中都会记得，如果敌人提出给自己好处，那么除非所有的狱友都能享受到这个好处，否则就不能接受。

我们比战争时期的人们幸运多了，我们不需要记住什么战争中产生的简语，就可以从挫折中学习。当今职场，很多职业岌岌可危，很多行业正面临巨大的变局，这些都是我们无法控制的，但我们可以控制自己，可以从每一次经验中学习。我们学到的经验可以让我们在人生得意和失意的时候，都能保持前进的动力。

---

① 被俘期间，斯托克代尔用“BACK US”这个充满凝聚力的首字母缩写团结起了其他被俘军官，并为他们提供帮助。“BACK”代表“不当众鞠躬，不承认任何罪行，远离广播，永远不和他们吻别”，“US”可以理解为美国，但实际上代表“集体高于个人”。每天都有战俘崩溃，但斯托克代尔一直鼓舞着他们。

延展总结

- 要在职业生涯得意和失意的时候都能时刻保持前进的动力，关注自己的梦想，你要勇往直前。
- 勇往直前的3个秘方是：
  - 毅力：坚持与投入。
  - 韧性：适应能力，从困境中快速恢复的能力。
  - 自我激励：主动行动，持续向目标前进的驱动力。
- 放手去做。通过好奇心和自我管理获得成功。
- 拥抱这些挫折，把它们看作成长的机会，防止自己在职业生涯中停滞不前：
  - 失败。
  - 弯路。
  - 职业的意外变化。
  - 错失的良机。
- 使用这些勇往直前的技巧：
  - 放弃僵固思维。被拒绝也是很好的学习机会。
  - 抓住机会。保持好奇心，多问问题。
  - 碾压：熟能生巧。即使一开始没有成功，也永远不要放弃尝试。
  - 广而告之：告诉大家你的目标，从而更好地寻求帮助。
  - 不要被小事吞噬。保持大局观，不要陷入琐事之中。
- 找到工作的意义，保持工作的动力。

组织和管理者可以做些什么

> 我们很少会来到自己知识和能力的边界，这才是有改革性学习的地方，但我们会感到威胁、不安或羞愧（这也是为什么在这种时候，如果我们能看到一张友好和鼓励的面孔，就会让学习更容易，我们会倍加珍惜，因为这样的导师可遇而不可求）。听励志故事时，失败的事例总能给我们以鼓舞，但是真实的生活中，没人喜欢失败。我们最多只能忍受失败，而且只在从失败中明确地学到了东西时，我们才会认为失败是有价值的。职场的环境和压力让我们避免失败，这已经成为一种习惯。
>
> ——吉安皮罗·皮特里基里（Gianpiero Petriglieri）①

幸运的是，很多组织已经在采取非常有效的策略，帮助员工发展职业韧性。这些策略能很好的提升员工的敬业度、工作投入度和工作满意度。它们还会产生一些有益的副产品，比如培养员工以协作能力，建立成长型企业文化。一些最佳实践甚至不需要巨额的投资，只需要简单的提升企业信息透明度和采取新的管理方式即可。

把你关注的重心从“职业”向“职业竞争力”转移

摩托罗拉曾经做过研究，发现在员工的教育上每投入 1 美元，最终会产生 33 美元的投资回报②。如果员工发现自己缺乏在职业中更上一层楼的能力，他们会非常有挫败感。相比于失业安置，企业更应该投资

---

① Gianpiero Petriglieri, "Learning Is the Most Celebrated Neglected Activity in the Workplace," *Harvard Business Review* (November 6, 2014).

② Tim Lane, David Snow, and Peter Labrow, *Learning to Succeed in Business with IT* (NNC Education, 2000).

的是员工的技能培养、工作满意度提升和生产力优化。投资员工，培养他们的职业竞争力，可以让他们提高职业抗挫折能力。

很多公司都有前员工“校友会”，比如德勤、洛克希德·马丁（Lockheed Martin）和麦肯锡。你可以把你的员工看作大学的学生：你的员工就像是大学里互相信任的校友，这些校友会成为公司的活广告。这会提升公司的形象，引导积极的舆论，帮助你提升招聘效率。

如果你的预算有限，可以为员工提供一年一次的能力评估和技能学习追踪。这种年度的能力评估会让员工看到实在的进步是一种无形的福利，感受到公司对他们未来的关注。或者，你也可以在企业文化评估中调查员工，问问他们是否认为自己为未来的职场做好了准备。

让员工了解工作的意义

我们在研究中发现，很多雇主并不知道员工需要什么激励。员工对企业的关心其实超出我们的想象。在企业战略和年度目标的制定过程中，你可以通过设定企业与员工共同的目标这样的方式来让员工知道，你是真心关心他们的。

回顾一下前面讲到的工作的5种意义①：对社会的影响、对客户的影响、对组织的影响、对团队的影响、对自己的影响。虽然不是一种方式适合所有，但是仍然有很多方法帮助员工了解工作的5种意义。找到一些方法，向你的员工清楚地传递企业所做的事情对社会的影响，这样可以让你的员工更加了解自己工作的意义；追踪你的企业对客户的影响，可以让员工感受到帮助他人的自豪感。重视成功的团队协作可以促进员工的彼此信任，当员工有了很强的归属

① Carolyn Dewar and Scott Keller, “Four Motivation Mistakes Most Leaders Make,” *Harvard Business Review* (October 17, 2011).

感和自豪感时[1]，他们的动力也会大大提升；相反，如果员工感觉受到了企业的背叛，士气就会低落。

薪酬之外

当然，薪酬很重要。你需要追踪自己所在行业的薪酬标准，并且保证企业内部薪酬的公平性。但除此之外，还有很多薪酬之外的方法可以用来奖励你的员工。许多研究表明，在帮助员工关注使命和工作成果这一点上，意外的小激励比奖金更为有效。

当你和员工一起庆祝团队取得的成就时，员工会感受到与企业产生了更紧密的联系。戈登·贝休恩（Gordon Bethune）帮助美国大陆航空公司（Continental Airlines）成功被美国联合航空公司（United Airlines）收购，他在扭转企业局势的过程中就让所有的员工都感受到了看着企业越来越好的兴奋。当大陆航空打入航班准点率前5强时，每位员工都意外收到了贝休恩发给他们的65美元支票，作为达成共同目标的庆祝方式。支票的金额根本不重要，重要的是，每个人都感受到了参与感和成就感。

用“失败墙”培养创新精神

在花费了大量时间研究脑科学后，邓白氏信用服务公司（Dun & Bradstreet Credibility Corporation）的CEO杰夫·斯蒂贝尔（Jeff Stibel）说，他发现人类从失败中学到的东西要远远多于从成功中学到的东西。大脑是一个“失败机器”，它会自动学习失败和错误，从而让自己在未来表现得更出色。我们的祖先既然能学会如何避免误食

---

① Nitin Nohria, Boris Groysberg, and Linda-ElingLee, “Employee Motivation: A Powerful New Model,” *Harvard Business Review* (July 2008).

毒草和躲避凶猛的野兽，我们也一定可以学会如何让我们的商业头脑变得越来越聪明①。

为了把这种领悟转化为实践，有一天晚上，他和自己的助手半夜潜回办公室，用擦不掉的墨水在公司公共区域的墙上写下了自己的失败经历。他们希望可以借此鼓励员工公开分享自己的失败经验。随着这个清单不断变长，人们发现失败很少有大家想象得那么糟糕。通过分享，他希望每个人都能从别人的经验中学到东西。有一个初级助理写到，有一次他在合同中没有写时间表，导致订单最终没有达成。承认这个错误并没有给他带来不堪，相反，这件事让团队的关系更紧密了，因为其他人也都犯过错误，现在公司里的其他人也能从他们的错误中学到东西。

---

① Bill Murphy, Jr.,“Write Down Your Failures. You Just Might Learn Something,” *Inc*. (January 9, 2014).

第五部分　规划通向未来的航线

第七章　向未来延展

作为本书的总结，我们给大家带来一些关于未来职场的洞察，未来你需要什么能力，以及你需要采取哪些行动。

你愿意成为一个读者、一个学生还是一个预言家？读懂你的命运，看清你的未来，然后向着未来前进。

——亨利·戴维·梭罗（Henry David Thoreau）①

第七章　向未来延展

2025年3月15日，悉尼。

伊恩喝完咖啡，才开始进入他的工作空间，那里不能带液体进去。他走下几级台阶，低头从6台之中的1台超清显示器下面钻过去，钻进这个由曲面显示器围成的一个圈里。他坐在装满了各种控制设备的椅子里，巨大的空间中，排满了像伊恩这样的办公舱，比美国国家航空航天局（NASA）的飞行控制室还要复杂。越过显示器的上沿，他能看到跨越港口的大桥高耸入云，不论看多久，伊恩都不会发现这景色是一段循环的视频。

根据外面天气的不同，室内的灯光也会有一些变化，如果仔细听，伊恩可以听到粉红噪音②会通过过滤进入室内③。虽然每天都在这个没有窗户的空间里工作，伊恩并不会感到从漆黑的电影院里走出来时的那种头晕目眩。

他在椅子上坐好，把自己的4个手指放在触摸板上，屏幕亮了起来。“早上好，伊恩。欢迎回来。我已经准备好了，你想开始吗?”

“早上好，瓦尔。西线一切还正常吗?”

---

① Henry David Thoreau, *Walden, or Life in the Woods* (Ticknor and Fields, 1854).

② 中低频噪音，如瀑布和下雨的声音。——译者注

③ Neva Grant, “Using ‘Pink Noise’ in a Loud Workplace,” NPR, January 30, 2008.

不久之前，伊恩还在西澳大利亚州首府珀斯（Perth）之外 1 500 千米的地方开卡车，那个地方就算坐飞机也要 12 个小时才能到达。为了在矿区做这份高薪工作，他工作时经常要几个星期见不到自己的家人。伊恩毕业于 2010 年，他学的是机械工程。毕业时，他被澳大利亚西部的采矿业所吸引，那里的司机比悉尼的律师和医生薪水都高。到了 2014 年，已经有几辆无人驾驶的卡车在那里投入了使用，而最后一台由人类驾驶的卡车也在 2018 年从矿区退役。伊恩每天私下里总是觉得很庆幸，因为很多同事没有像他一样做好操控无人驾驶卡车的职业准备①。在当时他团队中的 25 个人里，除了他之外只有一个人还拿着同样高的薪水，其他人根本没有意识到变化的来临。

在瓦尔的控制中心，伊恩舒服地坐在椅子里，同时控制着 10 台卡车，这让他想起了年轻时玩游戏的日子。他清楚，现在的好日子不会一直持续，他必须寻找采矿业之外的其他机会，因为不久的将来，每个无人驾驶卡车操作员能操控的卡车数量将成倍地增加。

伊恩在新闻网站 Reddit 上关注了一个话题，通过这个话题，他了解到一个新项目的机会。这个新项目是由一个英国亿万富翁资助的，其希望可以更好地追踪和定位失事的飞机。Reddit 的用户们猜想这个计划可能涉及在整个大洋海床上进行探索、测绘，用先进的无人潜艇放置传感器②。探索地球上最后的未知领域对伊恩很有吸引力，他接触了一些据说与这个项目有关的人，想让自己提前进入这个项目。他会想念瓦尔的，因为瓦尔已经熟悉了他思考的方式，了解他在意外的情境中会作何反应，但伊恩知道，未来的操作员工作将会更加精密和

---

① "Unmanned Drone Technology for Mining Trucks in Australia," Eideard Group, June 9, 2011.

② Eric Larson, "Underwater Drones Might Soon Map the Ocean Floor," *Mashable*, July 11, 2014.

复杂。伊恩一直在自己的领域坚持学习，他已经走在了无人驾驶卡车技术的前面，准备好接受更大的挑战了。他坚信海底探险是他未来发展的方向。

为未来的职场做好准备，意味着你必须能预测未来是什么样子的，它需要什么样的能力。伊恩看到了大趋势，利用了自己的人脉，突破了自己的舒适区，让自己不断进步，永远走在行业的前面。

这个时代，变化来得比任何时候都快。想当年我们还在用转盘式电话时，要获取 5 000 万用户需要花 75 年。而《愤怒的小鸟》取得同样数量的用户只花了 35 天①。过去谁会想到写字课会从必修课变成选修课呢？但现在的小学中事实就是如此。今天诞生的孩子可能永远都不需要学习开车了，因为第一辆无人驾驶汽车可能马上就要成为现实了，特斯拉、凯迪拉克、奥迪这样的制造商正为这个目标努力。

但预测未来不是那么容易的。在谷歌开发出无人驾驶汽车的几年前，还有斯坦福的未来学家预言，由于驾驶需要复杂的决策机制，无人驾驶汽车在 20 年内都不可能研制成功。变化不但来得更快了，也变得越来越不可预测。有时未来学家会对某些有潜力的方向过分乐观，认为新的创造性科技触手可及。现在回头看《科学美国人》（*Scientific American*）杂志在 2005 年的预测，16 项医学预测中只有 2 项取得了实际成果②。

相比之下，职业趋势更容易预测。这本书阐述的就是你未来的职业发展趋势。书中，我们特意整理了我们认为最有可能对职业产生影响的预测。

---

① Carl Benedikt Frey and Michael Osborne, "Citi GPS: Global Perspectives & Solutions," Citigroup, February 2015.

② Sarah Zhang, "Why *Scientific American's* Predictions from 10 Years Ago Were So Wrong," GIZMODO, May 4, 2015.《科学美国人》杂志 2005 年刊登的预言之一。这些预言出自一名博客作者，16 项有关未来医学的预测仅有 2 项得到了证实。

未来职业的十大预言

未来对你来说意味着什么？想一想我们在第一章讲过的大趋势，看一看未来学家的预测，我们可以做出十大预言。我们相信，这 10 件事情已经初露端倪，并且将在未来的 10 年中继续发展。虽然其中几个可能涉及更大范围的人群，但这些趋势大部分与白领工作更相关。

预言 1：灵活工作的兴起

我们在调查中发现，企业管理者计划起用更多的劳务工、兼职和临时工。而员工也会希望自己在职业生涯中的某些阶段或者为了兼顾工作与家庭和生活的平衡，可以以更灵活的方式进行工作。

此外，高达 67% 的千禧世代在问卷调查中表示，他们希望自己在人生的某个阶段从事创业①。同时，因为平均工作年限的延长，人们更可能在一生中进行重大的职业领域切换。组织内的工作可以被看作是一个从临时工作到终身工作的连续体，见表 7. 1。

预言 2：人才稀缺将会出现

随着婴儿潮一代退出劳动力市场，后继者寥寥，顶级人才将享受卖方市场②。到 2030 年，大多数发达经济体将会出现严峻和持久的人才短缺。

移民法律将受到影响而变得宽松，从而充实基层工作岗位。为了吸引顶级人才，组织提供的薪酬构成和工作方式将越来越灵活。那些

---

① "The Prepared: U Project's Report on Millennial Minds," Bentley University, November 11, 2014.

② Rainer Strack, "The Workforce Crisis of 2030—and How to Start Solving It Now," TED, October 2014.

没有为下一个 10 年做好人才战略的组织，将会因为人才瓶颈无法扩张到新的市场，并且在面对有竞争力的人才时失去议价能力。

预言 3：组织会变得越来越虚拟化

钢筋混凝土的办公场所将越来越昂贵。随着所在市场的不同，环境风险不同，人力供给也不同，组织必须灵活适应。大型集中化的公司总部将从现在的常规做法变为少数个案。为了应对世界的复杂化，

表 7.1　就业分类

	随需工作	劳务工	正式工
例子	代课老师；优步司机；威客（Task Rabbit，是国外的兼职威客网站）；实习生；创业家；个体经营，例如小型注册会计师事务所	签劳务合同的开发者或小型开发者团队；创意产业从事人员，如演员、制片团队；职业运动员；新兴业务	大型跨国公司，非营利性组织，政府，成熟型企业
合同类型和时长	零活	事先商议好的时长或交付使用；有正式合同，但会定期更新	长期合同，但会定期调整工作目标，至少每年一次
报酬	基于市场的商品化定价，通常很低或议价空间很大	基于技能、成功经验和声誉定价；从少得可怜到天文数字都有可能；只要市场愿意买单，没有金额的限制	随工作时长线性的增长，受到组织层级的限制
个人长期保障	低	低到中	中到高
成长机会	几乎没有在工作中成长的机会；所有的成长取决于个人	必须保持自己的竞争力才能拿到订单。重点在于长期与时俱进和为工作做好准备	组织会提供资源帮助个人成长，但员工的成长还是主要依靠自己
忠诚度需求	几乎没有或完全没有，可以直接拒绝工作	中等，回头客很重要	高，需要个人适应组织的文化

企业将越来越依赖虚拟团队。经济学家们现在预测，美国会有25%的工作机会被迁移到低工资国家[①]。随着这些国家教育水平的提升以及精细化培训工人专业技能能力的加强，这个比例还会变得更高。

跨国企业仍将持续地对组织形式进行调整和重新设计，目的是适应不同的客户类型、不同地域、不同产品线和不同的职能领域。这些因素中的任何一个都有可能成为公司的核心组织形式。例如，有的公司会主要按国家来组织，以便可以从工程中心获取最新的产品方面的专业进展，或像石油或天然气行业这样，让专业人员更接近行业中心。团队中会有越来越多的成员不在全球或地区总部办公。

随着组织虚拟化的发展，以及在线协作技术的改善，协作者住在哪里、几点钟工作将会变得越来越不重要。除了制造业以外，办公场地将更多地服务于用户演示，并偶尔作为员工聚集的地点，和成为他们进行一些复杂的协作决策过程的地方。

预言4：在就业市场上，你最大的竞争对手是机器人

科技的进步将在未来10年中淘汰50%的工作机会，同时，新的工种将会出现。一项范围很广的调研发现，美国47%的工作被取代的风险很高，会被电脑和自动化技术取代，还有19%被认为有中等风险[②]。预制建筑模块将会影响建筑行业的工作机会，3D打印将减少制造业的工作机会，而机器人会帮助甚至完全替代医疗行业的职工，因为它们将可以完成送药、送便盆或其他机械式的工作。在语言分析基础上的文本到语音技术将会持续发展，影响呼叫中心行业的就业机会。任何一个工作，只要能清晰地定义为一系列流程或规程，都有被电脑和机

---

① Martin Ford, *Rise of the Robots: Technology and the Threat of a Jobless Future* (Basic Books, 2015).

② Carl Benedikt Frey and Michael A. Osborne, "The Future of Employment: How Susceptible Are Jobs to Computerization?," Oxford Martin School, September 17, 2013.

器人取代的风险。

新闻行业也不例外。现在的记者们已经在使用像Quill这样的人工智能工具来提升自己的写作质量了，机器甚至有时能直接代笔常规新闻。大多数人根本分不清哪些句子是人写的，哪些是电脑写的①。看看下面这两个开篇句。虽然与体育相关的言语有很多类型，但你能分清哪一句是机器写的，哪一句是本书作者写的吗②？

1. 弗里奥那队周一在主场5局比赛中虽然打出7次击球和8次跑垒，但仍以8比10负于农场小子队。弗里奥那队由亨特·桑德拉（Hunter Sundre）完美开局，打出2比2的投球成绩。桑德拉在第3局打出一垒安打，第4局打出三杀。
2. 农场小子队周六后发制人，以10比8击败弗里奥那队。弗里奥那队的亨特·桑德拉在两次击球中都有出色的表现，在第3局打出一垒安打，第4局开出三杀。本场比赛他合计获得8垒，在只持续了5局的比赛中是相当好的成绩了。

并不只是非技术性工种将被淘汰。电脑正在变得越来越聪明，随着自动化软件开发越来越普遍、越来越强大，很多软件工程师也会丢掉饭碗。微软创始人，全球著名的慈善家比尔·盖茨就多次发出警告，他说个人、组织和政府都没有对未来世界的变化做好准备。“不管是司

---

① Christer Clerwall, “Enter the Robot Journalist: Users’ Perceptions of Automated Content,” *Journalism Practice* 8 (2014), 519-531.

② Steven Levy, “Can an Algorithm Write a Better News Story Than a Human Reporter?,” *Wired* (April 24, 2012). 据《连线》杂志报道，科技公司Narrative Science就是越来越多的财经和体育报道背后的公司。我们向你保证，本书的作者绝不是机器人。现在，软件已经能够将一个有限的数据集编辑成句子，撰写报道或者整理成摘要。不过，软件尚不能构思跨多个大类的新话题，不能采访，也不能根据选定的学术模型设计调查。至少目前还做不到。

机、服务员或护士……都在不断地被软件所替代……科技的发展会降低劳动力市场的需求水平，特别是低技能工作……我认为人们还没有正视这个问题①。”随着人工智能的发展，我们会很乐意把消耗时间和琐碎的工作交给机器②，这不可避免地会加大收入差距，同时，也要求每一个工作者必须不断学习新技能，与时俱进。

预言5：我们印象中的职业发展路径将消失

尽责的企业会响应员工的职业发展需求，建立职业发展通道，并为员工提供指导和激励。有时，企业会有两个路径：一个是管理方向，另一个是个人贡献者方向。这些路径被称为职业梯子、职业通道或职业格子。

我们相信，随着组织越来越扁平化，管理将成为一个临时任务或大家共有的责任，而不只是一种职业方向。从某种意义上说，这可能意味着管理将不再是一种职业③。团队绩效将和个人绩效一样重要，甚至可能更重要。我们现在的职业通道存在的意义，更多是为了建立一种薪酬梯度，而不是对个人成长和技能提升的认可。我们不认为未来还会有很多按资排辈的激励方式，更多的可能是以能力论英雄。

替代职业发展通道的将是什么？有可能我们会更偏向双方商议的雇佣合同，现在很多欧洲人已经使用类似的方式，但还要再进一步。这些合同将不再列出大致的职责和回报，而是更加指向切实的产出物，而且这类合同不再自动续约。续约意味着员工有价值，员工的技能对于企业越有价值，员工得到的回报就越高。职业生涯将变得由员工自己主导，个人的成长也由员工的经验决定，而不是取决于一个事先画

---

① Julie Bort, “Bill Gates: People Don't Realize How Many Jobs Will Soon Be Replaced by Software Bots,” *Business Insider* (March 13, 2014).

② From an interview with Katy DeLeon, Narrative Science, in June 2015.

③ Gary Hamel and Bill Breen, *The End of Management*? (Harvard Business Press, 2007).

好的职业路径。你的职业生涯不再是一条直线的跑道或梯子，而是一场更加随性的旅行，有时走些弯路也能得到鼓励和回报。

预言6：制造业回归，地区性跨行业制造中心兴起

过去近30年中，全球的制造业都在追逐低人工成本，向欠发达地区迁移。虽然在一开始时这种趋势被视为对当地有益的事情，但是员工的工作条件问题日益严重。例如，将近150个富士康工人爬上屋顶，以自杀为要挟，要求提高工资标准[①]。作为此事的回应，富士康的CEO宣布，他们将用100万个机器人来代替工人。这些名为Foxbot的机器人，每台造价大约25 000美元，它们将替换成千上万的工人[②]。但是，富士康向自动化转型可能已经太晚了：随着制造业技术的发展，制造业已经在向消费者所在地回归。

有了3D打印技术，不难想象未来会有高级制造中心可以在同一个厂房制造从衣服到汽车的各种产品。来自全世界的设计师们都可以向区域性的制造中心发布组装说明，这些制造中心将可以按需生产。消费者则可以从制造中心领取他们购买的本地产品，用无人机送货或从区域分销商手上购买。这样，不仅制造型机器人的需求会大大降低，连从万里之外运输货物这种耗时耗钱的过程也可以省略。消费者还可以选择在自己家里打印设计简单的物品。想象一下，到时候如果你的热水器零件坏了，你不需要下单购买再等上几天。同时，制造商们也省去了库存成千上万零件的麻烦。你需要做的就只是购买和下载设计图，要用的时候打印出来就可以了 。

从对就业的影响上来说，这个趋势对于依赖低劳动力成本优势的

---

① Steven Musil, "Microsoft Probing Report of Foxconn Mass-Suicide Threat," CNET, January 11, 2012.

② Jason Dorrieron, "Million Robot Revolution Delayed—iPhone Manufacturer Foxconn Hires More Humans," Singularity Hub, October 12, 2014.

国家是一个坏消息，对于那些强于设计或拥有新兴制造业技术的地区则是一个好消息。同时，制造业对环境的破坏也会大大缓解，零污染的制造型企业也不再是不可想象的事情。

预言 7：员工会变得更强大

“给奥莉薇亚发信息，告诉她我要迟到 15 分钟。”现在任何人只要有智能手机，就能拥有个人助理满足这个要求，不管这个助理是 Siri、GoogleNow 还是小娜（Cortana）。根据咨询公司麦肯锡的研究，知识型员工花费大约 60% 的时间寻找信息、回复邮件和与他人协作。有了社交技术的辅助，这个员工的生产力最多可以提升 25%①。

当然，我们可以通过加长时间、加大工作强度来提升生产力，但这种方法总有极限，而且我们会付出健康上的代价。解决方案是让员工更聪明的工作，不是说说就可以了，而是要切实为员工提供智能的工具和更好的流程，让每个员工变得更强大。机器会成为人类的助手，通过科技的力量，员工会变得超级强大。我们会把烦琐的工作交给机器，自己去处理越来越复杂的任务，由此，我们的工作就变得更有意思了。

《连线》（*Wired*）杂志报道说②：“我们正面临革命，聪明得要命的数码助手马上就会出现。”在思考智能机器的前景时，我们可以做一个思路上的转变，从“追求自动化到追求能力增强”③。人类的能力被增强，这个前景实在太诱人，相信这一天一定不会太远。

---

① Jacques Bughin, Michael Chui, and James Manyika, “Capturing Business Value with Social Technologies,” *McKinsey Quarterly* (November 2012).

② David Pierce, “We're on the Brink of a Revolution in Crazy-Smart Digital Assistants,” *Wired* (September 16, 2015).

③ Thomas H. Davenport and Julia Kirby, “Beyond Automation,” *Harvard Business Review* (June 2015). 一篇非常出色的文章，阐述了人们在面对即将到来的机器人革命时应如何重新自我定位。

预言 8：大学将响应世界的变化

为了让人们能在一生中持续学习，大学会提供终身学习订阅服务。通过每年收取一定的费用或在学生毕业时一次性收取永久订阅费，大学在寻找让学生负担得起的方法，不仅可以为他们提供持续学习和知识保鲜的课程，还能帮他们持续深造，为他们提供图书馆资源、职业安置服务、留学机会和与校友结交的机会。这些订阅服务还会包含其他福利，例如关注最新科技或政府监管条例动向的在线研讨会，免费的或可以优先观看的在线课程，精挑细选的慕课，在技能认证培训中减免学费，以及与领域内的专业教授研讨的机会等。

大学现在正面临着巨大的压力，其来源是价格竞争和不断攀升的运营成本。要想可持续发展，大学也必须开发新的商业模式。科技将继续提升授课质量，改变教师与学生互动的方式。婴儿潮一代将会脱离劳动力市场，并寻找重新就业的机会，届时他们将成为大学巨大的目标市场。

对于成人学习者来说，科技将提供基于网络的廉价学习机会。一旦我们找到方法让在线课程的学业认证得到广泛的认可，大学将面临丧失市场份额的巨大风险。佐治亚理工学院（Georgia Tech）[①]、优达学城[②]（Udacity）和美国电话电报公司（AT&T）已经在携手努力，让学生可以只花 7 000 美元就读完计算机硕士学位。如果大学不能帮助它的学生们保持与时俱进，其他的营利性组织必然会抢走大学的市场。

预言 9：政府将鼓励培训投资

因为失业问题和职业安全性的降低，我们会面临巨大的社会结构性风险，政府必须采取相应的措施，来面临这种经济风险。为了避免

① You can read about the program at https：//www. udacity. com/georgia-tech.

② 一家在线学习网站。——译者注

政局不稳或福利及失业保障这类的公民权利性拨款过于吃紧，政府将通过减税或其他政策方式大力鼓励员工的培训及失业员工再培训计划。同时，政府也会寻找应对高昂的教育成本以及学业贷款的策略。

从培训支出占 GDP 的比例来看，美国远远落后于其他国家，如图 7.1 所示。随着越来越多的工作机会被自动化技术所取代，我们预测，政府会发布公共政策来鼓励培训投资和人力资源发展投资。

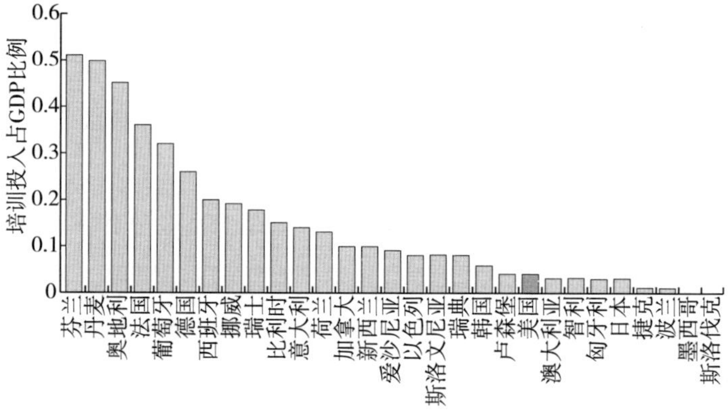

图 7.1 2011 年，经合组织国家劳动力市场培训投入占 GDP 的比例

资料来源：布鲁金斯学会（Brookings Institution）的汉弥尔顿计划（Hamilton Project）。

预言 10：超大型企业将为整个供应链设定人才和福利标准

未来，最大的那些企业将为它们的供应商建立如何对待员工的标准，包含福利和员工发展上的规定，成千上万的员工将因此受益。在零售和电子制造行业，类似的标准已经存在了一段时间了。我们预测，对这些供应商来说，行业龙头的压力将比政府政策作用更大。

目前，长期员工薪酬更高、福利更好，而灵活工作的员工很多时候没有合同和福利，这两者之间的差距正变得越来越大①。在科技行

① Claire Cain Miller, "From Microsoft, a Novel Way to Mandate Sick Leave," *The New York Times* (March 26, 2015).

业，员工平均年薪超过 10 万美元，还可能包含带 Wi-Fi 的班车、子女看护福利、免费食堂餐饮及很多其他福利。但是，这些员工同时也在跟另一类员工一起工作：临时工或钟点工、后勤部门、食品服务、勤杂工、保安等。这些员工的福利少得可怜，有些连基本的病假都没有。

从 2004 年起，美国就一直在讨论带薪病假的法案。在所有大型经济体中，美国是唯一一个没有此类法案的国家。微软这样的大企业对于政府的不作为感到失望，于是自己建立起病假标准，并要求自己的所有供应商必须满足这个标准。微软要求它的供货商和合作企业必须每年提供 15 天带薪休假，用于员工休假或看病①。微软的发言人指出，这个要求的理由在于，不能让供应商的员工带病与微软合作，因为这会让微软的员工染病。研究发现，有带薪休假的员工幸福感更高，工作效率也更高。自上而下推行的员工权利方案可以对员工生活质量产生巨大改变，而这个过程根本不需要政府的参与。

未来需要的十大能力

前面提及的趋势对你来说意味着什么？你怎样帮助自己做好应对未来的准备？为了帮你制订出合理的计划，提升未来职场所需的能力，我们整合了数十项研究并加入我们自己的专业理解，为你找出了十大未来职场最需要的能力。

我们相信，不论你从事什么工作，进入什么行业，不论在什么时间或国家，这些能力都将对你产生极大助益。我们这里对“能力”的定义是“一系列认证、技能、资格的集合，可以证明你在某一领域的成就和潜力”。下面就是我们认为未来世界最需要的十大能力。

---

① Claire Cain Miller，“From Microsoft，a Novel Way to Mandate Sick Leave，” *The New York Times*（March 26，2015）.

能力一：职能专精

设计咨询公司IDEO的CEO蒂姆 ·布朗（Tim Brown）说，他喜欢雇用有T型能力的人。“T型能力的人才有两个特征，所以我们用字母T来代表他们。字母T中的一竖代表他们对某一领域有深入的技能，这使他们可以做出创造性的贡献。”①

字母T的这一竖说的就是职能专精。如我们在第二章中讲过的那样，专精意味着在某一个特定领域有深入打磨过的能力，比如金融、建筑、社会科学或软件工程。如果缺乏至少一个领域的深入技能，你就无法成为高效团队的合格成员。但要注意，你要在未来世界所需要的领域深入钻研，而不是花时间磨练一个即将被机器取代的技能。你需要成为领域的专家，让所有人遇到此类问题时都会想到找你解决。

当你在一个职能领域积累专业能力时，也不要忘记开拓其他领域，你手中的选择越多越好。重要的是，在你所选择的领域中不仅要求广度，更要求深度。

当你加入一个组织时，尽量聚焦在学习某个单一的职能上，包括这个职能的细分领域。例如，不要满足于学一个金融学位，在工作中做应收账款，你还应该同时学习财政知识、金融规划和金融分析、财务管控、风险管理和其他的金融相关技能。

能力二：情商

布朗接着说道：“字母T中的这一横，意味着你必须有跨领域合作的能力。这包括两方面：首先，你要有共情的能力，这点很重要，因为

① Morten T. Hansen, “IDEO CEO Tim Brown: T-Shaped Stars: The Backbone of IDEO’s Collaborative Culture,” *Chief Executive* (January 21, 2010).

它可以让你从别人的视角思考问题——站在对方的视角上；其次，有这种能力的人通常会对其他人的领域很感兴趣，甚至会主动学习和实践。”

研究者认为①：“情商是对情绪进行感知、评估和生成的能力，它可以辅助思考、帮助我们理解情绪、掌握与情绪有关的知识，从而反过来管理情绪。它可以促进情绪和智力上的成长。”情商可以让你在面试中表现更好，在公司的政治环境中如鱼得水②，其价值是不言而喻的。

共情是情商的重要组成成分，而热情则能驱动我们更好地与他人合作。随着工作环境变得越来越复杂，情商对于我们与他人的合作将变得越来越重要。工作的简化依赖于协作，而协作则意味着与他人一起工作。没人喜欢跟一个混蛋共事③。

Lady Gaga④是音乐和生活的先锋派，她很早就意识到情商的重要性，并且相信情商是可以学习的。她的“天生完美基金会”（Born This Way）已经在与耶鲁大学情商研究中心（Yale Center for Emotional Intelligence）合作，一起引领情商革命。这个计划将致力于将情商学习发扬光大，让年轻人了解情绪在学习、决策、人际关系和成就中起到的作用。

在很多职能领域，教育经历和培训认证是专业性的（简单）代用品，这也是为什么很多公司以此为标准进行招聘。但它们没有发现还有其他的方法来考查专业性与公司的匹配度。谷歌却发现了很多方法，

---

① John D. Mayer, and Peter Salovey, *What Is Emotional Intelligence*?（Basic Books, 1997）. 我们将自己的大部分情商方面的知识归功于我们的一位教授——理查德·博亚特兹斯（Richard Boyatzis）。哈佛商业评论出版社2013年出版的《最根本的领导力》（*Primal Leadership: Unleashing the Power of Emotional Intelligence*）由博亚特兹斯与丹尼尔·戈尔曼（Daniel Goleman）和安妮·麦基（Annie McKee）合著。

② Gerald R. Ferris, Darren C. Treadway, Pamela L. Perrewé, Robyn L. Brouer, Ceasar Douglas, and Sean Lux, “Political Skill in Organizations,” *Journal of Management* (June 2007), 290 – 320.

③ Robert I. Sutton, *The No Asshole Rule* (Business Plus, 2010).

④ Cynthia Germanotta, “Raising Lady Gaga: Cynthia Germanotta on Why It's Time for an Emotion Revolution,” *The Daily Beast* (April 15, 2015).

对于谷歌来说，这些方法除了包括编程样本分析之外，还关注情商特质，比如谦虚好学的精神①。

职能精专和情商是一对神奇的组合拳，一个让你在自己的领域中追求卓越，另一个让你可以把这种卓越运用到与他人的合作中去。

能力三：自我营销

从现在开始，你要靠你自己了。任何人从一个职业状态转移到另一个职业状态时，都需要自我宣传、自我营销、自我发展和自我激励。《人人都是销售》（*Everyone Sells*）的作者丹尼尔·平克说："我们每个人都必须学会如何说服、影响他人，让他人相信我们的技能和能力②。"

这里所说的自我营销能力，意思是公开的宣传和推销自己、让他们愿意与你交往的能力。它既包含你的真人，也包含你的线上形象，它能让你在很多场合拥有更多的人脉和选择权。最有效的自我营销绝不是喋喋不休的自我吹捧或微信朋友圈广告。

自我营销的一项核心基石是建立个人品牌。最需要拿捏的是其中的平衡：自我营销，同时保持双向互利的关系。可以时不时分享一些有趣的内容，哪怕是小猫卖萌的视频也没关系。有些人甚至会找个私人顾问团③来帮自己出谋划策。

能力四：跨文化的敏捷性

麦克·艾特林（Mike Ettling）在南非长大④，他最深刻的童年记忆

---

① Thomas L. Friedman, "How to Get a Job at Google," *The New York Times* (February 22, 2014).

② Daniel H. Pink, *Drive* (Riverhead Books, 2011).

③ *HBR Guide to Getting the Mentoring You Need*, (Harvard Business Review Press, 2014). See chapter titled "Employ a Personal Board of Directors" by Priscilla Claman.

④ 故事来自 2015 年 3 月对麦克·艾特林的一次访谈。

之一，就是看着他的母亲在种族隔离时期保护一个被南非警察追捕的黑人。在这个黑人跑过邻居的院子时，她招手示意他来她家里。这给他童年早早就上了一堂关于同感与同情心的课，让麦克对于文化差异的欣赏和理解与那些在同质性文化家庭中成长起来的孩子有很大不同。

这件事的结果是，麦克在选择工作时对工作的地点和类型都很开放。现在他是思爱普云业务的总裁。他既有过创业的经验，也有在大企业工作的经历，在 3 个大陆居住过，并在几十个国家工作过。他几乎在所有的环境中都能适应，并且他一向认为每一种情境都是独特的。过去有用的方法也许在新的环境中未必有用，而他则拥有跨国家、跨种族、跨性别、跨年龄和跨背景与人合作的能力。

你的工作环境将变得越来越全球化和多元化。你与其他国家的同事交往的方式可能非常不同，比如了解他们的节假日以及按照对方的文化常规来调整交流方式。你知道什么时候应该鞠躬吗？吃饭时谁第一个上菜？如何交换名片？什么样的推特消息会造成别人的不快？

贾丝廷·萨科（Jutine Sacco）就通过自身的惨痛经历学到了推特不能乱发这个道理[①]。虽然她只有 170 个关注者，但她在登上飞往南非的飞机前随手发布的一条带有种族歧视色彩的讽刺性推特，逐步升级成了全球热搜话题。等到她下飞机时，她已经被开除并且名誉扫地了。

这种人口统计学变迁会对你的未来产生巨大的影响。可以预见，即使你不出国，你的同事也会变得越来越多元化，比如年长的前台[②]，Y 世代的软件工程师和他被家族安排结婚的妻子庆祝结婚纪念日，或

---

① Jon Ronson, "How One Stupid Tweet Blew Up Justine Sacco's Life," *The New York Times* (February 12, 2015). 她的推文是这样的："要去非洲啦，希望我不要得艾滋。开玩笑的啦，我可是白人！"事后，她表示很后悔发了这样的推文，她说这条推文表现的是她自己狭隘的世界观。

② 凯瑞遇到一位在硅谷工作的女性。她是一位前台接待，希望在 100 岁生日前退休。她一直在联邦政府工作到 55 岁，随后的 44 年，她又在一家主流科技公司效力了 44 年，岗位依然是前台。

者你的主管是哈佛 MBA 毕业的 X 世代黑人女性。拥抱多元化，在多元化中成功，这在现在和不久的未来都是重要的成功标准。

能力五：极客精神

不论你的职业和职位如何，某种程度上你都是个专业人员，这意味着你必须有一点极客精神，像“我不是技术专家”这种说法应该从你的思想中剔除。为了给未来做好准备，你必须至少拥抱本专业内的相关科技，特别是与机器学习相关的、能提升自己效率的技术，否则，你就有被淘汰的风险。如艾特林所说：“我一直努力跟上本领域科技的发展，这是我性格中极客的一面。”

极客精神不仅意味着要与你的专业领域中的新兴科技与时俱进，还意味着你需要去了解更广阔的领域。如果你是一个制造业运营专家，则意味着你不仅要了解新兴的 3D 打印技术，还要了解社交媒体的进步如何影响用户的购买意愿。你越早认可这种思维模式，就能越早跟上职业领域中的技术进步和职场变革的步伐。

能力六：虚拟协作

学会如何与远在千里之外的同事协作，以及如何运用远程沟通工具，是未来的必然要求。虚拟协作有三个成分：第一，它要求你有独立工作实现共同目标的能力；第二，你必须能与在不同时区和空间的同事有效地沟通和共享信息；第三，有虚拟沟通能力的人必做学会如何使用高科技沟通工具。

我们预测，未来几乎所有的工作都会有一些虚拟的成分①，不论你是在家办公、在咖啡馆办公、在客户公司办公或在办公室办公，

---

① Jenna Goudreau, “The Best-Paying Jobs You Can Do From Anywhere,” *Forbes* (October 19, 2012).

你都可以利用虚拟协作的能力让你的工作更加灵活。你能发起并组织一次视频会议吗？你能照顾到所有的虚拟团队成员吗？会有一些成员插不上话吗？团队的每个人都能用上相同的软件和数字化工作流程吗？

能力七：创业精神

不论你的角色是什么，创业精神都会对你非常有用。成功的创业家拥有一系列的能力和技能①，比如发现利基市场的能力、财务管理能力、客户关系管理能力等。但在讲企业精神能力时，我们特指企业家在创业、守业中的一系列特质和态度。

有一些创业家特质对任何工作都会产生帮助，比如主动性、激情、创新、承受风险的意愿等。显然，前 3 点是所有雇主都喜欢看到的特质，而你如果想在职业生涯中的某个点开始创业的话，这些特质也能帮到你。而承担风险的意愿对你在职业生涯中不断自我突破是非常重要的，虽然可能有一些雇主并不喜欢爱冒险的员工。

你在工作中能找到意义吗？你会勇于承担别人不愿意承担的任务，想出新主意吗？你愿意自我突破学习新东西，即使这意味着你要冒一点风险吗？你能用你的激情感染他人吗？如果你在现在的工作中还没有做到这些，你愿意为了这些目标做哪些改变？如果你多数时候都很讨厌现在的工作，那么现在就去找一个能点燃你创业精神的工作吧。

能力八：创造性地解决问题的能力

几乎在世界上所有的岗位描述中，问题解决能力都是任职标准之

---

① Siwan Mitchelmore and Jennifer Rowley, "Entrepreneurial Competencies: A Literature Review and Development Agenda," *International Journal of Entrepreneurial Behaviour & Research*, 16 (2010), 92 - 111.

一。与之相呼应的是，几乎所有的简历都声称自己的主人拥有问题解决能力，但是昨天的问题解决能力也许在明天未必适用。

传统的问题解决通常遵循一条基本上是线性的道路：先识别问题，与他人讨论解决方案，收集数据展开分析，寻找最佳解决方案，最后做出决策。而在VUCA世界，只有最简单的问题才能用这种方式解决。未来世界看重的问题解决者应该能够适应任何环境，有创造性地解决问题，也有循规蹈矩地解决问题，同时，他还应该能随时反思和自我修正。

有创造力的问题解决者也会使用结构化的问题解决方式，但他的特点是能够不断适应变化的环境并做出相应改变。创造性地解决问题的能力可能还意味着愿意回头检验基本假设和结论，同时还意味着拥有突破障碍的毅力。

能力九：领导力

虽然现代的组织越来越扁平化，对于领导的需要变少了，但对于领导力的需要却一点都没变少。总体来说，我们的研究表明企业员工渴望受到他人的鼓舞，渴望受到愿景的激励，渴望看到他们工作的意义，并且渴望看到一条实现愿景的清晰路径。这些都需要领导力，所以领导力在未来仍将是一种重要能力。

但是领导力的表象可能发生变化。如果领导者需要与每个人面对面，那么他们可能要一直在世界各地飞来飞去了。新的领导者必须用更合适的方式与员工协作和建立联系，利用社交媒体和其他科技工具和组织工具来传播企业的使命。

未来的领导者还必须能够在一种更加透明的环境中生存，接受双向的反馈。那种领导高高在上发红头文件，除了几句奉承之外得不到任何反馈的日子已经快要过去了。取而代之的是社交媒体、博客、评论、视频，不仅组织内的人可以看到，组织外的人也能看到。正因为社交媒体的双向性，质问、批评和更高水平的信息透明会接踵而至，领导者必须能承受这些反馈。

由于人口统计学的变迁，再加上组织对未来领导者的准备远远不足，提前发现和培养未来领导者的能力，是一项重要的领导力。未来的职场需要能制造领导者的领导者。

能力十：延展能力

幻想小说的作家在写到长生不老时，总喜欢用的一个情节是返老还童。这通常意味着偷取其他人的生命，比如吸血或偷取别人的器官。幸运的是，在职业生涯中进行自我更新不用这样大费周章。

没有人能一辈子保持激情、主动、创新和高绩效，每个人都需要休整期。延展能力并不是说要请假一个星期去你喜欢的景点度个假，实际上，它是指创造性的重构和重新定位，让自己适应环境变化的职业能力。延展能力意味着可以让职业生涯适应你的个人目标和动机的改变。你必须学会在工作中学习，保持开放，建立有效人脉，并且积累各种经验。延展能力能让你避免被淘汰，它需要你勇往直前，利用毅力、韧性和动力来实现长期目标。

本书为你提供的信息和技巧能为你提供一些培养延展能力的基本指导，我们告诉了你方法。就像尤达大师说的：“要么做，要么不做。不要说试一试。”

延展运动

延展 7.1

你在未来需要的能力上的准备度如何？在每个能力上给自己打分，并且思考你应该把哪些能力加入自己的发展计划。

	这方面我还有很大差距	这方面我基本合格	这方面是我的独特竞争优势
职能精专			
情商			
极客精神			
自我营销			
跨文化敏感性			
虚拟协作能力			
创业精神			
创造性地解决问题的能力			
领导力			
延展能力			

总结

在本书各处，我们穿插了很多“延展运动”，来帮助你开始你的延展之旅。我们提供了 30 个方法和策略供你参考。现在，我们一起来进入下一阶段。

下面这些步骤中很多都在本书中提到过，如果你记不住或记不清，可以回头看看延展运动。现在我们开始：

- 设定能实现的延展目标。设定一些在下一年中能实现的目标，但同时也不要忘记你的5年长远目标。投资者要求创业者在50个字以内描述自己的企业，你应该也可以在50个字以内描述这些目标。

- 设定优先级。想要实现自己的目标，你必须放弃一些其他东西，你必须挤出时间①。芭芭拉把本书的写作当作一个重要目标，但是她同时还是大学校长，她的日常工作很容易让她挤不出时间。因为她知道自己必须拒绝一些东西②，她特别在办公室里放了一个牌子，上面简单地写着："说不。"它是一种日常的提醒，不要对所有的事情都说"好"，适当的推迟、授权或直接拒绝别人的请求，可以帮助你找到时间，来实现自己的目标。没有人会帮你做这件事，尤其是那些因为你乐于帮人而受到你恩惠的人。你必须自己帮自己挤时间。
- 用短跑的方式工作。不要把你的职业生涯想象成一场马拉松，相反，你应该把它想象成一系列的短跑。想要在职业生涯中管理好自己的能量，你必须定期给自己充电，就像专业运动员也有赛季和休赛季一样③。在休赛季，运动员仍然会训练，但不是马力全开的那种。你不需要时刻让自己处于延展模式，最好设定有挑战性的目标，完成它们，然后以正常的节奏工作一段时间，利用你的假期来为短跑阶段充电。那些想要长期全速前进的员工通常会产生职业倦怠，降低生产力，从长期来看会影响他们的成就。

---

① Morgan W. McCall, Jr., and Robert E. Kaplan, *Whatever It Takes* (Prentice Hall, 1989). 一项研究发现，管理者的优先事项与他们如何分配时间之间没有联系。

② Jim Collins, "Best New Year's Resolution? A 'Stop Doing' List," *USA Today* (December 30, 2003). 吉姆·柯林斯建议每年列出一份"别做"清单，将其作为新年决心的一部分。

③ Jim Loehr and Tony Schwartz, *The Power of Full Engagement* (The Free Press, 2003).

- 建立人脉。在第四章中我们给了你一系列强有力的策略，帮你打造成功职业生涯所需的人脉。你至少要识别出自己的“关键5人”，找出那5个可以帮你实现梦想、完善自我的人。在你明年的日程表中设定20次会面，与每个人至少每季度见一次面。
- 充分利用资源。要实现梦想你需要哪些人和哪些东西的帮助？你是否需要找你的上级谈谈你的个人目标？你的公司提供了哪些有用的培训资源？大公司通常订阅了培训或课程库，比如SkillSoft、Book 24X7、Lynda. com。了解你的公司提供哪些资源，必要的时候可以直接与培训部门沟通。如果你想继续深造，可以了解一下企业是否有学费报销的政策。在你的关键5人之外，你还能不能找到一个或多个导师，哪怕是短期辅导①？
- 选出3个策略。我们在本书中提供了职业生涯发展的29个策略。回顾本书，你在每一项关键实践中都能找到关于策略的论述。有没有哪些策略让你特别有共鸣，想要立即开始？不要试图一次用上所有的策略，相反，你应该选择少数的几个（我们建议选3个），并把它们整合到你的计划中。
- 把计划写下来。把计划写下来能让计划变得更实在，这样你就能时时回顾和调整，在你与老板或导师沟通时也可以起到作用。
- 在每个季度进行回顾。本季度你觉得过得一团糟吗？是因为工作压力太大还是项目的进度让你太兴奋了？时刻注意你在自己的发展计划中到哪一步了，根据你现在的状态，灵活调整和适应你的前进路径。

---

① *HBR Guide to Getting the Mentoring You Need* (Harvard Business Review Press, 2014). See chapter titled "Accelerate Your Development: Tips for Millennials Who Need Mentoring" by Jeanne C. Meister and Karie Willyerd.

- 指定警戒线。想保持好身材的人通常会设定一个警戒线。他们在头脑中设定一个决不超过的体重，如果他们的理想体重是59千克，他们的警戒线可能就是64千克。一旦他们的体重超过64千克，他们就会向自己承诺，采取行动来减肥。对于职业来说，警戒线可以是这样的："如果到明年7月15日，我还没有机会带团队，就换工作。"然后打开你的日历，设置一个提醒："带团队的目标实现了吗?"
- 勇往直前。为了保持自己不断向前，你需要一些自我激励的方法或资源。当你实现了一个重大目标时，奖励一下你自己。凯瑞只在重大生活目标实现的时候买她最喜欢的香槟，其他时候都不买。她一生中只喝过6瓶这种香槟，但每次都有家人和朋友与她一起庆祝。这种庆祝激励她不断向前，就像跑步比赛中观众的喝彩一样。

没有止境

威杰·耶尔（Vijay Iyer）是世界上最成功的爵士乐演奏者之一，他自己既作曲又弹琴①。然而他开始自己的职业生涯时，还以为自己会走上物理学的道路。当时他在耶鲁大学获得了物理学和数学学位，然后又开始在伯克利大学读博士。学习之余，他也做一些音乐演出。最终，他选择了音乐的道路。可能正是这些早期的职业纠结，让他对自己的音乐有了独特的感悟。

"我最多只能说，我感觉学无止境——我从来不觉得自己已经完全掌握了什么东西。我总把自己看作一个学生，"他说。"另外，我在细

① KC Ifeanyi, "Pianist Vijay Iyer's Insights on Getting Comfortable with Creative Improvisation," *Fast Company* (December 11, 2014).

节上花很多精力，不是说像强迫症那样，而是说我有耐心。对我来说，很重要的一件事就是关于成功的思考。什么是成功？在艺术方面，我不知道成功是什么，”耶尔说。“我知道什么是真实的，我知道我想听什么音乐。有时其他人想听的音乐和我一样，有时不一样。作为一个表演者，我最主要的价值就是我可以倾听观众的反应。我听得非常仔细。我不是为了听他们鼓掌，而是为了听他们的呼吸。在听我的音乐的时候，他们的身体有何反应？我们有情感上的联接吗？我永远在这样问自己。如果我总是倾听，那么成功就不是唱片卖了多少或得了多少奖，而是对听众产生意义，触达听众，让他们的生活产生一点不同。”

同样道理，你的职业生涯也没有止境。我们都必须持续努力，不是像强迫症那样的努力，而是充满耐心的一步步达到职业的卓越。我们与他人产生了何种联系？你能在表面的赞赏之外，感受到他人对你工作的共鸣吗？当你实现一个新的目标或获得一个新技能时感觉如何？在这个层面上倾听自己、倾听他人，这可能是最有用的延展练习。

继续前进

> 你的头里有脑子，你的鞋里有脚。你可以选择任何方向，你必须为自己负责，你有知识，你是那个决定你走向何方的人……
>
> ——苏斯博士[①]

作为本书作者，我们的目标是帮助你更投入的工作，在工作中找到满足感，突破自己，达到下一个层级。我们相信，不论你现在职业状态如何，不论你现在是 22 岁或 82 岁，你都一定可以做到。我们提

---

① Excerpt from OH, THE PLACES YOU'LL GO! by Dr. Seuss™ and copyright © by Dr. Seuss Enterprises L. P. 1990. Used by permission of Random House Children's Books, a division of Penguin Random House LLC. All rights reserved.

供了对未来职业的展望和实用建议，包括：

1. 你自己就可以使用的职业生涯管理工具，不需借助巨大金钱投入或企业资源。
2. 工作实践和职业发展的大量选择和策略，你可以灵活选择适合自己情境的那些策略。
3. 评估现状，规划未来职业梦想路径的方法。

未来在召唤。你将会在工作中浑浑噩噩，还是延展你自己的能力，延长自己的职业保质期？梦想的实现不能依赖运气。延展，成为最好的自己，你能行。

附录 职业调查

我们的研究目标，是理解在国际经济环境和人口统计学变迁的影响下，就业市场和人才市场将受到何种冲击。我们希望从雇主和雇员两个视角来考察这个问题。如果能够理解双方的视角，我们也许就可以为企业和员工提供更好的建议，帮助他们在未来世界满足彼此的期望。2014 年，我们与思爱普旗下的 SuccessFactors 公司以及牛津经济学研究院合作，在 27 个国家进行了针对管理者和员工的双向调查，希望找出未来职场对人的要求①。

我们总计通过问卷方式调查了 2 800 个员工，并用问卷调查或访谈的方式接触了 2 700 个管理者，调查对象在各个国家是平均分布的。员工通常是白领职业中的专业工作者，而管理者则大部分是高管，他们直接向公司的 CEO 或总裁汇报工作。调查对象来自数千家企业，囊括了各行各业，包括零售、公共事业、金融、医疗、消费品及其他行业。调查对象的采样是通过一个第三方调研公司独立进行的。因为我们的研究聚焦于未来职场，所以一半的调研对象是 1979 年以后出生的千禧世代。

调研对象中，男性比例略高于 53%，近 47% 的调研对象是女性。没有将管理者按年龄或性别进行对照分析，这是因为我们认为高管中不会有太大比例的女性或千禧世代。每份调查问卷覆盖范围很大，共

---

① More detailed findings on the 2014 survey can be found at www. successfactors. com/workforce2020.

有90道题目。题目关注的主要内容有：影响工作满意度的因素，所在公司的福利和优惠政策、个人发展机会、福利、文化、管理质量以及职业技能。

我们还插入了其他变量，按工作绩效或工作满意度对调研对象进行对比分析。在员工版问卷中，我们询问了他们的上一次绩效评分、他们的离职倾向和他们的整体工作满意度。在高管版问卷中，我们询问了他们所在的公司与同行业相比的利润和发展速度如何。我们做的对比分析中有一项是高绩效和低绩效的员工/管理人员对比。本书中所说的高绩效，指的是自陈绩效为中上或优秀的人。例如，在“自发学习是自我成长的最重要的方式之一”这个问题上，高绩效者比低绩效者答“是”的比例高26%。这个发现引导出了本书中的“边做边学”这个实践方法。同时，这个结果还启发我们去更深入地了解高绩效者如何自发学习。

除了全球范围的问卷调查之外，我们还访谈了几百人，并咨询了几十位学术界或企业界中学习领域的专家，来细化和验证我们的发现。

我们的职业调查的关键发现大体可以归为五大类，如下所述：

1. 劳动力市场正在发生变化，它将变得更加多元化和全球化。管理人员强烈认同，他们在未来将雇用更多的临时工、兼职人员和劳务工。这意味着未来职业市场中的就业灵活性将增强。
2. 千禧世代其实并没有大家想象中的那么不同，至少他们对职业的期待与其他人并无二致。总的来说，所有年龄层的人都希望自己的工作更有意义，想要为世界做出有价值的事情，他们所喜欢的福利待遇也相差不大。与其他年龄层的人相比，千禧世代在工作中想要得到更多的反馈和个人成长机会。但这完全可以理解，因为这一代人还在职业上升的早期。
3. 管理人员与员工在影响工作满意度的因素上分歧很大。对于工作满意度和忠诚度来说，员工认为薪酬是最重要的因素，但是管理人员对薪酬的关注度更弱一些。在所有国家中，唯一例外的是美国。在美国，薪酬的重要度并没有排在第一位。千禧世代把个人发展看作影响工作满意度和忠诚度最重要的因素。哈佛大学教授罗莎贝斯·莫斯·坎特（Rosabeth Moss Kanter）基于她自己的研究指出，如果企业能为员工提供专业成长的机会[①]、帮员工建立人脉、让员工感受到工作的意义，薪酬因素就会排在这三个因素后面，成为无关紧要的第四名。有可能这种优先级的排序取决于经济的稳定程度，也有可能是我们的调研对象所在的企业并没有持续提供前三种价值，所以在调查中大家把薪酬放在了首位。同时，管理者认为员工忠诚度和敬业度很重要，这让人有点惊讶。毕竟，世界500强企业中只有不到100家企业平均员工工作时间超过5年[②]。盖洛普调查持续发现员工的敬业度不高，也难怪员工被跳槽的机会吸引了[③]。即使是谷歌这家全世界最受欢迎的雇主，员工平均工作时间也仅有1年多一点[④]。即使考虑到企业高速增长给这个数字带来的影响，1年也还是太短了。

4. 在应对未来上，管理者和员工都同意，企业需要为领导做更多的准备。虽然管理者说他们未来会考虑更多元化的员工构成，但同时只有34%的管理者认为公司内部的管理人员对领导多元化团队做好了准备。不到一半（47%）的管理者认为他们的组

---

① Rosabeth Moss Kanter, "Three Things That Actually Motivate Employees," *Harvard Business Review* (October 23, 2013).

② "Employee Loyalty: Full List of Employee Tenure," *Pay Scale* (2013).

③ "State of the American Workplace," Gallup, 2013.

④ Leonid Bershidsky, "Why Are Google Employees So Disloyal?," *Bloomberg View* (July 29, 2013).

织能在未来成为全球化环境下的领跑者。

5. 最后，员工非常清楚他们需要为明天的职业做好准备。全世界范围内的受访者普遍最担心的问题是他们的岗位要求会发生变化，或他们的技能将遭到淘汰，如下图所示。另外，只有50%的受访员工认为他们现在掌握的技能在3年后不会被淘汰。只有34%的受访员工认为组织为他们的职业保鲜提供了充足的培训。

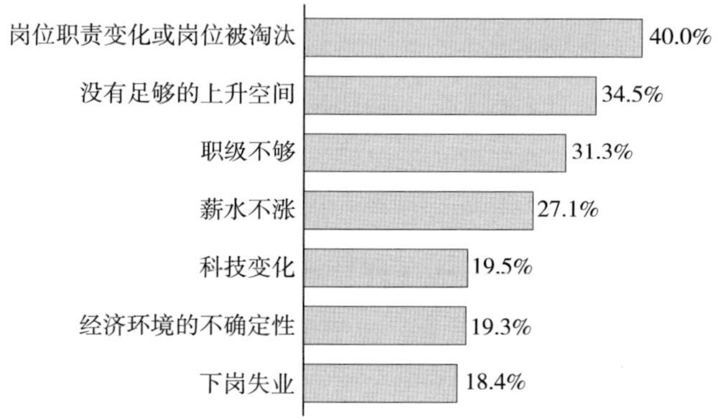

员工最担心的职业问题

[德] 马丁 · R. 斯塔奇（Martin Stuchtey） [德] 珀–安德斯 · 恩夫特维斯特（Per-Anders Enkvist） [德] 克劳斯 · 朱姆沃克尔（Klaus Zumwinkel）_ 著

符李桃 _ 译

A Good Disruption

Redefining Growth in the Twenty-First Century

重新定义增长

重塑世界经济的新发展模式

中信出版集团 | 北京

图书在版编目（CIP）数据

重新定义增长 /（德）马丁·R. 斯塔奇，（德）珀－安德斯·恩夫特维斯特，（德）克劳斯·朱姆沃克尔著；符李桃译，-- 北京：中信出版社，2019.8

书名原文：A good disruption

ISBN 978-7-5217-0340-5

I. ①重… II. ①马… ②珀… ③克… ④符… III. ①经济模式—研究 IV. ① F014.9

中国版本图书馆 CIP 数据核字（2019）第 060575 号

重新定义增长

著　　者：［德］马丁·R. 斯塔奇　［德］珀－安德斯·恩夫特维斯特　［德］克劳斯·朱姆沃克尔
译　　者：符李桃
出版发行：中信出版集团股份有限公司
（北京市朝阳区惠新东街甲 4 号富盛大厦 2 座　邮编　100029）
承 印 者：三河市中晟雅豪印务有限公司

开　　本：787mm × 1092mm　1/16　　印　　张：22　　字　　数：275 千字
版　　次：2019 年 8 月第 1 版　　印　　次：2019 年 8 月第 1 次印刷
京权图字：01–2019–1322　　广告经营许可证：京朝工商广字第 8087 号
书　　号：ISBN 978–7–5217–0340–5
定　　价：69.00 元

谨以此书献给我们的家人
——感谢他们提供的支持、空间以及写作此书的动力

目录

推荐序 1

我们已经身处前所未有的颠覆时代——无论是变化的速度抑或变化的规模都达到了历史巅峰水平。商业模式、政府以及经济体系都在经历重大转变，它们创造价值的方式与之前大不相同，而这一点深刻影响了行业领袖、工人以及全社会。

我们麦肯锡团队有幸与全球公私领域的领导者开展合作，为他们提供咨询服务。在这一过程中，我们不断听到这些领导者感叹，变化的“时钟速度”已经加快了脚步。新技术发展的飞速前进，人口结构的急剧变化，亚洲国家的再度崛起，全球经济的紧密相连，这种种趋势正在且将持续地重塑世界。在不久的将来，生产、消费、工作、学习、旅行、互动等人类活动方式也将焕然一新。由珀–安德斯·恩夫特维斯特、马丁·R. 斯塔奇与克劳斯·朱姆沃克尔三人合著的这本书，正精彩呈现出未来的那一场颠覆。

在很多人看来，颠覆是一种威胁。大型企业的高级管理人员们知道，当今各种各样的变化正在考验着企业在这种环境中的应变能力与发展能力。这本书旨在帮助领导者们发掘变化中的机遇。有些观点认为，经济的增长、社会的融合、生态的可持续发展不可兼得，但是这本书给出的不同观点认为，各种变化可能有助于人类三者兼顾，实现平衡。同时，书中详细描述了利用颠覆所带来的机遇可能实现的全球经济愿景——以全新可再生能源系统为基础，脱离对原材料的依赖，城市生活与食品供应等方面的价值链将得到高效管理。作者认为，这样的愿景将会为整个社会创造更大价值，对自然界造成的危害也更小。步入书中所描绘的振奋人心的愿景，读者们就更能领会到眼前这难能可贵的颠覆式机遇了。

《重新定义增长》也提醒着我们，决策中的短期倾向越发严重，随之危机四伏。麦肯锡团队同其他组织和个人展开了“长远为先，汇聚资本”的合作项目，在短期问题上进行了广泛而深入的研究。越来越多的证据表明了短期主义抬头，例如，企业更加关注季度业绩，首席执行官（首席执行官）更替率居高不下，长期项目投资匮乏，短期套利现象频出，杠杆化过度，等等。短期主义给利益相关者带来了损失，例如给未来一代做出重要承诺的养老金计划、保险基金、大学基金等项目。短期主义氛围带来的社会与环境代价更是难以估量。

《重新定义增长》指出，短视的决策往往是因为对短期的评估方法过度依赖，而且仅仅关注 GDP（国内生产总值）的增长并不能真正建立起人类的理想社会。企业以短期收入为焦点，就难以在长远发展中为所有利益相关者（股东、消费者、员工以及供应商等）创造价值。如今的大型企业组织结构复杂，需要用全新的衡量标准来维系其健康的发展道路。这本书明确指出，人们需要反思企业评估的方式，考虑这种方式下的系统性风险、资本质量、人才储备、社会影响、创新能力等。

无论是企业高管、政界领袖抑或是顾问团体，上述话题对所有人都至关重要，必须得到重视。作者呼吁企业高管与政府领导付出更大努力，推动这场系统性的变革。领导者不仅要从事管理工作，更要承担大局责任；不要只看眼前之利，而要高瞻远瞩；不要为了既得利益耗费心思，而要汇集各方力量以推动进步。

这本书的三位作者都曾就职于麦肯锡公司，交情甚好，他们在书中提出上述重要观点，论据翔实，分析全面，洞察深入，言语生动，我由衷地为他们感到高兴。

《重新定义增长》揭示了这个时代中所有人都需要做出的改变，并呈现了实现这种“大协调”的可行性规划。总之，前方有路，未来可期。

前麦肯锡全球总裁

鲍达民

推荐序 2

全球技术飞速变革，人口数量持续增长，经济增长放缓，能源、资源及环境压力日益增大……人类要如何应对这些挑战，捕捉未来的重大机遇，化颠覆为有益颠覆？《重新定义增长》的作者根据多年在麦肯锡为公共和私营部门提供咨询服务的经验，并走访学术界、商界和政界领袖，为我们展现了摆在我们面前的两条道路：一切照常的现有发展模式，以及“重新定义的增长模式”——“地球兼容”的有益颠覆模式。

第一条道路是以现有的思维、原则和方式行事，即决策依赖于短视的评估方法，长期基于资源取之不尽、用之不竭、廉价获取、弃之不惜、浪费巨大的资源密集型经济的发展模式。近些年，人类社会开始强调“可持续发展”，提出要更高效利用自然资源，并制定了相应的环境和资源税收补贴政策，这些措施虽有一定的效果，但全球环境、资源恶化状况仍在持续，完全赶不上经济发展以及所谓的“回弹效应”带来的增长，所有的资源使用绝对值曲线一直在上升。自然资源过度使用和浪费的状况仍未改变，而且会继续恶化。这本书的作者深入研究了与人类生产生活密切相关的三大重要价值链（食品、出行和住房）。研究表明，在这三大价值链上都出现了系统层面的巨大浪费：美国与欧洲的汽车利用率仅为2%，材料与能源在经过第一次使用周期之后会流失95%的价值，材料循环与垃圾能源回收的原材料价值仅占全部价值的5%。全球经济如果按照当前的轨道发展，系统层面的巨大浪费难以遏制，当前经济系统中的价值也无法得到充分利用。在此情景下，针对当前经济增长模式做一些无关紧要的修修补补，根本无济于事。在经济发展的资源利用问题上，人类需要进行彻彻底底的颠覆性变革，并重新定义增长。

第二条道路是基于人类长期可持续发展目标，摈弃传统的资源开采、利用和枯竭的恶性循环，采取保护和补充自然资本的可再生和循环经济的增长模式。新的增长模式基于未来的颠覆性技术变革，但更注重技术之上的系统性颠覆，其目标是把技术颠覆转化为有益的颠覆。着眼于有益的颠覆的新增长模式追求从“生态效率”转向“地球兼容”。新的增长模式由三大支柱支撑：第一支柱是已有重大技术突破的充足清洁能源；第二支柱是循环经济体系——脱离对原材料的依赖，即原材料、部件、产品能够重复利用多次，并以无害的方式重新回到自然环境中；第三支柱是高效的再生系统——对诸如食物、出行和住房等核心产业的系统进行重新设计。因为即使产品设计一流，可再生能源供应充分，产品循环利用到位，如果没有一个高效的系统，递增性经济也难以实现。这些支柱都需要通过技术变革建立，但更重要的是要将技术、创新、政策与企业行为进行有机搭配组合，在系统层面实现有益的颠覆：充足的清洁能源与良好的设计原则使得产品与材料能够在经济体中多次循环，并以较低成本分解为原材料和部件；高效的再生系统则会进一步降低能源与材料价格、提升产品的价值。要想构成新增长模式，三大支柱缺一不可，相辅相成。新的增长模式需要颠覆性技术、商业模式、政策法规，治理和思维等方面的开拓创新，是一个所有利益相关者（企业、政策制定者、政府、非政府机构、劳动者与工会、学术圈与研究机构，以及消费者）都参与其中的迭代系统变化过程。只有各参与者共同努力才能真正建立起这三大支柱、实现良性循环，才能同时实现财富增长与地球繁荣。

三大支柱应用于出行、食品和住房三大系统，这本书的作者为我们展现了新增长模式下的图景：氢能等新能源，自动驾驶技术，高效利用车队的新型出行系统；保护和复原土壤肥力，专注于健康和营养恢复的新食物系统；高能效、模块化、可重复使用的智能住房系统。新的增长模式会为企业、政府和国家带来巨大机会。涌现出的巨大机会已经开始在企业（飞利浦、宜家、谷歌）和国家层面（欧盟、日本、中国）引发新增长模式下的着力于循环经济、可再生系统及方案的新一轮竞争。谁在下一轮的竞争中率先采用新的增长模式，实现颠覆技术之上的系统颠覆，从而实现技术颠覆、经济增长和环境的协调发展，谁便是 21 世纪的赢家。

这本书的结论虽然主要是基于欧洲的情景得出的，但对中国未来的由创新驱动的绿色发展却不无借鉴意义。经过改革开放 40 年的高速发展，中国已经成为全球第二大经济体和第一大发展中经济体。中国生产了世界一半的钢铁和水泥，是最大的二氧化碳排放国，也是世界上最大的高铁、汽车、摩托车、手机和住房市场。但是在经济快速发展的过程中一味追求 GDP 是以资源过度使用和环境污染为代价的。第二产业构成了中国 GDP 增长的主要推动力。但第二产业，特别是“两高一资”行业（高耗能、高污染、资源密集）导致资源需求压力不断加大，环境恶化程度日趋严重。以能源、资源密集型的要素投入为主的粗放式发展走到了尽头，未来中国必须走一条创新驱动和高质量发展的新型增长之路，正如习近平总书记指出的那样：“中国将落实创新、协调、绿色、开放、共享的发展理念，全面推进节能减排和低碳发展，迈向生态文明新时代。”

未来 20 年，全球经济总量将翻番，而这其中最大的增长贡献将来自中国。在食品、出行和住房三大价值链上，中国既是最大的市场也是最大的生产国，通过“一带一路”倡议，中国将进行大规模的基础设施投资建设，没有任何一个国家能像中国一样塑造新时代的增长。依托其体制和市场优势，中国将有机会奠定循环经济体系的基础，获取在这些新资产的设计、交付和运营方面的竞争力，塑造循环竞争的新动力。《重新定义增长》一书充满大量的事实、对未来的洞见以及解决方案，为区域、企业和国家指明了如何发展新的系统能力，如何奠定循环经济体系的竞争力基础，以及如何在21世纪新一轮竞争中占领制高点，走一条引领世界的新型增长之路。

剑桥大学博士

伯明翰大学荣誉资深研究员

路跃兵

引　言

2015 年夏天，在比利时首都布鲁塞尔进行的一场讨论成为撰写本书的契机。早在那场讨论的几个月前，欧盟委员会宣布，将在 2015 年年底前发布旨在为欧洲经济改善和资源循环利用做出规划的《循环经济一揽子计划》。所有相关人员都知道这一文件至关重要——该方案将为今后 5 至 10 年欧洲各种资源政策指明方向。霎时间，布鲁塞尔源源不断地涌现出各种研究报告、意见书、圆桌会议和演讲陈词，大家争相论述对这一计划的不同看法。

讨论的进程引人入胜。第一，在短期主义和民粹主义日渐高涨的政治背景下，这场讨论本身就让外界看到了欧盟对迎接长远挑战的诚意与重视程度。第二，讨论也展示出，在很多关键问题上，比如资源、经济与环境之间的相互关系方面，以及欧盟等发达经济体的资源使用情况又将如何发展，大家鲜有共识。甚至在最为基础的问题上也众说纷纭、莫衷一是：当今欧洲的资源利用方式是否足够高效，是否还有提升空间？改变利用资源的方式是否会让欧洲的竞争力受创，还是说资源再循环能够降低成本、减少波动性，从而带来更大的竞争优势？投资于改革，打造循环经济，到底是会刺激增长，还是会分散公共资金与注意力，进而导致难民问题、银行改革、贸易协定等更为重要而迫切的问题得不到及时应对和有效解决？技术变革又将如何改变资源的使用效率？为了找到最佳解决方案，政策机构应该提高参与程度，还是让市场自主发挥作用？所谓见微知著，这场讨论显现出，在自然资源方面，全球范围内几乎没有指导方针、经济标准，甚至内在导向；也显现出在种种问题面前，比如更多的建筑用地是否有必要，发电技术如何选择，产品设计如何优化等，决策者总是进退维谷，难以做出正确的抉择。

本书作者与好友兼合伙人达姆·艾伦·麦克阿瑟于2015年6月发表了报告《内部增长：循环经济在竞争激烈的欧洲的前景》（以下简称《内部增长》），该报告就谈及了上述部分问题。本书也会谈论报告中的一些分析，报告全文可通过互联网查看。

时任欧盟环境委员会委员的哈内兹·伯多克尼克最开始时搁置了《循环经济一揽子计划》的发布，但文件还是在2015年12月正式发布了。这到底是批评人士口中又一部普通的环境法律，还是一部开启发达经济体生产与消费新时代的法律，有待时间证明。不过在2015年的早秋，作者深感问题至关重要，又为这样的讨论振奋不已，于是决定不再等待官方的一纸公文，而开启我们自己的征程，探访各界人士，从老牌工业巨头到硅谷科技新贵，从环保主义者到自由市场经济学家，逐步深入各个学术领域。

在所有讨论中，技术一词总是不断地出现，很多加入讨论的伙伴都认为这是必然趋势——大数据、3D打印、无人驾驶汽车、机器人、人工智能、物联网、智能材料、廉价太阳能、电动汽车、共享经济模式……几乎在每一个经济领域中，技术颠覆都势不可当。技术公司向我们展示了它们是如何在解决资源问题的同时又为消费者提供了众多利益的。老牌企业担心，优步（Uber）一类的后来居上者将会大举夺走市场份额，导致老牌企业裁员，陷入财务困境。在所谓的“数字化海啸”面前，政策制定部门也深感无力，但同时又对其中催生的新机遇充满期待。巴黎气候变化大会通过了《巴黎协定》，太阳能、风能、电池技术取得重大进展，这些都让环保人士欢呼雀跃。但是专家们也指出，全球发展早已超出了地球的环境承载力上限，而且这种情况仍在继续。

这些多元化景象既扣人心弦又令人思绪万千。一方面，技术在各个经济领域创造了机遇，令人神往，而且如今颠覆性技术已经迅速进入经济中资源最为密集的领域；另一方面，技术所带来的颠覆的确会影响上述部分问题，但是按照目前的发展路径，变革的影响时好时坏，难以摸清。在作者看来，人类所需要的不是所有颠覆，而是有益的颠覆。在对一个又一个领域进行考察之后，我们越发坚信，在下一个10年中，商界与政界面临的决定性挑战就是能否确保有益的颠覆。这与上述所有原因都密切相关，但最重要的也许是环境方面的原因。根据“地球承载界限”研究团队提出的“人类安全运作空间”概念，有越来越多的迹象表明，人类正以不可逆转的方式突破地球承载界限，而这将给人类自身及其子孙后代的生活带来重大影响。

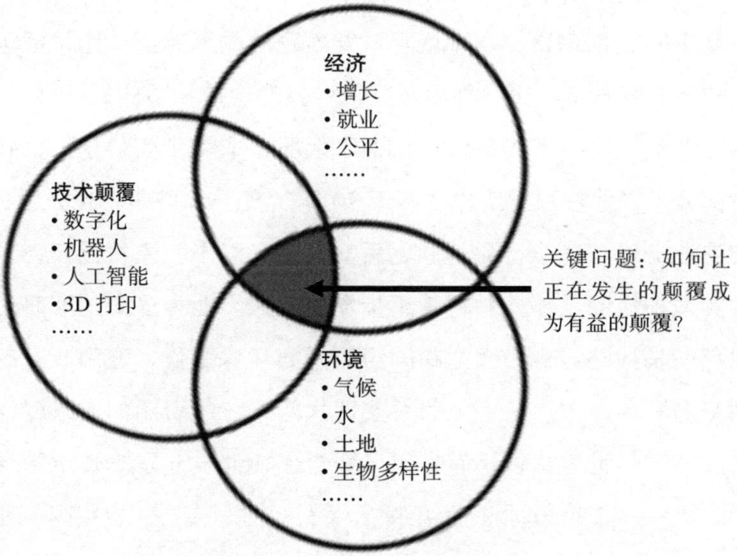

图1　本书关键问题

《重新定义增长》这本书无法解答所有的问题——这本身也不切实际，毕竟颠覆所涉范围极广，情况瞬息万变、错综复杂。作者希望描述更为全面的状况，而不是在某一领域深挖，如果用绘画比喻，那么作者使用的是粗线条的描绘方法。颠覆已经萌发，面对严峻的环境挑战，作者也提出了自己心中发展实体经济的更优增长模式（实体经济仅占经济整体的 1/2）。这可能会被批判为是幼稚或自负的举动，毕竟目前的增长模式已经造福人类数十年，背后的投入数之不尽，现在说要来个彻底的改变，难道不是异想天开、自不量力吗？但是我们还是决心提出自己的想法，因为数据分析已经足够明确：针对当前经济增长模式做出细微的局部调整，根本无济于事。在经济发展中与资源利用相关的问题上，人类需要彻底的改变。接下来的章节——新话语的出现，为我们总结了整本书的论点，后续其他章节将为我们提供总论据，二者有细微的差别。

那么，这个故事由谁来讲述呢？

马丁 · R. 斯塔奇，从小就喜欢穿着耐脏的雨靴到处跑，他年轻时曾到非洲安营扎寨，进行地质考察，寻找富含矿物质的岩石层。后来，他返回欧洲，脱下了工装服，换上了西服，取得了商科学位，并加入麦肯锡公司，他在那里工作了将近 20 年，成了公司高级合伙人。马丁的咨询业务遍布各个行业，他之后与若干名同事在麦肯锡开创了可持续性实践领域的工作，并将其逐步发展壮大。他为多个国家研究开发了绿色增长战略，也为大型跨国组织规划环保工作，还为政府制定高效的资源利用政策。马丁尤为关注两大问题：水资源的未来以及循环经济。通过与世界银行还有雀巢公司合作，他发起了水资源管理全球合作联盟——“2030 水资源组织”；另外，他同艾伦 · 麦克阿瑟在循环经济方面进行了长达 5 年的合作研究。在麦克阿瑟的基础上，马丁还与他人共同执笔起草了若干份报告，这些报告阐述了加速向循环经济转变背后的经济与商业逻辑。为了宣传新型资源经济，他在全球各地进行演讲、开办讲座、接受访问。马丁与麦肯锡前同事杰里米·奥本海姆成立了 SystemiQ 公司，他们率先行动，在环境领域推动体系层面的变革。马丁同时也是奥地利因斯布鲁克大学的教授，负责教授资源战略与管理类课程；他也特别重视身体力行，在自己的高山农场上挥洒了不少汗水。当然，他的妻子和 6 个孩子也帮了不少忙，有时候学生们也会过来。是的，时隔多年之后，他又重新穿上耐脏的雨靴。

珀–安德斯·恩夫特维斯特是一名物理学家，1999—2015 年，他就职于麦肯锡公司。他与包括马丁在内的其他同事共同创立了可持续性实践领域的工作，在过去 7 年中一直是这项工作中重要的合作伙伴。在咨询行业中，他最先涉足能源与制造行业，之后对资源战略以及可持续性话题产生了浓厚的兴趣，商业行为与自然资源之间的错位让他深感担忧，我们获取的碳、水、海洋、土地方面的信息可以支撑决策者的行动，但人们却对此所知甚少。2006 年，他开发绘制出麦肯锡的全球温室气体减排成本曲线，全面展现主要领域和世界各地区的温室气体减排机会。可以说，这就是一张根据成本排序的全球减排机会清单。自此之后，只要赞同用这一思路推动低碳经济发展，人们就总会将这条成本曲线以及其中清晰的减排量、成本、益处等作为讨论的基础。之后，珀–安德斯也一直从事在全球范围内的资源战略和可持续性话题的咨询工作，其中包括低碳能源战略、企业可持续性变革、循环经济、气候变化战略与绿色增长等等。珀–安德斯还创办了专门提供资源战略与可持续性变革方面的咨询服务的 Material Economics 咨询公司，这也是他近期工作的重中之重。现在珀–安德斯和妻子以及三个孩子居住在瑞典斯德哥尔摩市郊。

克劳斯·朱姆沃克尔曾在麦肯锡公司工作 10 年，离职时已是公司的高级合伙人。之后他开始执掌德国最大的邮购业务集团，后来该集团发展为德国邮政。他曾在多家企业担任董事会成员，包括汉莎航空、安联保险、摩根士丹利以及德国电信（担任其董事会主席）。在这些岗位中，他的目标其实总要归结到一个无比重要的问题上：大型企业（很多时候也是国有企业）如何进行转变和革新，从而成为全球市场上的强者。克劳斯在德国邮政担任首席执行官 19 年，将其打造为全球经济的物流支柱，品牌形象驰名海外。在克劳斯的领导下，德国邮政实现了惊人的成长与发展：总收入从 100 亿欧元攀升至 540 亿欧元，员工人数将近 50 万；公司收购与兼并了共计 170 家企业，成功打入 150 多个新市场。当前，德国邮政管理团队强大而多元，业务遍布全球——这个经营理念本身就让很多企业羡慕不已。卸任首席执行官之前，克劳斯启动了宏大的“走向绿色”（Go Green）项目，这一项目旨在改善企业的同比环境足迹。随后公司进行了深刻的自我反思，克劳斯关注到一个重要问题——“绿色”与“盈利”之间的冲突。他感觉到，企业高管们掌握了全球的大部分资源，也掌握了人类生产和生活的大部分金融资本，但是在人口日益增长的当下，他们仍然没有一个合理的经济与法律框架来支撑自己的决策与运作。克劳斯筹建了一个新的非营利组织 SUN，并担任主席，这个组织成立的目的就是探索如何建立上述的经济框架。

由此可见，三位作者都非常关注资源经济学以及绿色创新，而且都在大型企业工作多年，深谙主流经济之道，也亲身感受了传统意义上极为激烈的市场竞争：打造精英团队、提升生产效率、创造巨大收益和满足市场需求。当今世界所期待的发展前景中必须要有新兴企业，必须要有增长机会。然而，在即将迎来 100 亿人口的地球上，作者认为，当今世界也同样需要全新的话语以定义如何实现持续增长。

新话语的出现

“可以为我讲个故事吗？”

“什么样的故事呢？”

“有美好结局的故事。”

——父与子的对话

过去几年中，无论身处何地，无论遇见何人，总有三个问题不断地被提起：经济增长是否能够回到原来的轨道？翻天覆地的技术变革将会给人类、职场、收入带来哪些变化？地球资源因为人类的过度使用而日益枯竭，有没有一种方法能够协调人类持续增长的需求与地球有限的宝藏之间的关系？

企业高管、科学家、政府官员、学生、宗教领袖等等都对此忧心忡忡：当前的经济增长模式使得不平等现象加剧，焦虑情绪高涨，民粹主义抬头，其也与人类对和谐社会、健康地球和美好生活的追求背道而驰。金融危机大大打击了我们对经济发展的自信心，日新月异的技术变化似乎掌控了人类生活的节奏与方向，环境问题的全球性特征日益突出，面对种种挑战，这些群体早已意识到，变革迫在眉睫。

这些担忧渗入了生活中的闲谈、业界高层的会议、校园课堂的讨论，逐步成为主流意识。从天主教教皇方济各到联合国前秘书长潘基文，从联合利华的保罗·波尔曼到贝莱德集团的劳伦斯·芬克，他们无一不对当前经济引擎的长期驱动力持怀疑态度。芬克曾说过："短视思维影响着社会最为重要的组成部分，其中就包括政府和家庭。在人类一手营造的'赌局'中，除了眼前的结果，再无其他要事。"

在如此巨大的压力下，我们又该如何应对挑战？当前的经济增长模式创造了辉煌奇迹，帮助数亿人摆脱了贫困，走向丰衣足食、安居乐业。这背后是数之不尽的付出，以及另外数十亿正翘首企盼步入中产阶级的人口，若此时插手干预增长模式，即便保守来说，也似乎有些鲁莽了。然而，人类摧毁地球的速度日益加快，全球社会支离破碎，情况堪比"二战"之后的残局，这些都已凿凿有据、铁证如山。

作者认为，技术颠覆可以成为解决这一问题的核心要素，但是仅凭技术本身是不够的，在对大量技术影响进行了分析研究后，我们同样对技术变革的现有影响感到担忧。在全新理念与原则的指导下，技术颠覆确实能够为解决上述问题带来答案，而这正是人类把颠覆转化为有益颠覆的重大机会。

人类社会与经济增长

人类社会正处于全球经济发展的黄金时期。当然，为了认清这一点，需要暂时忘却新闻里动荡不安的市场、高居不下的失业率，还有眼前仍未退却的危机和财政紧缩政策。回顾过去这几十年的数据，结论显而易见：1990 年，以 GDP 计算，全球经济规模为 23 万亿欧元，在 2015 年，也就是仅仅 25 年后，全球经济规模已增长至 78 万亿欧元，增长了两倍之多；1990 年，全球生活在贫困线以下的人口为 19 亿，2015 年，这一数字已经减半，降为 8.3 亿，同时，全球中产阶级人口数量增长接近 200%。在发达经济体中，大部分人口当前所享受到的商品与服务是在短短两个世纪前连国王都无法享受的。

经济迅猛发展，社会也大幅进步，成果丰硕且惊人：小学教育适龄儿童的失学人数从2000年的1亿人降至2015年的5 700万人；青少年文盲率从1990年的17%降至当前的9%，同一时期，儿童死亡人数减半，孕、产妇死亡率下降了45%，用上自来水的人口数量翻倍；全球网民占全球人口数的比例从2000年的6%上升至2015年的43%……更多相关数据数不胜数。

与历史上的经济增长相比，当前经济发展的速度与规模令人叹为观止。第一次工业革命始于18世纪的英国，革命初期，该国人口不足1 000万，而实现人均GDP翻番，它花了150多年的时间；美国大发展初期的人口数也是1 000万左右，它实现人均GDP翻番历时50多年；而取得相同增长，中国仅历时12年，印度历时16年，但这两个国家的人口数在其发展初期共计18亿——与工业化时期的英国对比，这两国有近200倍的人口负担，但增长速度却是英国的10倍，而两国新增的需求对于全球市场的影响更是远超2 000倍。

自然资源驱动的增长

这般迅猛的经济增长必将被载入史册，而如果透过现象看本质地深入探究一番，那必然会有一个重大发现：气势恢宏的经济发展基本依赖于将自然资本（经济学中对“自然资源”的称呼）转化为其他形式资本的方式。这在工业革命早期已经十分明显：矿石与煤炭被转化为金属，之后金属又被制造为各种金属产品；石灰岩被转化为水泥，之后又被加工为房屋与桥梁；森林被转化为木材、火焰和蒸汽，驱动着机器的运转、铁路的延伸。随着时间的推移，人类驾驭了更加多样的自然资本，并用它们创造了更加先进的产品。这样的描述比比皆是，以致在任何一本记载工业革命的教科书上都能看到。鲜为人知的是，自然资本转化为其他形式资本的模式仍旧是经济增长的主要模式，即便在发达经济体中亦是如此。迄今为止，人类社会经历了三次工业革命，其结果是服务行业显著发展，全球超过半数人口都已生活在城市之中，然而人类创造经济价值的模式仍与工业革命初期的模式大同小异，能这样说的证据不胜枚举：调低石油价格依旧是最重要的经济刺激手段，也总能得到石油进口国的大力颂扬，还时常会引发股票市场的躁动，而俄罗斯、沙特阿拉伯、巴西等依赖大规模石油开采项目的经济体则受油价浮动影响极大。即便是澳大利亚、加拿大和挪威等经济体，也依旧严重依赖自然资源。追溯源头分析，当前的发展模式似曾相识。人类经济发展的核心依旧是资源密集型的产业链。2013 年，在欧洲，住房、食品和出行这三大资源密集型产业链在 GDP 中占比 51%，在就业中占比 46%，在家庭支出中占比 63%。

在经济研究领域，能源与资源在经济增长中的驱动作用终于得到了更多关注。在此之前，劳动力与资本一直被认为是最为重要的生产要素，尤其是在 20 世纪 50 年代中期，诺贝尔经济学奖得主罗伯特·索洛推广了新古典经济增长理论，即“索洛模型”后（当时全球人口为 28 亿，而拥有的资源还不到现在的 1/10），这种理论更是得到了广泛认同。根据这一理论，自然资源与能源的使用只是经济发展的结果，并不是驱动因素。但是新古典经济增长理论仅仅能够诠释研究数据中一半的增长，而被归为“索洛剩余”的另一半一直被定性为在劳动力与资本生产率提升过程中产生的协同效应，但没有相应的量化理论能够诠释证明这一假设。在过去 10 年中，新的经济学派开始将能源与自然资源作为同劳动力、资本平行的第三大生产要素（自然科学家本身就认同这一点），并以此建模，得到的最终分析却与上文大不相同：研究所涉及的国家在 20 世纪经历的发展中，一半的经济增长是因为自然资源投入更多，使用效率更高。换言之，这个新模型基本诠释了“索洛剩余”为何存在，也显示出自然资源在经济增长中的作用超出了传统经济理论对其的判断，而且这一模型对于发达经济体也同样适用。

现在大家侃侃而谈“服务型经济”“知识型经济”，但切不可盲目地以为自然资源对于经济增长的驱动就不再重要了：大部分的服务行业就与资源紧密相连（运输、房地产、食品、家用产品等等），而大部分的知识也与物质产品以及价值链息息相关。

承认上述结论至关重要。如果不能充分认识到自然资本对于经济发展的重要性，自然资本和地球源源不断提供自然资本的能力将得不到妥善的应用，人类也就无法应对自然资本损耗给经济发展带来的严峻威胁。眼前的这个故事恢宏庞杂——不仅环境不断恶化，而且资源密集型工业模式下的收益也在递减；如果自然资本是经济增长的重要组成部分，那么这一资本的日益枯竭，对于全球经济又意味着什么呢？

自然资源“大挤兑”

本书将会详尽诠释资源密集型工业模式在经济、社会、环境方面带来的重大影响。要知道，这些影响并非凭空出现的，早在20世纪60年代，环境问题就引发过激烈的讨论。可遗憾的是到目前为止，这类环境问题基本上只被看作工业化进程的副作用，而与经济本身无关，人们也不认为其会真正损害经济增长。非专业领域的读者可能还没有发现，过去数十年中的情况已经发生了翻天覆地的转变。从20世纪80年代中期开始，环境恶化的速度加快，对全球的影响范围扩大、程度加深，并已经开始威胁当前人类的财富创造模式。全球经济规模之大、发展速度之快，正在耗尽那些人类赖以发展的自然资本。从这个层面上说，全球经济发展的成功反倒又拖累了全球经济。

大家讨论最多的环境威胁就是全球气候变化以及随之而来的可怕后果，比如海平面上升、生物多样性流失、生物生产力下降、风暴旱灾加剧等等。但地球科学家们认为，除此之外，还有很多全球性环境问题也同样严峻。

• 淡水资源短缺：预计到 2030 年，全球大多数人口生活的区域都将出现不同程度的淡水资源短缺问题，其中有 1/3 的人口将面临生活中淡水资源供应不及需求量 50% 的窘境。这背后的原因是农业、工业以及能源领域对水资源不加控制、缺乏规划的使用，尤其在能源领域，这一趋势更加明显。

• 氮和磷：由于农业肥料的使用，氮和磷这两大重要的食品营养物质在全球的流动已经受到极大的干扰。在合成肥料中，磷酸盐是重要成分之一，虽然在摩洛哥以及西撒哈拉能够开采到高纯度的磷，但长期的供应能力如何，以及按照当前成本水平进行开采是否合理，仍要打上大大的问号。更重要的问题是，当前有 70% 的磷没有得到循环利用，而是直接排入了湖泊和海洋中，这导致水体富营养化、海洋死区扩张。这种难以替代且供应有限的食物养分，人类竟毫不犹豫地全部倾倒进海里，简直骇人听闻。

• 海洋资源耗竭与海洋污染：多年前，许多地区就已经出现渔业资源锐减的状况，这个问题现已遍及全球。按照全球平均值计算，每一美元支出（劳动力、设备等）的捕鱼量自 1975 年以来已经下降了 83%。在过去几十年中，海洋污染也已经成了全球性问题。现在塑料污染总量为每年 800 万 ~1 200 万吨，如果按这个速度计算，到 2050 年，海洋中的塑料将会超过可食用鱼类的数量。

• 生物多样性流失：这可能是最令人担忧的问题了。当前生物多样性流失速度比生物自然灭绝速度要高出 8~100 倍，科学家们认为这可能就是第 6 次灭绝——全新世灭绝事件，其规模和程度都比历史上的前 5 次更为严重。这不仅仅涉及那些鲜为人知的物种，最近一项科学研究显示，全球 75% 的大型动物都面临灭绝风险，其中包括大家所熟知的老虎、豹子、大猩猩等。至此我们已经真正踏入了“人类世”。

这个威胁清单还可以列得更长，表土侵蚀、沙漠化、海水入侵、海洋酸化、滥伐森林等现象都日益严重。这里不是危言耸听，而是为了说明一个事实，人类最重要的自然资源——土地、水源、空气、养分和动物，几乎都受到了全球性的威胁。“地球承载界限”研究团队提出了地球健康的 9 大组成部分，按照当前的情况，人类已经在 4 个部分上超出了地球承载界限。

非营利组织“全球足迹网络”利用另一种方式对当前的自然资源使用进行了综合分析：他们会计算每一年人类所使用的自然资源总和究竟需要多少生物表面积才能提供。1970 年，分析得出的所需要的生物表面积就超出了地球上现有的生物表面积红线，也就是说，早在 1970 年，全球经济就已经出现赤字。从那时起，我们仍然使用着更多的资源，到 2015 年我们已经使用了 1.6 个地球的资源，而且那些发达国家所使用的资源总量是它们应有份额的 2~5 倍。

环保运动有时会被指责是危言耸听、言过其实，但是，在撰写本书的过程中，仔细审视各类环境数据后，作者认为在当前形势下，是时候敲响警钟了。

当前问题的严重性来自多个方面。从严格的经济学角度出发，是因为人类的滥用、损耗和污染，当前自然资源自身的生产力正在急剧下降（本书将会罗列出大量的事例）。由此引发的问题就是，人类发展历程中将自然资本转化为其他资本的模式还有可能一直奏效吗？

未得到充分重视的另一点就是，当前大部分环境问题都可以归结于人类对原材料和产品的使用。例如，作者分析了由联合国支持的

TEEB（生态系统与生物多样性经济学）研究，查看了其计算的全球环境破坏成本，并根据其中的根本原因进行分类，结果发现，60%~65%的成本与原材料相关，35%~40% 与能源相关。事实上，人类对能源的需求以及化石能源的燃烧给资源供给带来了压力，然而原材料方面可能正面临着更大的挑战。但时至今日，在各种环境问题的讨论中，后者得到的关注与能源问题相比却少之又少。

作者所强调的环境问题中有两个细节需要注意。一方面，总体来看，地球上的金属资源、化石能源并没有“消耗殆尽”，主要类别矿产的“储采比”（各类资源的探明储量与当年产量的比例）正在稳定增长。这也就意味着勘探新资源的速度比使用已有资源的速度要快，因此，短期之内全球的钢铁或石油资源不会耗竭。然而，这个大规律中也有例外。例如，欧盟已经将 20 种原材料列入“重点原材料”清单；制造智能手机所涉及的 50 种化学元素中大部分都属于稀有金属，例如铕、镝、铥，某些金属元素甚至来自同一矿床。其实这是人类的生物系统开始出现问题的表现，社会经济十分依赖自然资源系统的生产力，但人们在过去从未充分认识到这一点。

另一方面，作者认为，人类向地球透支部分自然资源的行为也是可以理解的。例如，对于贫穷国家，自然资源就是它们的主要资产，所以，它们“使用”部分自然资源满足基本的生活要求，积累“股本”，本身无可厚非。但是，现在几乎所有国家都在快速地透支自然资源，越富裕的国家甚至透支越多。这看起来并不像有还款计划的谨慎借贷行为，反而更像对自然资源的大挤兑。

越发展越贫穷？

也许 1985 年会被标记为人类历史上的又一分水岭。这一年，经济发展的重要指标 GDP 开始与劳动收入、收入分配和自然资本等关乎人类福祉的其他指标出现分歧，也是这一年，人们希望通过努力开发出能够指引经济发展的新罗盘，并协调隐藏在数字背后的两股大趋势——一边是惊人的经济发展与社会进步，另一边是巨大的环境损耗。更让人惴惴不安的是，这些努力得出了同样的结论：如果将自然资本计算在内，实质性增长毫无活力可言，其远远低于 GDP 增长的速度。那么这个结论意义何在？如果实质性增长的速度低于人们的预期，那么也就意味着当前的经济增长引擎并没有人们预期中的那般成功。这里主要有三个方面的指标：

• IWI（包容性财富指数）的工作由联合国环境署支持、多位著名经济学家牵头，旨在衡量长期的可持续财富。这里所定义的财富是一个国家的实际资本总额，具体包括生产资本、自然资本和人力资本，增长则是实际资本总额的提升。其背后的逻辑是决定一个国家人口未来福祉的是国家资本总额的管理与发展，而不是当下的收入水平（GDP 的测量数据）。在最新的 IWI 报告中，全球 140 个国家在 1990 年至 2010 年的包容性财富增幅仅为 32%，而同期 GDP 的涨幅为 187%，这一分析结果令人担忧。根据 IWI 的数据，如果将环境破坏成本计算在内，那么有 82 个国家的人均包容性财富在下降，因为自然资本的损耗速度高于其他资本的积累速度。而且，有很多环境问题还没有计入 IWI 的数据分析中，也就是说，这一分析本身还没有充分反映自然资本的破坏程度。

• GPI（真实发展指数）从 GDP 增长出发，将各种环境因素和社会因素考虑在内，最终得出真实的增长水平。1990 年至 2005 年，全球范围内的 GPI 增长接近于零。虽然各个区域的发展变化存在细节差异，但总体趋势一致：GDP 与 GPI 的差距越来越大。

• 在 2013 年，TEEB 研究团队以及英国 Trucost 咨询公司共同承担了一项艰巨任务——计算全球各类主要生态系统中遭到破坏的自然资本的总成本。最终计算出的总成本已经高出全球GDP的13%——数字本身已经如此巨大，而且按照目前的发展路径，这一数字还会继续增长。研究人员又将这一成本与采掘行业、粗加工行业（损耗自然资本的重要主体）的规模和利润进行对比，结果发现，如果将环境破坏成本计算在内，那么没有一个行业能够处于赢利状态，一个都没有！这就指明了全球经济中心的问题与风险。在能源行业中，近些年有很多关于高估化石能源资产的讨论（所谓的“碳泡沫”问题）。而根据Trucost咨询公司的分析，“环境泡沫”比“碳泡沫”还要大2~3倍。

上述的这些测算方法当然存在争议——GDP也是一样，但是这些分析都得出了一个令人无法回避的结论：GDP已经不再是衡量社会进步与创造财富的首要指标，在GDP保持正增长的背后，一个不太乐观的景象正在慢慢显露出来。人类当前测算的GDP增长也许只是透支未来所得到的结果，而并非真正的进步与增长。真实的经济发展速度可能远远没有人们想象中的那么迅速，甚至在某些国家已经出现了经济发展的倒退。人类是不是真的越发展越贫穷了呢?

浪费，无处不在的浪费

人类不顾自然资本的损耗，透支未来换取了增长，与此同时，经济体系中也充斥着浪费现象，这颇具讽刺意味。人类通过消耗自然资本得到生产资本，而问题的核心在于，在经济发展中，这些代价高昂的生产资本却远远没有得到充分利用。

前文提到的《内部增长》的作者调查了欧洲经济发展中的资源浪费现象，发现其程度已超乎预期。这一点对于本书论点十分重要，因此，这里先罗列出部分关键数据，后文会进行更为详细的讨论。

2012 年，欧洲每人约需 13.5 吨原材料以满足生活需求。从价值角度来看，材料与能源使用一次后 95% 的价值会流失，材料循环与垃圾中的能源回收仅占最初原材料价值的 5%。即便是钢铁、PET 塑料以及纸制品等回收率较高的材料，在第一次使用周期后，价值流失也高达 30%~75%。价值流失的原因之一是只有部分材料得到了循环利用，但更重要的原因是各种材料混合在一起后，只能在低价值领域得到利用。所以，欧洲国家整体上使用了大量的原材料，而且仅仅使用一次，再把贬值的材料留给子孙后代。全球各地重复利用原材料的模式稍有不同，但基本状况与欧洲如出一辙。

如果拓宽视角，当前经济中的结构性浪费更令人瞠目结舌。这里以交通出行为例。100 多年来，强大的汽车公司不断提高产品生产效率——而这仅仅是个体层面的提升。在系统层面，这幅景象则大有不同：在欧洲，一辆汽车 92% 的时间都处于停放状态，3% 的时间处于交通拥堵或者寻找停车位的状态，仅在 5% 的时间内有效运转。再进一步说，5 个座位中平均只有 1.5 个位置得到有效利用。这些数据结合在一起，汽车使用率竟然还不到 2%。美国的同类数据更低。而且，对于很多家庭来说，一年或者数年的可支配收入都要与汽车紧密地捆绑在一起。从能源角度出发，得出的数据也十分相近：汽车平均载重比例为 12∶1（1.2 吨重的汽车平均载人 100 千克），而油井中的石油能源仅有 20% 转化成为汽车行驶的动能。两数相乘，意味着石油中仅有 2% 左右的化学能最后用于人类的交通出行。从土地资源方面分析，结论依然相似：城市中心大约有 50% 的土地用于道路交通，包括道路和停车区域；但是即便在出行高峰时段（一天中 5%~10% 的时间），汽车占用的面积仅占城市道路面积的 10% 左右。因此，无论从哪个角度进行分析，经济价值中占比颇高的汽车也都只有 1%~2% 的使用率。

本书后文将会提到的住房与食品价值链，同样有着相近的数据。一言概之，这些重大价值链合计在经济产业中占比 50%，在资源使用中占比 70%~80%，而其中的浪费令人震惊。

指明这一点的意义何在？如果从系统层面审视这些重要价值链，我们会发现其中的资源浪费非常严重，而哪怕稍稍做出一点改变，在经济和环境层面可能就会出现巨大的转机。换言之，对于现有基础设施、产品与原材料，人们仍有巨大的机会在利用过程中挖掘出更大的经济价值。本书会说明，只要选择了正确的发展方向，现有创新技术和商业模式就足以实现这一点。这就是“重新定义增长”的核心。

在探讨这一问题的解决方案前，不如我们先谈谈，为什么人们看似反感对自然资源的破坏和浪费，却又会走向肆意挥霍而浑然不觉？从现实层面看，经济学课本给出了答案：因为破坏环境的成本仍然不够高昂，“谁污染，谁付费”的原则并没有得到很好的贯彻实施。而作者认为更深层的原因在于，长久以来自然资源都被当作源源不断、任人索取的东西。因此，当人们开始定义财富、资本、经济发展和以市场为基础的资本主义制度时，自然资本没有被计算在内；当全球人口达到 10 亿以上、人们开始建立经济理论和衡量指标的时候，自然资本也没有被考虑在内。人们继而又形成了根深蒂固的思想，即资本和经济发展独立于自然资本，自然资本最多也只是通过所谓的“外部效应”与经济联系在一起，对市场的影响十分有限。这样的理论早些时候还说得通。而现在，全球人口可能会一直增长至 110 亿，多种自然资源供应紧张，人均消费量迅速增长，而且人们早已超越了“人类安全运作空间”，如今，一些重要的外部效应也已成为常态现象，甚至在某些情况下，自然资源的重要性已经超过经济利益。人们必须对此重新进行审视了。

可持续发展——破碎的梦想

人类不珍惜自然资源已经不是什么新鲜事了，与之形成鲜明对比的是，100 多年来同时也有人始终积极地维护环境利益。在环境保护主义的历史中，有英勇的先驱（从海洋生物学家蕾切尔·卡逊到雨林守护者奇科·曼德斯），有骇人的危机（从意大利塞维索剧毒化学品污染到美国阿拉斯加港湾漏油），有可怕的战场（从偷猎活动到海洋塑料污染），也有可喜的胜利（从《蒙特利尔公约》到《巴黎协定》）。从某种程度上说，这就是人类的现代历史。

第一部环境法是 19 世纪晚期在英国颁布的，第一批环境组织也在同期诞生（1892 年成立的美国环境组织塞拉俱乐部）。这些早期法律和环境组织的工作重心是通过保护土地、物种或禁用某些危险物质来实现环境保育。在过去一个多世纪，这种保育措施起到了不俗效果：铅、汞的使用得到控制，DDT（双对氯苯基三氯乙烷，即二二三）、PCB（多氯联苯，即二联酚）等化合物被禁用，现代垃圾处理机制形成，等等。但以上大部分问题都局限于较小区域、单个国家，环境保护工作主要就是将有毒物质、负面企业列入黑名单，并敦促违规企业采取合法合规的行为。对于企业来说，这就是众多运营条件之一，仅此而已。

20 世纪八九十年代，情况发生了变化，早前的保育措施虽然硕果累累，但显然不再能够应对当时的环境问题了：初步显现的气候变化、海洋酸化、土壤退化、臭氧层空洞、城市雾霾、滥伐森林问题。上述这些环境问题又都具有全球化和复杂化的特性，扑面而来的这些环境问题同时都牵涉资源利用问题。对于很多贫穷国家来说，这些资源的利用和消耗又是工业起步的关键。

这些问题中的大部分遍及全球，与其密切相关的是日渐增长的资源利用需求。由于环境问题的转变，全球环保战略的重心从保育转向了提升生态效率。换言之，对某些森林、湖泊和物种进行重点保护或是禁止特定类别危险物质的使用，都不足以实现环保目的，全球经济体都需要尽可能更加高效地利用自然资源。从这个时候开始，环境保护，人人有责，所有的企业、消费者乃至国家都应该为生态效率担负责任。“生态效率”是 1992 年联合国地球高峰会议的重要成果之一，以此为核心，世界企业永续发展委员会（WBCSD）得以成立。时至今日，生态效率仍在全球环境战略中占主导地位。大部分发达经济体都制定了详细的环境法规，也为不同领域的生态效率设立了标准，例如，交通工具的燃料标准、建筑物的能效标准、各类设备的节水标准等等。大部分企业也将“生态效率”当作可持续发展的核心。

“生态效率”承载了美好的愿望，也带来了显著的成果（如果没有这个战略，世界可能已经糟到无法想象），可是面对当前的全球环境与社会问题，“生态效率”已经显得势单力薄。这听着有些刺耳，不过认真想想，“生态效率”作为重大环境战略已经持续了 25 年。与此同时，全球环境恶化的速度与规模有增无减，对全球生态体系和经济发展的威胁也日益严峻。生态效率本身没有错，在当时的情况下它可能是能在政治层面上得到各方支持的唯一选择。它不仅带来了环境利益，也带来了经济利益与创新，而且也在这场持久战中为地球争取到了宝贵的时间。

但是，目前主要出现了两个核心问题：第一，尽管大部分行业与国家渐进式地提升了生态效率，却仍然完全赶不上经济发展以及所谓的“（能源）回弹效应”所带来的增长。第二，可持续发展的工作主要集中于产品本身及与其相关的能源体系，前文所说的系统层面资源浪费并没有得到关注。这样的后果是什么？在资源利用的绝对值方面，即全球环境问题的关键方面，所有曲线不但没有下降反而都呈上升趋势。从 1995 年（生态效率概念出现的时候）到 2010 年，铁的需求量增长了 81%，塑料的需求量增长了 83%，化石能源相关的温室气体排放量增加了 48%，这样的例子不胜枚举。因此，无法回避的事实就是，相比于 20 年至 25 年前生态效率概念刚刚出现的时候，我们对地球资源的超大需求周期已经形成，这就给地球带来了更大的压力。

全球已经陷入了困境：效率的提升速度太慢，但加快效率提升的代价在很多人看来又太高，而且这样的提升可能会影响经济增长。汽车尾气排放就是一个很有趣的实例。在奥巴马任职期间，美国为汽车制造商设定的燃油经济性标准是到 2025 年使每加仑汽油行驶里程达到 87.71 千米（当前约每加仑 48.28 千米），而欧盟和中国设定的同类目标分别为 97.53 千米和 80.62 千米。但在相近的时间段内，全球汽车数量预计会翻倍：从目前的 10 亿辆增加至 2030 年的 20 亿辆左右。以此计算，即使汽车制造商能够实现上述极为大胆的目标，全球温室气体的排放量也会出现净增长。

随着时间的推移，这样的困境也越发明显。一些预测已经肯定了这点：虽然金融危机使资源热潮有所降温，但是几乎所有的分析预测都表明，自然资源过度使用的状况仍未改变，而且会继续加剧。2015 年 12 月，巴黎气候谈判时各国提交了相应应对计划，据计算，全球一次能源需求量总和到 2030 年将会增长 25%。大家对于《巴黎协定》感到振奋可以理解，但要知道那些承诺其实还远远不够。清晰展现在世人眼前的事实就是，基于生态效率战略指导的环境保护工作进展太慢，迈克尔·布朗嘉特与威廉·麦克唐纳的开创性书籍《从摇篮到摇篮》谈道，“不那么糟糕就是不好”，一语中的。虽然“生态效率”的理念带来了很多环境保护成就，但人类在目前所处的环境保护阶段似已走到尽头，故人类迫切需要对其进行反思，并建立全新的环境保护规则。

上述分析的总结：如果用当今盛行的标准（GDP）来衡量，那么在过去 30 年的时间里，经济发展实现了巨大的进步，其主要形式是将自然资本转化为其他资本。然而，随着经济规模的扩大，全球自然资本损耗的加剧，依赖自然资源促进经济增长已经不再如以往那般高效，这一历史发展模式已经开始殃及人类。况且，就当前来看，实质性增长已经远远低于 GDP 增长，现在的 GDP 增长其实就是透支未来的所得。这样的增长模式似乎需要深刻的反思。当前的可持续发展工作，即提高生态效率仍远远不足，而应对方法也许是那些人们还未开始定义、接受或者实施的新原则。

递增性经济——经济发展的资本重整

如果“生态效率”战略还不足以将当前正在进行的颠覆转变为“有益的颠覆”，那还有其他的可能吗？本书的主要目的就是通过提供相关的事实与视角促进这方面的探讨。因为作者也意识到，填补与缩小当前的思维空白与差异可能还要花上数年时间，它需要通过不断地讨论、宣传、倡导与承诺才可能实现。但是如此规模宏大的改变要如何着手进行？作者想来谈谈自己的见解。

在最高的宏观层面，有两大改变必不可少。第一，解决前文提到的系统性浪费是重中之重，其中包括对重大价值链体系中的浪费现象以及在原材料的一次性使用过程中造成的浪费现象加以限制。这是经济发展及环境保护的双重机遇。第二，作者认为“不那么糟”的“生态效率”规范应该变为“积极型”规范，即“净正面”或者“递增”原则。这里我们逐一探讨如何通过技术变革来实现上述改变，而这些改变又将如何让世界朝着有益的颠覆大步迈进。

从“生态效率”到“地球兼容”——三大支柱

地球兼容经济模式是什么样的？作者认为用三大支柱来描述它可以帮助读者理解这一模式，这些支柱的建立依赖技术变革，它们能够共同发挥作用，使实现财富增长与地球繁荣成为可能。

充足的清洁能源

在过去10年中，可再生能源技术取得了惊人的进步和长足的发展，其在使用成本与规模上的进步都远超预期。例如，以过去10年为轴，太阳能光伏技术的使用成本已经下降70%。现在，可再生能源的使用成本已经基本与化石燃料持平。即便是中国这个高度依赖煤炭的最大经济体，其2015年的煤炭需求已经低于2014年，而煤炭行业已是风雨飘摇。所以，当前谈的向低碳能源体系转移，已经不能与10年前的情况相提并论，而且这个转变正在迅速发生，并对经济层面和环境层面产生了非常强大的驱动力。在三大支柱中，只有“清洁能源”得到了全球范围的有力支持和讨论，后文会对此展开更详细的讨论，其透露出另一个重要信息：一旦能源体系变得清洁而且使用成本低廉，其将会极大促进创新与经济发展，正如低价化石能源曾经推动了经济发展。所以，“清洁”这一概念变为现实后，接下来人们就要想办法为经济体提供低价的能源供应，并确保其能够得到高效的利用。

“从摇篮到摇篮”的材料库

第二支柱是循环经济体系——原材料、部件和产品都能够重复利用多次，并且最终以无害的方式重新回到自然环境中的模式。当前原材料的一次使用过程中浪费严重，相比之下，循环经济体系能够带来巨大的经济利益，还能解决当前资源利用过程中产生的环境问题和健康问题。后文会谈到，只要原材料保持高纯净度、产品构造可拆解和可回收，再加上健全的追踪体系，那么大部分的原材料基本可以无限循环使用。企业要满足这样的设计要求看似麻烦，但不妨这么想，只要建立一套基本产品设计原则，当前规模庞大的废品就会一跃成为巨大的宝藏，并满足很多材料需求。现在的大部分产品设计都会采用黏合或焊接技术，并混合各种材质、增加不少添加成分，这使得产品使用末期的价值几乎为零，所以在大部分情况下，材料回收实在是无利可图。如果能够改变设计原则，一个国家的资源库存就变成了循环材料库，这将为国家带来真正的竞争优势，并使企业能够利用各种材料设计新产品、不断释放创新与变革潜力。后文会详细描述这样的体系，并揭示在如今技术发展的浪潮下，构建循环经济体系的可能性相比于10年前已经大大提高。

高效的再生系统

大家已经逐步认识到了系统结构的重要性。这里要提醒大家，即使产品设计一流，可再生能源供应充分，循环利用到位，但如果没有一个高效的系统，递增性经济也难以实现。新的变革应该以系统为基础。其实在很多领域中都潜藏着巨大的变革机遇，例如，以共享的方式实现更高的利用率，以虚拟化技术减少实物生产，将产品更好地融入系统（交通出行系统、城市系统、食品系统等等），优化系统设计以减少浪费等等。也同样因为技术进步，这些变化相较于10年前实现的可能性已经大大提升。例如，以前共享汽车和共享房屋对于大部分消费者来说吸引力不太大，而智能手机普及之后，这类共享服务普及速度突飞猛进。共享模式与虚拟化技术可能是当前人类掌握的最强大的环境工具——即使和21世纪初的预期比较，这样的视角也相当新颖。本书后文会阐述，交通、食品和住房这三大价值链的经济与环境潜力未能得到充分的开发，同样也会展示这三大系统经过改善后，人类就已经朝着有益的颠覆迈出了重要一步。

从宏观层面列举这三大支柱很简单，困难的是到底要如何将技术、创新、政策与行为进行搭配组合，从而真正建立起这三大支柱，这一点作者在后文中会深入阐释。当三大支柱建立运转之后，人类社会就会进入良性循环。充足的清洁能源与良好的设计原则使得产品与材料能以较低成本分解为原材料部件，并最终在经济体中多次循环使用。高效的再生系统则会进一步降低能源与材料价格、提升产品的价值。因此，三大支柱缺一不可，相辅相成。长期以来，大家的讨论总是集中在某一个支柱，例如，过去 10 年间，尤其是在气候变化的讨论中，我们所有的注意力都汇集在可再生能源上。直到现在，“从摇篮到摇篮”材料库的重要性才逐步得到重视。此外，将两者融入高效的再生系统中也极为重要。因此，对比当前的环境保护工作，三大支柱模式是一个重大改变，也是一个满载经济潜力的宝贵机遇。另外，巴黎气候变化大会中 195 个国家做出承诺，要将地球升温控制在 1.5℃ ~2℃，本书将会说明为什么后两大支柱对于实现这一承诺尤为关键。

新规范，新行为

作者认为，“生态效率”规范迫切需要改变。前文谈到“不那么糟”肯定是不够的。所有经济活动的基本要求应该是它的影响净值总和（对生产资本、自然资本和人力资本的总影响）在其生命周期中始终为正态。换言之，就是所有的经济活动都应该利大于弊。在描述个体决策时，一般表述为符合“净正面”原则，如果强调国家的资本增长，则描述为“递增性”发展。

这样的想法太过简单，甚至可以说太过肤浅，作者也时常遭到反问："大部分的企业、消费者和政府难道不是已经竭尽所能这么做了吗？"不可否认，确实有一部分人在行动，但是作者在过去30年中为不同的企业和政府提供过战略咨询服务，以亲身经历担保，上述的理念对大部分企业与政界领导来说，都是一个巨大的转变。他们当前基本都处于生态效率以及简化主义的思维模式中，也就是说，他们为自己设立的标准是比同类国家或者同类企业带来更小的危害。任意翻看一家大型企业的可持续发展报告，里面满满当当的数据都是在说明自己的生态效率较之去年又提升了多少（也就是相比之下"不那么糟"了）；更刺眼的是，基本所有企业的环境破坏总值实际上都呈现出上升趋势（也就是整体的环境破坏程度比上一年要严重）。再看看任意一个国家政府的环境报告，里面也必定包含各种与生态效率相关的规范，例如，燃油标准、能效指标等。因此，"净正面"原则意味着企业与政府在规划宏大目标时，在衡量工作成果时，需要对思维方式进行重大的改变。

"净正面"或者"递增性"规范的提出受益于保罗·科利尔的观点，即人类应该将自己视为自然资源的保管人，人类使用和消耗自然资源的前提是保证剩下的资源能够继续造福下一代。之后，这一规范又吸取了艾默里·洛文斯与保罗·霍肯的"绿色资本主义"理念；其还融入了沃尔特·斯塔希尔的观点，即循环经济中所有资本的利用都应该做到最大化，这一规范也离不开迈克尔·布朗嘉特与威廉·麦克唐纳"从摇篮到摇篮"的概念，即所有产品经过合理的设计都可以确保其原材料和部件在下一个使用周期中维持较高的价值，当然，联合国支持的自然资本核算工作也对其起到了促进作用。

然而截至目前，这些理念仍然没有成为主流，在作者合作的企业与政府部门中，得到的关注也极为有限。在作者看来，这主要是因为这些理念都看似过于宏伟，甚至有些不切实际，因此，总是被束之高阁、视作远期机遇。

本书旨在提出不同的观点。创新技术不但让“净正面”原则的贯彻成为可能，而且也使这一原则对于众多领域的产品和服务的吸引力大大增强——这在过去是不敢想象的。可再生能源技术的巨大进步加上创新数字技术的应用，将促进原材料与产品的使用效率大幅提升，相较于10年之前，实现“净正面”目标的可能性大大增加。同时，与10年前相比，为减轻自然资本破坏所花费的成本也更低，材料与产品的价值也可以通过共享、数字化、再制造等方式得到最大化。

这里需要说明，“净正面”原则并不是说经济发展要完全“回归自然”，并否定所有自然资源的使用。在“净正面”原则的框架中，许多自然资源，甚至包括金属矿石等有限的原材料，都应该得到利用。这一原则的要求就是，对资本基础进行明确的界定（衡量标准要能够涵盖大部分人关切的要素）后，计算出在一个完整的生命周期内经济活动对资本基础的主要影响，并能证明经济活动整体上对于资本基础的利大于弊。

本书会列举出众多此类事例，这里先以金属为例进行简要说明。采矿过程一定会损伤自然原貌，将矿石冶炼为金属又需要消耗大量的能源，而且以目前情况看，基本消耗的都是化石能源。这是否表示人类如果要避免损害自然资本就只能放弃使用金属呢？并非如此。在当前条件下，关于金属影响的众多分析已经呈现出积极的结果，因为金属能够带来各类高附加值的产品。想象一下，如果能在金属生产的过程中使用清洁能源，并确保金属产品的原材料在加工过程中能够不断地得到回收利用（这两点已经能够通过新兴技术实现，而且具有赢利前景），那么在开采金属的同时将创造高效的材料库，因而，经济层面和道德层面的阻力将不复存在。清洁高效的原材料在经济体中不断循环，并将成为子孙后代可以继承的宝贵财富。资本总额得以积累。如果对不同产品类别进行分析，我们不难发现，大部分产品都没有实现递增效果，较好的情况也只是分解和流失，更糟糕的是这可能带来严重的环境污染。但是随着技术进步，大部分情况都可以得到扭转。如果真的有某些产品无法实现“净正面”目标，让决策者、投资者还有消费者知道，难道不是一件好事吗?

这样的分析刚开始可能会感觉很奇怪，因为很少有决策者能够敏锐地察觉到健康成本应该是多少，治理淡水资源污染的成本应该是多少。不过用不了多长时间，决策者们就会对这些数字到底应该是多少形成基本的判断直觉，而这些更为全面的分析又会成为企业决策考量中的一部分。而且，这种直觉可能比人们预期的更为强烈，毕竟，无论是经营家族企业抑或管理家庭开支，实现资本递增（不是短期收入而是长期财富积累）早已是心照不宣的常态。

“净正面”思维的力量

“这真的有用吗？”这是作者遇到的又一个反问。如果大部分企业已经在当前的竞争中尽其所能，大部分政府已经根据目前的预算尽力而为了，那进一步提升标准的益处在哪里呢?

作者认为，当“净正面”原则或者递增性原则得到广泛的接受后，结果就会大有不同，至少会有三个方面的变化。第一，企业的日常决策会随之改变。社会规范将约束企业的行为：大部分企业即使知道有办法逃避相关法律责任，也绝不会使用童工。在权利平等、反腐、健康与安全方面，大多数企业的常规操作也将与数十年前大相径庭。这个社会规范会随着时间推移发生改变。当人们置身此情境之中，当每个人都担负了决策责任，当正式的规则难以界定，当情况变化迅速时，社会规范的影响最为显著。仔细想象，“相比去年不那么糟”这个规范近乎全然笼罩了资源管理的大局，确实令人震惊。

第二，这一原则的落实会营造出全新的竞争环境。消费者会逐步意识到，产品品质的基本要求之一就是其利大于弊（当前的产品认证、标签和说明等信息让人眼花缭乱，根本无法得出清晰的结论）。达不到这样的基本要求，消费者为什么要妥协？投资者也会逐步提出类似的要求。技术进步能够提升生产过程的透明度，相较于10年之前，追踪产品、验证生产过程的难度和成本都大大降低，这就给企业提出了新的竞争标准。首先，高效生产和循环经济会成为企业有力的市场宣传要点，因为其能显示产品在全面的分析下是有益于社会的。其次，“净正面”产品的衡量标准会逐步将卫生标准、市场标准纳入，成为企业无法忽视的规则，如果企业产品生产过程中出现了严重的浪费现象，譬如排出了大量二氧化碳，那么就说明企业存在管理不当的问题。对于企业来说，打造光明的愿景并树立相应的价值观，在劳动力市场上也会使其更具优势。在本书第五部分的采访中，奈斯派索的首席执行官让–马可·迪瓦森认为，如果企业没有这样的吸引力，那么要想吸引青年才俊可能要付出更高的成本。

第三，新的社会规范也会加快环境法律的出台。“应对上述所有问题的答案不就是制定更为严格的法规吗？”这是作者遇到的又一个反问。经济学家时常将其称为“污染者付费”原则，或者称为对外部效应标价——这也是所有经济学教科书中为确保公共资源不被滥用所给出的标准答案。作者支持对外部效应进行更高的标价，也同意这是建立地球兼容经济模式的重要前提之一。但是，教科书中的答案几十年前就有了，现实世界里却鲜有落实踪迹，为什么呢？因为规模如此庞大的变革必须先从理念、价值与信仰开始改变。首先，企业和民众需要相信这样的变革势在必行、充满机遇也切合实际。只有坚定了这一点，技术规则和外部效应标价的标准才能够建立。而后者在当前仍被视作经济发展过程中的负担，很多民众并没有认识到变革的必要性，政治人士要考虑选民意愿，所以执意落实严格的环境法规存在较大的阻力。

因此，本书提出的观点与单一的外部效应标价大有不同：作者认为，企业、消费者、政府、非政府组织以及投资者应该首先讨论并验证资本递增或者“净正面”原则，并对自己购买的产品提出这样的要求。当部分人首先发现了创新技术所带来的改变，感知到了切实的利益之后，这样的消息就会逐步传播出去，成为新规范。当这个社会常规得到了充分的认可，就会形成坚实的政治前提，就会对更大范围的外部效应标价进行规范。这是一个理念与常规先行的方法。

对经济的影响

为了将这一前景具体化，作者将其与欧洲经济相结合，以交通出行、食品和住房系统为例进行说明。我们与一支学术团队合作，对其中的经济与环境影响进行了建模计算，最后得到的结果令人震惊：如果前景得以实现，与当前发展路径相比，欧洲的 GDP 到 2030 年还将在现有基础上增加 7%。当然，对大规模的经济变革建模，其中必定有很多不确定因素。但即使选择的测算因素有不完美之处，最终也能为我们提供一个大体方向，即大规模的正面效应。另外，这一分析结果也确实符合常理：如果新技术得到利用，政策得到完善，那么改革成本自然会降低，也将使当前各大经济领域中的系统性浪费现象大大减少，这当然会带来重大的积极影响。而且，在基本生活需求领域，成本下降意味着欧洲家庭的收入增加，这对于中低收入家庭来说尤为明显。与此同时，建模分析显示，如果能确保升温幅度稳定在

1.5C°~2C°，那么温室气体排放量到2050年将会下降83%，模型中没有任何迹象表明就业状况会比当前模式下的情况更差。

再联想一下转型过程中，创新与变革为经济发展释放的活力：净正面产品、高价值材料库、低排放的出行与食品系统——在重大价值链中，也存在减少浪费的巨大契机。与企业高管们展开讨论时，作者团队时常会以“精益生产”做类比。丰田公司率先在其生产与供应链中做出改革，将重心从“逐步降低成本”转移至“消除所有浪费”，这种全新的管理视角也带来了全新的改良机遇，公司上下围绕着全新的规范展开创新，产品性能与生产效率显著提升。“精益生产”推动丰田公司成为全球规模最大、盈利最丰的汽车制造商之一，这一理念也成了制造业的新标杆。作者认为，“净正面”原则也同样清晰明确、简洁有力，同样有潜力推动巨大的创新浪潮。

更深入探究发现，递增性原则意味着全球经济将会走上新的发展轨道——实现经济与生态的共同繁荣。这里必须明确一点，人类社会至今仍未走上这样的轨道。资本递增的新原则意味着人类有机会摆脱当前经济发展中的困境，即经济发展越成功，人类寿命越长，子孙后代越多，环境破坏越严重，社会发展成果越畸形。在当前损耗资源的模式中，人类不可能获得真正的增长。而递增性经济则是有益资源的模式，经济发展越好，子孙后代就越幸福，地球也越繁荣。

这一分析结果振奋人心。人类如何在继续积累财富的同时又做到不减损自然资本的生产效率？面对这个问题，当前模式未能解答，而新的发展模式则给出了答案。

技术变革——势在必行，仍需动力

人类已经卷入了一次全新的重大技术颠覆浪潮，并开启了一次全新的产业革命。这对于本书的讨论十分重要，要知道人类得以满足温饱、过上美好生活、持续发展经济，不是靠地球约束或者人口规模自动实现的。人类使用的技术、采用的运作系统决定了社会到底是贫弱还是繁荣。狩猎与采集模式下的经济系统供养了500万人口，农业系统供养了8亿人口，而工业化为50亿人口的发展奠定了基础。但如果人口攀升至70亿，甚至110亿呢？已有充分证据表明，工业化是无法保证如此庞大的人口发展的。要想协调好人与地球的关系，我们迫切需要新技术系统的出现。这一情况让不少传统企业感到恐慌，也震慑了它们，但是新技术还是轰轰烈烈地到来了。转变背后的各类技术正在飞速发展：智能手机、人工智能、3D打印、生物材料、量子计算、机器人、大数据、自动化……

技术颠覆改变了银行、通信和娱乐等信息领域，也将在未来20年中深刻改变经济的实体价值链。本书将会着眼于交通出行、食品和住房价值链，说明其中大部分环节都有多项重大创新技术、商业模式具有赢利潜力或者接近这一目标，比如无人驾驶汽车、精准农业、3D打印建筑、廉价清洁能源、物联网等等，而且在未来5~10年这些技术能够解决当前很多棘手的问题，例如，外部效应、“搭便车”行为和滥用资源等等。思科集团的首席执行官约翰·钱伯斯说道：“（技术变革的）影响将会比互联网革命强大不止五倍。”技术变革牵涉的利益巨大，因为这些价值链对于生活方式、就业状况、经济发展以及自然资本都具有重要意义。

颠覆——是喜是优？

一方面，此次技术变革为落实前文所描绘的前景提供了绝好的机遇：可行性增强，经济成本降低。历史上最强大的变革工具触手可及。

但另一方面，按照当前的发展轨道，技术颠覆并不会自然而然地解决自然资本的问题，也不会顺其自然地化解收入不平等、社会涣散等社会困局。甚至有充分的证据表明，颠覆可能反而会激化上述各种问题。而且，各个大型价值链都会受到影响，颠覆牵涉的利益也更加庞大。人类似乎在朝着危险的颠覆前行。

首先是自然资本的问题，前文已经提到，效率的提升赶不上需求总量的增加。经济增长会推动需求，以往经验表明，当新兴技术降低了单位成本时，需求总量就会增加——汽车、食品、房屋，皆是如此（这种现象也被称作“回弹效应”）。猛一看，这是好事：消费者利益增加了，经济发展了。但是，这通常也意味着资源需求的绝对值增加了。在某些价值链中，资源需求绝对值的增长抵消了效率提升所带来的益处。例如，如果每公里使用汽车的成本下降，城市中心将会更加拥堵，而拥堵负面影响将会超过出行成本降低带来的积极影响。

新兴技术对经济增长有何影响，一直以来都是热议的话题。后文将呈现两方的观点，但是仅以目前的数据来看，质疑技术的人群可能占得上风。例如，美国在过去几十年中历经了技术变革，但是每位员工的产出增长率不升反降。

大部分研究表明，技术变革加剧了这种不平等现象，低技能的工作更容易被自动化技术所取代，数字化则意味着经济中的“超级明星”能够扩大影响范围、提升产品价值。

对于就业情况的影响，不同的研究结果存在较大的分歧。2013 年牛津大学一项大型研究对 700 多类工作进行了检验，结果发现 47% 的岗位面临被数字化技术取代的风险。但也有研究指出，像医疗保健这样规模较大的行业仍会需要更多的人力资源，而且在以往的技术革命中，这些行业提供的就业岗位并没有大幅消失，因此只要有合理的应对政策，就业状况就可以得到有效把控。

另外，很多消费者、企业和政府机构都感到，在席卷全球的“技术海啸”中，连社会群体、商业模式以及选民意向都会受到影响，甚至逐渐失控。对于很多人来说，技术就是失控的同义词，它无疑会对民主社会形成严峻的挑战。

在作者看来，当前形势严峻，不容掉以轻心。在全球各地的不同领域，身处各行各业的数以百万计的人员正在从事着创新工作，但是创新的综合成果是否积极呢？正如前文所说，在很多情况下，财富总值是否会增长还是个未知数。本书将会探讨政府在创新中的作用，并以最新研究结果来说明，政府可以把控创新与技术发展的方向，同时又不遏制创新。

这些就是政府和整个社会应该更加积极地参与技术变革的关键原因，政府和社会应当定义转型原则，设定转型边界，以实现“净正面”目标、确保技术变革带来有益的颠覆。

跨越鸿沟

显然，结合了可再生能源、“从摇篮到摇篮”的材料库、高效率再生系统的全新递增模式与当前的工业模式截然不同。无论是从生产、消费，抑或共享成果的标准来看，传统模式与这种全新的模式存在巨大的鸿沟，在使用资源方面，差异更是明显。这个鸿沟是由各个方面的差异造成的：基础设施、商业行为、法律法规、激励措施、思维模式以及对未来世界的构想等。即便人们能够接受全新的经济模式，但传统经济模式的巨大影响却难以逾越。确实，在新技术的推动下，社会每一天都在前进和变化。但是，在前进的表象下，整体经济模式仍旧依赖于资源开采、损耗着地球的有限的财富，而资本总额（人力资本、自然资本和生产资本的总和）也未能得到有效的积累。

医疗行业和教育行业中规模较小的改革收效甚微。全球治理势微，孤立主义抬头，短期资本主义盛行，民众信心崩塌，此时此刻颠覆全球经济运转体系，真的可行吗？作者认为，不仅可行，而且这难能可贵的机遇唾手可得，人类可以选择利用或者放弃。作者认为，有五大原因值得人们抱有乐观态度。

原因一：改变迫在眉睫

如果没有明确的行动理由，就不可能动员起全球力量。在未来10年，人类必须行动。长期以来，是否需要变革仅仅是个立场问题，但如今的事实与数据已经表明：人类有10年时间将耗竭资源的模式转向资源递增的模式，否则，危机将难以避免。在农业等依赖自然的生产系统中，生产效率的提升不再能够确保需求得到满足。2010年，全球人口增长首次超过了粮食增长——马尔萨斯的人口论再次给我们敲响了警钟。根据斯德哥尔摩应变与发展研究中心的分析，按照当前的模式继续发展，人类很快就会冲破所有地球系统的“人类安全运作空间”，而在这九大地球系统中，四大系统的界限已经被突破。在未来10年中，至少还有另外两大系统的界限将被突破，这将对自然与经济的再生和生产效率产生极大影响。然而这些警告时常被视作危言耸听的言论。很多环境工作都遭到了此类指责，例如，禁用DDT的运动、德国遏制酸雨的努力以及罗马俱乐部的警示。提前一步敲响警钟也许是好事，有充分的证据表明，及早提出警示正是某些生态噩梦没有成真的原因。消防员的报告显示，公共场所突发火灾时，大部分人伤亡的原因不是恐慌或者反应过激，而是反应过慢。这也是提前敲响警钟的意义所在。

事实上，人类完全能够采取行动。在未来10年中，如果我们无动于衷，就相当于白白失去了一次重要的机遇。《巴黎协定》带来了应对气候变化的新势头以及更强大的政治意愿。“国家自主贡献预案”（INDCs）中各国的减排量将使全球气温升温幅度控制在2.6℃左右，但与2℃以下的目标仍存在显著差距，这表明当前的工业模式与能源系统已不再适用——这是具有历史意义的进步，它推动着人们去反思和挑战一直以来默认的经济观点。另外，这也关乎如何避免数以万亿计的资产搁浅，因此，在经济层面我们已经具有充足的行动理由。在未来10年，单单是基础设施方面的投资就将高达60万亿美元。如果依据能源与工业发展的传统模式进行投资，就可能造成历史上最大规模的资产搁浅。最后一点，人类社会已经步入了儿童人口的峰值时期。当前，儿童人口为19亿，而且很可能这就是人类历史上的最高点。在新一代的成长过程中，向他们传递可再生能源、健康产品、品质销售、资产共享、自然系统的再投资等全新经济愿景，将会带来贯穿百年的深远影响。如果当今的青少年都能够接触到新愿景的概念，并将它们传递给自己的下一代，那么在不久的将来，人类将有可能在“净正面”原则下生活——这是不可错过的机遇。如果我们浪费了此次变革机会，其后果不堪设想。行动已然具备充足的动机。

原因二：一触即发的直觉转变

要迅速摆脱损耗性的工业模式，存在一个主要障碍——人类的想象力。如今，在人们的想象中，煤炭发电比太阳能发电成本更低，燃油汽车比电动汽车性能更好，原生材料比循环材料更加便宜。但是，随着传统模式与新兴模式的差距缩小，人们设想的未来也应该存在一个独特的临界点了。1862年托马斯·库恩在其著作《科学革命的结构》中提出了“范式转移”的概念。现在众所周知的概念在20世纪60年代却实实在在地令人大开眼界。库恩的核心论点就是，大部分的科学研究总是建立在已经存在的信仰体系与范式基础上，例如经典力学、玻尔的原子模型等。基于这些范式，研究人员会进行实验与理论拓展，并解释更多的现象。但是，随着时间的推移，新的研究成果会与现有的范式发生冲突。一开始，科学家们可能会尝试将这种异常现象套入现有范式中进行分析。但是，越来越多的现象得不到合理的解释，现有的范式就陷入了危机，对于新范式的寻求自然由此萌生。在一定时间内，旧范式与新范式共存，相互竞争，直到旧范式逐步消亡。这就像是在完形心理学（又称“格式塔心理学”）中，人们看到一个新的“完形”后以一种全新的直觉看待世界。库恩将“完形转变”呈现在了著名的“鸭兔图”（见图2）中。如果人们第一眼看到了鸭子，然后就总是看到鸭子，看不到兔子，但如果人们慢慢地找到了兔子，那就不可能再回到那种“只看得见鸭子”的状态了。

图2　鸭兔图

从某种意义上说，本书就是在讨论一只完美的鸭子和一只完美的兔子。先来看看当前的“鸭子”：从这个角度看，全球经济创造着前所未有的财富。在资本主义系统中，市场、所有权、竞争和创新相互作用，使数十亿人口脱离贫穷，进入中产阶级，走向兴盛。是的，经济增长确实也让人类付出了一定的健康与环境代价，但是每次代价过高的时候，人类总能够及时找到弥补的方法。自然资源总体上十分充裕，且价格低廉，只要出现稀缺的迹象，价格变动就会传递出信号，人类则推动创新，最终找到应对办法。在经济增长的同时，勘探、采掘、交通、生产、分配以及供应链等各个环节的成本仍在继续降低，这使得数十亿融入全球经济体系的人口能够购买产品。完全颠覆这一模式将会摧毁其成就，这是一种鲁莽的举动。对于很多人来说，这就是当前经济的“完形”——一只完美的鸭子。

假设我们跨越到未来，再回看当前的经济，“完形”截然不同，其是一只完美的兔子。人们看着传统模式，必定会摇头慨叹：对利用效率低下的资产进行大力投资，明知风险却在两百多年间就烧尽了历时百万年才能形成的化石燃料，数十亿吨工业产品在使用一次过后就被输送到了垃圾填埋场，矿质肥料在几十年间就会耗尽却仍在农业生产后被冲入海洋，城市的建设根本不考虑无车出行……当新范式建立起来后，未来一代根本无法理解当前的人们竟然找不到那些“异常现象”不断发展的原因。他们也许会问：“你们当时到底在想什么啊？”一如当前我们面对奴隶制、妇女选举权和滥用 DDT 等话题时，不禁对曾经的人们发出质问。未来一代还会问：“既然你们已经掌握了技术，那到底是什么限制了你们的想象呢？”描绘递增性系统的“完形”，以未来的视角看待今天，反思当下的模式，我们做得还不够。系统层面的改变往往始于展望未来，延伸信仰，而其终点，即托马斯·库恩所描述的转变是世界观突然的颠覆。

原因三：表达能力的爆发

2014 年 3 月 8 日，马来西亚航空 MH370 航班突然失联，数字地球公司（Digital Globe）为互联网用户提供了高清的卫星影像，用户可以逐个像素搜寻可疑的飞机残骸。消息一出，网络反响热烈，在高峰时段，公司网站的流量高达每小时10万人次访问。用户可以标记图片，之后会有后台算法进行审核。此次数据分析为搜救行动提供了重要的帮助。一个名为Tomnod的众包平台上也出现了另一个相似的行动，2014年起，该网站开始对苏门答腊岛上新出现的森林火情提供实时信息，以便当地政府部门与活动人士能够及时采取行动。技术变革帮助人们搭建了新的系统，改变了人们的衣食住行，也改变了变革本身。这样的事例不胜枚举。绿色和平组织在网上发起抗议行动，大批抗议者进入美泰玩具公司的“脸书”页面和“推特”页面表示谴责，迫使该公司不得不在生产芭比娃娃和肯尼娃娃的过程中放弃使用含有棕榈油的包装。超过20多万封电子邮件一时间发送到了美泰公司的首席执行官鲍勃·埃克尔的邮箱。采掘行业透明度行动计划（EITI）旨在提高自然资源领域的透明度，其包含的问责制已经大大改变了全球采矿业的现状。这一计划最初是在英国前首相托尼·布莱尔执政期间建立的，本来其只是一项政府计划，但随后得到了全球民众的大力支持，因而迅速发展壮大。现在，全球51个国家已经落实了透明度行动计划确立的标准，公开了采矿活动的收入、1.847万亿美元的税收以及政府对这些税收的使用情况。

互联网革命的社会影响不可小觑。相比电话等一对一的媒介或者广播、电视等一对多的媒介，互联网所提供的多对多媒介截然不同，这种新的媒介甚至将影响社会前进的方向。美国作家克莱·舍基说道：“我们生活的当下……是人类历史上表达能力增长最快的时刻。”在中国，在互联网的助力下，打击腐败，曝光养老院内的失职现象，监控工业厂区的排污，约束官员的行为相继发生，公民与社交媒体组织正在迅速扭转权力的天平，加速社会的变化，并引导其前进的方向。这显然也带来了全新的挑战，例如个人责任担当，隐私的暴露问题等。但是，技术变革又似乎是为经济模式中的系统转型量身定制的。曝光资源使用状况、检测生态系统健康、共享资产与产品以及追踪材料的循环使用，在这些权力之外，技术变革也提供了释放民众不满的渠道，将社会群体汇集在一起，传播全新的范式，为建立新的经济模式奠定基础。

原因四：中观经济的崛起

时至今日，很多人依旧认为经济体中只有两类利益相关者。一边是以己利为先的企业，它们依据微观经济的供求关系，在完全竞争的市场或者接近完全竞争的市场中展开较量。另一边是政府，它们为各类市场制定规则，依据宏观经济的原则调控总供给与总需求。在这样的环境中，向着循环再生经济转型的进程不但缓慢，而且极为艰难。企业会把责任推向政府，声称需要更好的规则、更公平的竞争环境，自身才能做出改变。而政府又会认为，出台新规有风险，企业在此之前应该有所表示，以证明新的商业模式和技术确实可行。这就像是“先有鸡还是先有蛋”的无限循环，企业只有在国家出台市场规定之后才行动，政府又担忧新的规则会使经济表现、就业与增长受到影响，因此不愿先行一步。在这样的情境中，向拥有三大支柱的“净正面”经济体系转型是不可能实现的。

这种一分为二的利益群体分类十分简单，而且越来越不符合实际。长期以来，包括诺贝尔经济学奖得主罗纳德·科斯在内的众多经济学家都在批判微观经济理论，指责这一描述没有展现现实世界中企业之间的契约关系，而且，在产权归属极不明确、交易成本高昂的新市场中，这一缺陷尤为明显。

中观经济的出现为经济体系的转型带来了积极的动力，在宏观与微观的两极之间构建了快速发展的地带。越来越多的经济活动在事务上相互关联而并非在交易性质上相互关联，这也促进了企业、银行、大学、政府、消费者等不同的利益相关者形成了互动关系。中观经济主要以三种形式呈现出来：

第一，非竞争合作关系、前竞争合作关系。越来越多的企业正在与相关行业的企业或者集团结成联盟，重新塑造市场竞争规则与格局。例如，法国液化空气集团、戴姆勒汽车公司、林德公司（德国工业气体巨头）、壳牌石油和道达尔石化公司成立了“氢能出行”联盟（H2 Mobility）。世界经济论坛、艾伦·麦克阿瑟基金会以及麦肯锡商业与环境中心携手建立了“主流计划”联盟，共同推动循环性产品与服务的主流化。全球80家规模最大的养老基金与主权财富基金成立了“P80组织”，就可持续性投资展开了合作。越来越多的企业认识到，此类联盟关系是塑造全新市场环境绝好的战略性工具。在所有优化资源管理的努力中，正是这些企业为了共同使命而开展的合作带来了关键成果：旨在提升企业碳排放透明度的“碳披露”项目（CDP）启动，海洋管理委员会、塑料披露项目组以及热带雨林联盟等重要组织也陆续成立。

第二，合作社形式获得新生。在德国，自2008年到现在，合作银行客户人数已经达到100万，德国总理安格拉·默克尔赞扬这是“未来的模式”。在全球各地，合作社的发展速度超越了全球经济增长速度。合作社已经出现在农业、能源、社会基础设施等领域，并在数字化领域也呈现兴起之势。合作社形式的益处在于能让所有用户参与其中，而且这种形式在服务价格难以确定的不完全竞争市场上也能够奏效。

第三，非营利组织更加专业化，更具影响力。此类组织能够整合资源、开发可靠的战略运营计划、权衡效果并将机会留给最优秀的团队。

当前，中观经济正在逐步靠近系统性变革的中心地带。虽然市场交易以及政府的宏观调控依然重要（尤其是在控制外部效应方面），但中观经济的潜力明显极大。

原因五：新资本主义者

资本主义是越来越短视，还是越来越看重长远发展？有关这个问题的争论从未停止，其实，两种观点各有道理。确实有证据显示，短期主义越发严重，现金偏好增强，公共资本市场也没有履行推动系统革新的承诺，但也存在看重长期增长和影响力导向的资本家及积极的政府，而且这一群体的规模正在变大，其信念也在增强。资本催化对摆脱现有经济模式发挥了重要作用，而且这一作用还在变大，例如，影响力投资基金年增长率已经达到了37%。在欧洲，社会责任投资（投资决策中融入环境、社会、公司治理方面的考量）已经占直接投资以及资产管理行业投资的10%，而且此类投资自2009年以来年的增长率超过了30%。世代投资管理公司等环境基金的增长幅度超过了市场的整体发展水平。美国的贝莱德集团和加拿大退休金投资委员会等大型投资机构也在转换视角：从“承租人”向“业主”的思路转变，减少交易频次，更加注重资产所有者的利益。最后，公共领域资金也在向系统性的变革移动。欧盟已经向循环经济项目拨款6.5亿欧元，而且欧盟“地平线2020基金”中有240亿欧元的资金将用于循环经济项目。新资本主义者走入了新的发展阶段，不是道德观变了，而是眼界变了。投资组合中的系统性风险也在悄悄地积累，现在投资者必须打破系统界限，重新分配自己在养老基金、人寿保险公司和现金充裕的公司中的大量现金。

根据以往的经验，投资者一旦认识到某类资产前景黯淡，相关行业将会迅速受到影响：煤炭企业在过去几年中的市值已经触底，使用化石燃料的公用事业部门也受到了重创。因此，综合上述五点，人类有理由对未来的发展抱有乐观态度，但也莫要得意忘形。真正的变革需要形成连锁效应，共同推动社会进入螺旋式上升的循环。有迹象表明，连锁效应似乎已经启动了。

进入螺旋式上升循环

人类如何在未来10年将发展引擎并入另一条发展轨道呢？本书不会具体描述这样的转型计划，因为其中存在太多的不可预测因素。这里主要分析已经在发生的转变，并从中吸取有益的经验。虽然这种转变还在进行中，但是截至目前，已经为系统层面的变化提供了非常有意思的案例，这既不是宏观政策或者微观政策带来的改变，也不是单一的超级创新成果带来的改变，而是不同的经济参与者相互加速作用带来的改变。

在减缓气候变暖、发展清洁能源方面，不同利益相关者、既得利益机构、范本案例等因素的积极交互作用，最终带来了新突破。早在20世纪七八十年代，理论界就开始发出全球变暖的警示，呼吁停止使用化石燃料。但是，这个想法与当时的技术发展、经济发展相互冲突，大家觉得太不切实际，决策机构当时只看到了“兔子”，没有看到“鸭子”。随着时间的推移，事情发生了变化。当时的警示引发了现在的热烈讨论，它吸引了资金，推动了研究，催生了多边行动，激起了民众抗议活动，最终触发了引爆点——《联合国气候变化框架公约》（UNFCCC），即1992年联合国地球高峰会议的协商成果，还有1997

年的《京都议定书》。

虽然当时的技术实践仍无法赢利，但是关于技术研究的拨款与补贴已经显著增加。许多企业率先加大研发投入，开发新技术的成本也开始迅速下降，最终，清洁能源转型在经济层面上也成为可行选择。大量的学术研究也在同步进行中，这些研究为全球变暖的严重后果提供了更多的事实依据，使更多的选民们相信，这是一个重要的议题。2005 年，欧洲推出的碳排放交易体系成为又一个引爆点。

气候变化对金融领域也产生了显著影响，这一现象成了家喻户晓的话题。2005 到 2010 年，可以说是商业群体的觉醒时期，至少欧洲的商业群体已经坚定了信念。作为商业咨询人员，作者发现各个产业领域对于气候问题的态度每个月都有新变化。资源发展、二氧化碳定价、《哥本哈根协议》、学术科研与技术开发等，各个方面的努力带来了更广泛的共识，那就是清洁能源系统和资源生产率在未来数十年会成为重要的商业议题，以及企业生死存亡的关键所在。新的引爆点得以突破。技术研究与开发投资得到进一步推动，技术发展日新月异，在太阳能光伏、电池技术、电动汽车等领域都出现了非凡的进步。最早用于描述芯片性能发展的“摩尔定律”，现在在其他领域也得到应用。技术进步速度极快，企业必须加大研发投资力度才能够与竞争对手继续较量，反过来，这些投资又进一步带动了发展速度。

从 2009 年到 2010 年，一个重大变化得以呈现：金融危机爆发，页岩气蓬勃发展，化石燃料价格下降，这些因素综合在一起都无法再遏制清洁能源的发展与进步。当然，对于很多清洁能源公司来说，前几年发展确实很艰难，但是整个产业的颠覆性增长仍在持续。

与此同时，旧经济体系的吸引力迅速下降，甚至陷入危机。在欧洲的电力行业，传统发电技术的负面形象强化——使用率下降，电价跳水，资产账面价值减记，股价大跌；而新型可再生能源技术成为了低成本的选择，这也是促成 2015 年《巴黎协定》的重要原因。

在撰写此书的当下——2016 年，作者认为，人们对于能源的未来已经有了广泛的共识，不论是西方国家，抑或发展中的经济体，可再生清洁能源是大势所趋，大部分的企业也都认同，在不需要巨额成本的前提下，这个转变同样可以实现。“鸭子”已经迅速变成了“兔子”。虽然还有很多工作仍有待完成，但当前的发展趋势确实振奋人心。15 年前，新能源改革看起来毫无成功的可能，成本、规模经济、既得利益、选民认知和企业思维等等，各种因素都在暗示化石燃料最有保障。

人们应该从中吸取什么经验呢？系统变化是一个所有利益相关者都参与其中的迭代过程，其中一类群体的进步将会推动其他群体进步，以此类推，形成螺旋式上升的循环。信念传播与范式转移有效指引了行动与投资。在“强硬”的政策下，所有的利益相关者都可以而且必须改变。系统层面的变化是由一个又一个的引爆点推动的，变革的到来也往往比预期发生得更快。但是，最重要的一点可能是，这些转变都离不开技术、商业模式、治理与思维等方面的开拓创新。

作者相信，对于更为广阔的递增性经济来说，相似的趋势也有可能实现，而且必须要采用上述相辅相成的循环上升模式来实现。我们已经看到了一些“净正面”原则与三大支柱作为新范式的其他体现。某些群体的观点与作者基本一致，认为递增性经济有光明的前景，因此，对利益相关者提出了几项基本要务：政府需要推动消除不利于环境与健康的负面因素——这也是经济学教科书上对于外部效应的应对方法。但是，这类人群应该认识到，当前他们未能成为强大的政治力量也不掌握政治权利来出台强有力的法律法规，只能小幅改变资源定价。因此，他们需要采取全新的方法。为了弥补政策缺位，他们应该先创造材料库，建立高效的再生系统，就像他们之前建立低碳能源系统的工作一样。这需要多年的工作过程。第一步就是认识到三大支柱都存在巨大的潜力，当前的浪费现象需要解决，“材料”与“系统”应该纳入“气候与能源”的政治讨论中。之后，法律法规、税收政策、公私合作以及公共投资都需要进行改革，形成上升的循环。当前正在进行的技术变革如果得到合理应用，将会提供强大的推动力，本书会进行更为详细的说明。

另外，政策制定者需要创造愿景，指明“净正面”循环经济不但有实现的可能性，而且已经更切实际，更具吸引力，在技术变革的浪潮中，这也是建立道德形象的重要方式。

政府要承担起企业家与创新者的责任。颠覆性的变革需要政府“求知若渴”，私有领域难以投资的领域，政府应该及时补位而后有所投入。玛利亚娜·马祖卡托在著作《企业型国家》中指出，数字技术、生物技术、能源技术等领域的很多重大突破都有赖于国家层面高瞻远瞩的“创新体系”。未来的转变提供了更多此类机会，也会带来更多的突破以及开拓出更广阔的新市场，例如，落实“产品身份”措施——可以通过嵌入低成本的芯片或者是二维码，让资产智能化，实现全程追踪。这也让消费者可以把握整个产品周期，达到与生产企业一样的监测水平。基于当前的技术水平，这一举措完全有实现的可能，而且能够在共享、再利用、再制造的模式中推动更大的创新，打开更广阔的市场。

非政府机构的利益相关者也需要认识到其中的机遇。投资者应该认识到，在大型基础设施革新的项目中存在长期机遇，投资组合中要注意化解风险；企业应该认识到，高质量的产品、高利润的服务合同、资源的独立性都能带来巨大的市场机遇；劳动者与工会应该认识到，建立三大支柱将创造新的工作机会，它需要大量劳动力的同时也提出了新的技能要求；更多的工作机会、更公平的服务资源将缩小不平等现象的鸿沟；学术圈与研究机构应该认识到，广阔的改革机遇在材料、产品设计、工业流程、商业模式等方面对创新提出了更高的要求。最后，消费者需要认识到，选择高质量且低成本的服务会带来更多的利益。

上述领域任何一个环节受到刺激都将带来积极的动力，催生其他领域的变化——从稀缺状态向富足状态转型，走出政治困境，创造共同愿景，秉承慷慨精神，创造上升式循环。

“用进废退”

作者的分析与见解得到了众多人士的肯定与支持。在作者所经历的讨论与公共演讲中，年青一代尤其受到鼓舞，眼前的愿景如此宏大，堪比欧盟的一体化市场、WTO（世界贸易组织）的自由贸易协定以及计划经济向市场经济的转移。而且，年青一代已经无法接受老一套陈旧的答案。但是他们的想法可能不会马上转变为实际的大规模行动。在手握决定权的人士中，很多人的心态并未转变，很有可能因为他们固执己见，人类会失去未来二三十年的关键变革机遇。当然，推动“净正面”递增性经济也需要全社会的共同努力。那么，推动决策者以及整个社会改变态度，需要做些什么呢？作者团队采访了五位杰出的领导者——教会领袖、气候经济学家、诺贝尔和平奖得主，企业高管和科学家——询问他们对于系统层面变革的观点。采访内容在本书第五部分。五位人士都给予了我们很大信心，同时也为我们拓宽了变革视角。他们的回应指出，当前的问题不仅仅是建立高效率、低风险的经济体，也不仅仅是重塑资本市场，而是关于全人类的发展，如何与我们所在的地球重新建立联系，如何弥合社会鸿沟，如何与未来世代构建和谐关系。此外，他们的回应也指明了行动的紧迫性。在人类历史中，质疑、混乱与焦虑的阶段总是与蓬勃发展的势头、众志成城的亢奋状态交错出现。这些都成了重大的转折点——有时向好，有时向坏。撰写此书的关键原因就是指明变革的重大机遇已经呈现在眼前，可以说触手可及。如果错失机遇，那将是全人类的损失。在作者看来，当前所处的时代振奋人心，必是有所耕耘有所回报。

表 1 总结了本章中主要的话语转变，后文将会有更加深入的探讨。

表 1　主要话语转变

	现状	转变
第一部分	我们的经济还在继续发展	真实的增长远低于 GDP 增长，接近于零
	GDP 是衡量经济发展的最佳方式	资本递增性衡量方式已经出现，提供了更好的视角
	环境问题具有地域局限性和偶然性的特点	人类面临着全球蔓延的环境危机，情况日益严峻
	环境恶化是社会进步的代价	社会的扭曲与环境的破坏存在必然联系
	资源可能会越来越稀缺	有些资源已经非常稀缺，而某些地球系统的生产效率以及恢复能力已经耗竭
	竞争使得更大的实体价值链更加高效	在成熟价值链中存在严重的系统性浪费现象
	环境受到威胁	全球经济以及上万亿美元的相关资产受到威胁
	应对环境问题的方式就是提升生态效率	提升生态效率很好，但是远远不足，人类需要建立利用自然资本的全新规范
	经济增长会解决环境问题	人类需要用全新方式协调经济与环境

（续表）

	现状	转变
第二部分	工业化经济必定会损耗环境资源	过去数十年中的技术发展使得递增性经济成为可能
	无法判定人类是否在正确的发展道路上	基于循环原则的净正面经济的概念提供了直接、准确的标杆
	财政刺激政策是实现环境保护的关键	社会规范、价值观、民众意识是影响企业决策的重要因素
	改革能源系统是可持续发展的重心	改革材料系统的重要性有过之而无不及
	市场会优化最大的实体价值链	最大的实体价值链中存在巨大的发展潜力，但是没有得到良好的管理
	“绿色净化”过程成本极高	消除系统层面的浪费在经济层面与环境层面都有益处
	可持续性只有通过对比才能得以衡量	资本递增具有客观、准确的衡量标准
第三部分	技术对于信息领域的影响较大，但是对于实体价值链的影响十分有限	在未来 10 年，新技术将会深刻改变最大的实体价值链
	技术是解决环境问题的终极方案	解决环境问题离不开技术，但仅有技术还不够
	创新工作与人类智慧会让我们不断进步	当前的创新浪潮是否带来积极影响——研究分析得出了不同的结果
	技术发展是不可管控的	技术发展可以朝着人类把控的方向前进
	数字化整体上将会增加物质的使用	数字化有助于建立回馈系统，改革人类使用物质的方式
第四部分	系统变革即便有可能实现也十分困难	至少有五大原因表明此次系统变革有望大获成功
	转变需要历经数十年	未来 10 年将出现重大转折点
	政策革新才能推动真正的改变	不同利益相关者同时采取行动才能推动变革
	微观经济政策与宏观经济政策至关重要	正在崛起的中观经济同样重要
	人类需要完善当前的产品与材料系统	人类需要开发全新的产品和材料系统

第一部分

增长的悖论

1

如果从系统层面审视出行、住房与食品领域这三个重大价值链，不难发现浪费如此之巨大，哪怕稍稍做出一点改变，经济和环境层面可能就会出现巨大的转机。换言之，对于现有的基础设施、产品与原材料，人们仍有巨大的机会在利用过程中获得更大的经济价值。本书会说明，只要选择了正确的发展方向，现有创新技术和商业模式就足以实现这一点。这就是“重新定义增长”的核心。

“生态效率”承载了美好的愿望，也带来了显著的成果（如果没有这个战略，世界可能已经糟糕得无法想象），可是面对当前的全球环境与社会问题，“生态效率”已经显得势单力薄。这听着有些刺耳，不过认真想想，“生态效率”作为重大环境战略已经持续了25年，与此同时，全球环境恶化的速度与规模有增无减，其对全球生态体系和经济发展的威胁也日益严峻。生态效率本身没有错，在当时的情况下，它可能是能在政治层面上得到各方支持的唯一选择，它不仅带来了环境利益，也带来了经济利益与创新，而且也在这场持久战中为地球争取到了宝贵的时间。

在探讨这一问题的解决方案前，不如我们先谈谈，为什么人们看似反感对自然资源的破坏和浪费，却又会走向肆意挥霍而浑然不知的局面中？从现实层面看，经济学课本给出了答案：因为破坏环境的成本仍然不够高昂，“谁污染，谁付费”的原则并没有得到很好的贯彻实施。而作者认为更深层的原因在于长久以来自然资源都被当作是源源不断、任人索取的东西。因此，当人们开始定义财富、资本、经济发展和以市场为基础的资本主义制度时，自然资本没有被计算在内；当全球人口达到10亿以上、人们开始建立经济理论和衡量指标的时候，自然资本也没有被考虑在内。人们继而又形成了根深蒂固的思想，即资本和经济发展独立于自然资本，自然资本最多也只是通过所谓的“外部效应”与经济联系在一起，对市场的影响十分有限。这样的理论早些时候还说得通。而现在，全球人口可能会一直增长至110亿，多种自然资源供应紧张，人均消费迅速增长，而且人们早已超越了“人类安全运作空间”，如今，一些重要的外部效应也已成为常态现象，甚至在某些情况下，自然资源的重要性已经超过经济利益的重要性。人们是时候必须对此重新进行审视了。

第1章

渴求

以经济增长为一切基础的增长

当相对增长率得以保持，实际数量就会不断上涨，不断翻番。

——维基百科

人类痴迷于经济的增长，这当然可以理解。20世纪，人类创造出了前所未有的经济增长引擎，全球GDP从2万亿美元增长至37万亿美元。迅猛的经济发展改变了人们的生活，大大提升了物质财富水平，全然超乎想象。我走进所在地区的某家超市，发现单单是麦片就有56种，而红酒更有122种。这种经济增长不仅仅局限于西方国家，全球各地都在经历经济的快速发展：2000年，全球52亿人口可以获得充足的营养，16亿人驾驶汽车；到2014年，中产阶级人口接近18亿。全球贫困人口当前为8.9亿，而这一数字正在不断降低，全球GDP每提升一个百分点，这个数字就会进一步降低。另外，随着全球GDP的增长，全球平均收入（现为2 920美元）与经济合作与发展组织国家收入中位数（现为10 717美元）的差距也正在缩小。20世纪创造的经济奇迹，推动着人们去探索其后果、驱动因素和重要性。

全球经济的百年增长奇迹

大家都知道20世纪的经济奇迹彻底改变了人们的生活。仔细分析其中的数据则更令人惊叹：公元 1000 年至公元 2000 年，经济总量从 1 000 亿美元增长至 37 万亿美元（以 2005 年不变价美元计算），其中 98% 的增长出现在 1820 年之后，97% 的增长出现在 20 世纪，86% 的增长出现在 20 世纪下半叶。历史上创造的物质财富，有 21% 是在 2000 年至 2014 年创造出来的。在 19 世纪以前，经济增长的概念鲜为人知，生活品质的高低依赖于非物质财富以及神灵的救赎。

这些数据反映出工业化给全球大部分地区带来了巨大的影响。1820 年前后，第一次工业革命开启了经济发展的新纪元，人类社会、劳动力与资本、国际关系、人类文明与自然环境的关系、人类与其根源的关系等等，都得到了新的定义。技术革新使得生产力发展突飞猛进，劳动力数量不断增加，社会的良好秩序有效促进了社会分工，经济发展如虎添翼。

到 20 世纪末期，美国、日本以及欧盟的工业化国家和地区成了世界经济中的主导力量，虽然这些国家和地区的人口总数仅占全球总数的 12%，但其 GDP 却占据全球总量的 65%。随着健康、教育、交通出行等领域出现了前所未有的改变，这些国家也重新定义了人类的生活方式。就业、社会凝聚力、政治合作、技术设施等等都随着经济增长呈现出向好趋势，这又进一步巩固了工业化社会。经济增长一直是最有效的团结力量。2015 年诺贝尔经济学奖得主安格斯 · 迪顿说：“缓慢的经济增长必然会导致分配冲突，因为唯一的出路就是以其他人为代价。”还有更为简单直接的诠释。美国富国银行集团的经济学家理查德 · 德卡瑟说道：“我想，大部分人都会同意这一点，经济产出以及随之而来的消费能力应该是不断提升的。这也可以说是一种‘美国梦’吧——明天更美好，未来值得期待。”

亚洲与非洲——近在眼前的飞速增长

未来的增长在地域层面上将呈现出另一番模式。2012 年，全球 GDP 约为 72 万亿美元；到 2025 年，经济增幅预计约为 45 万亿美元，即当前美国经济总量的三倍之多，这意味着经济增长的又一次大迈步。而在这一轮的增长中，75% 将来自发展中国家。

第一次工业革命开端于英国，英国大发展初期的人口为 900 万，其实现人均 GDP 翻番历时 154 年；美国大发展的初期人口为 1 000 万，其实现人均 GDP 翻番历时 53 年；而中国经济大发展的初期，人口有 10 亿，其实现人均 GDP 翻番仅历时 12 年！印度是 8 亿人口，历时 16 年。其发展的速度与规模令人叹为观止，对比之下更为显著。中国与印度的发展基本在同步进行，与英国的工业化相比，两国经济发展所影响的人数是英国的 200 倍，而前进的速度却高达英国的 10 倍；也就是说，中、印两国整体的经济发展力量可能是工业革命的 2 000 倍以上。

这种超乎寻常的经济发展，简直不可思议。1990 年，发展中国家 47% 的人口（大约为 19 亿人）处于极度贫困状态（每日可支配收入低于 1.25 美元）。截至 2015 年，这一比例已下降至 14%，大约为 8.36 亿人。而在同一时期，中产阶级（每日可支配收入超过 10 美元）人口数却增长了两倍，占当前发展中国家人口总数的 50% 左右。

社会进步与经济发展齐头并进，更是振奋人心。小学教育适龄儿童的失学人数从 2000 年的 1 亿人下降至 2015 年的 5 700 万人，15~24 岁人口的识字率从 83% 上升至 91%，而且其中大部分增长出现在女性人口中。同一时期，5 岁以下儿童的死亡率下降了 50%，1990 年每 1 000 名新生儿中就有 90 人死亡，2015 年死亡人数下降至 43 人；孕产妇死亡率同比下降 45%。使用自来水的人口数量从 1990 年的 23 亿人增长至2015年的42亿人。全球人口中接入互联网的比例从2000年的6%上升至2015年的43%，互联网用户累计达32亿人。

与此同时，另一片大陆也正在崛起——非洲，沉睡已久的雄狮开始苏醒。20世纪八九十年代，非洲GDP在全球GDP中的占比不足2%。2000年后，这一比例跃升至5%。非洲经济发展时起时落，主要是受到大宗商品市场的影响，要知道这一市场占非洲GDP的25%左右。人口增长会拉动国内需求，经济因而也会得到发展，人口红利将会造福非洲。当前非洲已成为人口增长最为迅速的地区。2000年至2015年，非洲人口增长超过3.7亿人，已经从8.14亿增至将近12亿。虽然增速开始下降，但仍旧快于人口学家的预期。近期联合国预测数据显示，非洲人口到2030年将增至17亿，到2050年将增至25亿；到2100年，非洲将成为拥有44亿人口的地区，这要比联合国2004年预测的人数还高出20亿。

对于全球经济来说，这意味着随着收入的提高和人口的增长，中产阶级人数正在迅速扩大。麦肯锡全球研究院分析，这一群体从1990年的12亿增至2010年的24亿，到2030年将会增至42亿左右，近乎翻番；这还意味着从1990年至2025年，消费人口增幅为3亿左右，也就是说，到了2025年，全球人口中的大多数都将成为消费人群，这将成为历史上的第一次。年收入在2万美元以上（当前大部分欧洲及美国人口的收入水平）的人群到2030年将会增至10亿，而其中6亿人生活在发展中国家。经济繁荣终于不再是西方国家独享的特权。

以经济增长为一切基础的增长

经济的健康发展成功地持续了一个世纪，现在又由亚洲、非洲接力推进，全球经济已经习惯了这个节奏，近乎沉迷于快速的发展。自工业革命开始，西方经济一直保持着可观的 2% 的年增长率，整整持续了 7 代人有余。增长停滞是难以想象的。人们已经开始将未来的增长折算到当前的各个方面——经济、社会、政治。在经济方面，正利率反映出剔除了风险的增长预期；股票市场也是如此，除去一般红利因素带来的股价上涨，其余上涨部分来自预期增长。麦肯锡团队的金融专家们拆解出股价之中的价值预期因素，分析结果显示，平均每家公司的价值中有 70%~90% 来自预期中的增长，而实现预期增长的时长超过 3 年。在社会方面，全球经济中的增长转化为养老金计划、公共领域预算。2014 年，德国 GDP 中的 8% 被用作社会养老金；如果经济保持一贯的增长速度，这个比例在下一个 15 年中会上升到 10%~11%。而如果没有经济增长，这一比例就是 13%~14%，这样的后果不难想象：我们无法承受这种压力。换言之，早前政府做出的养老承诺只有在经济增长的条件和背景下才能实现。政治方面也是同理。经济增长仍旧是最能打动人心的政治宣传，也是最有说服力的连任政绩。已有充分证据证明，选举前期经济形势喜人，现任领导人就往往能获得较多的选票。在战后的多次美国总统选举中，每个选举年份第二、三季度的经济增长很大程度上诠释了出现连任的选举结果的原因。经济学家保罗 · 克鲁格曼认为，有充分的证据说明，在第一个任期的前半段遏制经济增长其实有助于领导人再次当选。

因此，经济增长时常成为政治议程的核心也就不足为奇了。1946 年，时任美国总统哈里 · 杜鲁门通过立法建立了经济顾问委员会，该机构的使命是确保持续的经济增长，让美国经济尽快走出战后阴影。在之后的数十年中，各国政府也一一效仿：1967 年，德国通过了经济稳定与增长方面的法律；2012 年，加拿大也通过了类似的法律。值得关注的是，随着时间的推移，经济发展的重心发生了改变，曾经各国追求“奇迹四边”的平衡——价格稳定、就业充分、贸易平衡、增长稳健，而现在则是要不惜一切代价，只求增长。

总结而言，经济增长已经成为“常态”，成为整个社会对于经济的一贯预期，成为默认的发展机制。

第2章

刺激

资源导向

火是一切技艺的基础。没有火，
人类便无法生存。

——赫西俄德，公元前700年

几个月之前，本书的一位作者开车经过美国得克萨斯州，该地最具地域色彩的必然是视野中出现的抽油机。得克萨斯州石油开采始于1898年，1972年达到顶峰，日均产量为3 500桶。在同一时期，美国经济总量从4 170亿美元增长至5.134万亿美元。如果有人问，廉价能源的供应是否为经济增长的主要动力，答案显而易见，而作者的团队也为此讨论了整整一个晚上。一位年轻的同事说道："我只有商科本科学位，对于经济增长的原理也只是略知一二，但人们对于能源与资源作用的忽视确实令我感到吃惊。"传统经济学理论存在的一个重大误区就是低估了能源与资源在经济增长中的重要性。也正因如此，很多国家在确保能源与资源的持续供应方面关注不足，对于将这些资本转化为经济价值的方式也不甚了解。

资源——索洛谜题中缺失的一角？

经济增长理论可谓众所周知。每个时代的经济学家都会提出自己的见解。亚当·斯密与大卫·李嘉图这两位古典经济学之父首先提出了经济增长与停滞的原因；根据他们的理论，经济产量是由资本、劳动和土地共同定义的。在亚当·斯密的理论中，人类能够无限提升以上要素的生产率。而古典经济学的根本弱点在于未能提供增长的量化分析，未能诠释不同因素在经济增长中的分量。显然，这使得人们难以从理论中获取有益的实践指导。

1956年至1957年，诺贝尔经济学奖获得者罗伯特·索洛通过两篇意义重大的论文解决了经济增长缺乏量化分析的问题。他的“新古典”理论从量化层面阐述了经济增长主要来自两大生产要素——劳动力与资本，以及相应的生产率。大部分发达经济体中，经济增长的70%来自劳动力，30%来自资本，而且这一比例长期保持稳定。但有一个问题：资源投入与生产力发展的实验数据仅仅诠释了现实世界中半数的GDP增长。在不同的时间段、不同的国家，也都存在同样的情况。未被诠释的经济增长部分被称作“索洛剩余”，而索洛本人又将其归因于全球整体的技术进步。也就是说，他认为这是劳动效率提升与投资效率提高协同作用的结果。这一观点在经济学中仍旧盛行，有些人将这一现象归因于“全要素生产率”的作用。时至今日，对于这半数的增长及其管理，我们仍然没有微观经济学层面的量化诠释。换言之，人类经济增长引擎有整整半边还是个未能得到解析的黑匣子。

重点在于，这一理论中能源与资源都不被视作重要的生产要素。发电厂以及采矿设备当然是资本形成的一部分，但是能源与资源却被视作即时可得的中间产品，而不是投入，它们与增长也没有直接联系。在大部分的发达经济体中，能源和资源占价值增值的6.7%。根据新古典经济学理论，这就是两者对于经济增长的贡献。综上所述，经济学家与经济政策的制定者并没有充分关注能源供应与转化所带来的影响，更未将其视作未来经济增长的决定因素。

经济学家的醒悟——资源与增长

我们对世界的看法即将迎来改变。在过去15年中，研究分析显示，能源与其他自然资源在经济发展中的作用不容小觑。这样的观点在经济发展的历史中早已有所体现。当人们学会利用风能、水能，并将其带入经济活动中，使碾磨、抽水、切锯、灌溉等工作实现机械化，人和马匹便得以从繁重的劳动中解放出来，去从事生产率更高的工作。当人们学会利用煤炭，便增加了经济中的能源投入，有力推动了第一次工业革命的到来。现代经济已经不再依赖马匹或者蒸汽机，但是仍有很多行业严重依赖自然资源：食品、交通、建筑，所有的原材料生产等等。因此，如果要探究“索洛剩余”到底源自何处，是不是应该了解一下经济发展中有多少能源和自然资源的投入，以及其生产率如何？

早在2005年，经济学家罗伯特·艾尔斯等人就进行了这方面的研究。他在欧洲工商管理学院（INSEAD）的研究中首次提出，㶲（˙exergy），又称有效能，是经济增长的第三大原始投入，它与劳动力和资本平行。㶲是热力学术语，所以我们需要根据其定义理解艾尔斯的研究结果。㶲就是一个系统中可以实现的有用功。它和能量不一样，后者是守恒的。例如，在海洋中潜藏着巨大的低温热能，但是有效能需要温差才能产生，所以很多能量都不能够得到有效利用。各种转化过程（能量转化、物质转化）使其潜在的有用功被转化为有效能。一升汽油的㶲就是通过汽车能效系统（内燃机）转化而成的运输中的有效能。将20世纪经济发展中主要资源的㶲相加，测算出其中潜在的有用功总量，然后计算这些有用功的有效利用程度，再将两者相乘，就能计算出美国经济中供应的有效能总和。简而言之，他们测试了一个猜想，即能源以及其他自然资源应该是经济增长中与劳动力和资本平行的第三大原始投入。

结果震撼人心。通过这一方法，艾尔斯等人基本诠释了20世纪美国经济中出现的“索洛剩余”概念，数据的高度吻合向我们揭示，㶲及其生产率（㶲真正转化为有效能的效率）基本能够反映经济增长中曾经无法解读的那一部分。

在不同国家、不同时间段的数据中，这一点也得到了证实。2014年，罗伯特·艾尔斯与沃多里斯又针对欧盟的15个国家再次进行了上述分析，研究结果也基本上能够解释这些国家在1970年至2010年出现的“索洛剩余”。

这个结论至关重要，这意味着资源的投入及其利用效率可能是影响经济增长的重大因素，而且某些实验显示，这甚至占经济增长促进因素的半壁江山。

这些结果并不是要否定技术进步对于经济增长的作用，毫无疑问，技术进步促进了经济发展。这些结果只是为了说明一个事实：大部分技术进步的结果都能够从劳动力、资本、资源的生产效率提升方面体现出来，并不需要再额外增加一个“协同效应”来说明这种技术进步对经济增长的作用。换句话说，自然资源对经济增长的作用必须得到重视。

原油价格——难以控制的变量

其他研究人员也通过各种方法得出了相似的结论：能源与自然资源的重要性远远超过了传统经济学流派对此的判断。詹姆斯·汉密尔顿注意到，在美国“二战”之后的11次经济衰退中，有10次衰退的前夕都出现了6至12个月的油价上涨现象，而且通过公开数据很容易就能验证这一事实。经济衰退和油价又有何关系呢，汉密尔顿给出了三种猜想。猜想一：这完全是巧合，经济衰退的真正原因只是恰好与油价上升发生在同一时期；猜想二：这一现象背后是同样的内因，也就是说，可能是同一系列因素导致了油价上升与经济衰退。猜想三：至少在部分经济衰退中，油价上升是其外生变量。哪一个猜想正确呢？

汉密尔顿借助概率分析手段首先否定了第一个猜想，这个巧合发生的概率实在太低了。随后他又分析了每次油价上涨的根本原因，进而否定了第二个猜想。基本可以确定，油价上涨的原因仅仅与石油行业相关事件相关，例如，伊朗石油国有化，石油输出国组织（OPEC）实施禁运，苏伊士运河危机，两伊战争，等等。这些事件证明，美国经济衰退的最大原因便是石油价格波动。因此，汉密尔顿认为第三种猜想的可能性最高——油价上涨与经济衰退之间存在因果联系。这意味着油价是经济衰退的原因之一（当然不是唯一的原因）。如果说石油的重要性仅仅在于对美国 GDP 的一点贡献，那么上述的因果联系确实让人感到意外。

总而言之，这些分析结果都说明了一点，能源与资源应该是经济增长的第三大投入要素，与劳动力和资本同等重要。大部分人都知道，经济增长与资源利用呈现出正相关的趋势（如图 2.1 所示），而上述的研究分析说明，其实是资源及其使用效率的提升推动了增长。

这有几个重要影响。第一，经济决策者应该更多地考虑能源及其他自然资源的使用状况和使用效率。资源生产率是重要的财富来源。当然，现在仍然有关于这类问题的探讨，但是根据作者的经验，这些都远远比不上针对劳动力和资本的各种讨论与研究。你最近一次参加会议，讨论如何在经济中更好地利用清洁能源是什么时候呢？或者你最近一次听说国际性的资源募集战略又是什么时候呢？

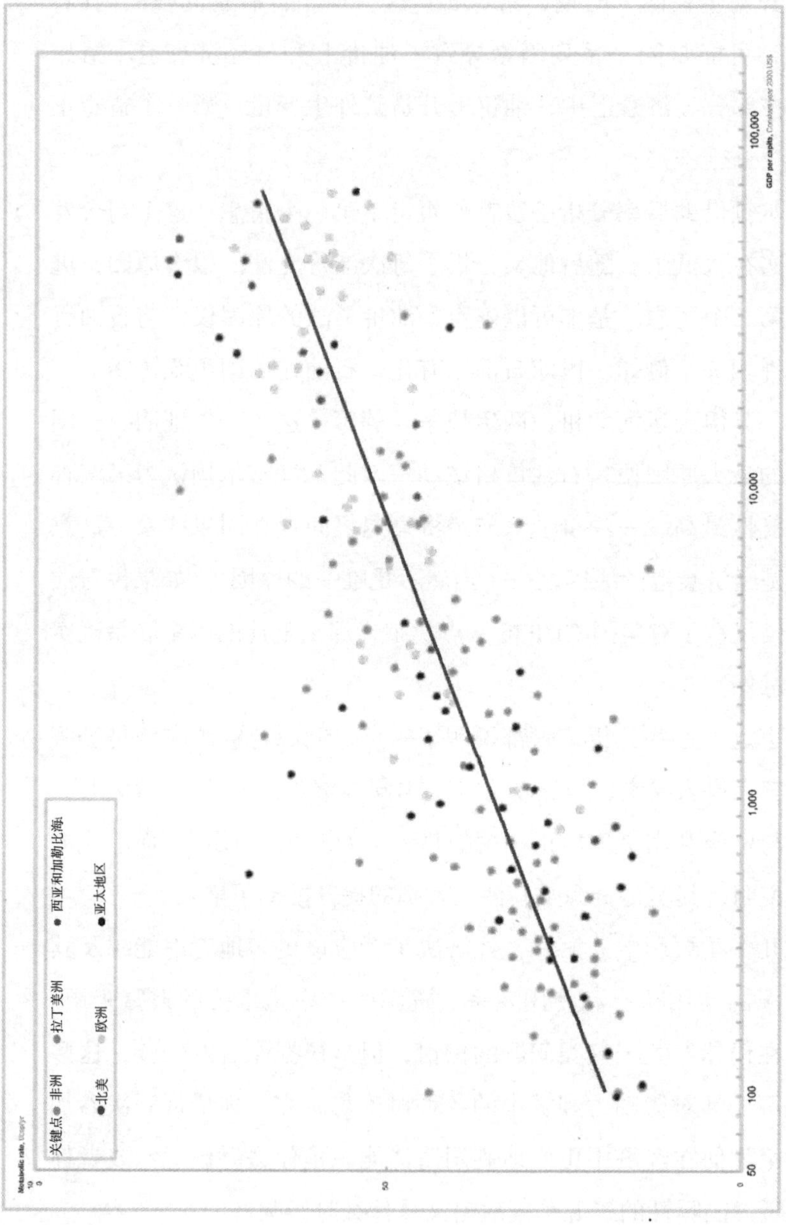

资料来源：联合国环境规划署

图 2.1　材料使用与经济发展高度相关

另外，上述的结论也挑战了传统的经济学观点，即经济增长会一直持续，且独立于自然资源的使用情况。推迟环保行动的时候有一个常见的经济学理由，那就是我们的子孙后代将会比现在更加富裕（因为在预期中经济会持续增长），因此，将治理污染的工作留给后代仅从经济层面来说是合理的。如果能源与资源都至关重要，并且人类还面临着许多“全球性挑战”（下一章讨论内容），那么经济增长显然不会理所当然地持续下去。

第3章

负债

借来的增长

不要向人借钱，也不要借钱予人；
借来了钱，便不再懂得勤俭；借出
去钱，破财还丢了朋友。

——莎士比亚，《哈姆雷特》第一幕

如果全球经济依然能够不断增长，并且增长本身有益无害，那么人类痴迷于 GDP 的增长就没有问题。然而，本章会指出，在当前的条件下，上述两个假设并不成立，而且过去数十年的全球经济增长其实是以各种不同形式向未来借贷。这种向未来借贷的行为不仅存在于金融层面，也存在于地球资源层面和社会层面。但无论是哪一种情况，偿还的可能性都非常低，即便可以偿还，也会给所涉及的资本造成极大的压力。越是“债台高筑”，越是想要回避更多的现实问题，人口结构压力、生产效率增长疲软和波动因素也越不可控制。人类已经习惯并执迷于“二战”后的经济增长速度，并想将这种理想的“自然”速率保持下去。为了实现这一点，人类开始了不断的借贷，从周期性负债变成了结构性负债。借贷有很多有益形式（房屋抵押贷款），但是本章讨论的借贷行为已经超出了合理范围。在全球范围内，人类各种各样的行动都体现出我们正在牺牲长远利益以换取眼前利益。有时候是心照不宣的集体选择，有时候是堂而皇之的重大战略，还有些时候，是对“超额借贷”的漠然置之。

向地球借地——超越“人类安全运作空间”

在撰写此书的2015年秋天，印度尼西亚正在经历森林大火。苏门答腊岛、加里曼丹岛、巴布亚岛上大片大片的泥炭沼泽地与森林燃起了熊熊烈火，总面积约为380万公顷[①]，相当于整个中国台湾岛的面积。美国国家航空航天局（NASA）公布的图片显示，群岛上方出现了浓厚的烟雾。截至2015年11月，60万人因呼吸道疾病入院就医，邻国新加坡多次宣布进入紧急状态。2015年这次火灾的温室气体排放量相当于7亿吨二氧化碳，即英国与巴西每年燃烧化石燃料所排放的二氧化碳量总和。即使保守估计，这场火灾也是2015年影响全球气候的最重大事件。截至目前，印度尼西亚的泥炭沼泽地依然未受到法律保护。这次火灾与2015年的超级厄尔尼诺现象（自1950年来最严重的一次）有一定的联系，但火灾的源头是人为因素——当地农民为了开垦新的农业用地进行了“烧芭”，即焚烧植被。当地政府的很多领导肯定了这种趋势，希望看到有更多的土地能够用于经济发展，所以政府的应对措施若有若无，基本毫无影响。

全球最富饶的生态系统、最丰富的天然碳储存库在大火之中沦为脆弱的可耕地以及庞大的碳排放源。那些受益于新开发的农业经济（主要是棕榈油生产）的国家伤害了邻国，使其无辜遭受雾霾之害；伤害了国际社会，使全球气候变化的影响越加深重；伤害了自己的子孙后代，剥夺了他们本应拥有的能够蓄水防洪、带动旅游、维护生态多样性和自然景观的泥炭沼泽。

与1990年时相比，我们这代人所享有的热带雨林面积已经减少了80%，泥炭沼泽森林面积减少了50%。留给我们的是大片不再富饶的

---

① 1公顷=10 000平方米。——编者注

土地以及产业化的种植园。如果你开车经过加里曼丹，目之所及，满是荒芜。十几年前郁郁葱葱的热带雨林早已变得贫瘠不堪，只剩随风摆荡的茅草。刀耕火种之后，农民们抛弃荒芜的土地，向着下一片森林进发。滥伐森林是借来的增长，这又一次淋漓尽致地曝光了人类不惜背负地球债务、超越底线，只为了追求眼前的经济增长。

在环境恶化的过程中，作恶的又何止印度尼西亚大火。读者们心中再明白不过，环境破坏与人类社会发展相伴相随。本书并不是要再次罗列人类的这些行径，而是希望指出当前全球经济增长引擎中的系统性故障。这个故障所造成的环境破坏，不论是规模还是速度都前所未有，而且在过去30年中愈演愈烈。这已经不再是个人的失职问题，也不是某一国家的管理问题，这是全球经济模式不得不面对的后果。人类总是认为资源是取之不尽、用之不竭的，总是认为碳排放、生活垃圾、营养物质排放等等都能够被自然存储吸收。然而就在过去数十年，曾经资源充裕的地球已变得不堪重负，大自然从不足为奇的“常态”变成了不可多得的“非常态”，人类从全新世进入人类世，跨出了前所未有的一大步。地球上有83%的土地都已经被人为改造过，人类改变了地表、植被还有水流。生物圈每年的产出中有17%被人类消耗，从未有任何一种动物对地球的消耗如此庞大。人类成了重塑地球的主导力量，一切都变了。也正因如此，如何利用自然资源创造财富，在经济、政治与道德层面都迫切需要得到认真而深入的探讨。

很多经济活动都是出于良好的初衷，或为了养家糊口，或为了本土经济，或为了群体自强，或为了美好生活。从很多方面看，这反映的是人类的优点，而非缺点：了解自然世界，探索科学奥秘，善用外在力量，打造精妙组织关系，通过社会分工分享成果等等。然而，在资源密集的经济增长模式中，人类将自己引入前所未有的困境——经济发展会摧毁经济发展的根基。

“GFT”（全球足迹网络）是位于美国俄克拉何马州的非营利组织，它于2003年建立，旨在提供有效的工具与数据以帮助各个国家在资源紧张的全球环境中实现发展。GFT提出了“生态足迹”的概念，即以当前的技术与资源管理工作估算，为提供人类所需的产品与服务并吸纳其过程中产生的废物，所需要的具有生物生产力的土地和水体的面积，通常使用“全球公顷”作为单位。这个概念涵盖面广，它作为衡量人类活动对环境整体影响的方法，已得到广泛的认同。GFT发现，按照当前的技术与经济表现，人类所需的“全球公顷”已经超出了地球的极限水平。在2015年，人类所需的全球公顷相当于1.6个地球。如果依照当前的增长模式，到2030年，这一数字将会增至2个地球。人类早已过度使用了地球上的资源，为了将这一事实呈现在大家面前，GFT设立了“地球超载日”（也称“生态负债日”），每年的这一天即人类用尽地球本年度可再生的自然资源总量，进而步入生态赤字状态的日子。1970年，人类首次处于负债状态。随后，每一年的“生态负

来源：全球足迹网络以及作者分析

图3.1　1970年～2015年地球超载日

债日”都在提前，2015 年 8 月 13 日，人类就用尽了当年的资源（见图 3.1）。联合国、世界银行、世界资源研究所、美国国防部等发布了无数的报告，教皇方济各也发表了关于气候变化的通谕，得出的结论无一例外：按照目前的全球发展道路，人类无论做出多少努力，都将失去健康、美好的地球。

自 1750 年以来，几乎所有资源的需求、开采与消费都急剧增加（见图 3.2）。斯德哥尔摩应变与发展研究中心的约翰·罗克斯特伦分析了大幅消耗地球资源所带来的影响，并根据九大地球系统设定了“人类安全运作空间”。这些系统对于地球生产力与人类福祉至关重要，如

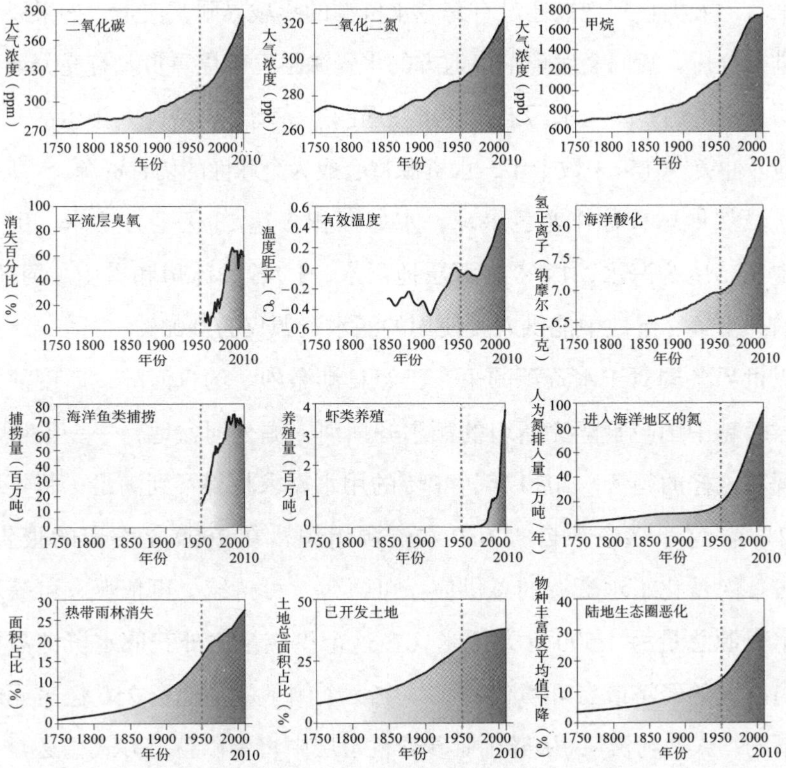

图 3.2　1970 年以来资源开发及环境变化情况

果一个控制变量发生改变，例如温室气体浓度，系统就会随之发生变化。在大气二氧化碳浓度、生态多样性、土地利用、磷与氮循环这 4 个系统中，人类已经超出了合理界限，逼近了那个一旦跨越就难以回头的临界点。另外，还有两个系统，人类也在飞速逼近合理界限，预计很快就会冲破所谓的“人类安全运作空间”。这里着重分析其中的几个界限。

淡水资源

在人们的直觉中，水是取之不尽、用之不竭的资源。虽然以全球视角来看，人类直到现在还没有跨越水资源的承载界限，但是，如果以地域进行分析，我们会发现很多地方的水资源早已不堪重负。有充分证据表明，水资源短缺与水污染问题正在遏制经济增长，威胁人类生活，引发地区冲突。在未来数十年，水资源将会成为全球性的稀有资源。

虽然地球被称作蓝色星球，水域面积多达 13 亿平方千米。但是其中 96.5% 为海水，1.8% 为深层地下水，1.7% 为冰川和雪山。河流、湖泊、土壤、湿地中能供人类使用的淡水资源仅为 0.03%。

世界各国对于水资源的争夺已经日渐激烈。约旦河畔，印度河源头，跨越中国与哈萨克斯坦的额尔齐斯河，湄公河盆地，一一见证和呈现着这样的趋势。2030 年，40% 的用水需求将得不到满足（每年增长 2%）。这一结论来自“2030 水资源组织”在 2009 年发布的报告。报告首次量化了水资源的总供应：可再生、可持续、可依赖、可获取的水资源总量为 4 500 立方千米。在这个供应量之外获取水资源需要付出巨大的经济或者环境代价。其中一个例子就是耗资 250 亿美元的所谓的“人造河流”：从努比亚砂岩蓄水层中将水以管道方式输送至利比亚海岸，每日输送量为 600 万立方米。最初预测供水可以持续 5 000

年，但近期的估测供水量已降至可供30~50年。另外一个令人惊叹的实例就是中国投资620亿的“南水北调”工程，该工程将长江的水资源通过三条调水线路输送至缺水的北方地区，以支持其工业发展。约旦的“红死运河”也是一例，由于约旦河被截流，死海的水位年均下降一米，建立该运河是为了将红海的水引入死海，避免其干涸。

在另外一些情况中，寻求额外水源供应的国家的用水量已经远远超越了可持续发展的界限。在中亚地区，锡尔河流域以及阿姆河盆地密集的棉花种植业导致咸海的面积已比原先减少了90%。同样触目惊心的还有沙特阿拉伯的例子。20世纪70年代，沙特阿拉伯开始了全国性的小麦种植生产活动。当时，沙特阿拉伯全国的蓄水层储量为2万亿立方米，随后每年以平均200亿立方米的速度消失，原因就是每年400万吨的小麦产量——这已经是本土消费的5倍之多。剩余部分的小麦有的被出口到了科威特、阿联酋、卡塔尔、巴林、也门、阿曼等地，有的最终腐坏。这一生产战略让沙特阿拉伯失去了一半的水储量，部分蓄水层可能在二三十年内就会完全消失。对于沙特阿拉伯来说，失去的水源已经无从补救，即便是利用海水淡化技术也难以填补。一旦超过安全用水界限，那么经济、政治、社会和环境方面将危机四伏，沙特阿拉伯成了首个国家。

水资源的争夺也潜藏在看不到的地方，这种争夺已经不仅涉及河流或者地下水这些所谓的“蓝水”，还涉及会通过地表或者植物蒸发的被称作“绿水”的水资源。食品生产就需要绿水，当前食品生产的耗水量为每年7 800立方千米，按照全球人均用量计算，即每人每年消耗1 200立方米或120万升。在美国，每年人均消耗240万升“虚拟水”（在生产产品和服务中所需要的水资源总量），欧洲为170万升，印度为50万升。造成这种差异的原因是各个国家消费肉类的数量与类别不同。牛肉生产每千克耗水1.6万升，比鸡肉高4倍，比粮食作物高12

倍。到 2050 年，人类每年需要 1.39 万立方千米的绿水才能满足全球粮食的基本供应，同时确保 30 亿中产阶层消费者能够获得“现代”化餐饮。无论是看得见的水，还是隐藏在产品生产中的水，在水资源日益紧张的地球上，将可能成为人类的终极货币。所以水资源也迫切需要能够真正反映出其至关重要地位的有效管理。

新物质带来的污染

地球承载界限研究团队提出，某些物质与材料因不合理的排放而进入了生物圈，因此将扰乱地球资源系统。PCBs（多氯联苯）的案例最为典型，这类化学物质出现于 20 世纪 30 年代，被用于各种各样的产品中，包括设备零部件和某些纸张。虽然某些物质已经被禁用，但是仍在海洋中积存，持续对海洋生态环境造成巨大的伤害。同时，那些会持续进行生物积累的物质仍在被使用，例如阻燃剂中的六溴环十二烷，PFAs（全氟烷基物质）等等。2015 年哈佛大学公共卫生学院的专家发布了一项报告，PFAs 这种工业化学物使用范围广，可能引发癌症或导致免疫系统功能紊乱，还指出 PFAs 可通过母乳转移到婴儿体内。母乳喂养一个月，婴儿体内的 PFAs 浓度会提升 20%~30%。很多母亲对此毫不知情，因而无意间导致了孩子体内毒素增加。

聚合物本身危害较小，但也属于人为制造的有害物质。塑料在现代经济的发展中优势不少，功劳不小。由于廉价、耐用、坚韧、轻盈，塑料的用途极其广泛。然而，塑料也是一次性使用原料的代表。在过去 50 年中，塑料生产扩张迅猛，从年产 1 500 万吨激增至年产 3.11 亿吨，据预计，在未来 20 年中塑料产量还会翻倍。而每一年，有 800 万 ~1 200 万吨的塑料倾倒进海洋。按照当前的情况发展下去，到 2025 年，海洋中塑料与可食用鱼类的比例将为 1∶3，到 2050 年，塑料的重量会超过鱼类。海洋中的塑料垃圾（大部分是包装材料）在氧化作用、紫外光以及洋流的共同作用下，分解为微粒，漂浮在水体中，然后进入动物体内，所以将会呈现出这种画面：86% 的海龟、44% 的海鸟以及 45% 的鱼类的身体里都有塑料的存在。

这悄然无声、不露痕迹的污染已经开始影响海洋生态系统的多样性，而全球 15% 的蛋白质摄入正是来源于世界各地的渔业产品。据联合国环境规划署估测，塑料垃圾对海洋生态系统的破坏成本为每年 130 亿美元；亚洲太平洋经济合作组织（APEC）估测，亚洲的海洋塑料污染给渔业、旅游业和航运业造成的损失高达 13 亿美元；在欧洲，塑料污染海洋的程度较轻，但每年用于海岸和沙滩清理的费用仍高达 6.3 亿欧元。人们发现许多死亡的信天翁腹部塞满了塑料碎片，照片触目惊心，反映了更紧迫的困境：当前的生产与消费模式已使人类背离了自然之道，但人类却一直侥幸逃脱了惩罚。在这个日益拥挤的地球上，人类将无处可逃。

土地系统变化

土地为人类提供了食物与生物量，后者也是人类能源与材料的重要来源。人类摄入的热量在 2010 年到 2050 年间会上升 69%，对粮食的需求会增长 1.5 倍，对奶制品和肉类产品的需求也会翻倍。满足这些需求并不容易，在三大趋势面前更显艰巨。

第一，2010 年，人口增长首次超越粮食产量的增长。在过去 50 年中，农业生产力的增长正趋于平缓。20 世纪 70 年代，每公顷生产力年均增长 2%，而现在仅为 0.9%，除了中东和北美地区，所有主要生产地区都呈现出这一趋势。与此同时，农业投入大幅增长——杀虫剂、化肥、液体燃料的使用每年都上升 2%，但这依旧未能扭转粮食产量衰落的趋势。各类投入越来越大、越来越强效，而土壤耗竭却越来越严重，这又是一个影响深重却困惑难解的当代经济谜题。部分原因应该是植物未能完全吸收肥料养分，这也恰好解释了为什么营养物质从农田流入河流、湖泊和海洋会导致“海洋死区”的出现。在欧盟，每年每公顷土地中有 95 千克的硝酸盐进入河流（这一数字超出了每公顷 80 千克的许可范围）。

第二，人类正在失去越来越多的可耕土地。因为大面积的水土流失，全球有 30 亿公顷的土地已经退化。以全球平均值计算，每年每公顷农业用地损失的土壤是 7 吨。在过去 150 年中，全球 50% 的表层土壤已经消失。而大自然需要历时 500~1 000 年才能积聚 2.5 厘米深的表土。按照这一速度，在未来 60 年内，人类就会失去所有的表土——95% 的食物的根基。在某些国家，这个问题已经相当严重，例如自 1990 年以来，哈萨克斯坦已经失去了 50% 的可耕土地。

第三，生产力提升不足与土壤退化导致人类开始征用新的土地，到 2030 年，征用的土地面积将达到两亿公顷。虽然土地资源仍然存在，但人类不断开发土地，必将给热带雨林地区的原始森林带来极大的压力。根据国际粮农组织（FAO）的报告，1990 年至今，已有 10% 的热带原始森林消失。当今农业发展取得的巨大进步，可能也只是向未来借贷的结果。

生物圈完整性

有生命存在的领域正在急剧恶化，生命的多样性正在迅速消失。2015 年，在《现代人为原因加速物种消失》这一研究报告中，科学家们测量了当前物种消失的速度，并与之前的大规模物种灭绝速度进行了比较。研究人员分析得出，按照以往灭绝的“自然”速率，100 年内每1万种物种中有两个物种会消失。但是，当前物种的灭绝速度是之前的8~100倍。例如，1900年至今，共有477种脊椎动物灭绝，其中包括巴厘虎、里海虎、旅鸽，还有2015年消失的北方白犀牛。如果按照“自然”速率，现在应该只有9种物种灭绝。即便按照科学家最保守的估算，当前的速度也已经超过了之前的5次大规模物种灭绝。由Ripple进行的研究估测，60%~75%的大型食肉动物濒临灭绝，其中包括很多人们熟知的大型动物。

大自然的美好与壮阔正在消逝，基因的选择范围正在缩小，而且，这也意味着经济上的损失。渔业再生能力流失就是典型现象。在过去10年中，人类基本已经可以捕捞到海洋中所有野生鱼类，捕捞水平趋于平稳。很多人可能觉得这是个好消息，但仔细分析，这种稳定的捕捞会让我们付出代价。渔业专家雷格·沃森等人于2012年进行的研究显示，1950年至2005年间，渔船捕捞能力提升至原来的10倍，但是，单位捕捞能力却下降了83%。这也意味着渔船更多了，出海更频繁了，油耗更厉害了。在某些地区，渔业资源捕获量下降更为明显。例如菲律宾的单位努力渔获量从1950年的36千克下降至2000年的3千克。人口增长迅速，而当地居民可获得的动物蛋白量却下降了35%。捕获一吨鱼类所付出的成本大大增加，这恰好反映出全球渔业资源的损耗加剧：全球40%的鱼类资源已经充分开发，还有50%处于过度开发状态或者已经崩溃。

气候变化

水资源匮乏、土壤退化、化学物污染、生物多样性流失，各种问题给环境带来的威胁难以忽视。气候变化带来的挑战引发了许多争议，有很多民众对此表示质疑。2010年盖洛普咨询公司的“全球变暖”研究团队对 111 个国家的民众进行了调查，有 48% 的受访者相信是人为因素导致了气候变暖，14% 的受访者否认了该观点，还有 38% 的受访者表示对此不了解或不确定。科学界的态度有所不同，1991 年至 2011 年间，共计有 4 014 篇经过专业评审的科学文章明确表达了对气候变化所持的观点，97% 认同人为因素导致气候变暖，仅有 2% 否认这一观点。联合国政府间气候变化专门委员会（IPCC）在其报告中总结了关于气候变化的科学观点："气候变暖的科学证据确凿无误。"美国国家航空航天局网站上还提供了详尽的证明与数据。另外，科学家所预测的影响已经发生，其速度与范围甚至超出了预期，这一影响在南极洲和格陵兰岛表现得尤为明显。2016 年春季，格陵兰岛的冰盖融化程度史无前例，令丹麦气象研究所的科学家们难以置信。面对这个复杂的问题，他们陷入了两难：既不想过于武断地得出结论，又害怕没有及时敲响警钟。

气候变化也许会成为经济模式中最重要的边界条件。2006 年发布的《斯特恩报告》以经济学客观的语言首次对气候变化的相关科学理论进行了总结。在 2050 年之前，如果全球 GDP 的 1% 可以用于节能减排，那么稳定温室气体排放的目标就可以实现。之后 9 年间，联合国气候变化会议在世界各地召开——哥本哈根、坎昆、德班、多哈、华沙、利马，直到 2015 年，气候变化的原理得到了各国民众更为深刻的认识，极端天气的影响历历在目，清洁发电技术赢得了更多信任，民间人士与全球企业发出了更嘹亮的声音，巴黎气候大会终于取得了实质性的成果与收获。在法国的主导与协调下，195 个国家签署了极具里程碑意义的协定，正式承认了气候变化让我们付出了切切实实的代价。

上述是 4 个主要的地球系统的状况。这里不是要重复环境恶化的结论，而是要强调环境恶化对人类的影响已经无处不在，其恶化速度也在不断加快。几乎所有的主要地球系统都处于巨大的压力之下，这种情况还是第一次出现。

人类过度开发地球资源，透支未来资源，凭着“借贷”发展，这一点大家已有了解。仔细审视案例数据，作者认为，人类与地球的这种关系使我们处于前所未有的境地。正如联合国前秘书长潘基文所说：“我们正站在历史的十字路口。”作者认为，当前我们面临的挑战与早前大有不同，也异常艰巨，出现这种情况主要有三个原因。第一，各种挑战息息相关，此外，不同的地球系统之间的缓冲地带目前已经名存实亡。以前，额外的灌溉可以弥补耕地不足的状况，只要使用生物乙醇就能够大大减少温室气体的排放，但这些缓冲手段已经逐步失效：灌溉用水日渐短缺，生物燃料用地也在缩减（见图 3.3）。水和能源的关系更是清晰反映出资源系统彼此间息息相关。近年来，水资源系统的能源密度大幅上升，能源系统的水资源密度也是如此。过去，淡水抽取与处理的能源消耗为每立方米 0.3 千瓦时。随着水资源日益减少，获取淡水必须使用海水淡化技术，即使应用最先进的技术（逆渗透），能耗也高达每立方米 4 千瓦时。能源系统中，以往生产 1 万亿焦耳的天然气最多耗水 7 立方米，生产 1 万亿焦耳的石油大约耗水 70 立方米，而现在开发非传统来源的燃料，其耗水量也大得惊人：油砂开采耗水 1 800 立方米，提高石油采收率技术（EOR）要耗水 9 000 立方米，生物乙醇生产耗水 38 万立方米。资源系统不仅不能缓解彼此的压力，反而加剧了彼此的损耗。气候变化导致降雨减少，这就意味着海水淡化工厂要燃烧更多的化石能源以供水。气候变化导致冬季气温上升，冬季度假地区因而只能采用人工降雪的方法来补救，这就导致水资源供应更加紧张，以及更多能源被消耗，而且还是化石能源。曾经资源富足的世界已经变得越来越贫瘠。

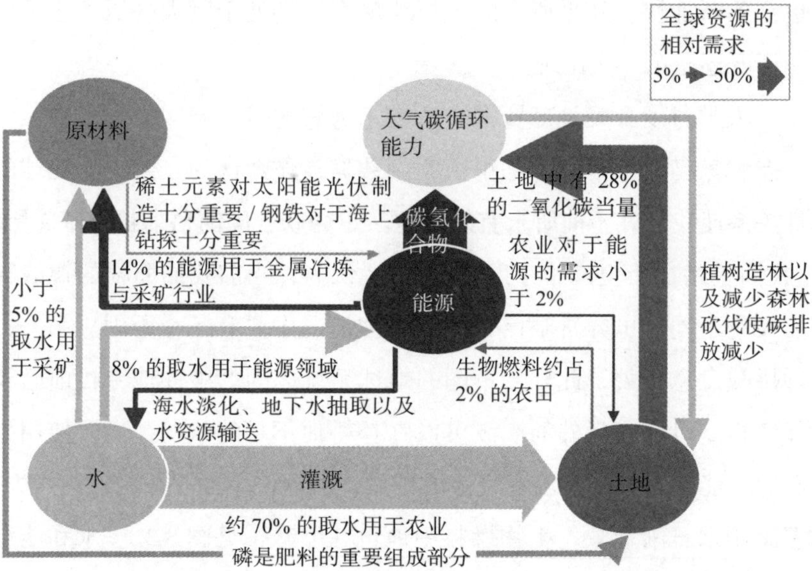

来源：麦肯锡数据分析

图 3.3　人类使用的重要自然资源密切相关

第二，当前的问题是发展模式的问题，而不是使用哪种能源来发展的问题。这听起来似乎与我们的直觉不相符。在气候变化的讨论中，能源的过度使用加剧了全球变暖，能源供应过程消耗了大量的土地、水与材料，因此，能源一直被认为是环境恶化的主要原因。换个视角来看，材料使用本来就会对水、土地和大气造成影响，而且工业经济中材料被大量使用，导致能源需求增加，这样看来，材料的使用才是根本问题。英国 Trucost 咨询公司与 TEEB 研究团队的分析显示，2009 年自然资本损耗为 7.3 万亿美元，其中约 2/3（63%）的损耗与使用材料相关，仅约 1/3（37%）与能源消耗相关（见图 3.4）。

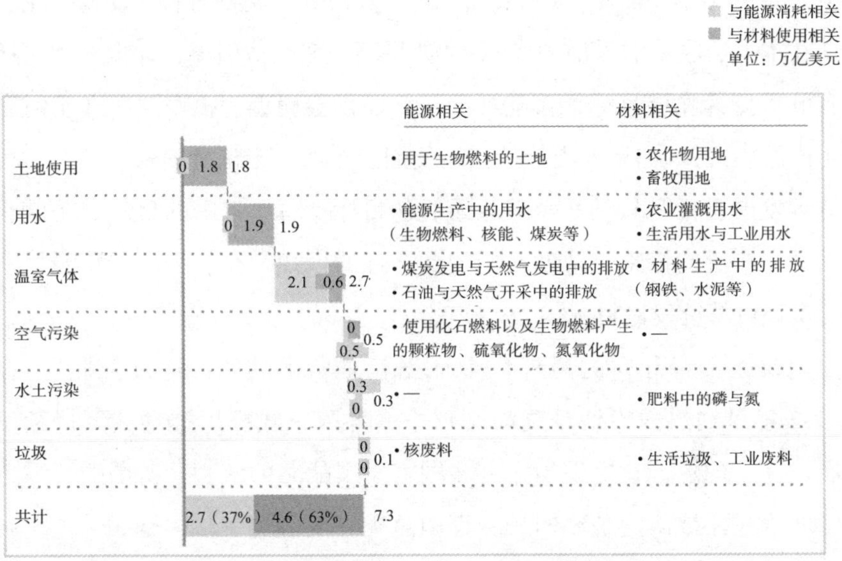

来源：作者基于 Trucost 与 TEEB 的分析

图 3.4　全球自然资本成本

第三，削减“借贷”的计划并不存在。显而易见，人类社会根本没有用以应对当前问题的行动计划。近期的两个事例就能反映出这一点。第一是早前通过的可持续发展目标（SDGs）。2015 年 9 月 26 日，193 个成员国的政府代表正式签署该项协议，旨在超越狭隘的经济增长，重新定义社会进步。可持续发展的大目标下具体包含 17 个分目标，从性别平等到海洋环境保护，都被正式列为进步的重要指标。与千禧年发展目标有所不同，除了发达国家，发展中国家也要承担实现人类生存发展的责任。联合国以及协议签署国声明，这些目标“相辅相成、缺一不可，在经济、社会与环境三大重要维度上实现平衡”。可持续发展目标呼吁消除贫困现象、确保粮食供应、提升健康水平、普及优质教育、保障水资源供给、促进充分就业（第 1 至 6 项目标）。与此同时，目标中还包括要应对气候变化（第 13 项）、保护海洋与陆地生态系统（第 14、15 项目标）。诺贝尔和平奖获得者穆罕默德·尤努斯在本书后收录的采访中表示：“如果不改变经济引擎，即便实现了所有的可持续发展目标，人类社会最终还是会崩塌。根本问题在于财富生产的模式。”如果人类依然持续使用当今的生产消费模式，那么“可持续发展目标”只是一个自相矛盾的目标。写作本书的目的之一就是推动更广泛的探索，帮助人们找到合理的模式、在使用地球资源的同时实现可持续发展目标。

缺乏实践导向的另外一个证据就是所谓的“可持续发展”。在 1992 年里约热内卢地球高峰会议中，各国正式提出推动“可持续发展”这一理念，它也是当今许多国家发展战略的核心。所谓的“绿色发展”往往被认为是要向丹麦等国靠拢。但事实上，这是一个重大误解——丹麦、瑞典、瑞士、德国等被称为“绿色经济体”，然而这些国家的资源消耗状况根本无法实现“可持续发展”。它们可都是“借贷”较多的国家。现代化、多元化、数字化、风力发电、绿色出行，一提到这些名词，丹麦总被列为典范，但再看看它的人均二氧化碳排放量——7.2 吨。丹麦人的生活模式：每年人均消耗材料 20 吨，生产出的垃圾 750 千克，其中 400 千克被焚烧火化。如果全世界人口都依照丹麦的模式来生活，那人类就需要三个地球，“地球超载日”将会提前到每年的 5 月初。相较于其他的经济合作与发展组织国家，丹麦的生活方式已经比较灵活和节俭，但是它仍旧是“负债累累”。

总结而言，透支地球资源似乎与人们的思维方式有关。很多人总是认为，庞大的地球有着顽强的再生能力，有着取之不尽，用之不竭的资源。但事实上，人类已经过渡到新的阶段。地球早已被充分开发。人类已经成为世界的主宰。当前，全球 70% 的氮循环、67% 的“绿水”资源都是为人类所用；人类作为单一物种在地球上起到了史无前例的主导作用，深刻影响着地球，因此，尤金·斯托默与保罗·克鲁岑先后宣布，新的地质时代已经到来——人类世。这成了科学界的重大事件，总是以百万年划分研究阶段的国际地层委员会可谓是最保守的组织机构之一，他们组建了一个 37 人的人类世工作小组，提出要将人类世划为独立的地质时代，在此之前的全新世仅仅持续了 11 600 年——历史长河中不过短短一瞬。工作小组负责人、地质学家贾恩·萨拉西奇斯总结道："人类对地球系统的干预证据确凿，难以否认。"

金融借贷——新的违约

全球金融债务的总量创下了历史新高。麦肯锡全球研究院的报告显示，全球金融债务已从 2000 年的 87 万亿美元上升到了 2014 年的 199 万亿美元。为了维系长期以来的增长水平，人类在债务危机中越陷越深。危机呈现在不同方面：政府的巨额财政赤字，高涨的企业贷款，还有在很多国家都出现了的过高的消费债务。这些都是由强劲的货币政策和财政政策引发的，几乎没有哪个国家能够抵御诱惑。约翰·梅纳德·凯恩斯早期的学术论文就已经讨论了财政赤字的益处与风险，分析各种论点显然超出了本书的范围。本书只希望突出一点，那就是对于经济增长的传统愿景，加上依赖于规模的资源密集型传统工业系统，共同导致了人们开始牺牲长远利益来换取短期利益。

在商界，很多商业领导人为了优化短期内的收益，使得公司各方面，包括股东利益，都暴露在风险之下；在政界，为了摆脱缓慢的经济增长，突破结构性障碍，领导人们越来越倾向于采取赤字政策；在消费者领域，越来越多人借贷消费不常用的或者没有带来预期好处的产品，二者都是在浪费钱。三个领域的共同现象在于，它们都是依据传统的生产与消费模式以期实现传统愿景中的经济增长。

短期资本主义

企业借贷的价值毋庸置疑，其在学术界已得到充分的认可。近期爆发的金融危机说明，某些行业，尤其是金融行业，需要去杠杆化，但是整体的企业融资模式似乎不应该受到批评。可是真正的危机却在另一个层面呈现了出来。

企业正在违背长远利益换取短期收益。前麦肯锡公司全球总裁鲍达民指出了这种矛盾的现象。股价可以反映企业三年及更长时间内70%~90%的现金流转状况，但管理层现在满心想着的是三个月之内有什么值得关注的情况，这样的资本主义就有问题了。这种短视现象的危害显而易见：随着企业规模的扩大，运营日渐复杂，深入了解与全身心投入更显重要，但是自1995年以来，企业首席执行官的平均任期却一直在缩短。红利、激励政策都与短期的核心绩效紧紧挂钩，长期改革的动力大大减少。上市公司中，仅有43%的非执行董事认为自己能够响应公司战略。持股的平均时长从7年降至7个月；在美国，70%的股票交易都是高频交易，持仓不过几秒。面对交易所带来的这些压力，首席执行官以及管理团队一心只想着创造最佳的季度收益。现在的企业顾问受聘都是为了推动大规模的绩效项目，人们希望在18个月之内收到成效。而曾经的企业顾问往往是通过扎实的分析来规划企业的战略发展。苹果、特斯拉、通用电气等大型企业，还有德国中小型家族企业，都充分证明了商业成功与跨周期行为、耐心密切相关，这些与上述企业行为形成了鲜明对比。

企业的短视当然有代价：长期项目与重大变革计划无法筹集到充足的资金，有价值的商业策划没有充分的时间发力，下行周期的重要意见得不到重视。最为关键的是，商业界与社会之间的对立与摩擦状态日渐增强。多项年度调查显示，对于企业的信任水平，尤其是对大型企业的，已经达到历史新低；在调查所覆盖的27个市场中，2/3呈现下滑趋势，有14个国家已下滑至50%以下，创下2008年以来的新低。“占领华尔街”的抗议仅仅是冰山一角，在全球各地，老百姓对于企业的质疑越来越强烈。政界和普通民众，甚至是部分商业人士都发出了批评的声音，一直以来他们都希望能够逆转短视现象，重建长远稳健的资本主义，培养有责任担当的企业经理人。这就需要建立新的规则与惯例：设定长期绩效指标，以一年或两年期的薪水制度聘用经理，赋予他们更大的权力，限制短期持股人的投票权等等。不过，即便能够落实上述方法，仍然无法解决某领先的包装商品公司首席执行官所提到的深层挑战：“在当今的营收与赢利体系中，管理层已经陷入了困局。我们要说服消费者尽可能多地购买产品和服务，即便是超越其自身实际需求或者有益于社会的程度。我们知道好的产品应该如何设计。但是我们没有时间去开发这些产品，相应的商业模式也不可能使我们获利。与此同时，在短期体制的压力下，企业与消费者利益渐行渐远。”这样的评论出自业内领先的日用品公司高层，意义非凡，也说明我们必须要反思增长模式，高昂的社会成本不应被视作理所当然，而是应该被合理缩减。这正是本书所提倡的模式。

国家公债与结构性赤字

自20世纪70年代起，受到石油危机及随后经济衰退的影响，国家公债数额一直在上升。约翰·梅纳德·凯恩斯提出的反周期性政府开支逐渐成了应对经济下滑的良策。20世纪七八十年代那慷慨激昂的争论，现在看来既天真幼稚也文不对题。讨论的中心是如何找到控制周期性增长引擎的最佳方式。但是，无论是凯恩斯学派还是供给经济学派，都没有论证说明开支赤字会影响长期增长。大家都认为，无论起起伏伏，经济一定会不断地增长。然而，当前的增长引擎已经不堪重负。2014 年，经济学家罗伯特·戈登在其论文中指出，在 1891 年至 2007 年间，美国实际人均 GDP 增速从 2% 不断下降，而 2007 年之后的 25~40 年，人均 GDP 增速仅为 0.9%，实际收入增速为 0.4%。他同时指出，美国以及其他发达经济体将会面临以下 6 大阻力：人口结构、不平等现象、全球竞争、教育质量、环境问题和国家公债。为了克服困难，保证经济增速，美国以及其他多国政府都在实施刺激性经济政策，因而累积了巨额主权债务。2000 年至 2014 年，全球主权债务从 22 万亿美元飙升至 58 万亿美元，年增长率高达 7.5%。在加入经济合作与发展组织的国家中，2007 年至 2013 年的国债总额与 GDP 比例从 73% 上升至 111%。不只在欧债危机中受创严重的希腊等国，其他很多国家也都无法偿还如此高昂的债务。

公共部门借款的初衷往往是良好的，但这也加长了经济体系的“锁定期”。在作者看来，这样的机制需要大幅整改。第一，这样的体系阻碍未来的增长，因为偿还债务需要收缴高昂的税收，而这会降低转移支付，进而减少经济增长。戈登估测，美国未来 GDP 增速将放缓，0.2% 的降幅也是由这一原因导致。当初为了弥合增长鸿沟所使用的方法竟然是个“回旋镖”，真是自食其果。第二，经济改革亟待投资，但沉重的利息负担却正在挤压投资的可能性。关于美国政府支出的一项研究显示，2008 年至 2014 年，美国政府为“未来”的支出占总支出的比重下降了 12 个指标点，而对养老等非自由裁量的承诺的投入却增加了。塑造未来的自由正在消逝。

负债的消费者

老百姓的借贷也使他们丧失了对未来的考量。大家不要忘记，

2008年金融危机的导火索就是家庭债务。当前的消费者债务又创下了历史新高——40万亿美元，这已经是2000年的两倍之多。在发达经济体中，负债收入比也高得惊人，丹麦、荷兰、挪威等国超出了200%，美国、英国、加拿大、韩国、澳大利亚等国为100%左右。这些债务中占比最大的是房屋抵押贷款，这也反映出城市地区房地产市场供不应求的状况。

关注这个现象有几大意义。首先，这充分反映人们的实际收入增长停滞不前，普通家庭疲于应对，对生活的掌控日益弱化。城市家庭尤为如此，其收入增速已经赶不上住房成本的上升速度。其次，这个现象也预示着未来增长的疲软，2015年一份关于美国消费者债务及GDP的调查报告就强调了这一点。最后，也是更重要的，这也说明大部分家庭都会被困于低收益资产中。据分析，大约34%的家庭收入用于房产、汽车以及家庭耐用品；本书后文会阐述，通过服务模式或者共享模式，汽车、洗衣机、电动工具、白色家电、电子产品、健身设备等等，都能够以更低的成本供应给消费者。目前，很多家庭中的耐用产品都没有得到充分利用，这增加了可支配收入的压力，也让家庭的财务风险增加。

总而言之，人类社会在各个方面都是债台高筑，资本受困于低收益资产，系统性风险不断累积，用于长期投资的项目资金缩水。人们依旧执迷于传统意义上的经济增长，而21世纪的经济发展中，民众需求不断增加，危机爆发的可能性日渐显现，系统层面的变革迫在眉睫，但人们却还没有做好准备。

社会借贷——消失的凝聚力

人们也正从社会中借贷。这种借贷在过去几年中已经达到了顶峰。在整个西方世界，经济保护主义与去全球化的呼声日渐高涨，这也反映出人们的焦虑以及对当前经济模式的深度质疑，社会凝聚力正在逐渐消失。与此同时，随着经济的互联互通性增强，对于社会凝聚力的需求在迅速上升。2012 年，哲学家尤尔根·哈贝马斯指出，在资本主义社会，团结力量已经成为稀缺资源，促进经济增长的努力使得社会凝聚力大大降低，侵蚀着未来经济增长的重要条件。

在曾经很长一段时间，社会资本的重要性一直得不到重视，1995 年，这样的情况开始有所改变，罗伯特·D. 帕特南在《民主期刊》发表了文章《独自打保龄：美国社会资本的衰减》。他花了 20 多年时间来分析意大利南部与北部不同城市的状况。在北部，著名的产业集群地区不胜枚举，经济欣欣向荣，人们对于经济的起落展现出较强的适应能力。南部情况较差，人们收入水平低，容易受到外部冲击的影响，而且企业数量少、规模小、竞争能力弱。南部与北部政府的组织结构并无差异，但是效率却大有不同。帕特南以读报人数、选民投票率、合唱团以及足球俱乐部的成员数量等来衡量每个社区的公民参与度，结果显示，北部的公民参与度普遍较高，也更有活力。而意大利南部的城市在上述各个方面都不及北方。帕特南总结道，造成差异的原因是社会资本。他将社会资本定义为互惠互信的人际网络以及社会规范，两者的完善使得生活更加轻松、经济发展更畅通。帕特南在上述文章中的观点与很多社会科学家不谋而合，他们发现，社会发展与经济发展互相关联，两者缺一不可。这篇文章也引发了美国民众的共鸣。美国的不少社区日益衰落，凝聚力显著下降，人们曾经相聚玩乐的牌桌被遗弃，保龄球馆也冷冷清清，具体原因在这篇文章中被一语道破。美国公民从所在的社区中离开的趋势已经延续了 30 多年。与此同时，很多研究也证实了世界各地也出现了类似状况。而另外一些拥有丰富社会资本的国家，例如北欧国家，在经济生产力以及财富积累方面都展现出极大的优势。

2008 年金融危机以来，在成熟的民主国家中出现了声势浩大的民粹主义运动，这又重新引发了人们对于社会资本的探讨。很多研究人员和政治观察人士认为，危机爆发再一次反映出社会资本的恶化达到了顶点，社会已经极为脆弱，经济丧失了活力。

信任的流失

全球金融危机打破了平静的生活，员工失业，企业违约，国债高筑，政府勒紧了裤腰带。对于许多人来说，这场信任危机仍然没有结束。他们认为，政府管理松懈，银行运营漫不经心，它们串通一气，辜负了人们的信任。还有一些人认为，消费主义力量的崛起助长了及时行乐的氛围，最终引发了危机。其实在危机到来之前，信任的瓦解就已初露端倪。危机之后，全球各项调查研究得出了一致结论：信任与社会凝聚力正在消失。在过去 15 年中，市场咨询公司爱德曼（Edelman）一直在进行年度调查，数以千计的受访者被问到自己对其他人的信任程度，其中包括同伴、政府、企业、非政府组织和媒体等等。调查虽然没有覆盖社会信任的所有层面，但是多年累积起来的纵向数据模式足以呈现出信任的流失、转向和弱化。

自 2001 年开始，所有国家都出现了信任流失的状况。现在总信任指数表明拥有高信任值的国家（“可信国家”）数量已经下降，低信任值的国家数量正在上升。另外，各个国家没有通过经济发展获得更多的信任，“可信国家”的各个要素与自身在中期的经济发展路线并没有任何关联。另外一个发现就是，企业和媒体的信任流失程度要高于政府。信任圈的亲密度越来越明显地呈现出这样一幅景象：对于同伴的信任要高于对领导的信任，对于本地机构的信任要高于对国家机构的信任。多年的观察结果显示了一致的趋势：信任的范围越来越小，主要集中在朋友、亲人等关系密切的群体。面对人类共同的挑战，这影响了我们的团结。

信任指数及其他研究其实反映了信任建立与流失的关键因素。领导层的正直和诚恳十分重要。同心同德也是建立信任的重要因素。2002年，德国易北河爆发洪灾，总理格哈德·施罗德在危机管理中尽心尽力、亲力亲为，再次赢得了人们的信任与团结，这也使他在竞选中成功连任。2001年9月11日之后，帕特南也发现美国社会的凝聚力大大增强：公民参与水平显著提升，志愿者数量增加，民众对时事更为关注。美国"9·11"事件中成长起来的一代人为之后奥巴马的竞选营造了强大的势头，帕特南推测，可能正是"9·11"事件逆转了公民参与度下滑的趋势，让保龄球馆不再冷清。

帕特南以及其他学者充分证明，经济增长有赖于民众的信任，但是经济增长并不会自动催生信任。短期的增长非但不能建立起有益的循环、增强彼此间的信任，反而会割裂社会的各个部分，使人们失去一致的前进方向，从而导致信任的瓦解。因此，就信任度来说，社会的发展并不理想：并没有建立起更富成效、更宜居住的社会网络。在过去10年中，有越来越多的证据表明，依照当前的财富创造模式，社会正向着相反方向发展。

平等的流失

法国经济学家、作家托马斯·皮凯蒂的成名速度在学术圈中恐无人能及。2013年，他在其专著《21世纪资本论》中表示，许多西方国家的收入不平等现象已经空前严重，这些国家还将原因归咎为资本收益率差异、经济增速差异以及全球劳动力成本竞争对工资形成持续的下行压力。2015年，乐施会发布的报告也引起了民众极大的关注。报告指出，全球最富有的62位人士所拥有的财富相当于全球那些收入排在后50%的人口收入的总和，即低收入的35亿人的财富总和。报告还指出，到2016年，最富有的1%的人口所拥有的财富将超过99%的人口所拥有的财富——结果这一预测提前一年成了现实。报告发布当天恰逢世界经济论坛的开幕日，论坛创立者克劳斯·施瓦布在全体大会上说道："我希望达沃斯论坛的成员们记住历史的教训，如果收入与财富集中在少数人的手中，资本主义的时日也就不多了。"会后达沃斯论坛的一位来宾准备去吃午饭，他踏着阿尔卑斯山上的积雪，不禁感慨道："这就像是1910年的财富积聚状况，也就是在那年，我祖上的村庄里的人从波希米亚搬到了美国。"

铭记着历史的皮凯蒂借用文学作品解释了1910年以前那外界难以进入的世袭资本主义到底是什么模样。在《傲慢与偏见》中，简·奥斯汀诠释了19世纪时期的观念：辛勤劳动、优等学位、写作出版都无法带来人们眼中的美好生活（大约每年花费1 000英镑），唯一的方法就是结婚。皮凯蒂的方法论与得到的精确结果引发了激烈的讨论，也遭到了批评，但最为基本的观察结果（社会缺乏包容、收入差距扩大）基本没有异议。皮凯蒂并没有分析不平等所带来的影响，但是却暗示了人们可能要付出的巨大代价，即收入不平等不仅影响社会和谐，从长远来看也会遏制经济的增长。经济学家们大都认同，低收入人群的消费比例要高于高收入人群。

不平等现象正在破坏社会的发展。在美国的某些州，有15%的员工需要依赖政府发放的粮票生活。这里不是要指责个别的企业，但不得不说，我们似乎已经把当初的"福特信条"（每个员工都应该买得起车）转化为对供给侧和成本的关注。从个体角度来说，这体现了谨慎和精明，然而从集体角度来看，社会的繁荣却被削弱。当前，正是社会上的裂痕引发了呐喊的声音，民众呼吁要将民粹主义政策和孤立主义政策列入主流政治议程中。要想纠正这种倾向，人们需要坚定的政治决心、巨大的投资和勇气。

慷慨精神面临流失风险

人们已经逐步意识到，传统的增长模式、对资源的依赖，以及稀缺原则限制着人类的能力，使人类难以应对全新的挑战。地球人口已经接近 80 亿，国际社会更加多元的同时也产生了更多分歧（面对叙利亚难民危机的欧洲足以体现这一点）。在这样的情况下，对于各种产品的争夺加剧了相互之间的排斥，扭曲了社会规范，阻碍着人们更好地调节自身以适应新状况。于是，人们又开始向未来借贷。

慷慨精神可以通过捐赠、志愿行动或帮助陌生人的意愿等进行衡量。以个人、企业和政府为对象进行衡量，这些指数仍然非常高。但是，在欧洲发达国家中，上述指标在过去 10 年间基本维持不变，只占 GDP 的 0.2% 左右。除了在海地地震等个别大灾难事件出现时，各个指数通常与其他消费性支出项目一样，没有什么变化。付出，似乎成了一个“饱和市场”。但是，慷慨真正的内涵远远超出付出，付出仅是对人们日常交往行为的描述。为什么在当前的情况下，慷慨精神会受到威胁？这其中有两个重要的因素，那就是稀缺性和抽离感。

一组科学家分析了坦桑尼亚南部低地姆芬迪的农民是如何分享灌溉用水的。当前，这一行为没有固定的规则，完全依赖于村民们对于竞争与慷慨行为的权衡。研究人员让村民们评判邻居的社会地位（高或者低），然后让他们在不同的条件下选择是否要与邻居分享用水。在测试中，村民们得到粮食高产以及分享用水都会得到回报的承诺。测试结果简单直接，也在意料之中。在资源富足的时候，村民们都十分慷慨，即便为自己保留更多的水能够使自己的土地增产，但他们还是愿意分享用水。而在资源稀缺的时候，这种情况开始发生变化。村民们展现出贪心的一面，把尽可能多的水引向了自己的田地。在这个时候，保证粮食高产比分享回报更加重要。对于社会地位较高的人群来说，模式有所不同。在资源充足的时候，社会地位较高的男性表现得十分自私。他们觉得自己和群体其他成员有明显的差别，于是将自己抽离出来，而且他们知道下游的邻居不敢反对自己的作为。社会地位较高的女性在干旱的时候仍然会为下游的邻居提供用水，因为女性整体上更愿意遵循社会规范。

因此，在没有强制规定的时候，只有资源丰富且容易获取的时候，人们才富有慷慨精神。而在当前地球资源有限，价值创造模式又极其依赖资源的情况下，人类的慷慨精神很可能荡然无存。在数学中，当前提条件对多个例子都适用时，那么这个证明就不失"一般性"。在经济发展中，大家已经开始求索近百亿人口"不失慷慨精神"的增长模式。

人类对于增长的痴迷使其在生态、金融、社会方面都欠下了高昂的债务。当前的负债已经高得难以偿还，长此以往，偿还的可能性就会完全消失。通过借贷走出结构性困境已经是个死胡同了，可供选择的空间和缓冲空间几乎完全消失。而且，"借贷"正在摧残地球，这不但影响了大自然的生产力，也破坏了它美丽的原貌。因此，基于不同的学科基础，或是汲取了某些思想体系的精华，越来越多的人开始挖掘增长背后的事实，人们意识到全球范围内需要全新的增长概念。各种想法如雨后春笋般涌现，但也有很多想法自相矛盾、有所缺漏、验证不足。人们提出的观点基本可以分为三派：零增长、翻过库兹涅茨曲线（倒 U 形）"坡顶"式增长以及全新的变革性增长。下一章会逐一分析这三种思路。

第 4 章

大分歧

矛盾与迷失

双重思想就是一个人同时想出并接受两种相互矛盾的理念的能力。

——乔治 · 奥威尔

一方面，人类并没有真正驱动经济的长期增长；另一方面，人类越发认识到 GDP 增长的传统理念并没有带来预期的成果。人们仍旧痴迷于经济增长，但同时也发现这并不完全是大家真正渴求的进步。以上两种想法同时存在，因此人类陷入了“双重思想”。

一方面，增长引擎出现问题，美国、德国、法国等发达经济体的增长速度正在下降（见图 4.1），这背后的原因可能是人口结构变化或者是平均工作时长减少。但另一方面，这也反映出生产效率的提升已经开始减速。罗伯特 · 戈登的研究显示，美国工人人均产出的增长幅度在过去一个世纪中呈下降趋势。在 1891 年至 1972 年，美国工人人均产出只增长了 2.3%，到 2004 年，增长幅度降为 1.4%，而在 2004 年至 2012 年，增长幅度仅为 1.3%。科技发展日新月异，计算机技术广泛应用于服务业、工业之中，然而工人的人均产出增速却下降了。戈登说道：“我们应该庆幸当前的增幅还能有过去的一半。”

还有一些情况也发生了变化：货币政策工具的效果似乎在减弱，最激进的扩张性货币政策、前所未有的负利率机制，都已经无法有力地推动经济增长，财政刺激政策与高昂的预算赤字也无法使增长恢复到之前的水平。

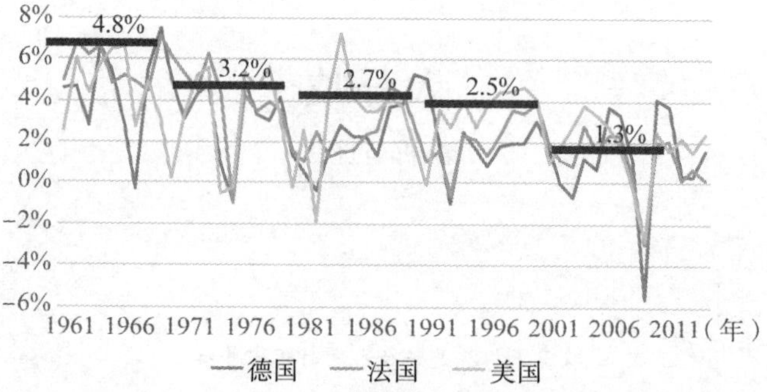

来源：法国国家统计与经济研究所、德国联邦统计局、美国商务部经济分析局

图 4.1　德国、法国、美国的 GDP 年增长率

经济学家对这一问题给出的原因与相关应对措施各不相同，但大家都认同一点，那就是增长放缓已经超出了经济周期中的一般程度，当前的增速下降带来了更多的不平等、更多的失业，而且这种下降更难以通过公共政策进行调节。要想以传统动力保持传统经济引擎的运转，似乎要付出更高的成本。全球人口要开始面对难以回避的现实：曾经大大造福于人类的增长引擎在未来可能要失去“魔力”了。

另外不得不正视的现实就是，当前增长引擎已经不再能够带来人们所预期的成果，至少是部分成果。下文会通过探究一些真实案例，证明某些国家可能已经进入了“不良增长”状态。全球气候与经济委员会主持的新气候经济项目的研究发现，在 15 个温室气体排放大国中，空气污染危害健康或引发死亡的负面影响造成的平均成本相当于 GDP 的 4.4%，在中国，这一比例高达 10%。有些国家甚至在人类历史上首次出现了 GDP 增长与社会进步背道而驰的现象，这里又称作“大分歧”，如此强烈的反差让我们不得不去反思对增长的渴望和那些经济指数（见图 4.2）。

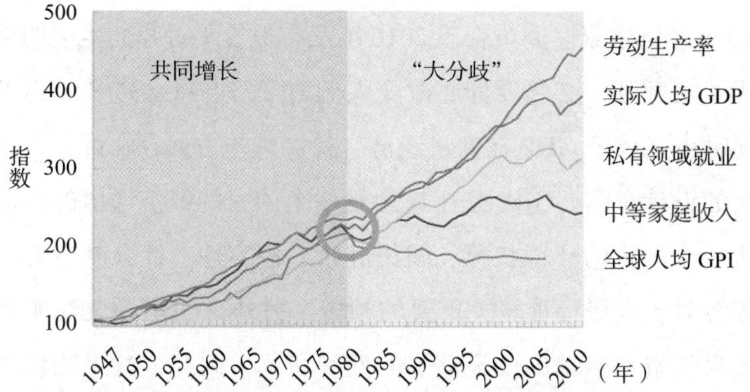

来源：圣路易斯联邦储备银行，埃里克·布莱恩约弗森与安德鲁·麦卡菲所著《第二次机器革命》，库比谢夫斯基等人

图 4.2　我们正在目睹一场"大分歧"

反思 GDP

说到尼古拉·萨科齐，很多人大概不会联想到"性情中人"。也正因如此，2009 年，时任法国总统萨科齐的一个决定着实让人有些意外，因为他组建了一队专家，让他们寻找衡量经济发展与社会发展的新方法，这个消息不胫而走。来自法国中右翼政党的萨科齐等政治领导人认为，GDP 增长仅仅是衡量人类发展与社会发展的指标之一，只看 GDP 必然会带来越来越多的问题。罗伯特·肯尼迪曾经在评价 GDP 的时候说过："总之它（GDP）衡量了一切——除却那些让生命更有意义的东西。"

萨科齐对于这个团队十分上心。其设立的经济表现与社会进步委员会（又称"斯蒂格利茨－森－菲图西委员会"，以委员会三位负责人的姓氏命名）群星闪耀，主席是诺贝尔经济学奖获得者约瑟夫·斯蒂格利茨，成员中也不乏诺奖得主——丹尼尔·卡尼曼、肯尼斯·阿罗、阿马蒂亚·森，还有《斯特恩报告》的作者尼古拉斯·斯特恩勋爵以及另外19名经济学家。委员会于2010年发布报告《对我们生活的误测》。

委员会呼吁，必须要彻底改变人们对经济与社会进步的思考与测量，同时也强调了GDP在衡量经济、社会进步方面存在许多局限。根据最初的设计意图，GDP是用来衡量一个国家的经济增值的，但其无法分析一个国家的环境状况、国民健康、包容性、社会凝聚力、教育程度等等对于人民福祉至关重要的领域。另外，GDP也无法衡量国家资产（自然资本、基础设施等）的发展状况，因此，其无法说明一个国家是否为了短期增长而牺牲了长远的经济、社会、环境可持续性。委员会提出，要扩大“进步”的衡量范围。第一，衡量社会“此时此刻”的情况，关键要素必须涵盖人民所能感受的生活质量：物质生活水平、健康程度、教育质量、环境状况、政治生活、社会公平以及安全状态。第二，可持续性应该得到衡量，尤其是金融资本以及自然资本的发展状况。

自20世纪70年代以来，科学家们一直在不断探索并完善衡量整体进步的新方法。他们首先提出了福利指数应该成为衡量人民福祉的新标准，例如，ISEW（可持续经济福利指数）：其以GDP为基础，进一步分析了其他因素，包括其他收入来源（志愿劳动和家务劳动等）、隐性成本（清理污染和环境补救等）以及资本损耗（生态系统资源流失等）。1989年，ISEW被GPI所取代。同GDP一样，GPI也存在自身的测算局限，但已被普遍采纳为测算长远福利发展的新方法。联合国也在开发相似的测量方法：人类发展指数（HDI）。另外还有分析了人力资本、生产资本、自然资本对于国家财富贡献的IWI。生活满意度的各种评估通过具有代表性的人口调查，来评估受访者对于幸福感的主观感受。这些分析手段弥补了GDP测量在很多方面的不足。

信息栏

经济与社会发展的其他衡量方法

更好的流量指标 GPI，即真实发展指数，其是对 GDP 测算进行的补充，能更好地衡量国家发展状况。真实发展指数以 GDP 为基础，又增加了对环境、社会因素（GDP 未能涵盖的内容）的考量，例如环境恶化、不计酬的劳动、教育质量、不平等现象等等。因此 GPI 和 GDP 同样都是流量指标，但是 GPI 在流量计算中比 GDP 更为全面。GPI 遭到的批评主要是缺乏透明度。

资本总额指标 IWI，即包容性财富指数，其用来衡量一个国家资本总额的发展情况，资本总额包括生产资本、自然资本和人力资本（每一种资本又涵盖了多项内容）。包容性财富作为“生产基础”，如果其人均值增加，那么就意味着国家是在可持续的道路上发展。IWI 是由一队杰出经济学家所开发的指标，得到了联合国的支持。在这个理念中，可持续性指的是人类福祉的积极变化。一个国家的包容性财富指的是其所有资产的社会价值（而非货币价格），这包括自然资本、人力资本和生产资本。如果一个国家包容性财富可观，那就说明该国几代人的福利水平都比较乐观。

社会进步指标 HDI，即人类发展指数，其是联合国开发计划署的主要测量工具，在其他发展组织中也得到了广泛应用。HDI 对一个国家的人口预期寿命、受教育程度、人均收入进行综合测算。2010 年，HDI 在人均收入方面纳入了不平等因素的考量，但它并没有考虑自然资本的发展状况。

这些方法对于经济增长和社会进步的衡量结果如何呢？所有的结论都是，整体进步总是慢于 GDP 增长。图 4.3 以人均值计算，展示了 4 个常用测算指标在 1990 年至 2010 年的情况。GDP 增长是每年 2%，HDI 增长为每年 0.8%，不到 GDP 的一半。也许其中最为惊人的一点就是，两个涵盖了自然资本发展状况的测量结果都显示没有增长。

■ 将自然资本的发展状况考虑在内

		考虑因素			角度	
		经济资本因素	社会因素	自然因素	流量	存量
GDP	2%	✓			✓	
HDI	0.8%	✓	✓		✓	✓
GPI	−0.1%	✓	✓	✓	✓	
IWI	−0.2%	✓	✓	✓		✓

注：1. 此为 1990 年至 2005 年数据，之后未有统计数据。

2. IWI 有两个版本，其中一个将环境破坏、石油资本、全要素生产率等考虑在内，另一个未考虑这些因素，此处展示的是前一版本。

3. 在此期间全球人口年均增长率为 1.6%。

来源：联合国环境规划署

图 4.3　将自然资本损耗纳入考虑的社会发展速度比 GDP 增长缓慢

2013 年，另一组学者研究了同样的问题，他们重新审视了各个指数在 1950 年之后的发展情况（近期发布的 IWI 除外），并与 GDP 进行了对比（见图 4.4）。所有指数都有其独特的视角，对长期福利发展的不同方面进行评估，每个指数都有不足之处。但是，在 20 世纪 50 年代到 80 年代中期，所有指数的发展轨道都与 GDP 存在明显分歧。第二次世界大战之后，GDP 指数增长了两倍，但 GPI 却只增长了一倍。

如果说 GPI 代表了福利，那么福利增速早已被 GDP 超越。这一大规模的数据分析涵盖了全球 17 个国家，研究结果基本与斯蒂格利茨委员会的报告一致。

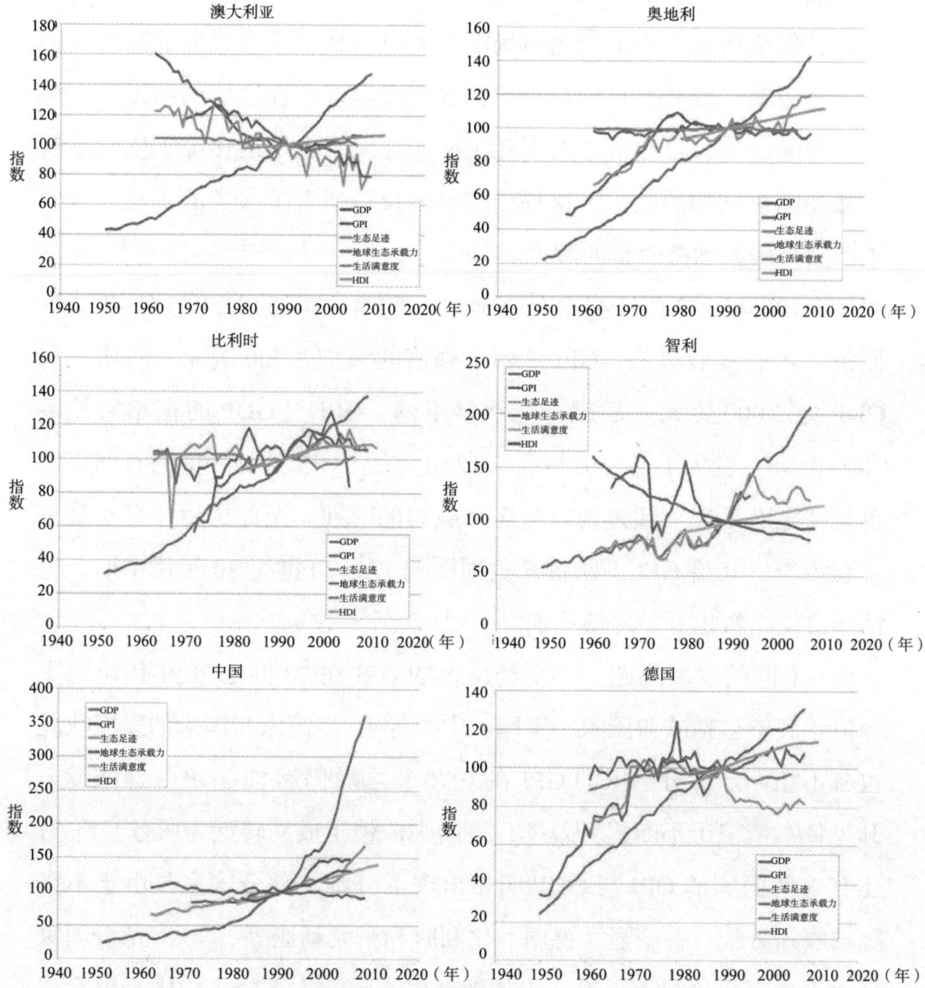

来源：http://dematerialism.net/beyondGDP.pdf.

图 4.4　1950 年至 2003 年，GDP 以及其他衡量人类发展水平的指标

• 福利流失：即便是在 GPI 和 GDP 相互关联的时期中，GPI 的数值也远远落后于 GDP。GPI 与 GDP 的对比不但复杂而且存在很多难以比较的前提条件。这些暂且不论，数据显示，各国人均 GPI 比人均 GDP 低 2 000~3 500 美元。这一数据值得关注，因为 GPI 计入了所有的福利创造活动，不但涵盖市场活动，也包括了市场之外的活动，例如家务劳动、育儿、自给自足的粮食生产等等。在这样的前提下，污染清理的成本、自然资本的损耗（矿产开发、土壤退化等）依旧超越了社会民众增加的收入。这种“棕色增长”损害了人类的福祉，减少了产品与服务创造财富的潜力。

• GPI 达到峰值：在全球各地，1980 年之前的 GPI 与 GDP 基本保持一致的发展势头，GPI 达到了峰值的人均 3 500 美元（同期人均 GDP 为 7 000 美元）后就开始缓慢下降。GPI 与 GDP 的正相关关系（R2=0, 98）变为了逆相关关系（R2=0, 61）。GPI 达到峰值的时期正好也是“生态足迹”超过地球生态承载力的时期。至此之后，资本就一直在流失，并给 GPI 不断带来负面影响。在 20 世纪 70 年代中期，生活满意度指数也开始停滞不前。

• 不同的发展道路：不少经济体的 GPI 在 20 世纪 70 年代达到了峰值（其中包括欧盟国家、美国、中国等），但国家与国家的发展状况也各不相同。部分国家的 GPI 在 1970 年之后仍然与 GDP 一样继续上升（日本依赖于不断提升效率，英国则依赖于成功转型为服务经济）；还有一些国家的 GPI 与 GDP 明显出现了分歧，部分国家是由于不平等的收入分配日益明显（德国、比利时和澳大利亚等），还有部分国家是由于生态足迹显著上升、人均地球生态承载力下降（中国是因为消费大幅上升，印度是因为人口大幅上升）。

• 不良增长：某些国家进入了“不良增长”的状态中，即增长的负效用超过了正效用，具体表现为 GPI 不断下降（可理解为福利不断下降），而 GDP 继续增长。虽然中国、印度等国家的环境成本最高，但是 GPI 增长率较低的国家，例如比利时、澳大利亚，也极有可能因为环境恶化以及不平等问题陷入“不良增长”中。

• 全球性的发展阻力：有迹象显示，中国、印度等国家的 GPI 也将达到峰值，且远远低于 GDP 水平。这点目前虽然未能确定，但是，与 20 世纪的工业化大国相比，在“拥挤的地球”上规划未来的经济增长显然需要克服更高的成本、更大的资源压力以及更强的增长阻力等实际困难。如果跟从曾经的经济增长模式，那就更是如此。

上述研究虽然没有纳入 IWI，但是结论都相差无几。回顾 1990 年至 2010 年的 140 个国家的 IWI，其全球平均值增长了 32%，而全球 GDP 平均值增长了 187%。也就是说，IWI 的年增长为 1.6%。由于人口增长速度更快，所以以人均值计算，IWI 的年增长几乎为 0。在经过调整的 IWI 指数中，自然资本的计算不仅纳入了资源开发情况，也涵盖了直接的环境破坏状况，例如气候变化等，最后得出的人均值呈负增长，每年为 –0.2%。这是 IWI 最为重视的数据，因为这个数值能显示一个国家是否有能力维系当前的消费模式。

大家已经逐步认识到，GDP 在衡量人类福祉与社会进步方面存在不足。GDP 与其他所有指标的测量结果存在巨大差异，而正是这种差异令人深感不安。这给当前经济模式的成功打上了问号，也显现出以其他指标弥补 GDP 不足的重要性。约瑟夫 · 斯蒂格利茨在总结经济表现与社会进步委员会工作时一语中的，他说：“GDP 的设计初衷根本不是衡量经济福利。”在美国经济大萧条之后，选择 GDP 指标意在引导政府恢复工业生产。GDP 的发明者经济学家西蒙 · 库兹涅茨向美国国会呈交 GDP 的分析时明确表示：

增长的数量与质量、成本与回报、短期与长期都必须被明确地区分开来。增长目标的设定必须明确增长的性质和目的。

外部效应——经济增长的“暗物质”

在物理学研究中，暗物质被认为是宇宙物质的主要组成部分，但是截至目前，人类对暗物质的了解极为有限，而且当前的技术也无法直接探测这种暗物质。出于同样的原因，外部效应被称作“经济增长中的暗物质”：外部效应的影响通常远远超过经济活动，但人们对它却所知甚少。因为当前的经济测算系统基本没有监测其变化。

经济学家们最初提出“外部效应”的时候，将其定义为“某项经济活动对无关的第三方所造成的影响”。当初经济学鼻祖们撰写文章的时候，外部效应被视作边缘现象。在亚当·斯密生活的那个年代，大部分的交易行为发生在乡村市场里，除了买家和卖家之外，交易活动对其他人的影响微乎其微。时至今日，这样的观点仍旧出现在大量的经济学文献以及经济政策讨论中，即外部效应只是例外情况，其规模不足以影响整个产业或者整体的经济状况。随意翻开一本经济学教科书，从其结构上看，外部效应十有八九被划入了某个小章节；从其描述上看，外部效应根本不足以影响整体的经济情况。

可是，当今世界已经与从前大不相同了，至少从本书最为关注的产品与资源系统角度出发，人类所处的环境发生了翻天覆地的变化。与亚当·斯密时代的经济总量相比，当前全球经济总量增长了400倍以上，大部分外部效应已经成为常态而非例外。

2012年，经济咨询公司Trucost代表TEEB启动了一项艰巨任务：计算全球未被标价的外部效应总和（Trucost称其为“自然资本成本”）。据作者了解，这是首个全面的外部效应评估项目。研究人员分析了所有第一产业的行业（农业、林业、渔业、采矿业、油气开采、水电等）以及环境足迹数值最高的主要加工行业（水泥、钢铁、造纸以及石油化工），计算了这些行业造成环境恶化的经济成本。研究测算了 6 个最重要的环境影响（温室气体排放、水资源的使用、浪费现象、空气污染、土地和水污染、土地的使用），并调查了世界各地的状况（考量各地的不同条件，譬如淡水资源的供给）。

研究结果震慑人心。全球自然资本总成本在 2009 年为 7.3 万亿美元（截至目前最新的完整数据）。这相当于 2009 年全球 GDP 的 13%，或者说是当年美国 GDP 的 50%。可想而知，如果测算时将房地产、交通运输等都涵盖在内（这些行业也带来了极大的外部效应，但不在 Truocst 此次的研究范围中），那全球自然资本的总成本更是高得惊人。

考虑到研究中的第一产业和加工行业仅占全球经济的一小部分，结论就更加引人深思：以当前的市场价格计算，自然资本的成本已经高于这些行业的收入总额。针对不同地区的独立行业进行测算，也能得出同样的结论。在自然资本排名前 100 位的行业中（共计占自然资本总额的 65%），仅有 5 个行业的收入超过自然资本成本。从营利角度分析，如果将自然资本成本计算在内，大部分行业已经出现亏空，图 4.5 就直观比较了部分行业计入自然资本前后的利润率。

农业的数据分析尤为惊人。自然资本的成本主要是过度用水或者开垦土地产生的，其已经远远超过了收入。巴基斯坦的水资源十分紧张，当地又发展了耗水的棉花种植业，其自然资本的成本比收入高出了 120%。

按照不同类型的自然资本成本分析，温室气体排放占 38%，水资源的使用占 25%，土地的使用占 24%，空气污染占 7%，土地和水污染占 5%，浪费现象占 1%。

Trucost 的报告在同类分析中最为全面，其中对于各种外部效应的总结也有赖于众多对当前环境问题的研究，例如美国国家科学研究委员会在 2010 年发布的《能源的隐藏成本》，该报告测算了美国煤炭燃烧对人类健康的影响，得出的结果为成本每年共计 530 亿美元，而煤炭行业的收入为250亿美元。这意味着外部效应的成本是收入的两倍，而且该研究还未将温室气体排放列为外部效应因素。作者近期发布的一份报告表明城市内部汽车交通的外部效应成本为每车每公里0.19欧元。负外部效应的成本远远超出了经济活动中的货币化成本。如此庞大的环境成本基本未被测算（当前的经济指标都未计入这类成本），正因如此，IWI和GPI的指数（考虑环境成本）才与GDP指数（不考虑环境成本）存在极大的差异。

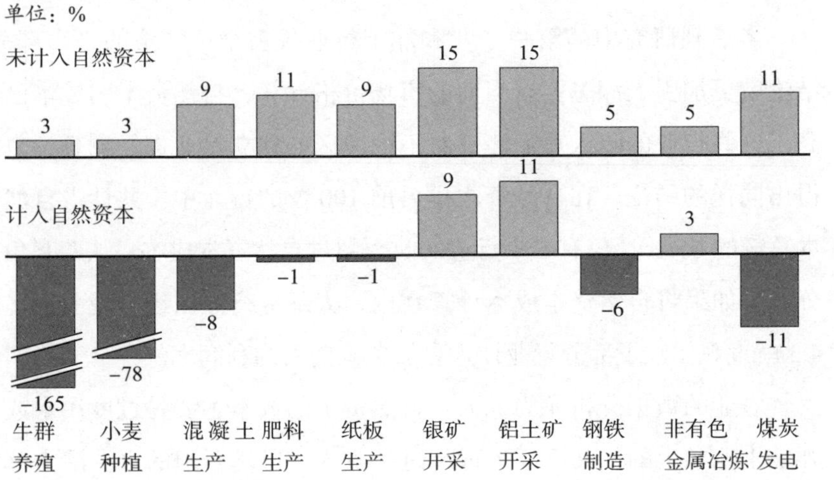

来源：整合Trucost与TEEB数据所得

图4.5 如果将自然资本的成本计算在内，2012年全球大部分原材料相关行业的利润率都为负值

按照当前的发展模式，环境成本只会继续上升。到2030年，消费者人数将会增加30亿，他们都期待着能够在住房、饮食、出行方面达到经济合作与发展组织国家的水平。这将给生态系统带来前所未有的压力。

这些未被正式计入经济成本的环境破坏说明了什么问题？第一，惊人的数字意味着相应行业、经济发展以及人类社会本身都面临着不断增长的巨大风险。这些行业本身对于人类生存发展就具有重要意义，也是全球经济的核心。几年前，英国智库“碳追踪计划”在发布的报告《不可燃碳》中提出了“碳泡沫”的概念，报告指出，由于石油、天然气、煤炭的大部分储量都留在地下，是“搁浅资产”，因此，化石能源行业的产业市场都存在估值过高的问题。此番论断掀起了热烈的讨论，70 家大型养老基金公司集体发出公开信，要求石油公司和天然气公司说明它们将如何应对此类风险，随后某些投资者也开始减少在这些领域的投入。从某种意义上说，这是首次有迹象表明大众观念有所转变：他们开始认识到化石能源对于投资者来说存在着风险。

在上述自然资本的成本计算中碳排放仅占 1/3，这就意味着整体的环境泡沫可能是碳泡沫的 3 倍。如果将所有这些成本算入各行业的生产成本中，那么结果就是各行业的市值可能为零或者为负值。当然，这种说法过于简单，如果自然资本被正式计入经济成本中，那部分成本当然是由消费者承担的，因为产品或服务的价格会上涨；还有部分成本会通过技术创新降低，幸运的是，减少环境破坏的成本通常（但并非总是）低于生态系统被破坏的损失。在这种情况下，自然资本对市场估值的影响可能会小一些，但对于投资者来说仍然有很大风险。

第二，如果各个行业都能为自身破坏环境的行为承担责任，那么当前的情况也许就会截然不同。资源会得到更好的管理与再利用，创新技术得以推广，生态系统也能得到保护。

第三，上述话题仍未进入主流经济学的研究中，这着实令人担忧。很多经济讨论确实强调了环境问题的严重性，也一直倡导要对外部效应进行定价。但是，对外部效应定价的想法被提出后，在大部分的经济对话与行业研讨中，默认的共识却是当前的市场价格基本“正确”。况且在很多经济建模中（包括资源相关领域的建模），外部效应都被忽略不计。如果你对本章的数据感到陌生，也就说明整个社会看待经济、补贴、税收、核算标准、价值评估等的方式存在问题。

库兹涅茨曲线，还是深度转换

上文中的数字清晰呈现了经济系统中的严重问题，那么有什么应对方法呢？针对这一问题的解决出现了三种截然不同的观点：不再追求增长，追求“库兹涅茨曲线”式的绿色增长，以及从根本上改变经济模式。这里就来一一探讨。

非增长模式

2013年，德国心理学家哈拉尔德·韦尔策尔意识到了自己矛盾的消费模式，在愤懑中写成并出版了著作《自我思考》(*Selbstdenken*)，这本书触动了许多读者。该书强烈地批判了现代消费主义。韦尔策尔认为，在一味追求经济增长以及不断挖掘资源的发展框架中，资源损耗与气候变化的问题完全无法解决。韦尔策尔呼吁要进行根本的改革，要将经济模式从“增长型”转向“培育型”。此书也成为“非增长”讨论中更为深入且具有民粹主义倾向的体现。关于增长终点的讨论早就以不同形式的表述出现过，例如“稳态经济”和“去增长”。在第1章中，我们讨论了人类社会对于经济增长的执着，这种关于“非增长”的讨论显然是对主流思想的“亵渎”。

“非增长”思想植根于环境运动以及关于人口结构和生产力的经济分析。德国经济学家莱因哈德·米格尔在20世纪70年代就此做出论证。他强调了劳动力与增长的关系，从查理大帝时代到拿破仑时代，经济增长几乎不存在，在长达一个世纪的时间里，经济的年增长率都不超过0.07%，经济产出历时1 000多年才实现翻倍。人口与经济在工业革命开始之后才开始大幅增长。米格尔认为，人口结构所导致的问题——可供给的劳动时间锐减、平均年龄激增——将会阻碍经济的增长。

另外一个理由就是资源以及资源利用后的废物的“储库”是有限的。这个观点其实在更早的时候就出现了。更出人意料的是，最先提出这点担忧的人是约翰·斯图尔特·密尔这位最推崇自由主义和功利主义的思想家之一，而且还是在 19 世纪中期工业革命刚刚起步的时候。密尔认为，相对于破坏环境、降低生活质量以追求无止境的增长，“资本与财富的稳定状态”更为可靠。他写道：

> 当一方方土地开荒耕种，当一排排林木连根拔起，当山花碧草铲除得一干二净，地球也就失去了原生自然之美，想来多么令人忧心。如果人类为了追求无限的财富与人口增长，使得地球失去了的美丽与欢愉，如果向地球不断索取只是为了让地球上的人口更多，而不是使他们更快乐和更富足，那么我衷心希望，为了子孙后代，人类应该早日满足稳定的状态，而不是坐等现实迫使我们做出改变。

密尔写下这段文字的时候是 1848 年，当时全球人口为 9.8 亿，全球首个固定时刻铁路路线——利物浦至曼彻斯特——运行还未超过 20 年。密尔早早就认清的状况直到最近才重新获得人们的关注：资源丰富、广阔无垠的地球已经因人类的发展不堪重负，全球经济已成为资源有限的生物圈中的分支体系。支持“非增长”的人士认为，这是重大的模式转变。任何一个经济体都必将逐步并最终达到稳定的状态，即出生率与死亡率、生产率与折旧率、增长与衰退都将实现动态平衡。在这种论调中，经济体将会从追求生产效率（每单位付出的最大总产量）转向追求维系效率（保持现有产量的最低付出）。

人类社会经历了150年的爆炸式增长才开始重新审视密尔的观点。密尔在环境问题上为人们敲响了警钟，即便人们更为熟悉的可能是托马斯·罗伯特·马尔萨斯的警告。马尔萨斯认为，人口增长与食品供应问题最终必然会阻碍经济增长和资本主义的发展。密尔认为，资本主义的发展不一定需要经济增长，密尔的观点显然比马尔萨斯的观点更为乐观。出于严谨的精神，基于在自然资源方面极具前瞻性的观点，上述两位著名思想家早早就预见了产生在21世纪的这场激烈讨论：部分学者认为资本主义能够通过非增长模式维系下去，另一部分学者则认为资本主义无论能否实现“绿色”，其结果都是自杀式的发展。密尔与马尔萨斯，谁对谁错，待见分晓。

库兹涅茨模式

1972年，英迪拉·甘地在出席于斯德哥尔摩召开的联合国人类环境会议时所传递的重要信息言简意赅：贫穷就是最大的污染源。面对人民的基本生活需求没有保障，基础设施落后，法律机制缺失的境况，社会只有通过发展才能走出困境。她的观点也正好反映了欧洲多国的发展历程。1858年，英国伦敦下议院的会议被迫取消，因为议员们已经无法忍受泰晤士河的死鱼散发出的刺鼻恶臭。然而河流污染并没有得到重视，并不断恶化，1957年，泰晤士河被宣告“在生物学意义上已经死亡”。今天，污水处理标准不断得到提高和完善，在经过大规模的污水治理后，125种鱼类又重新出现在了泰晤士河中——生态恢复状况喜人，但仍不完整。空气污染也有类似的事例。在19世纪，整整一百年间，伦敦居民的取暖完全依赖煤炭和木材。不久后，工业腾飞又增加了二氧化碳等物质的排放。1952年，“伦敦烟雾”事件爆发，共造成 4 500 人死亡。今天，在海德公园晨跑的伦敦居民呼吸着清新的空气，整个伦敦都可以看见美好的日出。英国曼彻斯特、法国巴黎、德国鲁尔工业区等都有着相似的经历——先发展，再治理。德国某商业游说组织的口号就是“减少二氧化碳排放需要经济更强劲的增长”。

通过经济增长来弥补过度使用资源产生的问题，这样的思路在库兹涅茨曲线（倒 U 形曲线）上得到了极好的呈现，该曲线显示资源密度是经济繁荣的因变量。图 4.6 呈现了印度的塑料使用情况：当印度人均 GDP 为 1 600 美元时，每年人均消耗的塑料为 10 公斤；随着人均收入的增加，塑料的消耗也急剧增加，人均值超过了 100 公斤。当人均 GDP 达到 15 000 美元时，也许是因为塑料回收系统开始发挥作用，也许是塑料资源的主要采购方以及消费者有了更强烈的环保意识，塑料的资源密度达到了峰值。事实上，能源领域也有相似的事例。1986 年至 2011 年，美国人均 GDP 年增长 2.5%，同一时期，人均能源使用量每年下降 0.17%。1980 年，1 美元 GDP 对应 1 公斤二氧化碳排放量，到 2006 年，1 美元 GDP 所对应的二氧化碳排放量下降至 0.77 公斤。英国的能源使用量在 1973 年达到峰值，德国在 1979 年达到峰值。之后，能源消费总量一直在下降，虽然缓慢，但确实在下降。

这值得肯定。但是，“从发展到绿化”的传统观点也存在不少问题。第一，并不是所有的资源都契合库兹涅茨曲线。以下这类资源的密度就不降反升。水泥、铝土矿、铁矿的全球人均消耗量不降反升，这主要是因为金砖国家正在大幅投资基础设施建设。第二，受服务转移和外包影响，库兹涅茨曲线的规律仅在有限区域内适用。伦敦的工业转移到了郊区或者附近的乡镇，整个欧洲有很大一部分工业生产活动都转移到了亚洲。自 2000 年起，新兴经济体的二氧化碳排放量不断增长，现已翻番至 140 亿吨，其中至少有 20 亿吨与出口产业相关。

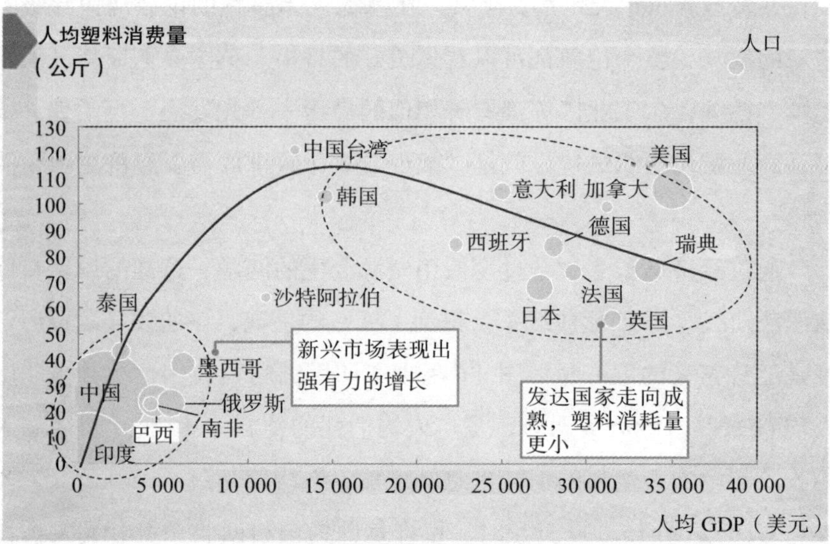

来源：Tecnon Orbichem 化工咨询公司、Global Insight 经济组织

图 4.6　印度塑料消费情况

更为关键的是，“从发展到绿化”的速度有问题。库兹涅茨曲线没有出现，反而出现了库兹涅茨鸿沟！大气中的二氧化碳浓度早就超出了合理的地球承载界限，而在过去 8 年中，中国的二氧化碳排放量已经翻倍。在欧洲，每年的化肥用氮量减少 4.6% 才能达成目标，但当前使用量每年增长 1.4%。海洋保护协会同麦肯锡商业与环境中心联合发布了《遏制污染潮》的报告，提出在 2025 年之前流入海洋的塑料垃圾每年应减少 10%，而当前进入海洋的塑料垃圾每年还在增长 5%。人类仍在大量消耗资源、排放污染物，库兹涅茨的规律并没有出现。人类并没有在该到达峰值的时候到达峰值，该出现的转向没有出现。森林砍伐加剧了二氧化碳排放量的增加，如果要在 2030 年之前将该类排放减半，森林砍伐速度每年应下降 4.5%——巴西在 2004 年至 2009 年间就已将该类排放减半，各国按照这样的路线前进，目标当然可以实现，但是在过去几年中，印度尼西亚的森林砍伐活动却在不断增加。

前文的讨论显然已经表明，GDP 增长并不代表经济发展正按照可持续的模式前进。但是，GDP 增长却能够有效预测能源与资源使用情况。在新西兰，GDP 增长 3%，二氧化碳排放就增加 1.5%；在中国，如果经济总量增长 10%，二氧化碳排放就增加 6.3%；在印度，GDP 与二氧化碳排放保持着相近的增长速度，都在 6.5% 左右；在意大利，经济总量增长 1%，二氧化碳排放保持原有水平。也就是说，截至目前，人类并没有“发展到绿色水平”，只是“棕色”有所淡化，仅此而已。

彻底变革的经济模式

前面两种方法都不大可行。人类可谓陷入了两难之地。密尔的稳态经济让人看到了在不破坏环境的前提下发展的希望，但这会引发十分严重的后果：对社会系统来说，人们的收入降低、税收降低；对企业家来说，投资回报比降低；对于教育领域来说，未来会有更多发展机会的教学理念也将面临严峻挑战。因此，在经济、政治、心理层面上，人类已经将自己置于必须追求增长的位置。但是，除却这种“锁定”状态，从供给角度出发，有以下三个理由说明不可能出现零增长。第一，从全球角度出发，如果西方成熟的后物质主义社会进入零增长模式，那么其对资源的影响应当是微乎其微的。2020 年至 2030 年，GDP 增长中有 45% 将来自中国、印度、巴西、墨西哥、俄罗斯、土耳其和印度尼西亚，而 2030 年预计全球排名前 20 的经济体中，有 8 个经济体目前的人均收入仍不足经济合作与发展组织成员国的人均收入的一半，而这些国家必定要通过消耗资源实现快速发展。这意味着西方国家节制发展并不能使资源需求恢复到平稳水平。第二，要求金砖国家等发展中经济体节制发展不但从政治层面上不可行，而且本身也不合理。这些国家期待达到西方“楷模”的财富水平，希望在生活标准上向其靠拢，可能具体到出行里程数、照明时长、每日摄入热量、室内供暖时长、平均每日淋浴次数等等。第三，如果对未来的设想中没有财富增长，没有丰富的生活，这样的愿景难以赢得民心。放弃增长，从现实角度出发并不可行。

那么再看看另一个选择——库兹涅茨模式以及该模式下过慢的“绿化”速度。这很难实现，而且之前也有报告指出，这会使得风险大增，并产生强烈的副作用，例如全球变暖、水资源匮乏、土壤退化、清理污染成本上升等等。自然系统的回报率会不断下降，资源的成本则会不断上升，从而影响经济发展，这在之前的章节已经进行了讨论。不少政界人士、业界领袖、环保人士以及经济学家都将希望寄托于这个方案，但是顺其自然地以发展推动绿化从供给角度来说是不可能实现的。有人认为，随着能源效率逐步提升，从煤炭到天然气，再到更为清洁的能源，这样的转变最终会实现“绿化”经济。但是，前几章的数据足以说明，现有的绿化速度与理论上需要的绿化速度存在巨大

来源：经济合作与发展组织资料

图 4.8　全球国内生产总值（按 2005 年购买力平价计算）

的差距，“希望”怕是要落空。在巴西里约热内卢地球高峰会议召开23 年之后，人类必须要承认，若“以发展促绿化”是过去的承诺，那么承诺已经失效，若其是对未来的规划，那么规划必会落空。因为对于大部分资源，绝对数量的消耗增长都超过了能效提升的速度。因此，非增长模式或是库兹涅茨模式都不可能是可行出路。从系统层面重新整改，以焕然一新的方式发展经济，使地球上的资源生产力与再生能力得到大幅提升，这才是真正的出路。来自不同学科的革新思想家已经在为这条道路摇旗呐喊，本书后文将会阐明作者为这条路线规划的方案。但是，这些方案的应用范围都极为有限。

为了探寻资本增值与高效利用资源的增长模式，我们分析了当前经济体系中的浪费现象，并有了重大发现。虽然产品层面的浪费通常较少，而且大部分浪费都可以通过产品性能优化而减少，但是系统层面性能不佳的状况却产生了巨大影响。当焦点从产品层面转移到系统层面的时候，潜在的机会也就越来越多了。细致地分析系统层面的重大问题才能够更好地理解如何在经济和生态层面上做出必要转变。

第 5 章

浪费

新资源的来源

仅仅了解系统的组成要素，
并不代表了解系统的行为。

——古埃及苏菲派谚语

在过去的两个世纪中，人们为了追求经济增长，忽视了资源与地球健康的重要性，由此建设起的经济体系中存在着严重的浪费现象。本章将会谈及其中重要的应对工作以及潜在机遇。在大力倡导循环利用的欧洲，原材料在经过第一次使用周期后就丧失了 95% 的价值。汽车作为制造领域的重要产品，对资源的影响举足重轻，但是美国与欧洲的汽车利用率仅为 2%；全球范围生产的食品中有 30% 在供应过程中被浪费。人们时常觉得这些重大价值链已经成熟，并且在不断地得到优化，却未曾想到竟存在如此严重的浪费现象。下文将会列举出一系列的历史原因以及公共管理的不足之处，用以阐述为什么这些供应系统的组成部分虽然得到了不断完善，但是系统本身却陷入了低效的结构中，并最终造成了惨重的经济损失和可怕的环境破坏。

无处不在的浪费

在为撰写本书而进行的调研过程中，作者剖析了欧洲的资源利用状况。之所以选择欧洲来剖析，是因为在巴罗佐任欧盟委员会主席、波托尼克任环境委员期间，欧盟委员会制定了“循环经济”政策，并于2015年12月正式推出，由于欧洲在资源生产率上已经处于世界领先地位，因此欧洲的改善方案理应适用于全球其他地方未来的发展阶段。作者认为，系统层面的浪费现象存在于所有经济体中，而且规模庞大，但其中也必定潜藏着同样巨大的机遇。作者对出行、食品、住房价值链进行了深入分析，这三大价值链在欧洲资源使用中占70%~80%，几乎占据欧洲家庭预算平均值的60%。因此，这三大价值链的意义超越了一般案例研究，假如这三个价值链中的资源使用情况能够得到改善，那么就会带来全球可持续发展道路上的大进步。

2012年，欧洲人均使用原材料13.5吨，相较于2005年的16吨已经下降了约16%，但13.5吨意味着每人每周所使用的材料仍然高达260千克。这些原材料在使用过后，有60%会被填埋或者焚烧，仅有40%会进行循环。即便如此，这也不意味着欧洲已经实现了40%的“闭环”经济建设（完全的闭环经济指所有原材料都能不断得到再利用）。以价值计算，原材料与能源的价值在经历第一次使用周期之后就下降了95%，材料循环与废物利用的能源回收仅占原始材料价值的5%。钢铁、PET以及纸制品等回收率较高的材料，在第一次使用周期之后，价值流失也超过30%（见图5.1）。原因之一是只有部分材料得到了循环使用，但价值骤降的最重要原因是大部分材料都混合在一起，因此只能在低价值的领域予以利用。例如，汽车制造所使用的高品质精炼钢被回收后，又继续投入炼钢过程中并与其他金属、涂料、污染物混合在了一起，因此重复利用的时候只能用作低价的建筑钢铁（钢筋条等）。

金属铝又是一例。在欧洲，90%~95%的铝都得到了回收，但这一数字背后的实情呢？回收的铝材通常都已经和铁、镍、铬等金属混合在了一起，其他金属元素改变了铝的属性，而且将铝再次分离出来的成本很高。因此，为了确保铝材能够符合性能标准，又要重新加入

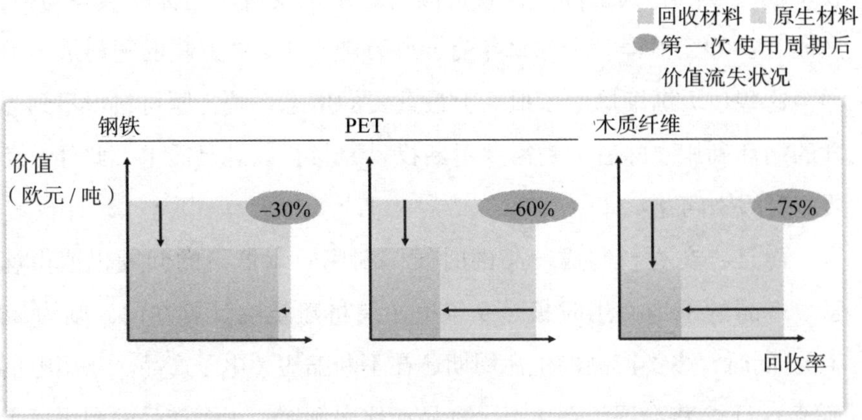

来源：专家访谈数据总结

图 5.1　“成功循环回收”案例中的价值流失现象也十分严重

一部分原铝。美国大型铝板制造企业诺贝丽斯将循环铝材的使用控制在 40% 以下。再举一例，智能手机屏幕所使用的铟会在第一次使用周期后流失殆尽，因为仅有 20% 的手机得到了回收循环；就算得到了回收，25% 的金属制造材料中，也仅有 48%~64% 能够被提取出来。和前文提到的食品中的磷等有机物质一样，这些稀有金属也遭到了浪费，其价值白白流失。里约热内卢臭名昭著的垃圾场叫“格拉玛舒花园”（Jardim Gramacho），奥斯卡提名纪录片《荒原艺术》便取景于此，影片追踪了艺术家维克·穆尼斯在垃圾场中的创作，震撼人心。那里的垃圾中有营养丰富而仍未败坏的食品，人们对其进行处理后直接在垃圾场上转卖；还有很多食品垃圾腐败后产生了具有危害性的甲烷，并传播细菌，使得其他垃圾的价值进一步下降。在当前的系统中，食品以及消费产品所使用的塑料包装也都被浪费了。欧洲每年生产 4 590 万吨塑料，却只有 25% 得到了循环利用，而且还都是进入了低价值的应用领域。35% 被焚烧，其中还包括会产生有毒物质的 PVC（聚氯乙烯），还有 40% 被送入垃圾填埋场或者直接丢弃。在中国，塑料的回收率仅为40%，其余部分被就近倾泻到水里或者不达标的填埋场中，又或者被冲入海洋。全球每年有800万吨至1 200万吨的塑料进入海洋，这些垃圾渐渐堵塞了地球上最重要的生态系统。原材料得不到充分的循环利用意味着人类需要不断投入原材料以满足需求，此外，还要应对污染问题。

而且，在材料制成产品的时候，利用效率低下的问题也值得深思。产品的平均使用时长是9年（如果将建筑物计算在内，则为28年），同时，多类产品的生命周期还在不断缩短（电子产品、家用电器等等）。下文将会展示在出行、食品和住房领域，很多产品的利用率十分低下。

总而言之，人类确实是在滥用地球资源进行生产，而且生产出的产品并未得到充分利用，平均9年就会遭到抛弃。虽然人类为循环使用做出了努力，但仍有95%的原材料价值还是这样白白流失了。

资源流动——大面积，单方向

2015年6月，本书研究团队有幸在比利时布鲁塞尔向欧盟委员会递交研究分析成果，我们展示了分析过程，之后的会议讲话反映出了我们的分析影响。即便在资源利用成熟的领域中，浪费现象也十分严重。

出行——每人一车，2%利用率

100多年来，汽车制造商一直在不断地提升汽车性能。欧洲交通出行费用占家庭总支出的15%，所以这是非常重要的价值链。

在欧洲，平均每辆车有92%的时间处于停泊状态，停泊的区域一般都是土地价值较高的市内地区（见图 5.2），还有约 3% 的时间忙于寻找停车位或是陷入交通堵塞中，因此，只有约 5% 的时间处于有效的驾驶出行状态。平均每车有 5 个座位，但被有效利用的仅为 1.5 个。注意，在大部分家庭中，至少有一年的可支配收入和汽车挂钩，汽车这一重要的基础类产品与极低的利用率形成了鲜明对比。从能源角度进行分析，汽车平均载重比例为 12∶1（1.2 吨重的汽车平均载人 100 千克），也就是说，油箱里的汽油仅有 20% 转化为汽车的动能。两数相乘，意味着石油中仅有 2% 左右的化学能最后用于人类的交通出行，其余 98% 都遭到了浪费。

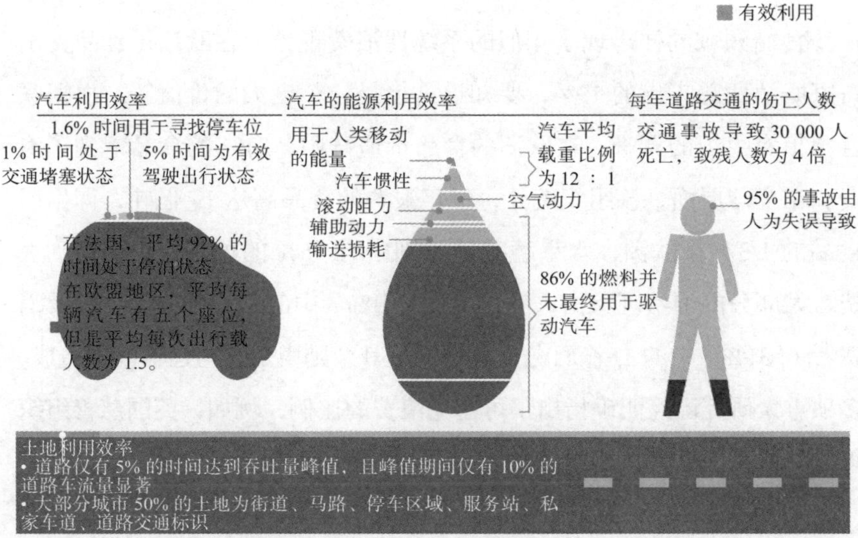

来源：麦肯锡商业与环境中心、艾伦·麦克阿瑟基金会

图 5.2　交通出行系统中的浪费问题

再从土地利用角度进行分析。如果将道路和停车区域计算在内，市中心地带大约有 50% 的土地用于道路交通。但是，即便在出行高峰期，即全天 5%~10% 的时间内，汽车也只占用城市街道 10% 的空间，可见，利用率也非常低下，仅为 0.5%~1%；而在德国斯图加特或

者法国巴黎等城市中，交通拥堵成本也接近 GDP 的 2%。当前的出行系统引发了交通事故、健康问题和环境问题。也有关于美国的同类研究，其分析结果基本一致。总而言之，这些数字意味着现存的基础设施与产品中还潜藏着巨大的经济价值等待我们深度挖掘。在本书的第二部分与第三部分中，我们将展现，新的资本递增路径结合新兴技术与商业模式，将会大幅提升资源利用率，从源头避免资源浪费的负面影响。

食品——“莫要反咬给你喂食的手”

食品领域同样出现了相似的系统性浪费现象。在欧洲，食品支出占家庭消费总支出的 19%，要知道这也是一个庞大的价值链。根据联合国粮农组织的调查，在欧洲的食品价值链中，31% 的食品遭到了浪费。在全球层面，该组织统计，每年浪费的食品高达 13 亿吨，即生产食品的 1/3。在欧洲，水果蔬菜等类别中有 46% 的可食用产品遭到浪费。大部分的浪费现象由农场（上文“31%”中的 9 个百分点）以及消费者（“31%”中的 11 个百分点）造成，其余则由加工与运输问题造成。多项重大研究已经明确指出了可避免浪费的比例，例如，英国慈善组织 WRAP 测算，英国有 66%~67% 的食品浪费完全可以避免。

生产食品的重要资源也遭到了浪费。以肥料为例，肥料中仅有 30%~50% 被农作物吸收，而且这其中又有 25% 是在农作物中不可食用的部分发生作用——在当前经济模式中这些部分基本被当作垃圾抛弃（事实上完全可以运回农田中再利用）。上文提到大量食品遭到浪费，且人体没办法吸收食品中全部的营养物质，这意味着农田使用的肥料中有 95% 根本就没有贡献于人类所摄取的营养——这是重大的损失，因为肥料是农业重大投入之一，而且目前也完全有方法大幅减少不必要的施肥（本书第三部分会进一步讨论）。

另外一项重大投入就是灌溉用水。农业活动的用水占全球用水量的 70%，欧洲的这一比例为 25%；农业活动用水总量中有 25% 在运输过程中被浪费，而在浇灌到田间的水量中，农作物吸收的不到 35%。综合测算，人类仅仅消耗了 20% 的取水（将供应链中的食品浪费涵盖在内）。同时，欧洲地表有 23% 的区域在夏季处于缺水状态，到 2030 年这一比例将会上升至 45%。

除了体现在经济价值上的水资源浪费，还有另一种浪费，这就是当前农业活动中正在加速摧毁未来农业基础的“借贷”增长。但是，在过去 5~10 年，环境问题的探讨一直聚焦于气候变化问题，农业方面的浪费现象未能得到世界各国的充分关注，而其严重性与前者不相上下。当前，肥料中的氮含量已经超过了所有土地生态系统中的氮总量。氮是全球生态系统中最重要的营养物质之一，现在土壤与水源中的氮主要来自合成物质而非生物源，这着实令人担忧。当前磷物质的流动总量已经是工业化之前的三倍，并引发了富营养化问题，也让大部分国家面临地缘政治风险（因为全球 80% 的磷矿位于政局极不稳定的北非地区）。肥料经地表径流进入河流、湖泊与海洋，藻类疯狂繁殖，造成水体富营养化，甚至导致鱼类等生物死亡，致使全球海洋与湖泊中产生了 400 多处死区以及低氧区。密集的农业活动也导致表层土退化。据研究估测，欧洲有 0.6 亿 ~1.6 亿公顷的土地存在土壤退化问题，对比 2012 年欧盟农业用地总面积 1.85 亿公顷，就可以看出问题的严重性。在全球层面上，按照当前的退化速度，60 年后，地球上的表层土将完全消失。西方谚语有言：“莫要反咬给你喂食的手。”可人类就是这样忘恩负义。

这些数字触目惊心，但也反映了改进与发展的巨大空间。据最新预计，2100 年全球人口数量将达到 110 亿（之前的预计为 90 亿 ~100

亿），而且人类饮食对蛋白质的需求大大提升，因此，在 2050 年，食品系统所提供的热量需要比 2000 年左右高出至少 70% 才能满足需求。与此同时，自然资源短缺、气候变化、食品生产力下降的问题仍然存在，我们要如何才能保证食品生产的发展呢？也许，人类需要踏上新的发展道路了。本书后文也会提到，很多的解决方案与技术已经出现，关键在于能否得到大规模的应用（见图 5.3）。

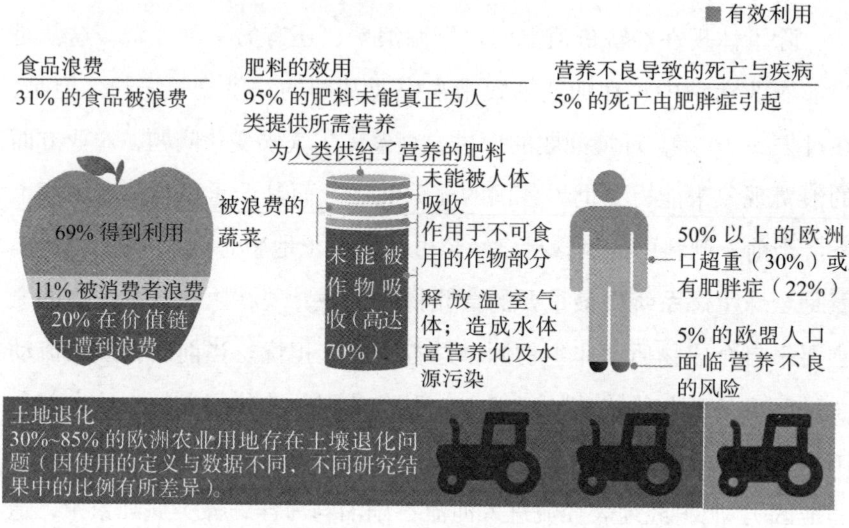

来源：麦肯锡商业与环境中心、艾伦·麦克阿瑟基金会

图 5.3　食品系统中的浪费问题

住房——惊人的空间

对于世界各国来说，住房与城市规划的未来都至关重要。住房是欧洲家庭最重大的直接支出，平均每户家庭每年支出 9 600 欧元，占年度直接支出的 27%。此外，建筑业是欧洲最大的经济产业之一，占 GDP 的 8.8%，并能提供 1 400 个就业岗位。房地产行业与建筑行业的

发展是城市化的一部分，到 2020 年，80% 的欧洲人口都将居住在城市或城郊地区。

在过去数十年中，建筑内部的能效和城市的宜居程度都有了极大的改善，但是整个价值链还是存在着多种浪费现象：

第一，生产效率得不到提升。德国与美国作为全球两大经济体，它们的建筑行业在过去 25 年中几乎没有提升自己的劳动生产率，而且很多国家也面临着类似问题。究其根源每个国家情况各异，但往往有一些共性：行业结构碎片化、小规模企业居多、对创新建筑方法持保守态度、提供的非正式工作岗位居多、建筑法律法规过于严苛、建筑工地的材料浪费率大约为 10%。这些都不是不可逾越的障碍，比利时和奥地利就做出了改变，在过去 15 年中，两国的生产效率平均每年提升 2%。这意味着与 15 年前相比，如果当前在比利时或奥地利购买房屋，那么同样多的钱可能多买 35% 的面积。而在美国和德国，这一数字则为 0。

第二，利用率低下。在欧洲地价高昂的市区里，即使是工作时间也仅有 35%~40% 的办公室得到了利用。在英国，49% 的业主自住房屋都未被充分利用（根据英国相关部门最新的报告，至少有两间卧室空置）；另外，超过 60 岁的人群中有 33% 表示希望居住在较小的房屋中，但仅有 10% 真正做到了这一点。如果能够优化利用率，企业与家庭的支出就能大幅降低。

第三，能源消耗远远超出必要限度。虽然当前已有很多提高能效的措施，但是建筑物仍然消耗了大量的能源。能源管理项目通常能够将现有建筑物的能耗降低 20%~40%。在众多细分市场中已经出现了净能耗为零或者为负的房屋，而且从整个使用周期的角度计算，这往往是有利可图的，但在新建筑物中，这类房屋属于少数。另外，在欧盟地区产出的垃圾中，房屋建造与拆除产生的垃圾占 25%~30%，拆除垃圾的回收往往没有吸引力，因为这些废旧材料通常已经和涂料、固件、黏合剂、墙面材料、绝缘层、泥土等混在了一起。当前的垃圾主要来源于过往以及当前的老建筑，而现在拔地而起的楼房在 30 年后也会带来同样的问题。

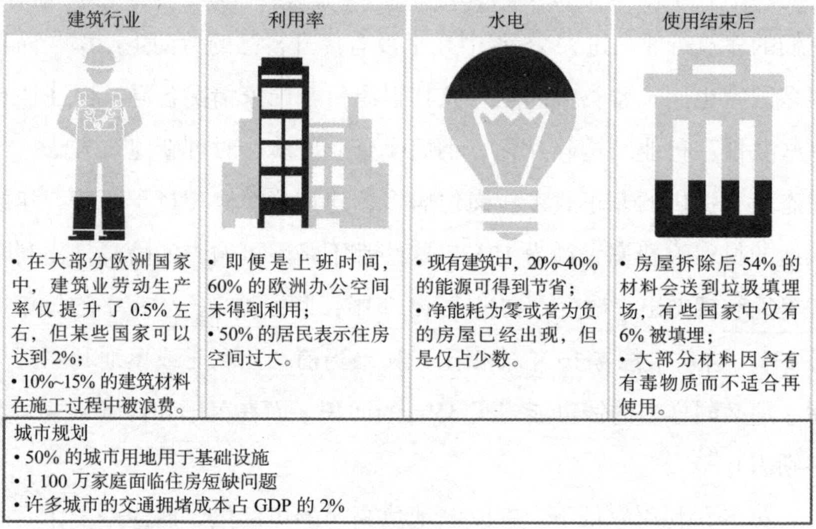

来源：麦肯锡商业与环境中心、艾伦·麦克阿瑟基金会

图 5.4　住房中的浪费问题

本章已经分析了经济体中三个最大的价值链，三个价值链中都出现了严重的浪费现象，对于如此庞大且发展成熟的行业，其浪费程度令人吃惊。虽然各个价值链存在的具体问题不尽相同，但也有共通之处：利用率低下、产品优化仅仅是为了降低销售价格而不是为了降低产品整个使用周期的成本、系统层面的潜力未得到开发、行业行为未能着眼于长远的发展。出行、食品和住房支出占据了家庭总支出的 60%，这意味着减少这些价值链上的浪费能够大大提升民众的生活水平，增加消费选择，还能保护环境。简而言之，资源利用还有巨大的提升空间。

洞察系统层面的浪费——推动未来经济发展

在当今经济中存在着如此巨大的结构性浪费现象，有人肯定会问，人类到底有没有在应对浪费问题？也就是说，企业、政策制定机构、民间人士还有其他利益相关方有没有做出足够的努力，为浪费现象量身定制有效的应对战略？如果全球经济在目前的轨道上继续前行，那么 10 年之后再次做出当前这类分析时，浪费现象会大幅减少吗？

简要回答上述问题：不能。整体而言，人类并没有真正地着手解决浪费问题。如果解释得更为详细一些，就是部分浪费现象确实得到了有效应对，这主要是在产品层面，但是大部分的浪费现象还未能得到解决。这一点值得注意——全球经济如果在当前的轨道上发展下去，系统层面的巨大浪费现象几乎不可能遏制和杜绝，当前经济系统中的价值也未能得到充分利用。现在就以三大价值链为例进行详细分析。

首先是交通出行，回顾前文，让我们看看浪费的主要源头是什么，有没有得到解决。大部分国家与企业的关注重心都是燃料效率、传动系统、排放标准和道路安全等。很多城市都在改善公共交通系统，成效不一。但是，浪费的源头问题基本都未能得到解决：

• 首先是汽车利用率低于 2% 的问题。当然，某些国家出台了征收燃油税、车辆购置税等的政策，间接提升了利用效率，但是这些税收政策主要是为了提高能效，而对于提升利用效率的影响十分有限。提升利用效率最明显的方法就是推广共享汽车，虽然支持共享不乏理由，也有很多政策方案可供选择，但是几乎没有多少城市和国家能够真正落实。城市地区最好的停车区域可以留给共享汽车，停车方便能够大大提升人们选择共享汽车的积极性。巴黎将市中心的停车区域留给 AutoLib 等共享汽车公司后，停车方便成为共享汽车服务的最大卖点，因为消费者知道，只要使用共享汽车就总会有地方停车，而不需要兜兜转转找车位。但是，极少有城市大规模地实施这一方案。不仅如此，优步（Uber）及同类企业还被它们视作威胁，其发展非但没有得到帮助还一直遭到阻挠。全球点对点出租车服务的发展并不顺利，纳税、司机执照方面也遇到了不少问题，面对这些困难，各国应该积极解决，为其助力。共享商业模式已经是发展的大趋势，如果能够得到适当的支持，便能得到更快的进步，也能更好地融入当地的交通体系中。

• 另一个值得思考的就是互联汽车。通过大幅减少汽车之间的安全距离，我们可以提升道路通行能力。其实，这个技术已经存在，其在很多高端汽车中已经是标配，有些公司也可以在汽车中直接加装互联技术装备。当大量的汽车都具备互联技术装备的时候，城市拥堵问题以及交通部门预算问题就能够得到极大缓解。但是，有多少城市正在朝这个方向努力呢？譬如针对这类汽车减少拥堵费或者停车费。据了解，还没有地方出台了这类措施。

• 衔接性停车，也就是在公共交通工具的附近设立停车区域，使私家车与公共交通工具的衔接更连贯，从而有力促进公共交通工具的使用，缓解拥堵状况，值得一提的是这还不需要依赖任何高科技手段。但是这方面的潜力也未被充分挖掘，这可能是因为交通拥堵的高昂成本只是“外部效应”，因此，并没有被政府部门纳入预算。在欧洲，80% 的汽车通勤都是以单一模式完成的。

• 尽管交通拥堵如此严重，以致每位通勤者每天早晨都能够真切地感受和认识到这个问题的存在，但是征收拥堵费的城市却仍属少数。

综上所述，除了产品层面的完善工作，人类并没有有效应对和解决交通出行中系统性的闲置浪费现象。

食品价值链上的同类情况也很相似，只是环境方面的因素更加突出。食品价值链上的每一环都在提升效率，“精准农业”等创新技术有效推动了食品行业的发展。但是，由于食品价值链中的关键外部效应未能“定价”或者“定价”远低于实际成本，应对外部效应的努力未见成效。最显著的例子之一就是废水与食品垃圾的厌氧消化，这是生产生物气体并将其作为能源的好方法，而且还可以将磷和氮以生物肥料的形式重新输送到农田中，以减少浪费。但目前全球有机废物中仅有 0.5% 通过此类方式处理。采用免耕作业、地下滴灌等节约资源的农业技术不但对环境有很多益处，而且基本不会增加成本，即便如此，这些技术的整体应用率仍旧很低。

最后是住房。大部分发达国家都在尝试改善建筑物中的能源效率，但付诸的努力如何？近年来提升能效的工作得到了推进，据统计，每年全球在能效措施方面的投入高达 800 亿美元，然而，目前建筑物的能效提升速度和过去 100 年比较相差无几，甚至还在 1990 年至 2010 年出现了下降的情况。大部分的浪费现象没有得到有效应对。例如，爱彼迎（Airbnb）等平台提供的房屋共享服务正在迅速发展，但是政府如果能够早些重视这类服务，认识到其中的税收问题完全可以解决，那么这类服务现在还可以发展得更好。办公室共享服务业也正在如火如荼地发展，但其成长速度也理应超出现有的水平。

各国政府为减少系统性浪费做出了一定程度的努力，这一点值得称赞，上述分析并不是要否定这些工作。相反，我们是想要帮助人们对这些工作的力度与速度保持清醒的认知，并用更为积极的态度来应对浪费现象，此外，还有更大的经济与环境机会有待挖掘，值得更多的付出。

那么接下来的问题就是：人类为什么如此浪费？人类为什么没有正视如此巨大的浪费现象？这些数字在未来又“应该”下降到什么水平？没有人知道答案。这就像是在问：是自己拥有车辆还是在有需求时才获取车辆的使用权？是使用原生材料，还是使用循环材料？这其中的市场优化又该如何实现？确实存在有力依据表明这些数字在未来应该大大降低，因为当前存在的这些问题不仅会引发可怕的环境损失还会导致巨大的经济损失。

第一，人们并不习惯以上述的方式思考并谈论经济，因此未能“看到”相应的机会。这些有关浪费的数据并没有像 GDP 和就业率等指标一样得到重视与测量。在经济发展中，降低失业率、减少排放和提升教育水平等都有目标，但是如何应对浪费现象却没有目标。因此，人们很少谈论这个话题，也就无从得知某个国家做得好或不好，或者哪些减少浪费的政策奏效。虽然蕴藏着巨大的经济潜力（将汽车的利用效率从 2% 提升至 4% 等），但这却是经济发展中管理缺失的一部分。习俗和习惯也有重要的影响。消费者和企业高管成长于“一家一房一车”的环境中，因此，他们能够敏锐地察觉到降低产品成本等传统领域的机遇，但对于系统性浪费中的机遇却极不敏感。

“精益生产”恰好可做类比：20 世纪八九十年代，“精益生产”作为供应链的新理念受到极大欢迎，管理人员突然之间发现了“全新”的利润提升空间，其实这些空间一直都存在，只不过是管理人员开始从资源浪费的角度出发去分析商业运营，这些机会才突然变得显而易见。在消费者方面，研究发现，消费意向与行动之间存在巨大落差。2014 年的一项调查显示，几乎所有的欧洲人（96%）都认为欧洲应该进一步提升资源利用效率，但是仅有 21% 的人选择租用而非购买产品，仅有 27% 的人使用过共享模式的服务。

第二，财政系统并没有起到积极的推动作用，这可能是因为没有“看到”减少系统性浪费的机会。前一章讨论到，破坏“第三方”的环境基本不用承担成本，如果“外部效应”在过去得到了准确定价，资源密集型产业的现状肯定与现在大不相同。况且，税收系统主要关注劳动力和资本，而资源方面的税收仅占一小部分。全球各国政府当前都希望能够提高就业率、减少资源浪费，税收系统的设计恰恰与此背道而驰。欧洲目前的状况是，资源税收仅占总税收的 6%，其在 GDP 中的比重正在持续下降。

第三，有待不断开发的技术潜力。技术成本的迅速下降，为减少浪费现象创造了重大机遇。例如，智能手机推动了共享商务模式、虚拟化商业模式（共享汽车、共享房屋等），交易成本因而大幅降低，这些模式也正在逐步渗透到市场中。物联网能够以更低的成本追踪产品与材料，使它们更加便于回收，垃圾管理技术也在快速地发展。

总结而言，本章意在阐明减少系统性浪费能够带来巨大的经济以及环境机会——各个国家、各个企业应该以更大的决心与动力去推动这方面的工作。

第 6 章

破坏

可持续发展

“不那么糟也仍旧是不好。”

——迈克尔·布朗嘉特、威廉·麦克唐纳：《从摇篮到摇篮》

资源挑战涉及的面比较广且形势日益严峻，在系统层面上问题重重，因而可持续性发展必须开启新的征程。其实早在 1711 年，可持续发展的进程就已经开始。德国林业学家汉斯·卡尔·冯·卡洛维茨关注的主要问题是森林资源匮乏。当时，他刚被任命为德国萨克森州弗赖贝格区的矿长，其职责就是为当地银矿和炼银工厂提供充足的木材，要知道，这些银矿和工厂是当地的重要税收来源以及上千户家庭的经济来源。随着采矿业的发展，矿区周围的森林都已经被砍伐。后来，稍远一些地方的木材也通过厄尔士山脉下的河流运送到矿区，但这部分资源很快也被开采耗尽。1713 年，卡洛维茨撰写并出版了《森林经济》一书，该书详细阐述了可持续林业管理的一整套原则。该书首次描述了当地经济依赖生态系统的情况，以及如何计算可持续的生产水平，并提出了开采、造林与木材运输的原则。《森林经济》还首次系统性地阐释了可持续性理念，因此卡洛维茨也被称为“可持续发展之父”。可惜，很多证据表明，直到 1714 年卡洛维茨逝世，其建议都一直被公众所忽视。森林砍伐继续，木材资源日渐稀少，其价格自然不断攀升，直到很多矿业公司无法再承担木材成本而相继破产，这也在一定程度上预示了人类的未来。

19 世纪的工业化开始后，环境保护法律也出现了。1863 年，英国通过了应对纯碱生产中空气污染的《碱业法》；1869 年，英国又通过了《海鸟保护法案》。工业化也催生了第一批环境保护组织：1865 年，英国公地保护协会成立；1892 年，塞拉俱乐部在美国洛杉矶成立；1898 年，煤烟清除协会（英国环境保护协会的前身）在伦敦成立。伍德罗·威尔逊担任美国总统期间，美国国家公园管理局于 1916 年成立；1919 年，英国林业委员会成立，该协会旨在保护并发展英国的森林资源。1952 年伦敦爆发雾霾，为此英国于 1956 年通过了《清洁空气法》，这亦被视作第一部现代环境保护法律。

直到 20 世纪六七十年代，环境运动才最终成为颇具规模的公众事件与政治事件。1962 年，蕾切尔·卡逊出版了《寂静的春天》，该书详细记录了 DDT 等杀虫剂对鸟类以及整个生态系统的恶劣影响。她严厉地指出，此类化学物质的危害后果仍未得到全面的认识，但这些物质却已经在广泛使用。卡逊指出，化工产业人士其实早就知道这类产品会带来很多副作用，但政府官员却默许了这个行业的恶行。此书的出版引起了强烈的社会反响，最终使得 DDT 在 1972 年被禁用。1969 年，流入伊利湖的凯霍加河突然着火。河流竟然着火，如此荒谬的事件立即吸引了媒体的关注，经调查，原来是工业化学物质以及废水排入河流导致火灾，这引发了公众强烈的抗议。1972 年，美国国家航空航天局发布了《蓝色弹珠》一图，即阿波罗 17 号太空船所拍摄到的地球照片。它是历史上传播最广的照片之一，许多人认为这张照片体现了地球的脆弱与孤独，从中能够感受到人类应该好好爱护自己的共同家园。

历经了上述种种事件，并随着消费主义不断发展，改革呼声越发高涨，现代环境保护运动终于腾飞。在接下来的时间中，当今最具影响力的环境组织一一成立：世界自然基金会成立于 1961 年，地球之友成立于 1969 年，绿色和平组织成立于 1971 年。

注意，早期的相关法律和组织的重心是通过保护土地、物种，或者禁用某些危险物质来保育环境。从那时起，采取保育措施后环境保护工作取得了不少成果：铅、汞的使用得到控制，多种危险化学物质被禁用，废水处理得到改善，垃圾管理得到改进等等。大部分的问题是区域问题，最多无非是某个国家的问题。对于企业来说，环境保护主要就是放弃毒害物质以及不合规的商业行为。

到 20 世纪八九十年代，保育措施虽然硕果累累，但显然不再能够应对和解决当时的环境问题了：初步显现的气候变化、海洋酸化、土壤退化、臭氧层空洞、城市雾霾和滥伐森林。这些问题中的大部分都遍及全球，而且很多都与过度使用资源相关。资源不断被开发利用，这从很多方面来看都是好事，例如许多比较贫穷的国家通过利用资源进行工业化，得到发展。

联合国的布伦特兰委员会（全称为联合国世界环境与发展委员会）对这类问题给出了定义，引起了全球的关注：社会的发展与其所处的自然环境密切相关，真正的进步不应该以任何一方的损失为代价。委员会推广了“可持续发展”一词，这个词表示发展应既满足当前一代的需求，又不损害后世子孙满足自身需求的能力。由于这个视角的出现，全球环境战略发生重大转变，其重心从“保育”转向了“生态效率”。仅仅保护某些森林、湖泊以及物种或者禁用某些危险物质还远远不够。整个经济体都应该尽可能高效地利用自然资源。自此开始，环境保护，人人有责，所有消费者、企业、国家都应该尽力提升生态效率。能源效率、轻量化、水效、土地生产率，这些都是生态效率的体现，都是为了保证自然资源得到更高效的利用。“生态效率”是 1992 年联合国地球高峰会议的重要成果之一，以此为核心，世界企业永续发展委员会（WBCSD）得以成立。时至今日，生态效率仍在全球环境战略中占主导地位。

大部分发达经济体都制定了详细的环境法规，为不同领域的生态效率制定标准，这些标准包括交通工具的燃料标准、建筑物以及电器的能效标准、各类设备的节水标准、各类产品的生态效率标签等等。大部分企业也将生态效率作为可持续发展的核心。大部分的法律法规已经落实数十年，形式各不相同：有的要求实现固定的指标；有的会不断地提升目标（欧洲的汽车碳排放标准等）；有的则以行业领头羊的表现作为全行业标准（日本电器行业等）。

有人可能会问："环境和资源税收政策如何？"这不应该也是全球环境政策的重要组成部分吗？以全球平均水平来衡量，情况并不乐观。第4章第2节讨论的外部效应显示，其中未征税的环境破坏成本相当于全球GDP的13%，而且这一比例的增长速度飞快。第5章显示，即使是在对环境问题十分重视的欧洲地区，资源税收也仅占整体税收的6%、GDP的3%，而且上述比例仍在下降。再看看与税收政策相反的政策——补贴：2013年，全球清洁能源所获得的补贴为1 210亿美元，而化石能源获得的补贴是前者的5倍之多。这些分析并不是要否定税收对资源利用产生的积极影响，而是指明在全球层面，当前的税收政策功过各半。生态效率虽然初衷美好、硕果累累（相关努力确实为全球做出了贡献），但是已经不再能够应对当下的全球环境挑战。

这听来刺耳，但不得不承认，生态效率作为企业和国家的核心战略已有20~25年了，然而全球环境恶化的状况仍在持续，其连维系原状都无法实现，更不用说减轻损害了。常用指标"地球超载日"并没有固定在8月，每年都在提前（见图3.1）。核心问题在于，大部分行业与国家提升生态效率的方式都是渐进的，这样完全赶不上经济发展以及所谓的"（能源）回弹效应"所带来的资源增长。也就是说，关于资源使用绝对值的所有曲线（影响全球环境的关键因素）一直在上升。1995年至2010年（1995年即"生态效率"开始得到广泛认可的时候），全球淡水取水量增长了18%，铁产量增长了81%，塑料生产量增长了83%，化石能源的碳排放量增加了48%，磷矿开采量增长了30%（大部分最终进入了湖泊与海洋，并造成了水体的富营养化），此类事例不胜枚举。在发达国家中，主要资源的使用量维持稳定水平或者缓慢增长，并没有出现所谓的“库兹涅茨效应”。20~25年前人类开始采用生态效率战略，而此时地球的状况却比当年更加糟糕，这就是可悲的真相。迈克尔·布朗嘉与威廉·麦克唐纳在其开创性的著作《从摇篮到摇篮：循环经济设计之探索》中一针见血地指出，“不那么糟糕”其实就是不好。

放眼未来，相似的情况似乎还会继续上演。虽然金融危机让资源热有所降温，但是几乎所有的分析预测都表明，自然资源过度使用的状况仍未改变，而且会继续恶化。譬如，淡水取水量到2030年时将比2010年增加41%，氮肥使用量到2030年将会增长30%，农业用地将会增长11%~14%。

全球的汽车温室气体排放状况也是经典案例。很多经济体都为燃油效率设定了十分高远的目标。在美国总统奥巴马执政期间，美国为汽车制造商设定的燃油经济性标准是到2025年实现每加仑54.5英里（当前是每加仑30英里），而欧盟和中国设定的同类目标分别为60.6英里和50.1英里。但在相近的时间段内，全球汽车数量预计会从目前的10亿上升至2030年的20亿左右。照此推算，就算汽车制造商能够实现上述极为大胆的目标，全球汽车的温室气体排放也会出现净增长，而且有些制造商还不能确定能否达标。因此，从这个角度出发，人类所做的努力似乎只是无用功。

当然，也有一种观点认为这种恶化趋势只是时间问题。当人口大国都成为发达经济体时，排放曲线就会开始往下走了——著名的“库兹涅茨效应”应该会奏效。虽然不排除这种可能性，但是整体状况并不会因此变得乐观：当人口大国进入发达国家的行列时，地球的许多重要生态系统已经遭到了无可逆转的破坏。

因此，无论“生态效率”的推行取得了多少成就，以此为重心的环境保护主义已经进入尾声，人类需要新的模式，以确保地球居民达到100亿的时候，地球仍能以稳健的状态让人类维持现代的生活模式。本书第二部分会说明为什么这样的愿景可能就是人类现在所寻求的答案。这种经济模式需要消除资源密集的价值链中那些严重的系统性浪费现象，设计有益于环境的产品（而不仅仅是“伤害较小”的产品），创造循环材料系统，以使所有的资源都能够不断得到重复利用，并从拥有的资源中提取出最大价值。在经济层面上，这将淘汰目前的原始资源开采模式，其将以经济发展的模式，而非禁用或限用模式来解决当今世界面临的众多资源问题。

总而言之，当前的经济增长远未达到理想模式的要求。作者认为，如果刨除“借贷”所得，当今世界根本就不存在真正的增长。但是，由于以市场为准的思想根深蒂固，以及当前有太多的外部性因素未能被列入主流的经济发展衡量系统中，学术界、政界以及企业界依旧将当前经济发展的大体方向视为“合理”甚至“最佳”选择。在此背景下，2008年金融危机之后，经济学家以及政策制定者所讨论的关键问题就是如何让经济“重回正轨”。作者希望通过第一部分的论述来证明，“重回增长轨道”并不是关键问题。其实，增长未在“正轨”已经长达30年有余，从严格意义上说，现在谈“重回正轨”也只是回到了错误的轨道。人们需要认识到，从资源角度出发，人类所生存的地球已经达到了上限，必须通过技术改革才能使经济增长走上正确的轨道。本书后文将会进一步探讨这个问题。

第二部分

21 世纪的新增长模式

2

希望第一部分的讨论能让读者们有所触动。其向读者们传达的关键信息就是，当前环境问题对于地球以及全球经济的重要性已经大大超出了公众讨论中的预期水平。这些问题不但与能源相关，与原材料也有莫大关系，而当前的应对战略未能从根本上解决问题。从资源角度分析，当前增长模式的成功限制了它今后的发展，需要重新整顿。

第二部分将会提出作者对全新增长模式的愿景，即一个能使当前的颠覆成为有益颠覆的增长模式。当然，这个话题涉猎范围极广，因此这个愿景不能算是蓝图，仅仅是个速写。这个部分首先会描述资源优化的经济体中的支柱，然后讨论为什么需要用“净正面性”原则替代当前的“生态效率”原则，以及这对企业和国家的意义是什么，最后会以欧洲为例，描述全新的经济增长模式对其 GDP、就业以及环境足迹的影响。

此书提出的更好的增长模式似乎是纸上谈兵，甚至可能会引来说我们天真幼稚、傲慢妄为的批评。毕竟数十年来，现行经济增长模式在很多方面都为人类做出了贡献，也耗费了无数投入，现在说要进行彻底的改革，这听起来是不是有些不切实际、异想天开呢？即便有这样的风险，作者仍旧坚持提出这个愿景，因为在我们看来，对当前增长模式的修修补补并不能引领人类走向理想的未来。在经济的资源利用问题上，我们必须要进行深刻的整改，不是整改市场经济，而是整改其中导致能源和材料浪费严重的体系。第二部分还将会详细描述这一愿景，第三部分将会讨论正在逐步成熟的各个条件，第四部分则会探讨实现愿景的方式。

未来经济要如何称呼？

可谓新型经济。

西方谚语有云：“宝贝孩子名字多。”本书所畅想的未来经济景象还有许多其他名称，这些概念得到了不同组织的支持，各有其优点与局限性。作者团队对于“循环经济”的概念有极大的认同感，近年来也努力对其益处进行分析与宣传，我们亲身见证了循环经济框架所激发的热情与人们的投入。同时，我们也决定不排除关于未来经济的其他几个概念，也不再重新提出其他概念。具体原因在于，推动“有益的颠覆”不应该排斥任何一种认真的思考，这一工作本身应该具有包容性、递增性。

以下就简单地列举出常见的几个概念及其与未来愿景的关系。

• 循环经济。这是本书作者经常谈及的一个说法。因为它清晰明确，基础日益坚实，而且基本涵盖了作者对未来经济的最新设想，例如，推动材料的使用，使其进入循环流动状态，推动资本智能化等等。循环经济的支持者可能会认为，本书的内容完完全全就是在讲循环经济。但除了材料的流动外，作者也认为在新的能源体系、虚拟化技术以及综合性系统设计中潜藏着无尽的机会。

• 可持续发展，或者说绿色增长。在很大程度上，可持续发展应该属于当下正在使用的概念，自从 1987 年布伦特兰委员会对这一概进行推广后，不计其数的报告和讨论中就出现了这一名词。可持续发展无所不包，但它更像是宣扬决心，而不是客观描述，而且这个概念并没有真正描绘出未来经济的景象。本书也指出了关键一点，那就是当前可持续发展所追求的简化主义倾向必须得到扭转。

• 高资源产出率经济。大部分经济学家更喜欢这个概念。但是，这个概念基本没有指明未来经济的状况。对于很多人来说，这和可持续发展道路以及资源战略“大同小异”，并不能称作当前发展模式的改革。

• 从摇篮到摇篮。有越来越多的创新思维正在取代传统的可持续发展理念，“ 从摇篮到摇篮”的理念就在这一过程中起到了强大的推动作用。这个概念强调材料与产品的设计与使用不应导致其价值流失，而是应该为下一使用阶段做好准备。“不那么糟”还不够，要追求造福地球的方法。这个概念最能触动消费者的内心。作者在撰写本书中的过程中不断利用相关的思维，但是，这个概念主要关注产品，对于经济全局的考量较少。

其他相关概念还有不少：仿生学、第三次工业革命、自然资本、共享价值，每一个概念都为新型经济模式贡献了自己的力量。

本书选择集中探讨的领域主要是关于如何将当前已经发生的变化转化为

有益的颠覆，因为技术对于我们所设想的前景至关重要，因为决策者已经认识到变革的必要性，因为当前的变化仍未得到良好的管理和控制。本书描述未来经济愿景时会交替使用“循环”“净正面”“递增性”三个形容词，“循环”侧重于材料的流动，“净正面”侧重于商业模式的整体效果，“递增性”侧重于整体的经济发展状况。

第7章

增长引擎

优化增长模式的三大支柱

一项事业在成功之前往往看起来希望渺茫。

——纳尔逊·曼德拉

2015年11月，世界著名航海家艾伦·麦克阿瑟的基金会召集了来自各个领域的优秀创新人士，共同庆祝“颠覆创新节”。这是一个为期三周的网络活动，汇集了设计师、企业家、行业代表、空想家和实干家，他们在一起共同探讨新世代的经济愿景。活动成果累累：利用污泥生产塑料、超纤维升级改造布料、从蜻蜓身上获得灵感的先进技术、可以替代杀虫剂的LED灯、只使用3千克塑料的人生、再制造产业的超大型工厂、生物可降解鞋、推动精准医疗的生物制剂、用户参与式设计、永久性咖啡机、通过绿化屋顶收集清洁水源，等等。创意的多样性与优点令在线观众们叹为观止，这些创意也呈现出未来经济丰富多彩的可能性。但这些创意都是产品层面的解决方案，只能说是锦上添花，即便能够成功应用到现实生活中，带来各种各样的好处，也无法实现系统层面的有效提升。那要怎么实现呢？在作者看来，为了确保当前的颠覆转变为有益的颠覆，在探求全新的增长模式时有一个简单而强大的思路，其中包含了三大支柱：第一，充足的清洁能源，清洁能源的投入是经济增长的重要动力；第二，“从摇篮到摇篮”的材料库，其中的材料能够多次循环使用；第三，经济体中所有重要的价值链（交通出行、房屋、食品、健康、娱乐、通信）等都必须搭建高效的再生系统。上述基础就是全新的“净正面”原则，这一原则对企业和国家的表现与作为提出了更高要求。当然，这一规范也需要通过技术变革才能实现。之所以提出这个框架，是因为作者发现当前的产品与材料在使用过程中存在严重的浪费，这也正是造成许多环境问题的深层原因。作者希望推动的讨论是能够指明经济体如何超越生态效率的讨论，既有更广的覆盖面，又有实际意义，能够指引真正的变革。这样的讨论应该将技术变革、资源经济、系统化的思考结合在一起。

与第一部分所描绘的挑战相比，这里提出的愿景框架看似“简单”。但是与现状进行对比，我们发现人类社会仅在第一支柱方面（清洁能源）奋力前进，而第二、三支柱方面的问题并没有得到有效解决，当前的规范仍旧是以“生态效率”为基础，目标仅是降低伤害。。

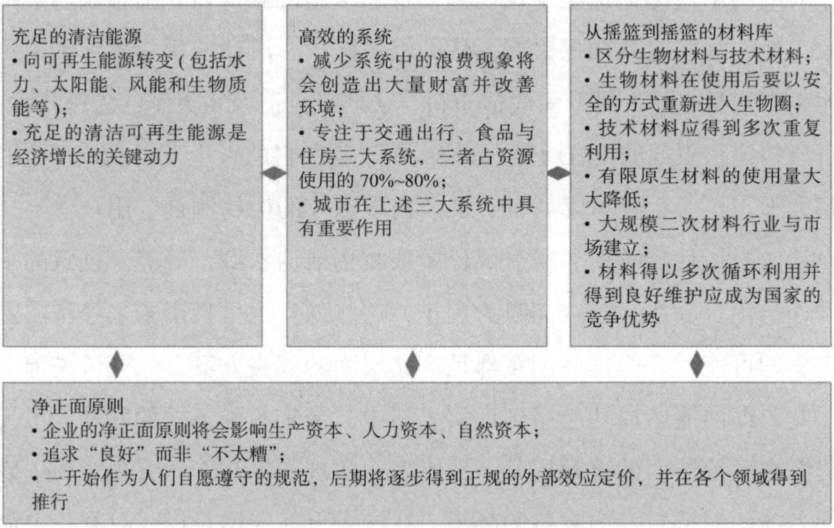

图 7.1　协调地球健康与经济繁荣的愿景

充足的清洁能源——无尽的转化

“石器时代的终结不是因为缺乏石头，石油时代也将在全球石油远未枯竭时终结。”这句话出自沙特阿拉伯前石油和矿产资源部部长艾哈迈德·扎基·亚马尼，他于 2003 年在《经济学人》上发表了这一观点。13 年之后，他的预言似乎正在成为现实，化石燃料的时代即将结束，因为可再生能源正在产生利润，其从商业角度看比石油、煤炭以及天然气更具吸引力。“有益的颠覆”以及在地球承载界限之内维系经济发展都是切实可行的目标，其中一个重要原因就在于，如果作者分析无误，那么在 10~20 年内，人类就可以获得充足的廉价可再生能源。

这蕴藏着改变一切的潜力。本书第一部分谈到，第一、二次工业革命，尤其是后者，最大的特点就是能源使用大幅上升。作者在查看了相关的研究后认为，在历史上的所有经济增长中，能源使用的增加都是经济增长的一个重大原因。某些历史学家甚至认为所有人类历史归结起来就像是能源发展的故事。新的燃料（生物质能、煤炭、石油、天然气）以及新的能源转化方式（马匹、水轮、蒸汽机、汽轮机、燃气轮机）就是人类文明演进的大背景。但是 19 世纪后，能源基本上以化石燃料为主，经济发展的代价越来越大：全球变暖、城市污染、地缘政治关系恶化和自然景观遭到破坏等等。

现在，丰富而廉价的清洁能源日渐可期，振奋人心。这将使得人类能像大自然一样，利用自然的基本要素重新搭建、组合产品，从而更好地发展。有了丰富而廉价的清洁能源，水化为氢、二氧化碳化为聚合物、海水转化为淡水、水凝胶和光敏聚合物转化为纳米结构打印材料、旧的玻璃转化为新玻璃，一切转化都不再受到限制。

这一趋势创造出可能相互促进的双重动力。新型转化技术的成本降低，可再生能源发电与储存的成本也下降，二者相互推动前进，向着理想终点不断进发。

当下的能源革命进程飞快，今天的景象放到 10 年前都是无法想象的。2015 年的夏天，内华达电力公司希望寻求两套 100 兆瓦（MW）

的太阳能发电设备。这在电力行业不是什么大事，然而，当采购价格公布之后，全行业大为震惊。内华达电力公司收购了太阳能源公司（Sun Power）的博尔德太阳能发电设备（电价为46美元每兆瓦时）以及第一太阳能公司（First Solar）的普拉亚太阳能发电设备（电价为38.7美元每兆瓦时）。2015年夏初，得克萨斯州的奥斯汀能源公司表示，针对其600兆瓦太阳能发电设备的招标中，有不少投标企业提出的电价低于40美元每兆瓦时。

内华达州与得克萨斯州阳光充沛，具有天然优势，但是太阳能光伏装机成本降低，无疑是重大的进步。与10年前相比，每瓦的容量成本已经下降70%以上。而且太阳能光伏技术的全球发展趋势相当喜人，现在全球太阳能装机容量为175吉瓦，IEA（国际能源署）预测，到2020年装机容量将会达到400吉瓦。

如无意外，这样的势头还会持续下去。当前，最高效的太阳能板也只能将接收到的20%~25%的太阳能转化为电能，而且几乎每个月都会出现新的技术突破。研究人员正在各个方面进行努力：将不同类型的太阳能电池搭配安装从而捕获不同波长的能量，研发更好的半导体合金，研制超薄太阳能电池以便嵌入墙体和屋顶等等。除了技术的改善，随着行业规模扩大、专业性提升，一些常见的成本也会随之下降。

风力发电领域也出现了相似的趋势，虽然未见得惊人，但也是非常可喜的进步。在太阳能发电大有进展之前，风力发电的规模就已经扩大，全球装机容量大约为300吉瓦。IEA预测到2020年这一数字会翻倍至600吉瓦。与5年前相比，每兆瓦时成本减少了30%以上，且会继续下降，势头不如太阳能，但值得期待。如图7.2所示，风能与太阳能的发展速度都远远超出了预期：2015年太阳能实际装机容量比IEA在2006年的预测高出9.3%，2030年的预期目前已经调高8.4%。

单位：吉瓦

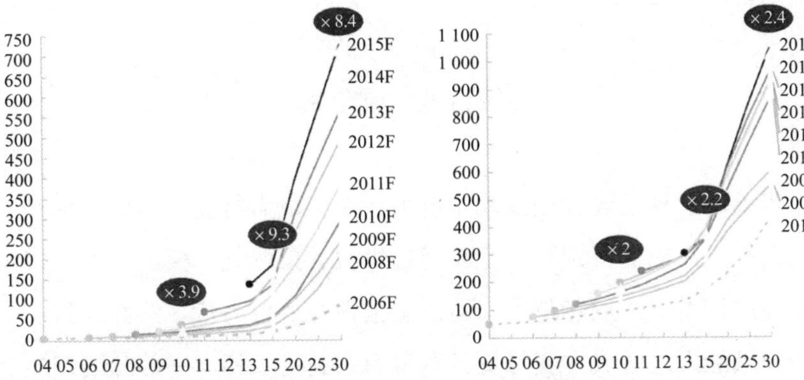

来源：国际能源署《全球能源展望》(2006，2008—2015)

图 7.2　太阳能与风能的全球发展态势比预期的速度更快

2014 年迎来了发展的分水岭。当年，可再生能源发电的全球总投资达到了 3 400 亿美元，首次超越了化石能源发电的总投资。彭博新能源财经研究机构预测，到 2040 年时可再生能源的总投资将会达到化石能源总投资的两倍以上，分别为 6.1 万亿美元、2.6 万亿美元。

与此同时，电池的成本也急剧下降，投资则不断攀升（特斯拉公司在美国内华达州开设了的“特斯拉千兆工厂”）。这对交通领域有重要意义，宝马、特斯拉、通用、日产、三菱等汽车公司都表示，电动汽车对于很多细分客户来说是不错的选择。对于电力系统也有重要意义。可再生能源发电很容易受到天气的影响，所以备用发电容量一直是大家担心的问题。大部分数据显示，这个问题其实并没有最初设想的那般严重。其实有很多低成本的方法可用来弥补这一缺陷：为大型工业用电机构提供补偿，让其暂时减少用电；使用水电厂作为蓄电池；从临近地区输电；重新启动之前的天然气发电；利用汽车电池发电（很多电动汽车的电量能够满足一栋公寓数周的用电需求）。鲍里斯·舒赫特是德国 50 赫兹变速器有限公司的首席执行官，他表示，在德国“只有当可再生能源发电渗透率达到70%”时，才需要另外进行蓄电以备不时之需。

传统行业面临危机

当前的发展已经彻底撼动了电力行业。电力行业长期处于保守状态，资产生命周期特别长，主要通过煤炭、天然气、核能、大规模水利工程进行发电，风能与太阳能最多被视为后备力量。然而，目前太阳能和风能发电的成本变得更具竞争力、满足了相当一部分的用电需求，而且消费者还可以自行安装设备，因而把这种发展称为能源革命一点都不足为过。

传统行业的吸引力已经大不如前。煤炭行业正是如此。在欧洲和美国，煤炭需求在过去10年中一直下降，甚至在中国，煤炭的使用在过去两年也已经减少。关于中国未来使用煤炭的情况，预测数据不一，但大部分都认为中国已经达到了“煤炭峰值”，或者将在2020年前达到巅峰。唯一的例外情况就是印度，其煤炭需求仍在增长，到2025年会翻倍。

煤炭的全球价格近年来一跌再跌，从2011年的75~85美元每吨下降至2015年的46美元每吨。这个发展趋势也在预料之中：在美国的电力系统中，廉价的页岩气夺走了煤炭的市场份额。与此同时，中国的经济增长开始放缓。西方煤炭开采业出现负增长，其对定价、赢利能力、估值的影响更是出人意料。斯托全球煤炭指数对全球最大的煤炭贸易公司市值进行综合分析后指出，2013年1月到2015年11月，其估值下降了75%。同一时期，新能源全球创新指数增长了43%。在中国也出现了同样的趋势：2015年1至9月，煤炭基准价下降了27%，矿产大省山西省的煤矿数量自2008年来减少了2/3。

未来的道路

能源革命的势头振奋人心，但仍需要更大的努力。当前全球的一次能源中有 81% 为化石燃料，除了要继续推动可再生能源技术不断进步外，维系能源革命势头还有三大重要工作等着我们去做。第一，加强对能源技术的研究。在美国，能源研究的年投资额仅为 60 亿美元，而医学领域的投资是 300 亿美元（显然也是正确的投资方向）。第二，当前化石燃料的市场价格走低，应利用这个条件逐步废除化石能源补贴（当前全球此类补贴高达每年 6 000 亿美元，而可再生能源补贴仅为每年 1 000 亿美元）。第三，能源系统变得清洁后，要努力促使能源在经济发展中发挥重要作用。

“从摇篮到摇篮”的材料库——“使用结束”之后的革新

多年前，地球上的每一个人平均每年需要消耗 10.6 吨的资源，具体包括：煤炭、石油、铝、铟、磷、草、木材和粮食。有了各种各样的材料，人们才能取暖、用电，使用汽车、手机，有房子住，有衣服穿，有东西吃。这本身并无问题。每头大象每年需要摄取 100 吨的生物质，蚂蚁所需的生物质总量大概是人类的 3 倍。但是，在自然界中，营养物质总是以安全且与生物相容的机制循环流动的。产生的废物在下一循环中就成了食物，材料中的营养成分不会消失。在线性的工业系统中，情况截然不同。大部分的材料往往只有一次使用周期，而且材料被改造之后可能无法处于他处，或者在下一使用周期中损失大量价值。我在第 5 章谈到，即便是在欧洲，材料在第一次使用周期之后也丧失了 95% 的价值，而回收“十分成功”的钢铁、铝材、PET 等，也同样存在利用价值大大流失的问题。

这种单向材料使用方式存在严重问题：引发了当前众多环境挑战，造成经济损失，增加地缘政治风险。在欧洲，每年进口的燃料与矿物价值 7 600 亿欧元，而且很多出口国都存在政治不稳定性。

其实，人们还有一个更好的选择，那就是模仿自然，让材料能在一个循环体系中得到重复利用。在这个庞大的材料库中，建筑物、汽车、工业设备、家用产品都是重要元素。想象一下，如果一个国家经济中清洁且高品质的材料能够稳定地得到循环利用，那么这将为该国家带来巨大的优势。正如强大的基础设计、高效的劳动力市场一样，运营得当的材料库同样会成为一个国家的重要竞争力，而且在国家安全中发挥日益重要的作用。正因这种优势显而易见，这个话题数十年前就一直在讨论。不过，有赖于当前的技术发展，这个设想的可行性与吸引力才大大提升。首先讨论这个系统中的几个基本原则，然后再看看为什么实现这一设想的可能性大大提高了。

建立材料库的第一个重要原则就是要承认生物材料与技术材料的根本区别（见图 7.3）：

• 消耗品一般都是生物材料（见图 7.3 左侧一栏），例如食物、纸张等。这些生物材料本身都是可再生材料，而且只要未受到污染，就能够以安全的方式回到生物圈中、促进生物系统再生。垃圾可以化作食物。这一原则最实际的应用对象就是垃圾填埋场和焚烧厂：应该尽可能减少其中的有机物质。在生物炼制厂中，细菌和酶可以将生物质转化为纤维、糖和蛋白质，而这些纤维等物质则可制成塑料、药物、燃料。生物炼制技术飞速发展，威胁全球粮食生产的氮、磷问题很有可能通过这一技术的落实得到解决。

• 耐用品一般包含技术材料（见图 7.3 右侧），例如矿物，它们应该得到利用，而不是被消耗。这意味着应该使其以高价值的状态在经济体中不断循环：如果成本合理，还可以作为产品进行循环（重复使用、翻新、再制造等），或者通过不同的回收体系作为材料进行循环。当前的循环工作只是一个备选项。但是，当清洁能源充足，材料回收难度降低时，循环利用就可能成为常规行为。

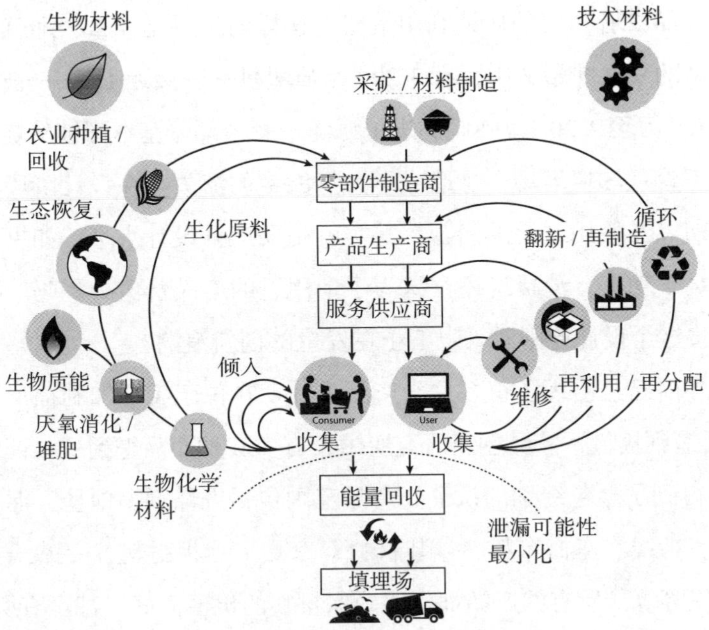

图 7.3　循环经济概览

建立循环材料库首先要遵循新的设计理念，即产品的制造应该以全新的原则为指导。设计产品时应该区分生物材料与技术材料（使得生物材料能够安全地回归生物圈、技术材料能够得到不断使用），不应使用降低材料特性的添加剂，以便产品拆解（例如不要使用焊接或者胶合的方式组合材料，从而使得材料或部件在第一次使用周期之后能低成本回收）。根本之处就是产品的设计不应该着眼一次使用周期，而是要考虑多个使用周期，以及如何使材料安全回归生物圈。

遵循以上设计原则看似难以实现，但是回头看看过去20年，不难发现大部分产品类别都经历了极大的设计转变。很多产品类别进一步扩大了，而且作者同很多产品工程师聊到这一问题时，他们大部分都认为上述的设计转变经历几个设计周期后是完全可以实现的。再想想，不经历转变的另一种选择是什么呢？2014年，全球生产的3.11亿吨塑料产品没有切实的后续利用策略。这样的后果是什么？那就是在沿海地区的一亿吨塑料中，有3 200万吨塑料——接近1/3——被任意丢弃，800万至1 200万吨倾倒进了海洋。剩余部分基本都被焚烧或者送往缺乏管理的填埋场，这造成了大量能量的流失。在设计阶段考量使用周期以及使用之后的问题，其实就是要提升设计水平。如果设计人员下足了功夫，消费者还会认为手中用过的产品价值为零吗？我们为何不将这个设计原则融入眼下正在发生的创新浪潮？

当前已经出现了很多这类产品设计，在位于美国加利福尼亚州的“从摇篮到摇篮”产品创新研究所中，有400种产品得到了认证，其中65种得到了金色级别的认证。产品范围包括洗涤剂、地毯、混凝土添加剂、纱线、座椅布料、包装材料、家具、地板材料、一站式方案木材房屋等等。所有的产品都能够确保材料的价值完好，甚至有所提升。这些产品不但能够重复使用，而且生产方式也不会对自然资本造成负面影响。这些产品本身就标志着巨大的进步，而且也为人们带来了更大的信心：其证实了在不牺牲产品性能、便利性以及吸引力的基础上，确实能够实现高品质的设计。

在很多情况下，这种设计和商业模式的转变可以赢利。在艾伦·麦克阿瑟基金会与麦肯锡合作的一项研究中，有5个实例能够表明上述设计转变具有巨大的经济和环境优势，它们分别是：手机、智能手机、轻型客运汽车、洗衣机、电动工具。研究显示，这五类产品经过改良后的设计加上新的商业模式创造出的价值，能使消费者承担的成本大大降低。以洗衣机为例，以租赁洗衣周期为 1 万次的高端洗衣机（优化设计产品）替代购买洗衣周期为 2 000 次的低端洗衣机，能够创造巨大的价值：消费者每一洗衣周期的成本下降 38%，制造商的利润提高 35%，这是传统的能效项目无法达到的双赢局面（见图 7.4）。

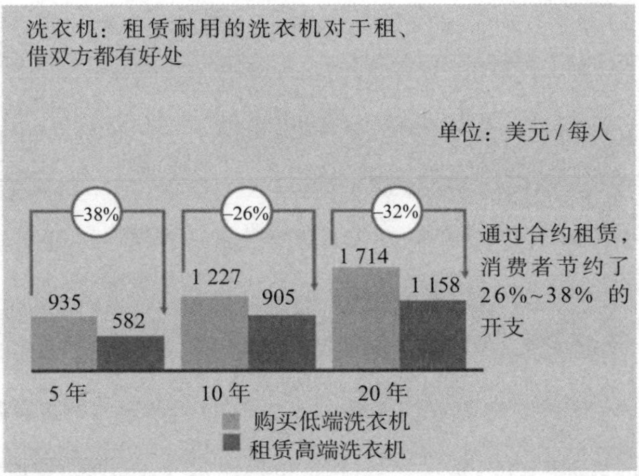

来源：艾伦·麦克阿瑟基金会

图 7.4　租赁高端的设备比购买低端的设备给消费者带来更多好处——以洗衣机为例

不同类型的产品和材料需要不同的循环方案。这里作者以图 7.5 为框架来分析不同产品类别“使用结束”后的处理方案。如果产品的回收价值主要集中在产品本身，回收成本比较低，那么就应以产品或者零部件的形式进行循环。当前很多高价值的产品就已经进入了这类循环，例如高端医疗设备和喷气发动机等，这样的循环方式在未来还可以运用到更多的产品类别中（洗衣机等）。如果回收价值主要在于材料而不是产品，对于企业来说回收成本较高，那么产品（玻璃瓶等）就应进入公共循环系统中。但是这些材料一定要有明确规范，以确保可以应用在高价值领域。还有一些产品，按照当前的技术水平，通过燃烧来回收能量可能是最好的选择，在不久的将来，这些产品可能会通过生物炼制技术得到更好的利用。

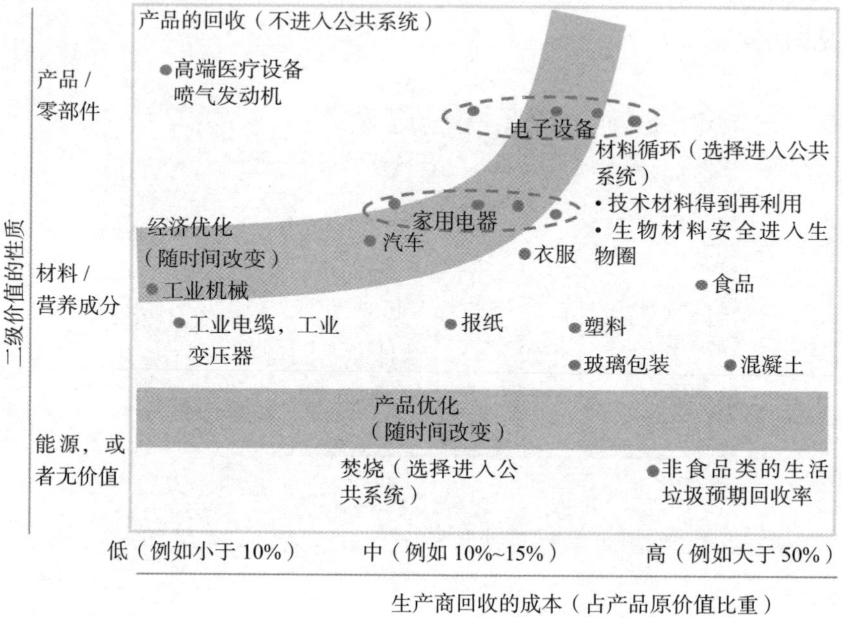

来源：作者分析

图 7.5　差异化的材料循环系统

搭建从“摇篮到摇篮”的循环体系还会带来更为关键的“附加影响”，那就是提升健康水平。在工业化国家中，癌症、哮喘、过敏、内分泌疾病等的发病率都在上升。多数毒理学家认为这是人类暴露于各种化学影响之下的后果：某个产品的某一种化学物质可能不会超过监管水平，但是各种化学物质的影响叠加在一起，显然会危害健康，而且化学物质本身也会损害材料在下一使用周期中的价值。因此，促使材料使用变得清洁的除了环境原因、经济原因外，人类健康也是一个重要原因。

指引前进方向的新政策

当下很多企业已经拥有了很多不错的尝试材料循环的机会。然而，大部分机会没有得到利用，这主要是因为管理人员和设计人员一直以来的思维方式问题（回顾一下前文谈及的“精益生产”的例子）。其实很多产品在使用结束后，仍有很大的利用潜力和空间，但需要相关的政策提供激励。例如，现在很多塑料包装完全可以回收，并重复使用，从而保留塑料的质量和价值。而目前这还没有成为现实，因为相关规范和市场不存在，也没有哪个企业能以一己之力建立起高价值的二次材料市场。

为了推动材料库的建立，这里提出一个政策框架：假设欧洲（或者其他任何地区）的决策层在 2016 年宣布，从 2030 年开始，欧盟范围内所有出售实体产品的生产商需要在以下方案中做出选择：

1. 生产商回收产品，并投入自建的材料库，生产商自己负责产品在下一周期的利用方式，例如重复使用、再制造或者以安全方式处理生物材料。在此方案中，只要生产商能够负责解决产品使用后的问题，它们就能够在产品和材料的设计方面享有与当前一样的充分的自由。

2. 生产商还可以选择使用公共材料库，但是需要遵循公共系统中的规则，以确保材料保有高价值，并以较低成本进行循环。也就是说，企业需要遵循前文中的设计原则（区分技术材料与生物材料，严控材料的使用，保证产品易于拆解等）。

当然，生产商也可以做出综合选择：回收产品后再次使用那些从经济角度考量值得利用的部件与材料，其余部分则按照公共循环系统的规则进行处理。

如果决策层决定，在 10~15 年后开始落实这项清晰且稳妥的规定，生产商们就拥有充足的时间进行调整。我认为，这会释放出巨大的创新能量，生产商们会委托开发工程师专门研究各种零部件、材料的重复利用方法，并让采购部门开始计算回收产品的最低成本方式。行业协会则会制定相关标准与合作项目，以形成规模，降低回收成本。当前的垃圾处理行业将会被精密有序的二次材料行业所替代。按照这样的趋势，也许用不了10~15年，可能在接下来的5年中，转变就能实现。

通过建立这个系统，我们能够从多个方面推动“从摇篮到摇篮”材料库的建立；能大幅提升二次材料市场的规模与质量；能大幅减少原生材料的需求；能激励生产商使用经济价值高于材料分解费用的添加剂。同时也会在众多行业中掀起改革创新的浪潮，具体内容在第13章中会详细讨论。

资源汇集的一个重要地区就是城市。全球50%的人口居住在城市中，到2050年，这一比例将会继续上升至70%，而且越来越多的资源将会进入城市并在其中循环。城市将会成为现代经济的资源聚合器。有机物必须在保有高价值的前提下才能在城市与土地间进行循环。有些资源可能会被汇集起来输送到世界各地。但是大部分的材料，例如聚合物、玻璃、建筑材料，它们基本都汇集在城市地区。资源市场的质量将会成为影响城市生产力与宜居性的重要因素。

高效的再生系统——减少系统性浪费现象

正如本书第一部分集中讨论的，目前存在严重的系统性浪费现象，因此，如果能够更好地整合系统，那么必将会为经济发展与环境保护创造更多机会，得到优化的实体价值链也是“净正面”原则中的第三大支柱。

下面就来讨论关于经济体中三个最大价值链的愿景：交通出行、食品与住房。这些愿景在相应领域受到了专家们广泛的检验与测试。

虽然畅想10年、20年之后的事情总有太多的不确定性，但作者认为这样的设想有助于我们把握未来方向，感知变革的速度（见图7.6）。

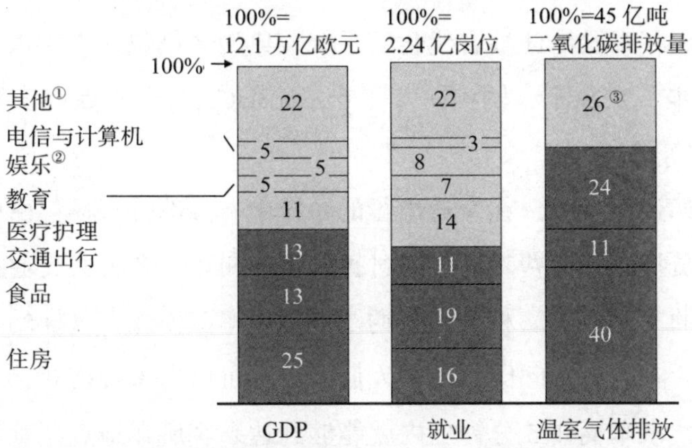

注：① 服装、公共管理（不含医疗与教育）以及其他消费品

② 运动、媒体以及其他娱乐

③ 各项数据单项使用不具代表性、准确性

来源：欧盟统计局、作者分析

图7.6　经济体中对资源需求最大的三大价值链

这些愿景与当前价值链的运行模式截然不同，也有别于目前价值链发展的轨迹。然而，如果创新技术、循环材料、产品设计、商业模式、技术设施都能得到有效利用，其综合影响将会重新定义人类的出行、生活、饮食，人类的福祉也将不再依赖资源利用。

交通出行——融合共享的电力系统

根据摩根士丹利公司的评估，交通出行是一个价值10万亿美元的超大市场。在近几年中，这一领域受到了以下几大技术变革的冲击：电动汽车生产规模扩大；碳纤维、铝材等轻型材料得到应用；自动驾驶汽车在数年之内可能就将在道路上驰行。如此发展速度令人惊叹不已，第三部分会详细讨论。

但是，真正的机遇并不是这些“超级汽车”，而是潜藏在系统层面中的变革。这些切实发生的变革来自共享汽车平台以及全新商业模式的崛起，以及由此整合优化的系统，典型案例包括提供汽车载客服务的优步、来福车、网络拼车平台 BlaBlaCar、点对点汽车租赁平台 Car2Go 等等。

不妨设想一下，在交通出行的系统中，大部分车辆都由中央车队管理人员控制，消费者可以通过智能手机叫车，在公共交通接驳处会有充足的车辆供应。相比当前的“全程用车”模式，这样的系统解决了“最后一公里”问题，使得人们的出行可以由多种模式构成。在系统中，共享车辆在 5 分钟之内就能够到达乘客所在地点；其利用率将会远远超过前文所分析的 2% 的私家车利用率。共享车辆的每趟行程都可以搭载一名或若干名乘客，它们不再需要为了寻找停车位而浪费时间。所有共享汽车接入互联网，实现互联互通，这增强了现有道路的通行能力，减少了交通拥堵。作为出行服务的所有者以及运营者，车队管理人员将随时监督车队中的车辆。中央系统会负责上千台车辆的实时派遣、路线规划以及优化。该系统通过监控交通流量预测用车需求，确保能在需求量较大的区域及时提供服务。在非高峰时段，车辆会以优化序列排队进入服务站，享受维护、清洁、充电等服务。预测性保养维护模式会通过数据分析找出故障频发的零部件，并进行更替。汽车的使用寿命将从目前的 20 万 ~40 万公里提升至 50 万 ~100 万公里。在使用寿命终期，30%~40% 的零部件将在回收后用于再制造，贡献于下一代汽车。交通出行的成本将明显下降，而便捷度将大幅提升，环境足迹水平则将大大低于当前水平。

这样的愿景听起来遥不可及，但是想想上文列举的技术与商业模式，除全自动无人驾驶汽车之外，其他变革在当下或者未来几年内都将不断扩大规模。因此，只要城市与国家愿意为之努力，这里所描绘的愿景在 10~20 年完全可以实现。

如果按照当前的轨迹继续前进，将会出现什么情况呢？大部分城市交通出行系统的进步都远远赶不上汽车技术发展的速度，因此，按照当前方向继续前进，日新月异的汽车技术会吸引更多人去购买汽车，进一步污染街道乃至城市，增加平均通勤用时，而这将催生更多的道路建设，进而带来更大的污染。

两种情景千差万别，无论从哪个角度出发，第一个都比第二个美好太多。在这样的机遇面前，反观人类自身，可以说在所有的城市与国家，这个系统都没有得到良好的管理。

食品

通过完善与整合，全球食品系统也会出现新的机遇。在过去几十年中，食品领域的专业化不断提升，农民、食品加工企业、零售商、垃圾管理组织都在不断优化各自的业务，一般以 3~5 年为周期进行规划。这确实提升了效率，但是也导致土地过度开发、灌溉需求增大、营养物质流入湖泊与海洋、浪费现象严重，等等。这些问题严重地威胁着未来的全球食品供应，威胁着整个自然环境，这在第一部分已有讨论。

从系统层面出发，营养物质的流动应该形成闭环。首先设想一下，食品垃圾与其他垃圾分离，前者进行厌氧消化处理，这意味着什么？这意味着将产生属于可再生能源的生物质，以及可以重新回到土地中的生物肥料。在附录 2 收录的案例中，瑞典首都斯德哥尔摩利用食品垃圾为公共汽车提供燃料，这一做法带来了众多好处，比如降低成本、促进就业、减少二氧化碳排放、减轻空气污染、提升土壤肥力、降低富营养化，等等。同时，如果价值链的优化能避免 31% 的食品被浪费，这意味着什么？最简单的事例之一就是在法国连锁超市Intermarché等大型零售商那里，体积、形状不理想的水果和蔬菜不再被丢弃，而是折价出售，这一策略得到了消费者的积极回应。最后，如果在农业活动领域进行改革，那么资源以及再生技术将得到高效利用，例如，当前的精准农业、免耕作业将得到大幅推广，这意味着什么呢？（具体内容将在第三部分讲述。）

与上文中交通出行的变革相比，这个食品层面的愿景相对没有那么宏大，却意味着食品系统会更加健康：灌溉、矿物肥料以及杀虫剂的需求都将减少。短期之内成本可能会上升（成本是否上升存在争议，但有案例表明这类农业活动不会带来额外的成本），但是从长远角度分析，土壤肥力恢复良好必将带来更高的生产量，粮食供应不足与环境危害出现的风险也将大大降低；5~10年，经济收益就能够超过当前预付的额外成本。况且实现这一愿景的技术也已经出现。

那么人类社会是不是正在朝这个方向努力呢？实际情况却与我们的设想恰恰相反：人们不断增加矿物肥料以缓解土壤退化问题，食品垃圾分类的实施范围极其有限，价值链中食品浪费的现象并没有减少。

住房

房屋价值链的情况与上述两个价值链的情况基本相似：专业化程度不断提升，建筑师、城市规划人员、建筑公司、房地产开发商、业主、拆迁公司都在完善自己的工作（也是分内之事）。但是，在系统层面上，欠优化现象就凸显出来了：能源消耗过多，这是因为当前建筑的成本已经得到优化，但是使用周期的成本并没有得到优化。房屋建设缺乏长远考虑，规划过程中根本没有人考虑今后可能出现的拆迁问题以及随之而来的影响。城市的建设影响深远，但是规划过程的投入却远远不够。最令人惊讶的是，很多西方国家建筑行业的生产效率已经常年停滞不前，例如，德国和美国的建筑行业生产效率仍旧停留在 25 年前的水平。

改变这种状况并不困难，而且这种改变会在三大领域为经济带来好处。随着新技术的出现以及建筑施工的完善，建筑物的建造成本应该会降低，而性能会提升。能源积极型房屋已在很多方面获得了收益。模块化建筑技术使得建筑用时以及建造成本大幅削减。大型混凝土 3D 打印技术的发展，使得建筑物围护结构的建筑时间大大缩短。最近，中国的盈创建筑科技公司在 24 小时之内就建成了 10 户独立家庭住房，其间仅有数名工人协助。另外，办公行业与酒店行业中也存在待挖掘的共享模式潜能，爱彼迎公司的成功已经证实了这一点。当前，很多城市中未被利用的居住空间已经超过了传统酒店行业的住房空间。最后，城市规划揭开了崭新一页。交通出行系统经过完善之后，城市中心的大量空间得到释放，更好的环境设计就能够将这些土地好好利用起来，为人类创造出更美好的生活和工作空间。在这样的系统中，建筑物取材于闭环循环中的无毒材料并通过模块化方式建造，这些建筑物持久耐用且功能多样，与绿色基础设施（公园等）融合在一起。每平方米的成本将比当下减少 30% 以上。建筑行业极大的负面影响可以扭转为“净正面”影响。这一转变使得建筑物更有利于健康，更适宜居住。这三个系统的优化将会彻底改变人类社会、经济发展以及地球环境。

总结而言，这些愿景充满了极大的吸引力——不仅仅是商业层面。难道你不想生活在这样的世界里吗？提出这些愿景可不是因为作者对技术发展过于乐观——这里的技术设想其实还是相对保守的。无可回避的事实就是，人类的系统已经充满了浪费现象，之前的章节已经探讨了造成浪费的历史原因，那么如今技术已经有了显著的进步，人类完全能够选择另起炉灶，创造一个各方面都更卓越的系统。肯定了这一点，就要深挖创新潜能，这必将带来重大转机，尤其是当下各个价值链都出现了轰轰烈烈的技术变革，彻底改革发展路径的时机就在眼前。

第8章

“净正面”原则

递增、高效、健康

解决问题不能依赖当初制造问题的思维。

——阿尔伯特·爱因斯坦

全球领先的包装食品公司的一位高管说道：“我们出现了问题。每卖出一个产品都是在败坏良知。消费者知道我们的产品对环境有害无益。每一年做一点儿改进只是让这个事实更加明显。长此以往，产品销售会更加困难。”

2002年，迈克尔·布朗嘉特与威廉·麦克唐纳在《从摇篮到摇篮：循环经济设计之探索》一书中发问：产品的制造难道不应该有益于人类，有益于环境吗？换言之，如果产品有害于人类，有害于人类赖以生存的环境，那么为什么要接受这样的产品呢？如果一个企业改进产品的工作只是减少一点儿损害，比去年少一点儿，比竞争对手少一点儿，那么这足以作为市场宣传的卖点吗？产品最基本的品质要求不应该是完全无害吗？我在第6章中已经指出，这不仅仅关乎生态效率。诚然，有很多工作值得肯定，比如节能吸尘器、表面活性剂含量低的洗涤剂、轻型塑料包装、取材于植物的PET塑料瓶（宝特瓶），但这些尚不足以赢得消费者的信赖，也无法逆转当前的趋势。布朗嘉特总结道：“出路只有一条，那就是设计精良的产品。”在他看来，这才是终极设计与质量革命。

“新话语的出现”这一部分已经描述了所谓的“净正面”原则，

简而言之，就是经济活动对生产资本、人力资本、自然资本的影响总和应为正面结果。作者也提出，这一原则应该取代生态效率，成为企业的新标准。本章将会讨论“净正面”原则如何转化为企业与政府的具体决策标准。当然，这里所做的描述不可能面面俱到，因为对于各个国家来说，这会涉及更为专业的内容，也超出了本书的讨论范围，因此这里只是提出这个概念的基本框架。

向善而行

首先来看看企业。大部分的企业都没有资本或者能力去思考不同类型自然资本的长期存量。企业要靠收入来发展，大部分企业的规划周期最多就是几年而已。“净正面”原则应该成为企业的目标与准则——“新话语的出现”部分已经描述了这一转变的巨大影响，这一原则也应该融入企业的决策标准，在各个层面得到应用，例如产品开发、供应商招标、业务开发、再利用 / 再制造等等。将“净正面”原则融入这些决策中确实需要时间，但终有一天“净正面”原则会与当前的赢利原则同样重要。

用术语表达，就是企业应该将外部效应成本计入隐形价格，并将其纳入日常商业决策的考量，而且需要从整个产品周期的角度来考虑外部效应（包括产品使用之后的材料与零部件处理问题）。各个公司的外部性因素不尽相同，但根据作者分析，只要考量四五种外部性因素，企业就能很好地了解“净正面”原则的原理。碳排放、淡水利用、空气污染对健康的影响和污水处理的影响（或者污水缺乏处理的影响）是最为常见的外部效应。关于外部效应，目前已经出现了不少精确的计量方法，例如美国斯坦福大学自然资本项目的 InVEST 模型。这些方法可以计算出外部效应的成本，只要多花一点儿时间，企业从现在开始就可以计算外部效应的相应成本到底是多少。测算结果可能不完美，而且关于企业责任范围的问题，总是存在很多有争议的灰色区域。但是不完美的状况在当今经济中同样存在，例如供应商与次级供应商的不道德商业行为等。假设几年之后，国家环境部门或者国家统计部门出台关于主要外部效应的影子价格计算标准，并根据不同地方的具体情况每年进行估测（不同地区关于淡水资源的外部效应肯定存在差异），其结果就是净正面的估测更为直观，并且促使企业建立共同的标杆。

计入外部效应影子价格的计算方法与常规计算方法会持续共存。作者当然希望越来越多的主要外部效应都能够具备正式的价格标准，例如欧盟碳排放交易体系就为成员国的二氧化碳排放制定了价格标准，但这确实需要时间，而且作者认为，不一定所有的外部效应都能获得正式定价。因此，正如当前现金流量表和利润表共存的情况一样，两种价格计量会持续共存。几年之后，管理人员和财务人员会对“净正面”原则更为熟悉，更习惯于从这个角度分析业务，投资方和消费者也会开始询问相关的情况，那么没有计入外部效应的计算方法就会显得有所不足。

这听起来并不陌生，不少先进企业的可持续发展部门在做重大投资决策的时候，也有类似的考量。但是，据作者了解，极少有企业将相关数据纳入整体的决策工作。有些企业并没有通过外部效应成本计算的方式将自然资本和健康影响转化为通用货币的价格，有些企业仅仅在最重大的决策上才进行相应估算，还有企业根本没有为测算进行普及相关知识的工作，更没有企业将“净正面”原则作为达标准则。因此，当前的企业运作与真正的“净正面”原则的应用还相距甚远。当前的真实情况可能是在没有相关规定的地区，有些企业主动为二氧化碳确立影子价格，并且在投资活动中对比计入二氧化碳成本前后的情况。

那么有些人可能要问了，如果“净正面”原则与赢利原则存在冲突，企业还会主动应用“净正面”原则吗？作者认为，在一二十年之后，这是完全有可能的。回顾一下性别平等、多元化、童工、腐败等问题。一二十年前很多常见的不良行为——明的暗的都有——在今天，尤其是大型企业中，早已无迹可寻。作者当然知道做出转变并不容易。例如，很多行业的竞争力可能会受到影响，企业领导者需要做出权衡；企业有可能很难影响供应商和次级供应商的行为。还有一些行业目前缺乏变革性的技术，企业要么就继续在当前的情况下运作，要么就只能破产。但对于大部分行业而言，随着技术变革的持续发展，在未来5~15年的时间里，“净正面”原则在经济层面与技术层面的可行性都将大大提升。

此外，人类还有别的选择吗？遵循从前的方法肯定行不通，前文已经做出了大量说明。正式的环境法规出台（禁令、税收、排放定价等等）可能还需要我们经历漫长的等待，但这也许正是解决方案中的重要组成部分。

“工具箱”——支撑现实世界的决策

三大支柱框架以及新的准则在行业层面如何发挥作用呢，作者将其转化为企业与行业的一系列行动领域，简称为 ReSOLVE 框架（见图8.1）。这些行动领域以不同的方式推动上文所描述的愿景的实现。虽然不能保证经济活动实现“净正面”的目标，但是这些行动领域都能促进可持续发展。

• 再生。 从不可再生能源与材料转向可再生能源与材料，使生态系统恢复到健康水平，提高经济收益。这一领域的实例包括可再生能源的发展，世界各地退耕还林、土壤保育的工作。

来源：麦肯锡商业与环境中心

图 8.1 ReSOLVE——创建美好经济的商业行动清单

• 共享。通过分享产品与基础设施，获取更大的经济价值。实例包括优步、来福车、Car2Go、BlaBlaCar 等汽车共享公司，还有爱彼迎等房屋共享公司。BlaBlaCar 汽车共享服务当前的年增长率为 200%，其在 19 个国家有超过 2 000 万的注册用户。爱彼迎共享平台覆盖了 190 多个国家 34 000 座城市，出租房源超过 100 万套。

• 优化。提升产品性能 / 效率；减少生产与供应链中的浪费现象（采购、物流、生产、使用、回收等环节）；应用大数据、自动化、远程感应与操纵等技术。最佳实例之一就是丰田汽车公司最著名的精益生产理念。

• 闭环 。零部件与材料形成闭合循环，使其价值最大化。对于不可再生材料，这意味着重复使用、再制造以及循环零部件等，卡特彼勒工业设备、米其林轮胎、劳斯莱斯汽车和雷诺汽车等公司已经在落实这项工作。对于可再生材料，可以使其营养物质回到土地中，或者对其进行厌氧消化处理，又或者从有机废物中汲取生化材料。

• 虚拟化。通过虚拟方式推送产品，推动去物质化。实例包括电子图书、数字音乐、在线商城、虚拟办公室、网络银行、远程体检和远程安全监控等等。可以实现虚拟化的产品与服务数不胜数，这可以减少材料的使用，减少出行，优化服务。

• 替换。以先进材料替换旧材料；应用新技术（3D 打印、电动汽车）；选择新产品与新服务（采用多模式出行方案）。

每一个行动领域都存在无数的机遇，全球有很多先进企业已经在某一领域中获得了巨大的成功，如图 8.1 所示。在企业工作中，作者的团队时常会应用 ReSOLVE 框架以启发增长与创新的好点子。根据我们的经验，这个框架总能引发管理高层的共鸣，几乎所有的企业都可以在这个框架中找到若干个令人向往的提升空间。每个行动都会对其他行动起到推动作用，相辅相成，形成强大的综合效应。

这个框架之所以受到青睐，是因为它反映了过去 10~15 年的变化，反映出大多数行业落实“净正面”原则的可能性。“净正面”原则不但可以实现，而且对许多产品与服务来说都大有裨益，这是几个因素共同作用的结果。第一，在过去 10 年中，大部分国家的清洁能源成本竞争力不断增强，这个变化影响深远，因为在“净正面”的计算公式中，化石能源可是占比颇高的负值因素。第二，追踪产品与材料的成本已经降低，垃圾分类的进步显著，循环材料系统的使用也指日可待。这就解决了“净正面”计算公式中的另一个负值因素。第三，过去 10 年中，数字技术的进步显著优化了共享与虚拟服务，使产品得到了更好的利用，这也增加了“净正面”计算公式中的正值因素。第四，数字化提升了透明度，强化了问责制，如果企业做出不道德的行为，无论这一行为发生在地球的哪个角落，企业都难以脱身。在 21 世纪，“净正面”计算公式中的所有重要因素都发生了巨大的变化。

下面就以几个产品类别为例，分析“净正面”原则和 ReSLOVE 框架的应用。

• 汽车。以“净正面”原则计算，现在很多汽车的使用已经比较合理：经济价值与社会价值提升，自然资本的损失便得到了弥补，当然也有部分汽车没有实现这一点。设想一下，如果所有汽车都实现了清洁能源驱动、建造材料可重复多次使用、车辆利用效率大大提升这三点，那么综合效果将非同凡响。这些改变可以降低自然资本损耗，保护环境健康，与此同时，这也会使得汽车的经济、社会价值成倍增长。在此模式中，汽车和材料必然会增加人类的资本总和。但这样的设想现实吗？这一模式确实不能马上应用于所有汽车企业，但是当前已经有共享汽车公司利用全电动汽车开展业务，并获得了显著的商业收益，从而迅速发展。巴黎的 Autolib 就是其中一例，后文会对此予以进一步讨论。

• 棉布。未来的服装行业可以采用新型纤维，并在生产过程中对其进行升级再造。衣物召回或者循环利用将取代焚烧处理。棉花种植农场应该高效利用水和土壤。

• 餐巾纸。如果餐巾纸（以及其他消耗品）是通过可再生资源和清洁能源制造出来的，并且产品设计能够确保其以安全无害的途径回到生物圈，那么这些产品就不会造成自然资本损耗，其自身也将成为具有价值的生产资本。

这些产品十分常见，并不是什么特例，实现“净正面”原则不但有明确可行的路径，而且也有很多实现赢利的方法。最重要的一点，这是当前已经出现的机遇。根据以往的经验，当激励措施与宏大目标同步时，人类智慧往往就能在极短时间内创造出意想不到的成果：载人登月计划、曼哈顿计划、可再生能源革命等等。

递增性增长计划——国家的新罗盘

企业主动改变规范和准则确实难以撼动传统资源经济的既得利益，但这仍旧是重要的一步。况且只有积极推动视角的转变，政治领导层才能够出台正式的外部效应定价，并从国家层面对自然资源进行管理。

那么“递增性增长”对于国家来说意味着什么呢？它意味着其看待经济发展与经济表现的方式将发生重大变化。第 4 章讨论了 GDP 作为首要经济指标的局限性，并介绍了一些其他的指标，其中 IWI 与“净正面”增长的概念基本一致：分析国家资本库存的价值，拥有定义广泛的资本概念，其中包括生产资本、自然资本、人力资本。在这个概念中，发展指的是资本库存总值的增加。本书有时候也会用“递增性增长”一词，强调这是一个积累资本的发展过程。但是，作者认为 IWI 也有不足之处，其对于破坏自然资本的定义过于狭隘，未能考虑一些重要问题，包括水资源短缺、营养物质流动、生物多样性问题等；环境危害（化石燃料产生的粉尘污染）对健康造成的负面影响也未被考虑在内，因此 IWI 对于增长的估值远低于 GDP，而其对于当前增长模式的负面影响仍然评估不全，所以实际状况可能比 IWI 的测算更加糟糕。但不可否认，IWI 的出现仍然是一个良好的开端，其报告也明确指出它正在不断拓展评估方法。

如果各个国家除了关注 GDP，同时也开始测量并公布 IWI 数据（或是类似测量方法的数据），那很有可能会带来有益的讨论。人们会开始比较两组发展数据，研究人员会剖析 IWI 增长水平低于 GDP 增长水平的原因，然后讨论的重心会逐步转向如何缩小两个增长水平的差距。同时，这也会动摇根深蒂固的普遍观点，即 GDP 是衡量经济进步的唯一合理方法。

各个国家会公布关键自然资源的影子价格，给企业提供参考，并在公用项目招标等与企业的往来中询问这类数据，间接指引企业逐步重视影子价格的测算。

如果政治领导层能够落实此类行动，那么未来正式实施自然资源损耗规定时就会更为顺利。

如果读者对于可持续发展的概念已有了解，那么就会注意到，可持续发展对企业提出了较低的可持续性要求（自然资本以及其他资本可以在同一种货币的框架中实现平衡，即不同类型的资本之间可以相互替代），而对国家则提出了严苛的可持续性要求，虽然 IWI 将自然资本和健康等状况都总结为一个数字，但是对于国家来说，各类资本不能相互替代。在作者看来，这是责任的划分，企业无法站在国家的角度去理解环境问题、担负如此重大的环境责任，因此，企业之间可以留有进行交易的空间，而国家必须要管理好各类自然资源，例如淡水资源等，以确保整体的使用情况不会影响社会的可持续发展。

第9章

模式变革

案例：颠覆模式下的欧盟经济

经济发展模式的深刻变革。反思生产、工作、消费的方式，创造更多的新机遇，更多新岗位。

——弗兰斯·蒂默曼斯，欧盟委员会第一副主席，于2015年12月在欧盟循环经济一揽子计划发布会上的讲话。

三大支柱模式在现实世界是否有效？是否能够扭转经济发展与就业局势？为了验证这一理论，作者将前文所描述的前景进行了量化处理。

第一，我们逐个对系统进行建模，了解其中的成本与表现。针对每个系统，设立了“颠覆模式”和“传统模式”两种情境，以预测在不同政策规划下人类未来的境况。在“传统模式”情境中，主要工作是落实产品层面的改进工作；在“颠覆模式”的情境中，所有的新型技术以及商业模式都得到落实。

第二，利用一般均衡模型分析两大情境中的经济层面影响。在建模方面，作者邀请了一支著名的宏观经济学建模团队以欧盟为测试区域，为我们提供相关数据。作者也认为，如果一个经济体的资源系统优化程度较低而自由水平较高，做出转变之后的受益程度应该会超过欧盟。

上述预测的分析结果令人惊讶：潜在机遇超出了预期。在经济增长、自然资本保护、社会平等三方面，“颠覆模式”都呈现出更好的结果；就业方面没有正式的建模分析，但是作者在研究中进行的文献分析，同样呈现出正面结果。简而言之，分析结果令人振奋，这一结果表明上述愿景确实能够解决本书第一部分所描述的困境。

转型收益——中低收入家庭收入增多

首先看看价值链层面，分析显示，各种改善工作落实之后，家庭的交通出行成本将下降60%~80%，食品成本将下降25%~40%，住房成本将下降25%~35%。对于规模庞大且已经成熟的领域来说，这是很高的比例。而且，成本下降也意味着家庭的“收入增加”，这一点对于中低收入的家庭来说尤为明显。这里要明确一点，作者并不认为所有的改进都会体现为成本的下降，也有可能是食品质量的提升，也有可能是汽车变得更为便捷，也有可能是住房居住面积增大。这里利用节省家庭开支的方式进行说明，只是为了更好地体现未来机遇何其巨大。

在宏观经济层面，建模分析显示实施“颠覆模式”战略带来了显著的积极影响。与现状相比，两种未来情境都更为乐观，科技进步日新月异，这个发展趋势合情合理，但是通过“净正面”原则推动的“颠覆模式”在各个方面都带来了更好的结果，例如GDP、就业状况、温室气体排放、资源消耗，这确实令人诧异（见图9.1）。

首先看看GDP。通过“颠覆模式”，欧盟的GDP到2030年预计将会增长11%，比“传统模式”情境高出7个百分点。这是非常重大的影响，在经济建模中也十分罕见，当然我们也要仔细思考其是否完全可信。均衡模型是此类量化分析使用的典型经济学工具，但是建模的情境与“常规状况”相差越远，其分析结果的准确性也会越低。不过，从直观感受来讲，这一分析结果也在情理之中：如果我们的新技术得到合理利用，政策得到完善，改革成本降低，那么当前各大经济领域中的系统性浪费现象必将大大减少。这意味着人类能通过较低的额外成本从现有的基础设施和投资规模中得到更大的经济回报。批评人士或许会认为这是在幻想“天上掉馅饼”，但是第 5 章已经说明了当前严重的浪费现象，而且系统中的浪费问题并没有得到有效的应对，本书第三部分将会说明相关技术已经在快速发展。所以，经济增长带来的收益规模可能有待深入探讨，但是整体的方向已经十分清晰，即从现有产品、材料、基础设施中获取更大的价值，这样的经济战略显然更加切实可行。

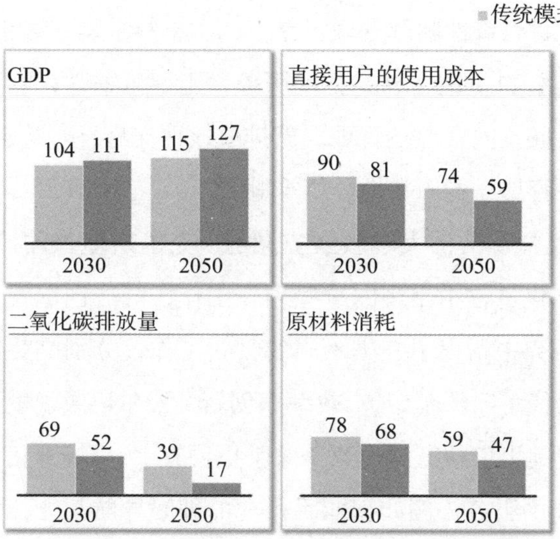

来源：麦肯锡商业与环境中心、艾伦·麦克阿瑟基金会

图 9.1　更好的经济效益，更好的环境效益

注：假设 2012 年的水平为 100，以此进行对比。

那么就业状况又如何呢？研究报告《内部增长》中的一项学术元分析，向我们展示了上述经济转型对于就业的影响。在分析中，一位来自曼海姆大学的研究者在回顾了 65 项学术研究后总结道，根据现有的学术理论，这一转变确实能够给就业带来积极影响，即新出现的工作机会将会超过消失的工作数。为什么呢？第一，第二级生产往往比初级生产的劳动密集程度更高；循环回收领域比原材料领域的劳动密集程度更高；工业再制造比初级生产的劳动密集度更高。例如，1 000 吨垃圾的处理工作可创造 0.1 个就业岗位，而 1 000 吨垃圾的循环回收工作可创造 2 个就业岗位。第二，随着价格下降，各个领域的消费将上升，这会间接带动就业。第三，也是最重要的一点，随着转型的深入，很多市场规模可能会扩大，就业数因而会增加，新的市场也将成为新的就业源泉。例如，汽车拆卸与回收，共享汽车管理，稀土金属整合，交通出行系统集成咨询服务，大规模共享办公空间供应服务，生物肥料生产，材料毒性削减管理工作，二次材料采购，"净正面"产品设计，二次建筑材料供应，材料咨询服务，土壤生物学，能源承包代理，能源储备集成，内置温室管理，氮排放核证交易，时装租赁，手工活动，交通意外管理，能源数据分析等等。

根据创新理论大师、哈佛大学教授克莱顿·克里斯坦森的研究，向"净正面"经济转化过程中出现的这些创新工作，既能创造就业又可刺激增长。他在研究中指出了三类不同的创新工作，分别是替代型创新（更好的车型取代了旧款车型），效率型创新（沃尔玛大规模且高效的商业系统能够使其出售的产品比竞争对手更便宜），市场开拓型创新（针对新的需求提供服务，例如智能手机上的即时导航功能，大规模的能源储备等等）。

在竞争激烈的市场经济中，三种创新都必不可少，但是根据克里斯坦森的研究，只有市场开拓型创新才能够创造真正的增长，并促进就业。替代型创新从本质上说只是用新的产品和生产取代之前的产品和生产，效率型创新的主要目的是减少劳动力。克里斯坦森的研究列举了众多实例来阐述市场开拓型创新是如何促进增长与就业的，并且批判了很多政策与公共资源向另外两种创新倾斜的事实。

在本书所设想的情境中，很多重大的新需求以及部分规模较小的需求，将会得到满足，相应市场也会随之出现。将食物中的营养物质输送回土地中，维系材料库的价值，优化大型价值链，清理能源系统等等，相应的服务会一一满足这些要求。

资源平衡——从致命弱点到最强优势

再来说说资源，“颠覆模式”能够有效分离经济增长与环境影响之间的关系。在落实“颠覆模式”的过程中，三大价值链的二氧化碳排放量与 2012 年相比，到 2030 年时可以下降 48%，到 2050 年时可以下降 50%。原材料消费到 2030 年将下降 32%，到 2050 年将下降 54%（见图 9.2）。这些数字意味着落实相应战略后，欧洲或是全球其他国家及地区，都能够稳步实现《巴黎协定》将地球气温升温控制在 2℃之内的要求，同时也能够有效解决大部分环境问题。如果估测基本准确，事实上作者也确信如此，这也说明解决当前大型价值链中的系统层面浪费问题既能够有力推动经济发展，同时又能将环境足迹控制在极低的水平。除此之外，还有不少其他益处，比如欧洲是当前全球最大的资源进口地区，借助上述转变，欧洲市场可以不再严重依赖变幻莫测的国际资源市场，稀有材料的供应安全问题也将有所缓解，经济发展与地缘政治方面的风险也会大大降低。

欧盟与其他快速发展的经济体有一大重要区别：对于很多产品类别来说，二次材料如果得到良好的管理，其供应就能满足很大一部分需求，而正在经历工业化的国家，其二次材料供应远远小于整体的需求。因此在发展中国家减少材料消耗的空间相对较小。

三大支柱都有助于应对气候变化，但是，气候变化的讨论与谈判一般都聚焦于可再生能源、能源效率（包括交通和建筑物）、土地使用和农业领域，对于三大支柱的作用没有进行全方位的考虑。“从摇篮到摇篮”的材料库，高效的再生系统，都不在核心话题的讨论中。这不但有失偏颇，而且还导致了大量机会的流失，之所以这样说，主要有三个原因：

第一，如果不能逐步建立“从摇篮到摇篮”的材料库，基本不可能将温度上升控制在2℃之内。在全球温室气体排放中，原材料生产就占了19%，垃圾处理占3%。生产过程中改用可再生能源，提升能效，确实可以减少排放，但是减排幅度几乎不可能达到90%~95%，因此无法满足控温的排放要求。因此，原材料生产的规模也必须减小。

第二，按照当前市场状况，很多循环经济的策略在落实之后已经实现赢利，还有一些则可以通过合理的激励制度实现。在报告《内部增长》中，作者提出了100多种措施，这些措施不但成本低廉，而且对于当前气候讨论中的核心策略起到了重要补充作用。

第三，很多提升的机会并不能借助碳价或者当前气候讨论中常见的行动方案得以实现。循环经济系统的机制则要另辟蹊径。例如，在钢铁和塑料领域，维系材料的高价值就需要改进回收工作、建立追踪与循环体系、完善二次材料市场、禁用某些毒性物质，或者强化生产者的职责等等。

如果同意上述观点，那么应该采取什么行动呢？首先应该承认，在向低碳型社会转型的过程中，“从摇篮到摇篮”的材料库是关键支柱之一。能源效率、森林资源等领域较早地认识到了这一点，并在过去10年受益匪浅：在融资、政策开发、知识投资以及具体实践方面取得了显著进步。循环材料系统的概念仍然处于早期发展阶段，类似的发展能够有效推动这一概念走向成熟。人类在应对气候变化的过程中，已经扭转了能源系统的发展方向，取得了显著进步。现在要做的就是解决工业引擎中的材料流动问题。材料的循环流动也许就是实现《巴黎协定》目标过程中的关键一环。

再来看一看其对于水循环的影响。在谈及气候变化的问题时，人们已经逐步认识到水资源危机十分严峻、需要全新的应对方案。而循环经济恰好能够为其提供引导。从表面来分析，当前大部分的水资源问题显然都是由制度与市场的缺陷导致的。但究其根源则在于人类对大部分宝贵资源的使用过程呈线性模式，在使用过程中，水资源的污染程度不断加剧，最终变成毫无价值的废水，进而导致了水资源的成本上涨，给个人和社会带来了巨大的负担。

其实人类完全可以通过几个基本规则使水的使用形成良好的环型流动：对于进入水循环的水，要确保其中不含激素、毒性油墨（来自一些劣质卫生纸）或者纺织品染料。这个规则一旦确立并得以实施，意味着欧洲每年产生的 900 万吨污泥将会消失。目前，已有新型技术能将废水中的能源和营养物质分离出来，使水资源得到再利用。例如，新加坡的公共事业委员会打造的“新生水”（NEWater）品牌瓶装再生水就利用了这种新技术。我们或许应将水资源视作耐用品，实施零废水排放的措施，使水资源形成闭环。当水体中的物质处理成本太高或者再造成本太高时，废水零排放的处理就成了最佳选择。

在国家层面，水可以被当作定量库存资源，也可以被当作可再生流动资源。例如，沙特阿拉伯在农业领域所使用的蓄水层水源就被视为定量库存资源，其使用程度被规定不可超越蓄水层补给项目的补充能力。其他的水资源处于流动资源系统中，可能是河流，也可能是自然补给的蓄水层。只要取水量不影响生态系统的健康状况，就可以从这些流动系统中取水。

最后，还可将水资源纳入基础设施系统。要知道，全球水资源网络与废水处理厂当前的价值约为 1 400 亿美元。根据“净正面”原则，这部分资产的价值应当最大化。这部分基础设施其实可以服务于更多领域，例如输水管道沟渠可同时用于安装电信光纤，污水处理厂也可集中处理食品垃圾。我们还应改革水资源的交易方式、提升资源效率，水厂自身就应该创造绿色能源。有很多案例显示，污泥的厌氧消化处理能够产生生物气体，而这些气体甚至能够满足污水处理厂 60% 的能源需求。

递增性原则提供了明确的指示，那就是减少碳、水等资源系统中的浪费现象，在不损害自然环境或者造福自然环境的前提下推动发展。读者们也会发现，传统的可持续发展视角与“净正面”原则的发展视角截然不同。

递增性投资——正在进行时

从投资的角度出发，也有明显证据表明投资收益与环保行为是可以实现双丰收的，尤其是在当前金融市场还未及时跟进、未能充分认识可持续性风险的现实状况下。2014 年，牛津大学与金融公司

Arabesque 对可持续投资进行了一项大型元分析，在回顾了 200 多项学术研究后，它们发现“企业管理者与投资者将可持续发展因素纳入决策过程，最符合企业的经济利益”。这结论看似矛盾，其实不然。企业对可持续发展缺乏考量，迟早会遇到麻烦，无论是压榨工人，或是滥用自然资源，又或是其他危害可持续发展的行为，最终会被消费者、媒体以及政策部门察觉，并引来恶果。这将会给企业的股价带来极大的负面影响。在当前的证券市场上，这些风险未被重视，如果资产管理人员能够规避这些风险，决策结果自然能带来更佳结果。

最佳范例应该是阿尔·戈尔的世代投资管理公司。其工作人员利用上述策略进行资产管理，取得了巨大成功。在该公司成立之后的 10 年间，其表现显著超越同行。2005 年至 2015 年，该公司年均回报增长率为 12.2%，MSCI 国际指数“明晟指数”的同期值为 7%。伦敦金融分析公司美世咨询近期的调查结果显示，世代投资管理公司在 200 家全球股票管理公司中排名第二。

凯尔·巴尔基索与托比·希普斯在他们 2014 年的研究中也得出了相似的结论。他们分析了标准普尔 500 指数在 2008 年至 2014 年的数据，比较了不同类型的低碳型投资组合与相应类型的非低碳型投资组合，并分析了其中的风险与收益。综合分析得出，在常见的投资策略中（最小方差投资组合、最大多样化投资组合等），根据基金管理机构常用测量工具的测算，选择低碳型的投资组合能够带来较好的收益。结论就是各类基金管理机构可以放心选择低碳型投资组合，实现风险调整后收益的最大化。

上述的“影响力投资”在当前投资总额中占比不大（根据全球影响力投资网络的估测，2015 年影响力投资总额约为 122 亿美元），但是年增长率高达 15%。黑石集团是全球最大的资产管理公司之一，其资产管理规模高达 4.5 万亿美元。最近黑石集团建立了美国影响力股票基金会（Impact US Equity Fund）；高盛投资公司也在近期收购了专门做影响力投资的印记资本公司（Imprint Capital）。在未来数十年中，随着 40 万亿美元的财富从婴儿潮一代向千禧一代转移，影响力投资的增长趋势也将持续下去。

这可不容小觑。投资领域似乎已经认识到，随着全球可持续发展风险迅速提升，清洁技术的成本迅速下降，可持续性与经济收益“非此即彼”的状态或许将一去不复返。对于强大的企业与聪明的投资者，二者兼得已经不成问题。

第三部分

大颠覆

3

经济巨变正在上演，传统的产业模式已受到冲击。全球最大的商店（阿里巴巴）并没有实体店面，全球最大的出租车公司（优步）也未拥有大量汽车，全球最大的住宿服务供应商（爱彼迎）也并不是最大的房屋业主，全球最大的媒体公司（脸书）本身并不提供媒体内容，全球最大的影院（网飞）没有放映厅，全球增长最快的汽车制造商（特斯拉）是硅谷一家装配电池兼零部件的工厂，全球最大的电话公司（skype）并没有铺设有线电缆，全球最大的慈善组织（Justgiving）也没有自己的慈善项目。在这样的经济背景下，整体资源利用的概念能否得到重新定义？外部效应、无本获利和滥用资源等棘手问题能否得到解决？

本书第三部分将会分析重塑全球经济的创新颠覆：技术革命深入各个领域，翻天覆地的变化远远超出了 20 年前人们的想象；在全球各地，大量人口涌入城市；人口结构的变化扭转了许许多多根深蒂固的观念。截至目前，技术革命主要影响了信息型行业，例如娱乐、出版行业等。在这一部分，我将会重点展示未来 10~20 年技术革命将如何深刻改变实体行业，并对经济与环境产生日益重大的影响。我也会提供前沿的变化趋势，希望通过发展实例来激励读者。另外，本部分也会阐明，技术革命提升了人类优化经济发展的能力、使其能够有效应对第一部分提到的“社会借贷”问题，创造更美好的世界。

另外，这部分也会提到发人深省的一点：当前发展的大趋势虽然带来了诸多益处，但是不会自然而然地解决第一部分指出的发展模式问题，甚至可能使那些问题进一步恶化。另外一个问题就是在把各类因素都考虑在内后，技术革命对发达经济体的整体影响是否仍是有益的。

我将在第 13 章中指出，创新与技术发展并非高深莫测、难以驾驭。过去的创新可能是某个发明家灵光乍现的结果，现在情况已经截然不同了。创新技术发展的整体模式可以从多个方面进行预测，其受到市场力量、政策法规、政府投资的影响。这也强化了作者的又一个重要观点：从整个社会的角度出发，随着时间的推移，人类必定可以实现自己所需的创新，人类也能够牢牢掌握创新工作的方向，使其为人类带来更丰硕的成果。毫无疑问，那就是有益的颠覆。

第 10 章

大趋势

数字化转折

万事万物的数字化时代已经到来。

——埃里克·布莱恩约弗森、安德鲁·麦卡菲：《第二次机器革命》

从 C40 到 C440——城市化的时代

2005 年，全球性城市合作组织 C40 成立，当时，全球有 40 个城市被视作“特大城市”，C40 这一组织成立的目的就是汇集这些城市的力量。10 年间，城市化万象更新，截至 2015 年，C40 已经有了 80 个成员，全球 80% 的 GDP 来自城市，70% 与能源相关的温室气体排放在城市中产生。城市，已成为全球经济活动的中心地带。

但是，这仅仅是开始。到 2030 年，C40 的成员数目可能会达到 440 个。根据麦肯锡“城市世界”项目的调查，2010 年至 2025 年，全球一半的经济增长将来自这 440 个城市，这 440 个城市的人口规模都将超过 100 万。如今，每周都有高达 140 万人口从乡村进入城市。预计到 2050 年，城市总人口数量将增加 25 亿，这意味着全球 2/3 的人口将居住在城市中。中国政府预测，在今后 5 年之内，大约有一亿人口将迁入城市。也就是说，到 2020 年，中国 60% 的人口将成为城市人口。

城市化背后的道理十分简单：城市提供了现代生活方式。例如优质住房、高薪工作、公共服务、娱乐设施和职业前景，可以说现代生活方式的基石与城市紧紧联系在了一起。从经济学角度出发，城市化不仅仅是经济活动从一个地方向另一个地方转移。几百年来，城市一直都是经济发展的引擎，因为城市推动了劳动分工，降低了交易成本，引发了知识外溢效应，还使夫妻双方都能参与就业。同时，为城市人口提供基础设施比为农村人口提供的成本要低，例如修路、供水，等等。但是，最重要的一点可能是城市汇集了聪明才智与创新力量——密集的社会交往酝酿无尽的新思维，不断为商业、科学和艺术注入新鲜血液。

因此，城市化对于经济发展、生活质量和地球健康的影响举足轻重。人类所塑造的城市结构往往会存在数个世纪，当前法国巴黎市中心的布局正是两百年前拿破仑的杰作。其中的意义何在？全球经济和气候委员会提出了值得深思的案例：西班牙城市巴塞罗那的城市密度很高，162 平方公里的面积内居住了 533 万人口，市内交通系统的二氧化碳排放量为人均每年 0.7 吨；美国亚特兰大市拥有 525 万人口，地理面积为 4 280 平方公里，交通系统的二氧化然排放量为人均每年 7.5 吨——是前者的 15 倍之多。委员会估测，城市过度扩张的成本每年高达 4 000 亿美元，其中一部分是基础设施投资与公共服务供应的成本，还有一部分是事故与污染赔款。中国对 261 个城市进行调研后发现，如果就业密度翻倍，劳动生产率将上升 8.8%。是的，这就是城市规划中巨大的经济与环境价值。

城市规划如此重要，但当前的落实工作远远未达到应有的水平。大部分城市的规划欠缺全面而长远的考量，大部分城市也没有充分的分析资源来支持精细的规划。世界银行 2013 年的报告显示，在全球最大的 150 个城市中，仅有 20% 的城市在城市规划中纳入了低碳措施。另外一个重要问题是融资。在发展中国家的 500 个最大城市中，仅有 4% 在信用评级上达到 BBB 或以上水平（信用程度较高），因此，这类城市基本上没有办法在国际资本市场上进行融资。

上述现象与本书的讨论有什么关系呢？从本书的论点出发，上述问题说明城市化对于经济与环境的影响十分关键；城市化可以成为发展净正面经济的重要推动力量，然而按照当前的发展方向，城市可能无法为经济的改善提供良好的基础。

数字化——万事万物皆有可能

2004 年，孟加拉国六年级学生娜迪亚未能通过一次重要的数学考试，这很可能会影响她的升学。焦虑的母亲马上打电话给娜迪亚远在美国的表哥萨尔——家族中最有数学头脑的人。娜迪亚的表哥萨尔全名叫萨尔曼·可汗，他欣然答应帮忙。他利用雅虎的记事本工具 Doodle 为表妹进行远程教学，小姑娘最后在重考中取得了优异的成绩。萨尔曼神奇的辅导课在家族中传开了，不少亲戚也想请他帮忙，但是当时他还在一家对冲基金公司任职，闲暇时间十分有限，显然难以一一进行辅导。于是，萨尔曼开始将辅导课“自动化”，他在 YouTube 上录制视频：一边解说重要的数学概念，一边绘制公式、计算过程等。视频瞬间大热。萨尔曼·可汗发现了新的使命，于是，他离开了原来的岗位，着手建立了非营利组织“可汗学院”，并致力于“让所有人享有免费的世界一流教育”。从建立之初，可汗学院就迎来了飞速发展。2015 年，每月有 1 500 万名学生在线学习，解题超过 30 亿个。2015 年，平台免费提供的课程超过 5 000 种，涵盖了物理、化学、语言、历史、艺术学科，授课语言有 23 种（某些课程的语言有 65 种）。课程材料在全球两万多个课堂上得到使用。

平台如火如荼的发展吸引了著名慈善人士和机构的注意，其中包括比尔·盖茨、谷歌公司、卡洛斯·斯利姆等，这使得可汗学院的规模进一步扩大。2012 年，可汗在采访中说道：“按照每一美元的影响力来看，这些数字真的非常惊人……我们的运营预算是 700 万美元，但是一年之中平台惠及的受众大约有 1 000 万名学生。”每位学生所占预算不足一美元，解决每个问题的成本不到一美分。

可汗学院的故事妙不可言，在创新技术颠覆经济发展的浪潮中，类似案例不胜枚举。很多书籍都谈到了这一点，很多人也在亲身见证和感受着这个趋势。智能手机上不断涌现的新程序就是很好的证明，在它们还未出现时，那些神奇的功能可能从未出现在用户的脑海中。这些信息意在激励大家，指明人类已经来到了新的发展临界点，那么对于本书提到的拥有三大支柱的经济模式这又意味着什么呢？

埃里克·布莱恩约弗森与安德鲁·麦卡菲在其著作《第二次机器革命》中谈到，在当前的发展中，“万事万物”都可以数字化，全球经济来到了数字化的顶峰。两位教授以及多方人士都认为经济将得到重塑。崭新的数字化技术将成为通用技术，其在经济发展中将具有广泛适用性，因此，在他们看来，数字化在未来的影响力将堪比历史上带来巨大变革的蒸汽机与电气化。

首先看看教育领域。在大学教育中，数字教育的先驱人物之一就是斯坦福大学的塞巴斯蒂安·史朗教授。2011 年时，他开始准备在网上发布自己的 AI（人工智能）授课内容。教授平时上课时一般有 200 名学生，而网络课程即将开始的时候，报名人数竟然达到了 16 万，来自世界各地的学生都加入了这项课程。史朗说道：“这确实令我大吃一惊。”尽管这门课程的要求极为严格，但完成课程的学生人数已经达到创纪录的 23 000 名。他们完成了学习，而且还是世界一流的大学课程，授课成本按人均计算几乎为零。自此之后，“大型公开网络课程”（MOOC，又简称为“慕课”）成为一个正式概念，世界各地的顶尖大学开始效仿，以各自的方式提供在线课程。哈佛大学与麻省理工学院参与建立了致力于向全球提供高水平的在线教育的非营利组织 edX；斯坦福大学参与建立的 Coursera 同样是秉承相似理念的非营利平台。edX 共计有注册学生 500 万名，课程超过 800 门，Coursera 的注册人数为 1 500 万名，课程有 1 100 种。

在线教育当然不是解决教育领域问题的万能法宝，例如，当某些学生群体缺乏学习动力时，在线平台就发挥不了太大作用。另外，在线教育可能也无法提供线下教育的某些益处。但是整体的趋势确实惊人：就在当下，全球数以十亿计的学生群体能够以几近为零的成本获得不同层次的教育，内容覆盖上千个话题，而且是由世界顶尖的教授授课。全球传统的教育系统在 2012 年的成本为 4.5 万亿美元，其中某些高等教育的成本大概是每年 5 万美元，这一数字跟当前的数字化教育趋势形成了鲜明对比，不难推测出未来的教育系统必将迎来巨变。

再看看律师行业。在商业法务领域，查阅档案的工作量庞大。大型企业的案件往往有上百万份文件需要筛查，这种工作够十多个初级律师忙上好几个月。现在电子档案查询软件取代了初级律师，对于用户需要找到的某些信息，这一软件会利用 AI 查阅文件，搜索特定的条例、成本数据、论证理由或者证据，等等。数字化之后的成本远远低于劳动力成本，而且前置时间大大下降，另外，软件的搜索翻阅可以更为精确——刚刚走上工作岗位的律师哪怕有再大的热情，还是会感到疲惫，但 AI 可不会。软件公司 Autonomy 的首席执行官迈克尔·林奇表示，在文件审阅方面，500 名律师的工作量只需要一名配备 Autonomy 程序包的律师就可以完成。

再看看数学以及工程学领域。先进的数学软件、电脑辅助设计（CAD）早已不足为奇。不过，在很多领域，软件操作已经更加人性化，比方说建筑设计已变得像虚拟版的乐高（Lego）积木拼砌游戏一般。另一个有趣的例子就是 Microblink 公司推出的手机应用程序

PhotoMath。这是一个数学学习程序，只要将智能手机的摄像头对准数学方程式，程序马上就会计算出结果。不仅如此，PhotoMath 还可以逐一解释解题过程中的每个步骤。在 2015 年，PhotoMath 还仅能提供高中以前的数学内容，不过根据目前的趋势，程序经过更新换代后，必将能解决更复杂的数学问题。

因此，人类社会中的自动化已经不仅局限于重复简单的任务，知识型工作的自动化进程正在突飞猛进。研究前沿的热点之一就是机器学习，即系统通过观察和分析数据，自己开发出新的策略，而且这一技术的实用性已经大大提升。2016 年 3 月，谷歌的人工智能机器人"ALphaGo"（"阿尔法狗"）击败了世界围棋冠军李世石，成为 AI 发展中的里程碑事件。在国际象棋中，计算机使用的是把百万种组合方式进行编程计算的"暴力破解法"，早在 20 世纪 90 年代人类象棋手就被计算机击败了，但围棋更加复杂。"阿尔法狗"可以自己分析围棋比赛和选手策略，然后生成"阿尔法狗"策略。2011 年，IBM 公司的 AI 程序"沃森"在智力竞赛节目《危险边缘》中击败了连胜纪录保持者肯·詹金斯。越来越多的事例表明，在人类的奋斗中，似乎已经没有计算机不能涉足的领域。

在不久的将来，当人类希望将计算机的分析与知识转化为智能、多样化的实际操作时，机器人可能还会帮上大忙。你知不知道现在机器人已经可以组装宜家的家具了呢？你知不知道每年都会举办的机器人界的足球世界杯 RoboCup 呢？机器人可以运球、传球、射门，"球员间"还有互动。现在还有航拍无人机可以追踪拍摄极限运动，日本长崎甚至建造了全球第一家机器人酒店。

早在 20 世纪 60 年代，不少科幻电影就曾预言过机器人的未来，不过可惜当时的技术还未能实现电影中的场景，全球市场每年生产的机器人也仅在 20 万台左右，然而，对于机器人将如何成为人类日常生活的一部分，以及何时发生，研究人员已经逐步有了清晰的估测。麻省理工大学计算机科学与人工智能实验室主任丹妮拉·鲁斯说道：“让个性化机器人遍布全球确实是一个巨大挑战，但是这也很像 30 年前计算机科学家们面临的挑战——让计算机成为人类社会不可或缺的一部分……从个人计算机到个人机器人的大跨越已不再是无稽之谈。”

实例已经不胜枚举，那么再来谈谈先进技术得到应用的速度。20 世纪 20 年代出现了电台广播，用户数量历经 38 年时间达到了 5 000 万人。同样幅度的用户数量增长，电视用了 13 年，苹果公司的 iPod 用了 4 年，互联网用了 3 年，而社交媒体平台脸书仅用了 1 年。2014 年，适用于苹果手机和平板电脑的程序多达 1 200 万个，下载总量为 750 亿次，全球人均 10 次。

图 10.1　麦肯锡全球研究院总结的 12 项影响最大的技术领域

110 亿会成为全球人口的峰值吗?

到 2100 年，预计全球人口将达到 110 亿。这个重大消息来源于联合国 2015 年的《全球人口报告》。

回顾这一趋势，联合国上一次发布同类人口报告是在 2004 年，当时全球已经普遍认同人口峰值应该在90亿左右的事实。之后10年，许许多多的报告都在讨论如何满足这90亿人口的粮食需求、这90亿人口将追求何种现代生活方式、这90亿人口的发展与全球碳排放问题如何协调。大部分报告基调一致：让这90亿人口过上美好生活的同时又不损害地球，确实不容易，但可以实现。现在，90亿变成了110亿，之前所有的讨论都被推翻，平衡全球资源的挑战也变得更加艰巨。以当前73亿的全球人口为基础，当前预测的增长幅度，其实就意味着农田、淡水、住房、能源等的供应量需要翻倍。

在非洲，儿童是关键要素。这就是预测发生改变的原因——全球人口峰值从90亿变为110亿，主要在于非洲的人口结构变化。在世界上大部分的地方，随着社会进步，生育率将迅速下降，原因在于越来越多的父母明白子女成年的概率大大提升，生育计划的知识得到普及，孩子也不再是父母唯一的养老希望。全球妇女人均生育2.5个孩子，仅为1960年至1965年的一半。很多国家的人口学家发现，妇女人均生育率在十年到二十年间就从4%~6%下降到2%~3%。在尼泊尔、缅甸、阿塞拜疆、墨西哥等国家，当前生育率仅为2.3%。但是很多富裕国家已经出现了生育率过低的问题。例如，德国、美国、日本的生育率仅分别为1.4%、1.9%和1.4%。

非洲没有出现同样的趋势，在其经济发展的过程中，生育率仍旧居高不下。其中的原因难以说清，因为非洲的妇女也表示希望缩小家庭规模。理论上，这可能是受性别角色因素以及其他文化因素影响，但还有一个值得庆贺的原因——HIV/AIDS的感染人数比2004年的预测值要低。联合国预测，到2100年，非洲人口将达到44亿。这比原来的估测高出20亿，也接近当前非洲人口的4倍。如果预测基本准确，则意味着非洲人口将与亚洲比肩，是欧洲和美国人口总和的4倍。

与此同时，发达经济体在2016年即将迎来重要转折点。18~65岁的人群（所谓的“劳动年龄人口”，这一定义本身可能有失偏颇）自1950 年以来首次出现下降，这个下降不是人口比例的下降，而是绝对值下降。到 2050 年，劳动年龄人口平均减少 5%，但是某些发达经济体的缩水比例会非常严重，比如德国和意大利为 23%，日本为 28%，中国为 21%。在大型经济体中，唯一例外的情况是美国，其劳动年龄人口的绝对值到 2050 年将会增长 10%，但是在总人口中的占比也将呈下降趋势。

第 11 章

奇点临近

下一次革命

> 人类关于未来的直觉是线性的，但信息技术却呈现指数型增长，两者大不相同。假设我走直线前进，30 步就是 30 步。假设每一步都呈指数增长，那 30 步的结果就是十亿步。
>
> ——雷蒙德·库尔茨维尔：《奇点临近》

交通出行、食品营养、房屋住宅领域也即将迎来大颠覆。作者分析了 2014 年几大价值链的具体情况，难以得出任何定论。在价值链中，几乎所有主要组成部分都出现了多个技术突破以及商业模式，并已经可以赢利或者很快就能实现赢利，这将在未来 5~10 年产生重大影响。

对于社会而言，相较于已经经历数字化的行业（主要是信息行业和交易行业，例如银行、摄影、娱乐、零售和出版等），未来的颠覆更加重要。因为这些价值链很长，接近人类需求的核心领域，对于经济与环境都具有举足轻重的作用。其中涉及的数字令人吃惊，例如，在今后 10 年中，关于公共基础设施领域三大价值链的投资将高达 60 万亿美元。

本章将以交通出行、食品和建筑房屋三大价值链为例，为读者呈现光怪陆离的发展画面，同时也折射出当下前途堪忧的发展轨迹。

颠覆传统车程——下一代的交通出行体系

首先看看交通出行。共享模式、电气化、互联技术等趋势都在不断发展，自动驾驶汽车也很有可能以商业模式落地。在共享模式中，一旦汽车的利用率提升，铝材、碳纤维等轻型材料就会更受青睐，钢铁不再是多种汽车零部件“理所当然”的选择。每一种新型技术都能够在汽车行业中掀起波澜，而且优步、特斯拉等全球领先企业仅凭其中一种优势就取得了巨大的成功。当这些技术发展汇合起来，必将引起更大的震动，在未来几十年中，人均每公里的出行成本可能会下降80%。在大部分国家，汽车在机动化地面交通工具中的占比很高（欧洲的比例高达80%），这也意味着将来的交通出行体系将焕然一新。在讨论浪费现象的章节中已经可以看到，交通出行系统中仍有种种低效问题有待解决。

这里首先列举技术大趋势的某些关键案例和数据，以展现当前发展的规模。

共享模式

目前，智能手机得到普及，大数据应用广泛，共享概念赢得新一代消费者的肯定，汽车共享服务也因此遍地开花。在欧洲，汽车共享服务于2010年至2013年增长了40%。在美国，同类服务于2012年至2013年增长了24%。而且，简单的汽车共享概念衍生出了不同的模式：

• 优步、来福车、Kabbee提供网约车服务，由平台来匹配乘客与司机，司机可以随叫随到，乘客可独自乘车，也可与其他乘客拼车。

• 车队管理模式，汽车由车队进行管理，用户随用随租。这一模式的增长趋势非常迅速，以致汽车制造商明明知道这可能会引发蚕食汽车销量的风险，但仍然决定进军这一领域：AutoLib 与雷诺汽车展开了合作，宝马与著名汽车租赁公司 Sixt 共同合作经营共享汽车 DriveNow，大众收购了汽车共享公司 Quicar，梅赛德斯 – 奔驰则收购了 Car2Go。

• 点对点汽车共享是上述车队模式的衍生，即用户可以通过在线平台共享由私人所有的汽车。

• BlaBlaCar 等公司提供的服务就是让用户通过手机程序进行拼车，这些汽车的车主一般都不是专职司机。

• 共享模式也逐步出现在公共交通领域，例如 Via、Chariot、RidePal、Summon 等公司就提供了公共汽车共享服务。

前文提到当前汽车的利用效率仅为 2%，不难想象，这些汽车共享服务快速发展的势头还会持续相当一段时间。汽车共享服务是否会打破城市界限，在市郊、农村地区发展起来，是否有大量消费者愿意放弃私有汽车代表的自由和社会地位，这些仍有待时间说明。

电气化

电动汽车（EV）的预付成本高于内燃机汽车（ICE），不过，随着 EV 电池（电动汽车关键成本所在）不断得到完善，电动汽车的价格也正在快速下降。由于电价低于油价，电力传动系统的能效明显更高，电动汽车需要保养的零部件不多，所以购买电动汽车后，使用成本其实比普通汽车低 50%~80%。这就说明，电动汽车在多个方面的使用周期成本都低于内燃机汽车的同类成本，而且成本优势还会不断扩大。2016 年 4 月初，特斯拉公司透露，2017 年会大批量生产 Model 3 车型。Model 3 的起售价大约为 30 000 美元，续航里程 340 公里，其预付成本相较于内燃机汽车有明显优势，如果考虑后续的使用成本，那么其竞争力更为强劲。而且，如果你拥有一辆质量不错的电动汽车，你自然就会知道电动汽车驾驶轻松，空间舒适，充电便捷，很多零部件不会磨损，所以可以开上很长一段时间。除了特斯拉，很多大型汽车制造商也推出了纯电动车型，而没有推出的公司则表示会在未来一两年内推出。这对汽车行业、石油行业有何影响，可想而知。

自动驾驶

只曾出现于科幻小说中的自动驾驶汽车正在逐步变为现实。名气最大的可能是谷歌公司的自动驾驶汽车。在撰写本书的2015年，谷歌自动驾驶汽车的实地测试里程已经超过150万英里，谷歌公司计划在2017年将其投入商用。不过，谷歌公司可不是一枝独秀。特斯拉的Model S车型已经基本上能够在公路上实现全自动驾驶。奥迪、梅赛德斯–奔驰、宝马、沃尔沃等公司也会在2020年左右推出全自动化车型。而且，此类汽车的成本正在急剧下降。目前，实现70%自动化的梅赛德斯–奔驰汽车（配置主动式盲点辅助系统、车道保持驾驶系统、汽车防撞系统）仅加价2 500欧元。当自动驾驶汽车达到一定的渗透度，交通出行系统必将得到改善。因为自动驾驶汽车能够优化自身速度，与其他自动驾驶汽车进行协调，车距可以缩短至1.5米左右（当前车距一般为3~4个车身距离），这会使拥堵状况大大缓解，同时提升汽车能效。自动驾驶汽车能够减少90%的事故，挽救生命，降低保险成本。谷歌公司的无人驾驶汽车在150万英里的路试中只出现过11起轻微事故，而且大部分事故是由人为失误引起的。其实，“技术”驾驶员远胜于人类驾驶员，可能我们应该思考的问题是，人类开车出行引发严重交通事故的情况还要持续多久呢？对于现在仍然无法开车的人，例如未达到驾车年龄人士、老年人、残疾人，无人驾驶汽车将为他们打开出行的新世界。更重要的是，人们将可以更有效地利用出行时在车上的时间。即便未能实现全自动化，半自动互联汽车也已经能够带来上述众多优点。

新材料与良性循环

宝马 I3 等车型使用了碳纤维材料，结果不仅减轻了车身重量，降低了行驶阻力，还大大延长了汽车的使用周期。位于法国舒瓦西勒鲁瓦市的雷诺拆卸与再制造工厂成了公司赢利能力最强的产业部门。43% 的汽车残骸得到再利用，48% 的制造部件得到循环，新的汽车部件得以生产。两个例子都说明，在之前几大趋势的推动下，新型材料与循环材料得到了应用。那么，当汽车的使用寿命更长、使用效率更高时，昂贵的轻型材料会更受消费者青睐，而这又会推动再制造与循环工作。

当交通出行领域的发展势头融合在一起，又会产生什么样的效果呢？根据作者团队的建模分析结果，乘客人均每公里出行成本将下降 80%。另外，交通出行领域的环境足迹将会大幅下降。利用了先进技术的新车将很可能实现“净正面”目标。同时，这样的新车在生活中还能带来很多方便之处，例如，上班途中你可以查邮件赶工作，而搭载无人驾驶技术的汽车可以载你去上班，或者，你可以让随叫随到的打车服务送你一程。如果其他条件不变，这些发展显然会让个人出行更加轻松愉快，也会增加人们的出行需求，所以即使通勤距离再长一些，人们也能接受；使用公共交通出行的人群可能会向个性化出行方式转移；当前出行不便的人群有了更多的外出机会。从经典供求关系的角度，如果个性化出行的价格下降，相应的需求也将会急剧增加。

乍眼一看，这是好事，因为便捷、廉价的个性化出行需求还没有得到满足。但是，需求增加的地方基本是大城市，这些地区存在交通拥堵、土地短缺、城市扩张无度等问题，因此，个性化出行的很多优点都会被其所催生的问题所抵消。在很多大城市中，交通流量只要增加 10%~20%，就会导致拥堵状况严重恶化。

对于城市与国家，真正的挑战是在利用新技术、新商业模式的优点的同时遏制负面的影响。这一挑战的关键就在于优化系统融合。随着汽车技术的进步，公共交通系统也应该得到升级，各种出行模式的对接应该得到完善，让汽车仅在“最后一公里”中发挥作用，同时调整道路体系，通过收取拥堵费等方式控制交通流量。

所有的措施完全可行，但是根据以往经验，汽车技术的改进总是比系统整合更快，因为后者的决策过程中有政治角力，还涉及公共开支。根据历史上的需求弹性和交通建模经验，报告《内部增长》的作者又模拟了当前发展轨道将会带来的影响。结果显示，很多技术在初期带来的优势将被系统中的负面效应抵消。

寸土寸金的营养行业

再来看看食品营养系统。第四章已经讨论到，系统中浪费现象严重，环境状况堪忧。全球的表土流失速度居高不下，氮与磷的流动受到严重干扰。如果全球人口不断向 110 亿的峰值增长，那么，当前模式的食品系统很可能会不堪重负。

好在新型技术与农业活动可以扭转这一趋势，实现食品价值链的“净正面”发展。作者分析了众多食品价值链上的创新工作，相较于上一部分谈到的焕然一新的城市交通出行，这个价值链的变化可能不算翻天覆地，但确实有很多环节都在快速变化发展。可以肯定的一点是，解决主要问题的工具已经出现了。先看看以下几个重点。

精准农业

在广阔的生菜田中，拖拉机装载着蓝河科技公司的“生菜机器人”缓缓驶过。这是疏苗时节，农民们要拔出一定量的生菜苗，以确保剩余部分能够得到充足的空间和阳光。几年前，这项工作需要好几十名农民才能完成。现在，机器人经过的时候，其内置摄像头会对每一棵菜苗拍照，之后机器人会借助图像处理软件分析每株菜苗的大小、颜色还有黑点，确定给定区域内最健康的菜苗。然后机器人会测量最健康菜苗之间的距离，从而判断哪些菜苗需要拔除，再进行拔除。另外，机器人还可以测算菜苗的营养水平，针对每一棵菜苗喷洒最合理剂量的肥料。见微知著，新的农业革命已经拉开序幕。“精准农业”就是利用机器人技术、大数据、遥感技术、无人机、卫星定位数据等使农业成为严谨的科学，在这种模式下，每一株作物、每一寸土地都能得到精细的处理，处理方法则是通过前沿数据计算得出。这些技术的应用不但可以提高产量，还可以大幅减少肥料和水的使用。

当前，市场上售卖的 70%~80% 的新型农业设备都具有某些“精准农业”部件，而且这种“智能化”正在迅速发展。还有很多技术方案能够提升资源使用效率。例如，蒸汽传输灌溉系统利用成本较低的塑料管道过滤液态水或者溶质，只让水蒸气通过，使海水灌溉成为可能。

前景都非常乐观，但是，读者们可能预测到了，仅这一部分效率的提升是远远不够的：2000 年至 2010 年，全球化学肥料的使用增加了 20%。根据作者团队的模型，即便将新技术的应用考虑在内，按照目前的发展轨迹，肥料用量仍会继续增长。因为需求量的增长速度超过了效率的提升速度。

有机农业正在兴起——在欧洲的增长率为每年 6%，然而，在所有土地耕作活动中，有机农业仍然占比极低。

营养物质的闭环

在食品价值链的另一端，大量的营养物质与能量蕴藏于食品垃圾、工业有机废物、人与动物的排泄物中。这些垃圾中潜藏的大量价值有待挖掘，例如可以从中提取生化材料、营养物质与能量。但是，当前世界各地的常见做法就是把大部分的垃圾进行焚烧，之后将灰烬用作填充物或者直接堆放在填埋场。某些地区已经开始着手从价值链中提取更多的营养，获取更多的价值。在欧洲，合成磷肥中有 30% 的磷来自垃圾回收；在英国，66% 的废水污泥会在 146 个厌氧消化工厂中得到处理，产生生物气体，还有 175 个工厂专门将固体垃圾转化为生物能源。但总体上看，人类社会没有走向本书第二部分所描述的生物经济，这仍然是一个有待努力的方向。

更好的办法当然是从源头遏制浪费现象。从种植到零售的过程中，有 20% 的食品被浪费，为了解决这个问题，企业已经开始应用大数据、信息技术将存货管理水平提升到新的高度。英国大型连锁超市乐购（Tesco）的气象团队利用本地气象信息，更好地预测出销售水平以及所需库存。德国 SAP 公司开发了动态消费定价系统，并根据产品的供应情况与过期时间进行实时定价。英国超市连锁 Co–op 已经将生鲜食品的补货系统自动化。欧洲消费者所浪费的食物比例高达 31%。英国非营利组织“全球社会责任认证组织”（WRAP）等诸多机构都为减少消费者的浪费行为付出了巨大努力，它们估测目前食品浪费现象已得到有效的缓解。有些企业已经开发了可以将食品价值链中某一环节产生的垃圾或副产品投入其他环节予以利用的闭环系统。非营利组织“芝加哥工厂”精心设计了一个罗非鱼、蔬菜、啤酒、康普茶的综合生产体系，在该体系中废物得到了高效利用。“芝加哥工厂”还开设了一个商业厨房，其还拥有能将上述食品生产过程中遗留的垃圾变成能源与蒸汽的厌氧消化设备，所有这一切组成了一个零废物的完整闭环。所以说，应对浪费问题确实有不少富有新意又影响深远的解决方案，但是到目前为止，这些方案尚未得到推广。

自然资本的恢复

全球土地退化面积为 10 亿 ~30 亿公顷（因为对“退化”的定义不同，所以估算有所差别），而全球耕作土地面积为 17 亿公顷。修复严重受损的生态体系是可能的。最著名的案例就是中国的黄土高原项目，150 万公顷退化土地得到修复。恢复之后的土壤生产力提升，生产的农产品价值将大大增加，250 万人口将因此脱离贫困状态，收入增加将近两倍。人均粮食产量增加 60%，多年生植物覆盖率从 17% 增至 34%，就业率从 70% 增至 87%，洪水风险降低，水资源供应、生物多样性、碳吸收等得到改善。黄土高原项目由中国政府牵头，某些企业也参与其中。SLM Partners 资产公司就代表其投资者收购了农村土地并进行管理，通过大幅利用再生性生态农业系统，获得了经济回报，也造福了环境。土地生命公司在西班牙等气候干旱的地区展开了许多大型土地恢复与景观美化项目，其中就包括提供低成本、可降解产品，以提升土地生态价值，完善土地面貌。因此，在食品营养领域，增加食品供应、强化碳吸收、优化生态系统等等潜力都有待挖掘，这些机会仍未得到把握。

总结而言，这些趋势对于人类意味着什么，全球食品系统的发展将何去何从呢？在作者看来，这仍是一幅光怪陆离的景象，卓越非凡的技术与方法已经存在，绝对可以在食品价值链中实现“净正面”原则，但是，由于需求急剧增长，对土地亩产的生产压力不断增加，直线型的农业活动强度也越来越高。应用精准农业技术与数字化供应链技术，每单位食品中的肥料用量得以减少，食品浪费现象也得以减轻。但是随着人口不断增长、民众对现代生活方式的追求不断增强，灌溉用水与施肥的用量还会继续上升。回收营养物质、遏制表土流失、修复受损生态系统的工作仍旧处于起步初期。因此，即便机会就在眼前，全球食品系统当前的前进轨道仍然存在问题，它远不能达到可持续发展的水平。

住房

你所居住的小区附近，昨天还是一片空地，不到 24 小时之内，10 栋住房拔地而起，听着是不是像做梦？2014 年 4 月，在中国苏州，盈创建筑科技公司就利用大型 3D 打印设备打印并组装了 10 套房屋，每套面积约 195 平方米，每套成本不到 5 000 欧元。打印设备所使用的“油墨”其实是干燥混凝土与建筑废料的混合物，相较于传统建筑物，该技术使原生材料的用量降低了 30%~60%，大大推动了环境保护。而且，3D 打印出的部件会预先为电线、水管和墙体保温层预留空间。盈创建筑科技公司发展迅猛，计划在中国开设 100 个专门用于将废物转化为高性价比建筑材料的工厂。在建筑与住房价值链中，这仅是技术颠覆的冰山一角。作者认为，在往后数十年中，五大发展趋势将会重塑住房价值链。

共享模式与虚拟技术正在迅速提高房屋利用率、降低新的建筑需求

房屋共享平台爱彼迎覆盖了 190 多个国家的 34 000 座城市，其拥有的房源超过 100 万套。2014 年元旦前夕，爱彼迎房源中的住客达到 50 万人——是全球酒店客容量的 4%。2011 年 7 月到 2014 年 12 月，

爱彼迎房源数量年均增长率为 90%。按照这个发展速度，在四五年之内，爱彼迎房源数量将会超过全球酒店房间数量的总和，这将给传统酒店行业带来极大压力。爱彼迎估值 90 亿欧元，已经超过包括温德姆、凯悦等在内的不少连锁酒店业巨头，这似乎也反映了市场的转变。办公空间也出现了相似的趋势：自由座位、共享办公桌、酒店式办公、居家办公、电话会议、视频会议等代表着房地产市场的新趋势。IBM 公司在全球各地共有 30 万名员工，现在其 39% 的员工都不在中心地段工作，其员工数量与办公桌的平均比例已上升至 12∶1，过去 10 年其在不动产上节约了大概 10 亿英镑。这个趋势仍在持续，速度还可能会进一步提升。2012 年，有调查访问了 500 位建筑与楼宇管理企业的首席执行官，他们预测，在居家办公与办公室共享的发展背景下，5 年之内，职员人均办公空间将会缩小 55%。这对建筑行业而言是极大的挑战。

工业化生产与 3D 打印技术

工业化生产与 3D 打印技术促使建筑企业的成本下降了 30%，建筑交付时间减少 40%。工业化的概念早已耳熟能详，但其中仍有巨大的潜力有待挖掘，加上适用性极广的 3D 打印技术，工业化很可能迎来新的起点。以中国的远大科技集团为例。这家企业在工厂中生产建筑模块（93% 的建设时间都在工地之外），6 个月就能制造完成，之后将这些模块运送到工地搭建组装，15 天之后，30 层的大楼拔地而起。其中的成本非常喜人：每平方米 900~1 000 欧元，比传统建筑方式的成本低 10%~30%，而且质量不打折扣（达到 9 度抗震标准，能源效率比一般建筑物高 5 倍）。

模块化设计与耐用性

要使建筑物实现“净正面”目标，很重要的一点就是要延长建筑围护结构的使用寿命，而内部结构则需要更大的灵活性，因为在数十年的居住中，房屋使用者很有可能会重新装修。耐用设计与模块化设计时常同步进行。模块化设计的围护结构可以翻新装饰，为老旧的建筑物注入活力，从而延长房屋寿命。发达国家已经实现了这一点：在欧洲，80% 的人口居住的建筑物都超过 30 年房龄。

产能型建筑

长期以来，建筑业都是高能耗领域之一。如果能够优化能源管理，再融入产能装置，降低房屋能耗的愿望完全有可能实现。首先，良好的建筑设计就能使供暖系统和制冷系统节省 90% 的能源，而前期投资比一般建筑物仅高出 10%（今后节能所带来的收益完全可以覆盖）。但是，全球仅仅只有小部分的建筑物采用了产能型建筑的标准。将现有的建筑改造为产能型建筑比较困难，但是降低现有房屋的能耗不乏方法，例如完善墙体保温层，优化供暖、通风、空调系统（简称 HVAC）等。能源管理工具（智能电表、互联设备、灯光控制体系、智能恒温器等）每年的增长速度高达 20%。水的使用也在不断优化。例如，绿化屋顶可以将雨水收集起来过滤后，用于冲洗马桶以及其他室外用途。

城市规划

改变土地使用模式，利用市区中心空置土地，倡导紧凑式城市发展，落实这些措施之后，相较于不断扩张城市规模，土地使用规模可以下降 75%。西班牙城市巴塞罗那就是典范。与人口同为 500 万左右的美国亚特兰大市相比，巴塞罗那的二氧化碳排放量不到前者的 1/10，土地面积不到前者的 4%。然而，即便良好的城市规划具有巨大的潜力，根据世界银行的统计，全球也仅有 20% 的城市掌握了最基本的低碳城市规划工具。

总而言之，通过产能设计、提升利用率、延长寿命、改善城市规划、重复使用建材等方式，建筑领域显然也可以实现“净正面”目标。而且，按照建筑物的整个使用周期计算，这些措施大部分在经济层面都会带来收益。但是，展现在眼前的情况仍然和上文相似，数不胜数的机会没有得到充分利用，整个价值链仍旧朝着不可持续的方向前进。

本章再次讨论了三个最大的实体价值链，其中存在几个共性：当前的生态足迹水平仍旧很高，颠覆性技术发展方兴未艾，已出现的创新商业模式既可改变现状又能保证经济收益，产品层面的创新势头迅猛，价值链整体的资源消耗仍显现上升趋势。

第12章

选择

有待驯服的猛兽

> “请你告诉我，从这里开始要走哪一条路呢？”
> “那就取决于你想要去哪里了。”柴郡猫说道。
> “我不在乎啊。”爱丽丝说道。
> “那么你哪一条路都可以走。”
> ——刘易斯·卡罗尔：《爱丽丝梦游仙境》

现在，我们从更宏观的层面看看技术颠覆对经济和社会的影响。对于经济增长、就业、收入分配和资源需求来说，技术的变革到底意味着什么？其实关于这个话题的论文、书籍、报告不计其数，这里只能概括而谈，但是，作者认为简明的综述足以得出一个重要结论：技术颠覆是有待驯服的猛兽。

技术能否推动未来增长？

新兴技术对经济增长有何影响，一直以来众说纷纭。有些人认为，新兴技术对经济增长的影响与过去的发展状况并无太大差异，历史上的数据似乎肯定了这一点。例如，在1891年至1972年，美国工人人均产出的年增长率为2.3%，1972年至1996年，这一数据下降到1.4%，1996年至2004年，其又跃升至2.5%，但在2004年至2012年又下滑到1.3%。虽然人类掌握的知识不断丰富，越来越多的青年才俊投身于技术行业，研发的投入屡创新高，但是整体发展趋势却在放缓。也就是说，相较于历史上的创新工作，新兴技术的影响并没有更胜一筹。

技术乐观主义者认为，这些数据并没有反映实际状况，其主要原因有二。第一，GDP 数据并没有计入免费服务所创造的巨大价值，例如数字化娱乐和数字信息所带来的价值。另外，虽然新兴技术所创造的消费者剩余在过去数十年中的重要性不断提升，但也没有被纳入 GDP。例如，如果使用电子邮件和实体邮件都要缴费，那么消费者愿意为电子邮件支付的费用肯定不会低于实体邮件，但在现实生活中，电子邮件服务往往是免费的，所有 GDP 并没有将其计入在内。各种网络公司提供的服务也都是如此，其中就包括全球闻名的谷歌、脸书、网络电话软件 Skype、流媒体音乐平台 Spotify、图片分享软件 Instagram 等。第二，乐观主义者认为新科技与其真正的影响力存在时间差，技术进步日新月异，公司、行业、消费者需要一定时间接受并应用这些技术。一旦消费者与企业逐步习惯这些创新成果，整个社会会受到颠覆性的影响。

但是，也有一些人对新兴技术持怀疑态度。他们认为，当今的技术进步确实了不起，但是对于日常生活以及经济发展的影响远远不及 20 世纪的创新。在 2015 年的文章《与从前一样》中，著名经济评论家马丁·沃尔夫列举了 20 世纪最具开创性的技术进步，包括电冰箱、疫苗、汽车、电话、冲水马桶、电灯和电台广播等。他问道："与这些技术相比，脸书、平板电脑还有那么重要吗？"技术怀疑主义者认为，GDP 确实没有将消费者剩余考虑在内，但这早就已经是常态了——冰箱的发明为新鲜食品创造了消费者剩余，电气化为照明设备创造了消费者剩余，二者产生的消费者剩余肯定不低于新兴技术带来的消费者剩余，但是 20 世纪的 GDP 也并没有计入那些数据。罗伯特·戈登就是著名的技术怀疑主义者之一，他认为，自 2000 年之后，随着电脑和互联网成为日常生活的一部分，劳动生产率以及生活水平就没有再出现任何革命性的改变。

为了对比历史中的发明与当今发明的重要性，戈登时常会借用一个思维实验进行说明：

> 现在，你要在 A 选项与 B 选项之间做出选择。选项 A：你可继续使用 2002 年之前的电子技术，例如 Win98 的计算机系统，可以上亚马逊，可以使用自来水、家用马桶，但是不可以使用 2002 年之后的一切新发明。选项 B：过去十年中的新发明通通可以使用，如脸书、推特、平板电脑，但是必须放弃使用自来水和家用室内马桶。你要自己到外面打水提回家，脏水也要自己出去倒。如果某个雨夜，你凌晨 3 点醒来想要上厕所，你只能沿着湿漉漉的小路走向屋外上厕所。你选哪一个？我在不同的公开演讲中都提到过这个思维实验，有的听众哄堂大笑，有的笑而不语，因为选择显而易见。听众们由此意识到 19 至 20 世纪的发明何其重要，任选其一都可以超越当前大家如此依赖的便携电子设备。

技术影响的争论仍会持续下去。在作者看来，根据目前可掌握的依据，发达国家在很长一段时间内的增长都会持续放缓；按照目前的发展轨道，认为新兴技术能使经济发展回到历史水平的可能有些不切实际。这与第二部分中对三大价值链的建模分析结果一致。也就是说，如果任由技术创新自由发展，对于经济增长的积极影响极为有限，只有积极采取措施，将其纳入合理的发展轨道，技术的益处才能真正彰显出来。

就业与平等的挑战

对于就业问题，并无太大争议，大家基本认为，技术颠覆将会让当今许多工作消失无踪。以出租车司机为例，在美国，现在大约有25万名出租车司机。如果无人驾驶汽车走入了社会生活，那么这些司机将何去何从？与此同时，在世界各地，优步、来福车等平台催生了新的“司机”，这些情况已经对传统的出租车行业产生了巨大冲击，致使抗议游行频频发生。再来看看公交车司机和卡车司机，在美国，这类员工也有25万名左右，另外还有350万名零售店收银员。在传统的私营小店，员工人均年营业额是14.5万美元，而沃尔玛是22万美元，亚马逊是62.1万！在很多领域都出现了同样的发展趋势，不难想象，全球数亿工作岗位岌岌可危。

在2013年的大型研究中，牛津大学马丁学院的研究人员评估了702种职业，探讨在计算机技术不断发展的背景下，根据美国2010年的就业情况，有多少工作岗位会受到负面影响。结果令人震惊，47%的岗位受到威胁，研究人员同时发现，虽然很多知识型工作也将受到波及，但低水平、低收入的工作更容易被自动化技术取代，这也许在意料之中。但有一点例外，中等收入水平的制造业工作与低收入的服务行业工作相比，前者被取代的风险反而更高。

争议的点不在于这个趋势，而在于这些工作岗位消失之后是否会出现新的工作岗位，以及何时出现。有部分人认为，这个话题只是在转移人们的注意力，从第一次工业革命开始，“无活儿可干”的担忧就已经存在，只是从未成为现实。随着传统行业消失，兴起的新行业会吸收在传统行业中失业的劳动力。在过去30年中，出现了11亿个新的非农就业岗位。而且，在大部分发达经济体中，人口老龄化趋势明显，正如在第11章中讨论的，越来越多的老年人需要照料，而能够走上工作岗位的年轻人越来越少。

但是，也有人表示反对，他们认为这次的技术变革有别于以往的变革，变化的规模与速度都十分惊人。在过去，将新兴技术推广至全球可能需要二三十年，但现在，几年时间就够了。机器效率提升了千倍，不是出现在某一行业中，而是出现数十个行业中！在之前的变革中，虽然劳动力市场整体上适应了发展趋势，就业水平也基本得到了维持，甚至有所提升，但是对个人来说，有些失业的劳动者很难再走上新的工作岗位，生活并不容易。

也许上述两种论点并不冲突，人类社会即将迎来前所未有的大规模、高速度变革，对于一些行业中的一部分岗位来说，它们必将受到重创，但是新的平衡状态也会逐步出现。

欧洲的电力行业就体现了这一次变革的速度与规模。电力行业的资产寿命周期长，市场需求稳定，所以很多老牌企业认为，风能、太阳能等新能源的市场规模要成气候可能还需要数十年时间，因此，很多企业也就保留了“传统”商业模式。其实，这些企业那时的观点没错（现在也是），但没能反映核心问题：可再生能源的发展速度比整个电力市场的增长速度要快。传统发电技术会受到冲击，市场会出现产能过剩现象，电价，老牌企业的发展前景以及股价都会受到影响。德国电力巨头莱茵集团与意昂集团的市值相比 2008 年已经下降了 80%。其他因素也推动了这一趋势，例如碳价下跌、经济衰退等等，然而只有传统电力企业的股价出现了问题，其他企业的股价并无大碍，其根本原因是前者的发展前景已经非常暗淡。

汽车行业也会出现同样的趋势吗？当然。随着汽车共享服务的不断发展，世界各地的新车销量将会逐步出现负增长，这绝对不是危言耸听。就像电力行业的情况一样，汽车制造业也会出现产能过剩的问题，紧接着就会出现价格战、股价下跌等等现象（企业盈利减少、增长速度下降共同引发了负面影响）。酒店行业也是如此，随着爱彼迎等共享平台的发展，当前许多酒店巨头在世界各地的发展速度变慢。办公建筑行业也是如此。假如办公领域的共享服务能够真正发展起来，使得办公空间的利用率大大提升，那么世界各地的办公建筑需求就会下降，这将对房地产企业以及整个建筑行业产生巨大的影响。所以，当新型商业模式迅速发展时，传统商业模式的吸引力就会下降，甚至是急剧下降。这就是变革。

再来看看技术变革对收入公平的影响。这一点也并无太大争议，大部分研究人员认为，当前的发展趋势将会导致劳动力市场极化现象。有人甚至提出了“巨星经济”的概念：成功开发新技术、创办企业的个人，将极大地受益于创新成果，因为这些商业明星能够以较低成本在全球迅速扩大规模。例如，2015 年年底，谷歌和脸书的市值分别为 5 220 亿美元、2 960 亿美元，而两家公司成立的时间还不到 20 年（分别于 1998 年与 2004 年成立）。当然，这两家公司的案例不具有普遍性，不过整体趋势显示，高技能人群能够利用技术不断开拓空间、拉开与中等技能人群的差距。在全球各地，自动化已经开始逐步侵蚀中等知识型领域的工作岗位。

后果也在预想之中，全球 62 位顶级“富豪”所掌握的财富相当于全球 50% 底层人口的财富总和；许多发达国家的中产阶级正在缩水；收入分配水平与 20 世纪初期时的水平趋同。造成这一现场的“罪魁祸首”当然不只是技术，但是也不可否认，大量研究表明，技术确实是极化现象出现极为关键的原因。

资源需求——等待库兹涅茨效应

既然技术变革能够大大推动三大实体价值链的发展，那么是不是也能解决人类社会的资源问题呢？全球的决策层是不是应该让新兴技术自由发展呢？你可能已经知道答案了，如果任其自由发展，虽然能够解决一部分问题，但是全局状况依然堪忧。主要有以下三大原因：

第一，之前已经提到，产品层面的改进很容易实现，但是其潜力却无法得到充分开发。系统层面的机遇，例如优化整合的交通出行体系，材料循环流动，营养物质重新进入土地而非海洋等等，无一例外地都需要人类的介入才能实现。产品层面的改进也需要一定支持才能发挥最大功效，例如共享汽车需要有预留的停车空间，优步等类型的服务需要有明确的税收政策与安全管理。

第二，与资源相关的新兴技术一般都会降低资源消耗，而且幅度颇大，但是，整体效果可能并没有预期的那么理想，主要是需求弹性问题（又称作“回弹效应”）。简而言之，随着资源效率的提升，消费者承担的成本下降，进而推动需求上涨，之前节约下来的资源就会被抵消。例如，消费者安装了 LED 照明设备，多开一个小时灯的成本也不高，大家自然也就不会太在意。在能源效率领域，对回弹效应也有诸多研究，分析结果显示，25%~40% 的资源节约成果会被抵消。在交通与食品领域也是如此，研究还发现，如果价格下降 10%，需求会相应上涨 5%（不同领域上涨幅度有所差异）。在建筑领域，回弹效应更为明显：当价格下将 10%，需求就上涨 9%。因此，如果没有得到良好的规划，对于食品、住房、出行的大量需求会抵消资源节约的成果。由于变革如此巨大，其带来的影响难以预测。例如，当个性化的无人驾驶汽车驶上道路之后，大家的出行意愿会提升多少，现在还很难说。但是可以肯定的是，整体而言，这确实利大于弊。仅从表面分析，很多经济学家认为这是好事：消费者利益增加了，经济发展了。

第三，人口增长与财富增长的协同效应会为减少资源需求带来巨大阻碍。从以下数据分析 2050 年的资源需求，便可以一窥阻力到底有多大，这里只是粗略估算：

- 第 11 章提到，联合国预测 2050 年的全球人口将会达到 100

亿，对比当前的73亿，增长幅度为40%左右。到2100年，人口数量大约为110亿。

- 如果实际人均GDP的年增长率保持2%不变，那么到2050年，实际人均GDP将翻倍。
- 与此同时，生态足迹水平必须要降低，即供应全球人口生存所需物资的面积要从1.6个地球恢复到1个地球，下降幅度为38%。

综合计算，全球经济在2050年的资源生产率要提高4.5倍。作者团队借助建模估测了这对欧洲人口三大最重要需求的影响（欧洲人口增长幅度和经济增长幅度相对较小），结论就是，如果新兴技术自由发展，只能实现50%的潜能，而且并不能推动人类社会走向美好的未来。但是新兴技术如果得到充分的开发，即第二部分所描绘的愿景，那么人类社会的发展必将走上理想的轨道。

第13章

积极的力量

"从摇篮到摇篮"的创新

需求驱动着技术发展的每一次进步、每一次碰撞、每一次新发现。如果没有未满足的需求，也就没有技术的革新。

——布赖恩·阿瑟：《技术的本质》

可能有人认为技术与创新的磅礴之力变幻莫测，对经济造成的影响无论好坏，人类无力控制，但事实并非如此。就整个社会的创新工作而言，种瓜得瓜，种豆得豆。在与资源相关的领域，如果设立了正确的方向，那么人类社会在今后数十年中必定会迎来非凡的进步，实现净正面增长。作者认为，在今后十年中，环境与商业决策人员最重要的工作之一就是为技术变革设定正确的方向。

本章将会着力论证这些观点，之后的第四部分将会对决策者与商业领袖如何实现这些目标进行更侧重实践的探讨。

净负面创新与净正面创新

第一问：创新工作整体的效果为什么让人心存疑虑？已有成千上万的业界英才、有志之士投入创新工作中，为什么努力的成果却得不到一致称赞？

针对本书所讨论的实体价值链，作者认为关键原因在于追求创新的方向。图 13.1 展示了当前众多产品市场的创新机制。

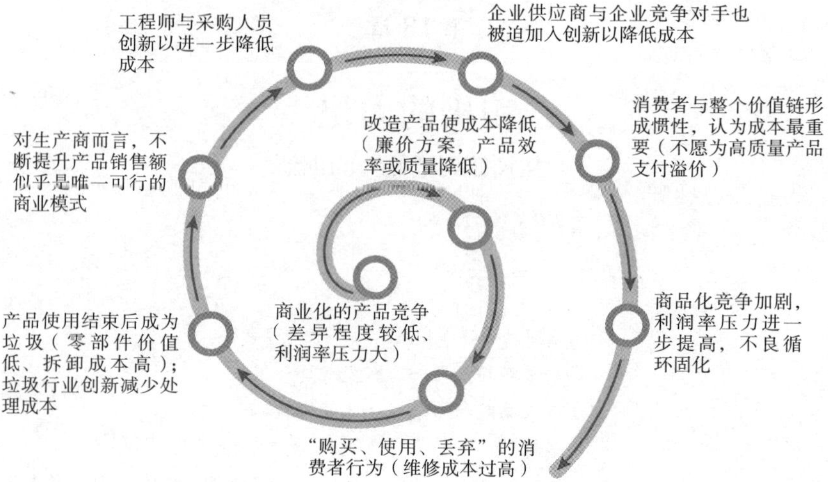

图 13.1　当前螺旋式下降的产品创新循环

在大多数产品市场中，大部分产品都卷入了“商品化”竞争中。也就是说，各个企业的产品存在的差异化性能十分有限，这给赢利带来了极大压力，因此企业在优化产品设计的时候首先考虑的就是生产成本而不是产品性能，因为消费者在购买商品的时候，更看重产品标价而不是使用周期成本。也就是说，廉价的材料、廉价的设计方案是企业的首选，产品的耐用程度、效率、使用周期等因而受到侵害。这也就使得“一次生命周期”成为最可行的商业模式。对于消费者来说，产品价格本来就不高，而且修好了很快又会坏，那坏了还修什么呢？对于企业来说，产品价值不高，共享模式、租赁模式、回收模式又有什么意义呢？产品材料和部件没有什么回收价值，产品设计过程中采用的黏合或者焊接技术将不同材料拼接在一起，而这些材料还混合了毒性添加剂，因此，部件不但不好拆解，而且材料的价值也大大降低，所以当产品生命周期结束时，往往就被当作垃圾处置。产品的一次生命周期模式使市场的商品化程度进一步提升，而这又导致廉价的一次生命周期产品数量越来越多。

现在来分析一下不同环节中的创新工作，在这里，无论是有心为之还是无意之举都考虑在内。企业的战略部门和商业开发部门总是会思考如何进一步提升销量，技术部门与采购部门会思考如何进一步降低成本。这些工作会迫使企业的竞争对手和供应商降低自身的生产成本。消费者逐步形成习惯，觉得产品总是用不长，也不值得修，在下一次购买同类产品的时候，就不太可能为质量稍好的产品多花钱。再使用、再循环的价值链也就得不到发展。产品的材料与零部件本来有可能成为二次生产的基础，但是现在只能被当作垃圾处理，当前的垃圾管理当然是尽可能降低每吨垃圾的处理成本，而不是考虑从每吨垃圾中汲取最大的价值。

并不是所有市场都出现了上述的竞争状态，描述也确实有所简化，但是根据作者观察，产品市场的大部分竞争都陷入了“商品化”循环。当然，其中的创新也并非一无是处，毕竟产品价格降低了，消费者购买力得到了提升。

一直以来，便宜产品都是用完即被抛弃的，为什么这里要强调这个问题？原因在于全球很大一部分创新投资都陷入了这种螺旋式下降的状态中。随着投资不断增多，长此以往，不难想象，产品价格会越来越低，产品价值链保持着单向流动的模式，得不到循环，自然资本的成本就会不断上升。

与此状态相反的是积极有益的创新机制（见图 13.2）。如果企业开始关注产品整个生命周期的成本和性能，并以此为重心展开竞争，那么创新资源就会集中于此。在这种状态下，消费者会觉得自己拥有的产品十分宝贵，产品有问题就应该维修，在使用周期结束后，产品仍保有一定价值；共享模式和租赁模式对企业更具吸引力，因为预期收益得到了提升；技术部门会思考如何提升产品的可修复性，如何让产品在使用周期结束后保有更大的价值，进而从这些方面完善设计；市场营销部门则会投入相当多的资源说服消费者尝试新产品，并以品质精良、耐用可靠为卖点；而且，垃圾处理业将会转型成为二手材料行业，其将在二次材料的销售上展开竞争，而不是想方设法压低垃圾处理价格。

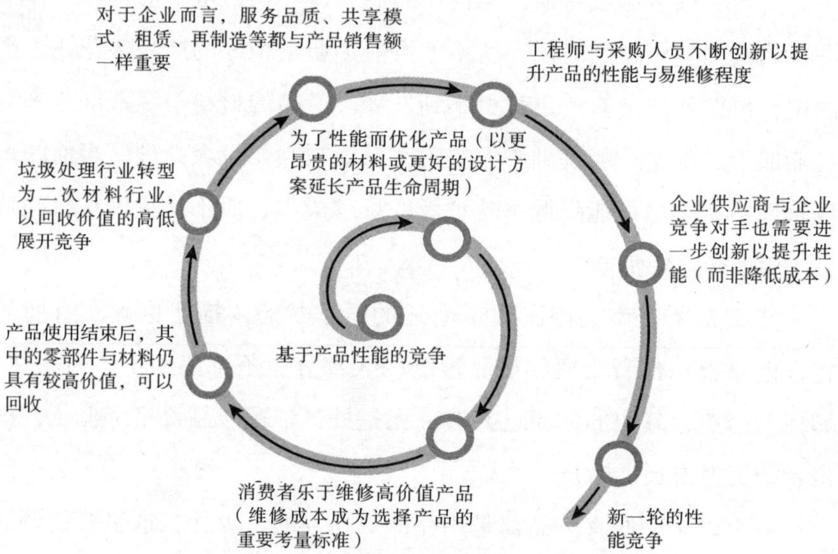

图 13.2　有益的产品创新循环

在上述两种不同的创新机制中，投资与成果截然不同，每个机制中的决策都在不断推进循环，前者是螺旋式下跌，后者是螺旋式上升。在螺旋式下跌的结构中，对于材料和“一次使用周期”产品的需求日益上涨；而在螺旋式上升的结构中，越来越多的创新投资汇集在高效率的产品上，这些产品不但性能非凡，而且能够促进循环材料系统的形成，用本书的语言总结，这就是“净正面”创新。

当然，机制的转换并不容易。下文会继续讨论，先来看看正确的创新循环何其重要。

创新是否可控?

在公众舆论与决策工作中，对于创新的美妙幻想依旧层出不穷。在大家的想象中，创新故事的主人公大多是孤傲不羁的天才，或者是脾气古怪的创业者，他们凭借自身的非凡能力，一手打造出神奇的产品，甚至是整个产业。昔有莱特兄弟、居里夫人、托马斯·爱迪生，今有史蒂夫·乔布斯、比尔·盖茨、埃隆·马斯克，其实，他们的故事并非想象中的那样玄妙。为了推动更大的创新，社会所能做的是培育肥沃的创新土壤，即确保知识产权保护、融资体系和高知劳动力一应俱全。简而言之，社会可以为推动创新创造有利条件，但是大家却总认为创新不可预测、毫无章法，掌控技术发展与创新工作的方向简直是天方夜谭。

其实，对于创新故事的美妙幻想就算历史上真实存在过，在现实社会中也越来越少见。伟大的创新几乎都不是凭空而来的。技术大师 W. 布赖恩·阿瑟以及很多技术研究人员都认为，现有技术与商业模式以全新方式融合造就了创新。潜在的技术已经成熟，假以时日，总有企业或者个人会找到方法对其进行综合应用，以满足新的消费者需求。例如，当数字移动电话与互联网发展成熟的时候，移动互联设备的诞生已经指日可待；当触控式荧幕与全球定位系统发展成熟的时候，迟早会有企业将其融入移动互联设备中。果不其然，苹果手机诞生了！笔记本电脑、内燃机、潜水艇……各种各样的科技产品，都是同样道理。

当然这里不是否认苹果公司的卓越成就，是苹果公司首先将那些技术结合在一起，其产品极富吸引力，使用便捷，苹果公司还带动了整个手机应用程序开发行业，革新了整个移动电话领域。但是，这确实是从另一个角度诠释了创新工作：创新是一个个“技术积木块”的叠加，如果没有底部的积木块，又谈何叠加？谈何技术成熟？如果底部的积木块足够稳健扎实，那么继续叠加积木块，新产品也就应运而生了。

这一点非常重要，因为这意味着技术发展的方向是可以把控的。如果触摸式荧幕和 GPS 没有得到充足的投资，苹果手机就不会出现。如果想要打造循环材料库，或者高效率的生产系统，那就要分析各种所需的技术，推动技术的叠加，而且要保持发展技术的势头。

这里首先回顾现代技术与创新研究的重要发现，然后再联系本书的论点进行分析。大部分的重大技术创新都涵盖了五花八门的小规模技术进步，支撑这些技术小突破的则是更多细微的技术进展。这些技术中有竞争关系，有互补关系，不同的技术组合可以解决很多难题。就全球各地的主要太阳能光伏技术发展状况而言，目前，有 10~15 项替代技术正在研发之中，而且每一项都有独特的优势。再深入到各项技术研发工作中，你会发现还有下一级别的替代技术研究——晶圆厚度、分层结构、化学材料、生产工艺等等。状况已经十分复杂，但仍旧未能全面反映出全球丰富多彩的技术研发现状。现在大致有上千支团队针对太阳能光伏技术的各方各面探索钻研——你追我赶，同时又相互借鉴经验。这类技术体系时常被比作生态系统，也是达尔文进化论在科技领域的体现，企业、技术、生产工艺优胜劣汰，适者生存。而且，不论是系统，抑或技术系统，多样性显而易见，不同个体之间相互依赖、相互扶持、相互融合。

研究方法与研究团队的多样性十分重要，因为这将使得前进的步伐更加坚实，更有计划。某项细分技术取得进展并不是真正的进步，企业个体的成功也不是真正的进步。经验丰富的进化生物学家可以大致测算出生物体获得某些能力或者某些特质的时期，富有经验的研究团队以及开发管理人员也能够大致测算出某项技术的成熟时期（这也是技术公司建立研发项目的重要考量因素）。

随着时间的推移，新技术的生命力会更加顽强。当研究人员、企业家、投资者对某项技术倾注了大量精力与资金时，他们必定难以突然放弃。不断增加的投入会使新技术的地位更加稳固、政治影响力更加强大。可再生能源就是一个典型事例。在金融危机之后，化石能源价格下跌，很多人认为可再生能源的发展即将陷入停滞。但是，这个领域的发展已有时日，并随着可再生能源系统的建立，其地位逐步稳固，即使化石能源的竞争力增强，可再生能源依旧保持了良好的发展势头。

技术发展的一个重要特点就是只要有一定数量的企业认为，保持业内竞争优势、获得经济收益需要飞快的发展速度，它们就会投入大量的研究与开发资源。这些投资反过来又将继续推动创新势头，进而形成良性循环。不同行业中都出现了这一现象，包括当前很多创新工作皆是如此，譬如电池技术、存储器技术、太阳能光伏技术等等。

政府的作用

2011 年，苏塞克斯大学教授玛利亚娜·马祖卡托出版了《企业型国家》一书，她在书中强调，在新技术的开发过程中，政府不可或缺，其作用也举足轻重，但政府却时常被低估。其实技术创新的意义越重大，政府的作用往往越重要。以苹果手机为例。触摸式荧幕与超文本标记语言（HTML）的研发项目都有公立大学资助。在 GPS、语音命令、微电子学、互联网的开发过程中，美国国防部起到了关键作用（并与欧洲核子研究中心公立项目研究人员合作）。移动电话的研发离不开芬兰政府的大力支持。很多人认为，尽管是史蒂夫·乔布斯与斯蒂芬·沃兹尼亚克这两位孤独的天才，攻克万难，最终发明了苹果手机，但政府在其中发挥的作用不应被忽视：是政府推动了核心技术的进步，促成了“苹果”的诞生。

美国国家科学基金会资助了谷歌搜索引擎算法的研发；1993—2004 年美国食品药品监督管理局认证的所有新分子实体药物中，有 75% 的药品的初始研究是在美国国立卫生研究院（NIH）实验室进行的，并获得了国家资金支持。卫星、喷气发动机、核能等等都是由国家支持而产生的重大技术突破。

国家政府之所以重要，是因为重大创新项目的风险极高，开发周期很长，无法为个体企业带来短期利益，另外，研发成果将分散于众多领域以及利益相关方。

分析国家支持的技术进步时，会发现其中很大一部分都出现在美国，可以说，其中最庞大的“创新引擎”就是 DARPA（美国国防部高级研究计划局）以及前面提到的美国国立卫生研究院。马祖卡托认为，美国在科技领域取得的卓越成就不仅仅是因为硅谷企业家和风险投资，国家科研机构中的公职人员也功不可没。注意，在上述提及的案例中，政府不只是通过各类研究拨款提供资金，其参与的大部分项目都是“登月计划”类型的行动，在进程中，政府需要选定特定的技术领域，规划庞大的研究项目，制定发展路线，敦促达成目标。自由放任主义让市场决定一切的理念时常被宣扬为公私领域的共同基础。但是，在技术发展过程中，政府积极参与项目的选择过程，并没有放任自流。当然也有不少公立技术项目颗粒无收，大家也应该认识到这一点。

那么国家纯粹是为了推动学术探索吗？还是为了改变现实世界？显然是后者。经济的增长和生活的改善都离不开创新。如果没有美国国防高级研究计划局这一机构，再过数十年，技术革命也达不到当今的水平，消费者现在享受到的各种福利可能也无法实现。但是，在很多国家，政府往往被视作创新阻力，于是决策层开始减少政府的介入，只是为基础研究提供资金。在很多国家，就算在预算充足的条件下，政府也不可能出面去设立“登月计划”类型的远大目标，更不用说规划宏大的科研项目实现目标了。马丁·沃尔夫在《金融时报》中对《企业型国家》一书做出评论：“无法认识到政府在驱动创新中的作用可能是繁荣发展的最大威胁。”下一章会讨论，有不少创新使命对于当前的经济转型极为关键，而且政府能够在其中发挥重要作用。

DARPA——推进全球创新的关键引擎

1957 年，苏联发射了斯普尼克 1 号——第一颗人造地球卫星，在美苏冷战的军备竞赛与科技竞争中赢得重要一局。1958 年，美国国防部建立了高级研究计划局，力图保证美国在技术领域的领先地位。当时各个大学的基础研究周期长、应用实践不明确，政府希望能够将其与商业机构的产品开发工作进行连接。在实际工作中，DARPA 也将美国国防部的部分研发资金用于更加先进且周期更长的项目。当时美国政府出台了“曼哈顿计划”——在短短几年中就将长期停留在理论层面的原子核物理学应用到了现实世界，带来了实实在在的成果。“曼哈顿计划”也体现出政府必须要跟进最新的科研工作，以了解其是否能在军事、商业领域得到应用。

20 世纪七八十年代，政策讨论中时常会提及 DARPA（科幻小说中也经常出现），然而现在对该机构的关注似乎越来越少，令人唏嘘，毕竟其中有很多地方值得学习。这一机构最为独特之处在于其成果累累，运作的方式也摆脱了传统观念中政府与创新工作的关系。除了能够提供“充裕”的条件，例如资金、知识产权保护，该机构在创新管理中也十分积极主动。第一，DARPA根据自己的判断，亲自选定具有发展潜力的技术领域。第二，DARPA积极支持并管理长期的研究与开发项目，确保能够实现目标。例如，DARPA的拨款具有战略目的，针对有利于大型项目的次级技术开发与研究领域，在企业、大学、风险投资机构、政府部门之间承担了协调人的角色以确保各机构间高效的交流，从而尽快锚定最优途径、淘汰无效项目。另外，DARPA还出资建立了新型半导体实验室，并在美国多家大学设立了计算机科学系。

有一点需要注意，虽然DAPRA由美国联邦政府出资运营，与国防部以及其他政府部门有工作往来，但是机构自身具有极大的自由。它自主聘用能力卓越的项目管理人员，组织结构灵活，全然没有官僚主义作风。当前在编人员约220名，每年预算30亿美元。DARPA的运作模式带来了众多成果，其中包括互联网（与欧洲核子研究中心合作）、GPS系统、语音识别、半导体技术与触摸式荧幕。总而言之，在数字经济的根基中，很大一部分项目的源头都可以追溯到DARPA的项目。

当然，美国是全球最大经济体，对DARPA的投资水平不一定具有参考意义。不过，在全球排名靠前的经济体中，科研资金总额远远超过几十亿美元，但也要明白，关键不在增加资金数额，而是更好地规划资金的分配。

小结

这一部分主要讨论了什么呢？在某些产品市场，创新工作呈现出螺旋式下降的状态，经济发展在创新中离“净正面”目标的实现越来越远。不过，与常见认知相比，创新工作与技术发展具有很强的“可预测性”和“可管理性”。企业进行创新投资时，会考虑市场将来如何发展，考虑竞争对手在某一领域的投资情况。另外，在过去很长一段时间，政府一直在最重大的技术领域发挥着积极作用。

政府到底应该做什么呢？这里引用马祖卡托的话：“……需要根据以往经验，出台新的产业政策，让国家政府发挥主导作用，实现创新型增长……认为公共部门最多只能激励私营部门主导创新（主要是通过补贴、减税、设定碳价、建立环保投资银行等措施）……往往没有认识到过去许多重要的产业力量来自政府，而非私营部门。”

这当然是好消息。简而言之，公共决策者在技术发展方向要发挥重要作用，推动社会走向理想中的未来。就整个社会而言，只要各界齐心合力，技术就不是难以驯服的猛兽。

创新与社会变化——有待释放的潜力

第二部分讨论过，符合“净正面”原则的发展将会为我们带来巨大的经济与环境效益。改变带来的最大益处可能是转变过程中将会迸发出创新的火花，整个社会万象更新。当下，越来越多的人领悟到新型技术不一定能提高生产力、拉动增长，因此对“可持续发展”的概念大失所望，倦意渐生，就连当初首先呼吁“可持续发展”的产业体系也显现出疲态，这一现状看起来颇为讽刺。但是推动未来经济发展的创新工作却仍未停下脚步、生意盎然。造福地球的创新会议与演说吸引了大批学子与企业。净正面思维、“从摇篮到摇篮”的产品设计、数字化商业模式、体系层面改革思路，无一不振奋人心。人们渴望那些有益社会且影响深远的创新与变革（而不是仅仅追求技术本身的发展），渴望真正的颠覆。当这些创新以不同形式出现在生活中时（特斯拉、超越肉类公司、优步、爱彼迎等等），人们也将毫不犹豫地向过往告别。

向“净正面”原则的三大支柱经济模式转变蕴藏着无限的创新机遇。可以肯定这其中大部分将会带来积极的影响：消费者将会获得更耐用的产品，而且产品使用过后也不会大幅贬值。另外，通过落实共享模式与数字化模式，消费者的产品选择也会更加丰富。企业将会摆脱“不太糟”的困境，在运营中真正造福社会。决策者不需要再从经济与环境中二选其一，而是支持有益于两者的创新。

这样的前景预测是不是过于乐观了呢？了解下列创新领域，也许就不难看出其中的创新机遇数之不尽且势头强劲，而且很多时候，企业型国家的角色至关重要。

通过创新建立“从摇篮到摇篮”材料库

庞大而精密的二次材料市场供应链和市场会使材料的价值最大化，材料流动的速度和规模将大大提升。当前肮脏黑暗、劣迹斑斑的垃圾处理行业将会焕然一新，其将成为生机勃勃的技术行业。全新的材料市场中有聚合物材料、优质金属、纺织纤维、二手衣物、带质保的智能手机零部件、高价值的废水污泥，当前以玻璃、铝材、废金属以及纸皮为主的二手材料市场将会黯然失色。有些新市场以废热、废水等处理项目为中心搭建，有些新市场则以点对点模式运营（老式汽车零部件等），有些新市场为组织内部服务（回收高端、非标准化的设备），有些新市场是当地的实物交易（木片等材料）场所，还有些市场正在通过联网（智能手机天线等）实现全球运营的愿景。

“从摇篮到摇篮”材料库意味着要建立“产品身份证”。这个概念其实早已存在，只是物联网技术与电子标签技术的发展使其能够以低成本的方式实现。无论是汽车、电动工具，抑或手提包、T 恤衫，产品身份证中的信息能够确保产品一直保有最大价值，即便在经历第一次使用周期之后也是如此。身份证的信息介绍了产品、生产者、材料（指明产品的营养物质数据库）与零部件、使用历程、用后处理方法等等。通过落实这个制度，产品获得了身份，生产者终身问责，消费者更加放心，二次使用的各项方案也有了参考价值。这同时也有利于政府开展工作，即奖励合规行为，惩罚违规行为。例如，当前消费电子产品每年的销售额约为 3 900 亿美元，在第一次使用周期之后，产品价值基本完全流失。采用电子标签技术，可以搭建系统，收集仍有销售价值且具备品质认证的产品，这样做既可以大幅降低互联互通的成本，又可以减少环境负担。谷歌公司与甲骨文公司已经在这一领域开展了工作。其实这就是通过大数据将供应链中缺失的一环补充完整并不断完善。

生物经济领域的创新发展也十分振奋人心。微生物可以大规模用于生产燃料、处理废水，当前被焚烧的有机物可以通过生物炼制厂进行回收利用。土壤与植物的科研与管理将会发挥更大作用，并发展形成可以包括生物制剂的利用、有机物质回收、害虫的生物防治等在内的专门产业。企业还可以通过化学元素标记追踪材料，从而更好地实现监督、租赁和质保。

设计精良的净正面产品意味着创新焦点的转变，这一点在前文的螺旋式上升循环与螺旋式下降循环中已经做了介绍。社会将迎来真正的产品性能竞争，产品整个生命周期的性能（而不是售价）将成为关键卖点。当产品的生命周期延长、维修难度降低，消费者承担的成本自然会下降，他们因而会逐步接受使用周期更长、性能更好的产品。同时，更多的产品在一次使用结束后会回到生产源头，这些产品拆卸难度小、零部件回收再利用便捷，这同样也降低了生产者所承担的成本。这会推动整个行业进一步优化产品交易，加深与顾客的联系，增加回收数量，减轻回收部门的负担。与消费者的关系日益增强，获得更多的消费者信息，企业也就能因此设计出更贴合用户需求的产品，更好地优化产品性能以便形成内部创新机制，不断突破自我。

新型生态系统服务也将应运而生。人类利用掌握的新技术对环境进行监测，例如河流系统或者海洋片区的整体健康水平、森林或者土壤的碳截存能力、矿井的环境足迹等等。这就为新型服务创造了市场，例如，二氧化碳截存、鱼类资源再生、生物多样性管理等。最突出的案例之一就是巴西利用新技术来遏制森林砍伐（见附录 2）。《巴黎协定》提倡“基于成果的支付”，这为新型服务所创造的这类市场创造了有利条件，甚至也许会使其成为国际资源管理结构中重要的一环。通过这类市场，低收入国家可以通过保育资源而不是开采资源的方式获得收入。

通过创新建立高效的系统

在系统层面，创新速度也将提升，并为各领域带来诸多积极影响。例如，在交通出行领域，当前的创新工作主要是开发先进且豪华的车型，而在发展转型的过程中，创新中心将跃升至系统层面。在系统中，开放获取的数据库将可以实时追踪车辆动态、优化车流流动，从而最大化系统的价值。交通系统中会出现类似于优步公司的数据管理机构和服务协调机构，它们利用数据优化车辆动态，确保出行服务能够满足消费者需求。这些服务都将提升系统中资产的利用率，并鼓励更多资产运营方加入同一系统中。消费者与运营方的数量不断增加，达到推动质变的临界数量时，就会有利益相关者开始优化不同交通出行模式之间的对接。各个城市可以建立起多模式的交通平台，以顺利实现管理数据的准确获取，从而确保火车、地铁、有轨电车、自行车、共享车辆等交通工具之间的安全对接，提升客户的出行体验。这也会促使不同城市竞相塑造最优出行系统。

大数据管理者。数据交易、协调与分析正在不断发展壮大，各个行业都在利用大数据预测消费者行为、评估商品市场、引导市场宣传、优化运行方式。

充足的能源。材料领域与能源领域将会形成良性创新循环。随着材料回收的难度与成本同时降低，循环过程将会缩短，单位时间内将会创造出更大的消费价值。能源价格会进一步降低，从而为材料库的积累带来更多好处。

一言概之，转型会催生创新浪潮，经济革新将在公司、产业、国家经济之间形成熊彼特式的创造性破坏。任何一家企业，任何一个行业，甚至采矿业只要及时发现正确的发展道路，必定能够从转型中获益。归根结底，在这场竞争中，谁能敏捷应变，谁就会成为最后的赢家。回想一下 20 世纪 90 年代到 21 世纪初期，市场自由化过程中所迸发出的磅礴的创业创新活力；回想一下 1993 年《马斯特里赫特条约》签订之后，欧洲市场一体化进程大步迈进、创新工作与市场效率焕然一新的景象，你就会相信当前社会所面临的转型也同样有机会带来另一次惊人巨变。

第四部分

跨越鸿沟

4

约翰·斯图尔特·密尔曾说过："应当从广泛的角度理解进步，进步不仅应包括工业领域的发明，更应包括体制机构、教育、观点和社会事务等方面的完善与提升。"

前文提供了充分的证据来说明传统的发展模式陷入了危机、人类开始挤兑换取地球的各类资源。这是因为在19世纪到20世纪初，人类推动经济发展的努力得到了巨大的回报。不过在那个时候，全球人口数量约为15亿，资源开采量为每年人均4.6吨。然而，这些条件现在已经发生了变化，全球人口到2050年将达到100亿，每年人均资源开采量将增至10.6吨。在全新的客观背景下，沿用传统财富创造模式只会走进死胡同，越来越多的人也认识到了这一点。就在今天，发展的步伐已然踉跄，大部分的增长都是透支未来的所得，事实上，很多经济基础条件已经不复存在。本书第一部分通过数据说明，人类所生存的地球已经是不堪重负、伤痕累累，按照当前的资源需求计算就更是如此。在这样的环境中，大部分最基本的经济观点都应得到重新审视。

在"去增长"与破坏性的发展外，还有没有其他可能，是否能在维系地球健康的条件和前提下推动经济繁荣？作者认为答案是肯定的。在本书第二部分，作者将其描述为"递增性、净正面"增长。社会需要做出这个转变，因为人们已经尝试去提升效率，尝试调整当前模式，然而资源需求却有增无减，人口的增长、经济的发展给资源带来了极大的压力。作者前文阐述了几大原则：在经济增长中不再依赖资源密集型工业模式、大规模生产以及化石能源，不再去追求"不太糟"的发展，而是建立净正面经济体。在新的经济模式中，财富积累与生态繁荣将并驾齐驱。本书第三部分介绍了当今经济发展中的新趋势，即技术进步日新月异，并在迅速渗透、颠覆各个领域。毫无疑问，人类已经进入了全新的经济时代，数字化技术、可再生能源、新商业模式、觉醒的消费者以及革新的市场，上述这些都将成为新时代的显著特征。千载难逢的机遇蕴含其中。同时，作者也阐述了这些新技术非常重要但能力有限。人类的创新并没有完全摆脱"借贷增长"模式。许多创新工作的方向已经出现问题。3D 打印可能会增加生活垃圾，优步可能会带来过多的出行次数，轻薄的多层塑料可能会因为成本过低而得不到全面回收。

从“大分歧”走向“大协调”仅靠技术还远远不够。实现这种转变需要全新的经济思路，如果开拓创新的企业获得成功，那将会极大地鼓励政策机构做出更具远见的决策。这些创新企业的成功又有赖于极为优质的产品以及顾客的忠诚度。这也将推动政策制定机构做出有利于地球健康、符合净正面原则的规划。实现这些需要形成螺旋式上升的循环并最终实现体系层面的变革。这就是本书第四部分的核心内容。

传统经济模式会损耗大量地球资源，新型经济模式将获得真实的递增性增长。问题在于，人类能否跨越鸿沟，实现彻底的转变？在其他稍显保守的转变中，我们已经失败了，加之全球治理状况与地缘政治环境不断恶化，如何重拾信心，如何笃定这次釜底抽薪的转变必然会成功？在作者看来，人类面临的不仅是经济发展方式的颠覆，同时还有系统层面管理方式的颠覆。我们之所以持乐观态度，是因为以下几点：第一，变革形式迫在眉睫，无法忽视。新的视角已经诞生，新的范式转移正在进行。第二，数字技术推动公民意识崛起。在宏观经济学与微观经济学之外，第三种经济学范式诞生，其将转变的重心放在了系统而不是交易市场或者国家。第三，长线投资者中出现了新兴力量，他们希望化解投资组合风险，力图将资金引入全新领域。多种力量汇集在一起，完美的变革风暴即将来临。

第 14 章

超越眼前

警示的意义

恰逢其时的创意势不可当。

——维克多·雨果

自 1985 年之后的 30 年里，人类社会的发展就开始逐步抵消经济发展的益处，甚至是完全逆转了整体成果，我们已进入了不良增长阶段。在接下来的 30 年中，人类应该思考如何回归良性增长模式的轨道，即在不耗竭地球资本的条件下进行发展。能否实现新的逆转，当下的 10 年至关重要，如果取得成功，必将在历史上留下深刻的印记。10 年时间，可以让社会发展走上另一条轨道，摆脱增长引擎中存在的问题。然后，再用 20 年的时间来全方位拓展新的发展模式，巩固成果，避免生物生产力流失，从而减少未知的经济损失。另外，还需要稳定自然资本的使用，遏制气候变化、海洋富营养化和水体污染，保护南美洲与亚洲的主要碳汇，维持和保护生存环境与旗舰物种，利用创新趋势与投资浪潮为 21 世纪的发展奠定技术根基。那为什么是 10 年呢?

变革

在今后的 10 年中，人类可能会突破地球各个系统的承载界限。当前，人类已经超出了四个自然资本系统的承载界限：磷与氮的循环、生物多样性、气候以及土地使用。还有两个系统（悬浮颗粒与合成物质）受人类行为影响的程度仍未准确测量，但是很有可能现在已经超出了安全界限。在海洋酸化与淡水资源使用方面，人类也正在快速地迫近地球承载界限，按照当前的模式继续发展，必将很快突破临界值。在气候变化方面，地球升温幅度应该控制在2℃之内，研究者们对各种变化的影响也进行了深入分析。在今后的15年中，一次能源的需求将上升25%，水资源需求将上升41%，农作物用地需求将上升11%~14%，畜牧用地需求将上升9%。在全球各地，突破界限的后果已经逐步显现：南非，作为非洲经济的指向标，其电力故障频发；美国加利福尼亚州为了应对水资源危机，颁布了严格的法律并投资了多个大型项目。2014年，州长杰里·布朗批准了价值6 870万美元的抗旱计划，为水循环工程提供资金，向缺水严重的社区提供饮用水、食品以及住房补贴等援助；玻利维亚的波波湖是该国第二大湖泊，因为气温上升了0.9摄氏度，湖面现已干涸，上千人失去生计；马达加斯加的总统试图与农业用地短缺的韩国签订土地协议，但最终被迫下台。

作者是否言过其实，在这个问题上不够冷静客观呢？环保主义一直以来饱受诟病，被认为是危言耸听、一隅之说。当真如此吗？经验丰富的消防员告诉我们，当电影院或者剧院发生火灾的时候，造成伤亡的第一大原因并不是我们所认为的恐慌或者踩踏，而是人们在刚刚发现失火迹象时，仍滞留在座位上，而当人们开始行动时，可能已经来不及逃到安全区域了，然后恐慌情绪又带来更加恶劣的影响。再来回顾一下历史。著名的“生态谣言”之一就是德国的“森林灭绝说”：1981年，德国《明镜周刊》报道了中欧森林中出现了大量针叶树、阔叶树离奇死亡的现象，橡树、榉树、云杉、冷杉和榆树等所有当地树种都受到影响。由于树木死亡速度很快，所以林学家们预测中欧的森林可能会全部消失。《明镜周刊》的报道通过大量数据表明了土壤酸化、虫害肆虐、生机尽失，触目惊心。一时之间，“氮氧化物、硫氧化物带来的酸雨”成为各大新闻报刊的头条，在各类电视辩论、学生活动、政治选举中成为核心议题。电视台专门推出了该专题的晚间栏目；邮政机构在邮票上写着“拯救我们的森林”并印上了正在倒计时的警钟；各项保护措施出台；德国绿党经选举进入联邦议会。今天的德国，森林郁郁葱葱。2003 年，德国农业部宣布森林危机已经结束，全国森林覆盖率不断上升。很多人可能会说，这不又是一次耸言听闻、混淆视听的骗局吗？那么我们来看看实际状况。1983 年，德国联邦议会通过了新一代氮氧化物、硫氧化物条例；1987 年，《赫尔辛基协议》中关于减少硫氧化物的条例生效；1980 年至 2010 年，德国的二氧化硫排放量从 750 万吨骤降至 40 万吨，下降幅度为 95%（见图 14.1）。对于当年的树木枯死现象，人们已经有了更为深入的了解，其中的原因包括氮氧化物、硫氧化物、重金属、20 世纪 70 年代末的两个酷暑、保留云杉过多的陈旧做法等等。德国全国上下采取了坚定的行动，因为人们的思想观念已经彻底扭转，人们认识到污染排放如果得不到控制，森林确实会受到威胁。

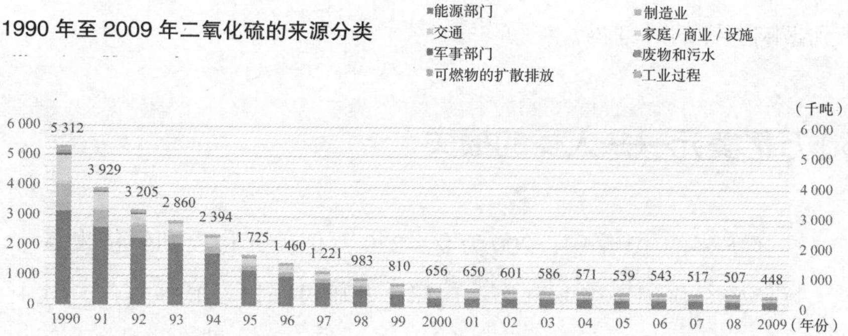

图 14.1　自 1990 年以来，德国的二氧化硫排放量显著降低

那么控制排污的代价是什么？商业领袖和意见领袖一直在警告政界人士，环境法律会带来负面影响，特别是对当前经济与就业疲弱的状况尤为不利。2016 年的美国总统选举也好，2014 年欧盟“循环经济一揽子计划”的会议（本书撰写的起点）也好，在无数场的讨论中，关于就业与环境的问题不断引发争论。2014 年，经济合作与发展组织发布了一项独立报告，在分析了 24 个成员国从 1990 年到 2012 年的环境法律后，该报告总结得出：“环境政策更加严格并不会损害生产力的提升。”2014 年，英国伦敦政经学院格兰瑟姆研究所进行了截至目前覆盖面最广的环境法律文献分析，得出的结论是环境法律对就业与生产力的影响十分轻微而且时间短暂，对于贸易与投资目的地之影响可忽略不计。而且，环境法律所带来的效益远远超出其成本。

危言耸听的警告确实存在，也许带有意识形态色彩，也许偏离事实。但大多数的情况是，正义的警钟却被诬蔑为谣言。例如，罗马俱乐部早在 1968 年就发布了报告《增长的极限》警示公众，但报告中对资源使用的预警过了很长时间才得到人们的重视。报告的失败之处——报告预言很快会出现资源危机，但事实上并没有应验，反而可能恰恰是报告最大的成功。而且，就本书所提出的证据而言，难道还未到敲响警钟的时刻吗？

60 万亿美元——人类的损失

在接下来的 10 年中，200 万亿 ~270 万亿美元将投到经济发展中去，这些资金将用于工业资产、房屋、基础设施以及其他资产。其中有 60 万亿美元将投资于交通、能源、水资源基础设施，这也就意味着基本上在大城市中每年平均要花费 6 万亿美元！这是全球气候与经济委员会根据当前发展路线预测所得的数据。该委员会经研究发现，如果选择低碳发展路线，投入金额只会轻微上浮（大约为每年 2 700 亿美元，增长幅度不超过 5%）。与此同时，基础设施的运作成本也将会大大降低，这是太阳能光伏、风能、地热能等低碳技术的典型特征：前期建设结束后就不再需要人为投入额外的原料了。委员会的数据传递了一个重要信息：在气候变化的大背景下，对低碳经济的投资不但势在必行，而且还会带来经济收益。同时，人类可以做出选择，到底是把 200 万亿 ~270 万亿美元投到新经济中还是传统经济中。一旦资金被套牢在资源密集型的传统基础设施中，眼前难得的重大革新机遇将被白白浪费。这将成为人类巨大的损失。不仅仅是基础设施，所有的工业投资、所有的住房、所有的农业设备，甚至每一个低轨道卫星都有可能成为新经济平台的一部分，然而一旦浪费眼前的机遇，那一切都将化为泡影，因为所有的投资将会在 21 世纪中持续运转：燃煤发电厂一般运转 50 年，汽车制造厂 20 年，垃圾焚烧厂 30 年，矿场约 40 年；飞机的使用寿命大约为 30 年，火车 40 年，重型汽车 10 年，农用拖拉机 6 年，洗衣机 8 年，电视机 7 年。如果人类没有把握这次机会，没有根据高效、有益、资源损耗小的系统设计理念规划资产，那将会陷入前所未有的恶性发展中，并产生数以万亿计的搁浅资产。可以说，警钟早已敲响。

2012 年,《滚石》杂志的一篇文章最先提醒人们要警惕“碳泡沫”：全球探明的化石燃料储量高达 28 000 亿吨，应对气候变化所达成的政治共识是确保升温不超过 2 摄氏度，这意味着在 2050 年之前，人类仅有 6 000 亿吨的碳预算。然而，化石燃料公司的估值依据是探明储量。也就是说，现在出现了估值过高的问题。花旗银行估算，随着环境法律的规定和执行日渐严格，可再生能源竞争力增强，化石燃料公司在今后 20 年中价值会下跌 100 万亿美元。英国的气候变化委员会预测，搁浅资产的规模将达到史上最高水平，这也向英国政府敲响了注意化石燃料公司估值过高问题的警钟。这一转变对于市场估值的影响目前还不清楚，但是有大型化石燃料公司承认，其他方面的影响已经逐步显现，特别是在招聘人员的工作中尤为明显。

之所以要将资本投入新经济，潜在的碳泡沫是原因之一，但是更为宏观的原因是资本供应过剩。瑞士瑞信银行（以下简称瑞信）估测，2000 年至 2015 年，全球财富从 117 万亿美元翻倍至 263 亿美元。一边是巨额存款，另一边是极为有限的投资机会。当前，越来越多的资本可用于“影响力投资”，用于改变社会、改变环境。现在影响力投资基金会的年增长率已经达到了 36%，部分基金会已经设立了十分宏伟的目标，例如 2015 年 11 月成立的汇集了亿万富翁比尔·盖茨、杰夫·贝索斯、理查德·布兰森、维诺德·科斯拉、马云、拉丹·塔塔等人的“突破能源联盟”。然而，新经济仍未准备好吸纳这些资金。项目匮乏引发了投资者的不满。由于当前的转变主要是系统性变化，其有赖于全新规则的出台、政治意愿的增强、产业联合的巩固、投资承诺保证，因此等待市场的自然转型并不现实。

新生一代

1960 年，全球 15 岁以下人口数量为 15 亿。今天，同年龄段的人口数量为 19 亿，已达到峰值。有分析认为这一年龄层人口数量在 2050 年之前都不会下降，但是在总人口中的占比会从 27% 降低为 20%。人类的行为、消费模式以及生活方式的资源密度往往在 15 岁之前定型，接下来的 10 年也因为这一原因更显关键。如果在接下来的 10 年中，在新经济模式与新技术的影响下，所有 15 岁的人口都形成了更为环保的生活习惯，并能够将这种生活方式传递给下一代，那就意味着在 21 世纪中，人类社会共计 8 750 亿年的生命中将有 6 550 亿年（约为 75%）以“净正面”原则的生活方式度过，或至少朝着那个方向前进。如果要多花 20 年实现同等水平的转变，75% 的比例将会下降为 50% 左右。

儿童人口进入峰值时期更有利于迅速传播新的价值观、培养新的行为习惯。这代人不仅会改变他们的子女，也会改变他们的父母。是的，让年轻人来教育老年人。新加坡国父、前总理李光耀生前曾经在麦肯锡公司的国际会议上分享过自己国家飞速发展的关键因素。他表示：“有一些挑战迫在眉睫，我们没有时间等待孩子们成为父母后再去教育下一代。所以我们选择了逆向的方法。”通过学校的教育，孩子们认识到，对于刚刚独立的新加坡来说，水资源无比重要，因而学会了多种节约用水的方法。当孩子们回到家中，父母们被带动改变了习惯，节水因而成了日常行为。教育界人士回顾当时的情形说，节约用水的教育深深打动了儿童和青少年。在全球应对气候变化的工作中，似乎也出现了相同的趋势。一次性产品设计糟糕，燃烧化石能源并不是好事，这是儿童很自然就能接受的道理。但是环境教育还是延续了传统的模式——利用人性中的内疚来倡导节制、呼吁渐进式的修正行为，对于儿童来说，这种教育方法可能还不如简地单讲一个浪费粮食的故事。

年青一代的颠覆性力量切实可感。在塔利班刺杀中幸运活下来的马拉拉，一如既往地坚持从事人权活动，并被授予了诺贝尔和平奖，成为该奖项最年轻的得奖者。生于 1997 年的德国男孩菲利斯 · 芬克拜纳在 9 岁的时候就发起了植树活动倡议，现已为全球带来了 140 亿棵树木。全球孩童与青年人提出了不计其数的倡议，其中很多人都在 25 岁以下。在一个名叫“做点什么”（Dosomething. org）的平台上，年轻人相互激励，利用“色拉布”（Snapchat，聊天软件）、推特等不同的沟通渠道推动积极的改变。千禧一代彼此间的联系尤为密切，他们拥有越来越多的共同信仰。曾经，文化与出身是共同信仰的来源，而现在，信仰似乎与年龄有了更密切的联系。共享、虚拟化、租赁与出租等模式，在千禧一代中的基础也更加牢固。他们正在带动全新的趋势。就算是在德国这个老牌汽车工业国家，年轻人中的汽车保有量也已经下降了 10%，20 岁的人群中持有驾驶证的比例也显著下降。某种经济模式无论拥有何种理论优势，如果不能吸引千禧一代，如果不能将这一代人带入生产、使用和消费的良性模式中，那么其成功的希望极其渺茫。

踏上征程——《巴黎协定》的助力

“我们奋斗了很久，今天，终于达成了坚定的共识。这是历史上的转折点。”德国环境部部长芭芭拉·亨德里克斯这样说道。2015 年 12 月 12 日,《巴黎协定》正式签署，到底是表面文章抑或历史转折点，全球环境终将不断恶化或是迎来脱碳经济的新未来，全都有待时间来证明。这一协定代表着国际社会最大胆的承诺，也有人会说是最大的困境。协定提出全球变暖的升温幅度绝对不能接近 2 摄氏度，这也意味着目标定在 1.5 摄氏度左右。 这需要在 2050 年或者 2060 年实现零排放。但是，各国向巴黎会议提交的气候变化预案中提到截至 2030 年二氧化碳排放量预计共为 590 亿吨，这远远超出了 420 亿吨这个建模分析得出的要实现零排放的最高限值。按照目前的排放水平，气温将上升 4 摄氏度。瑞银在 2015 年 12 月发布的一项研究报告谈道：“这不是一种缺失而是一种裂痕。”

从积极的角度分析《巴黎协定》：195 个国家一致认为气候变化是真实存在的威胁，全球升温不得超过 2 摄氏度，人类需要在 2050 年之后进入零排放经济模式，所有国家都必须付出努力。不得不承认，这一事件具有重大的历史意义。

我们坚信,《巴黎协定》确实是重大的抉择，也将会成为历史上重要的协议。第一，历史经验说明，非约束性协议能够为决策工作提供必要的共识基础，例如《赫尔辛基协议》。这些协议明确了前进方向，铸就了互信关系。第二，签订《巴黎协定》的当下，没有哪个发展理论称得上颠扑不破，这一观点在本书第一部分中已经进行了阐述。金融危机已过去多年，经济行业仍旧混乱不堪，经济发展低速前行，金砖国家势头疲软，生产率悖论（又称“索洛悖论”）日渐突出，能源、汽车、银行等支柱产业中的焦虑情绪有增无减，此时此刻，低碳经济必会得到更多关注。中等国家的焦虑情绪尤为明显。100 年前被列为“中等收入水平”的 100 个国家中，当前只有 13 个仍旧保持着高收入的状态。实践证明，当人口不断增加，需求上涨的挑战就更加艰巨。很多城市不得不面临糟糕的后果，那就是污染严重、拥堵不堪和基础设施严重匮乏。

因此，在经济发展上达到经济合作与发展组织列出的标准并不是理所当然的结果，而且，当前的环境成本与限制已经增加，创造经济繁荣的征程充满了不确定性。对于人口大幅增长的非洲以及其他的新兴经济体，人们正在进行如何超越西方经济体的热烈讨论：离网型太阳能发电将取代大规模的发电模式，移动电话将取代固定电话，3D 打印将取代传统供应链，共享出行模式将取代私有汽车，都市农业将取代大规模生产的包装食品。这个模式就是去中心化，减少对基础设施的依赖，减少对规模的依赖。从某些方面看来，这种取代也更符合新兴经济体的发展状况。在《巴黎协定》签订的时刻，新的发展模式也迎来了重大机遇，它必将吸引更多关注，也终将在政治人士履行承诺的时候发挥重要作用。

第 15 章

范式引爆点

“特斯拉时刻”

如果每个人都完成了力所能及之事，
最后的结果绝对会让人惊诧。

——托马斯·A. 爱迪生

本书勾勒出了伟大的变革，大家需要对一切可能的发展前景持有更坚定的信念。曾经未能实现，不代表未来不可期待，这当然也是对变革保持乐观态度的原因之一。

那么，为什么有益于整个地球的方案没有积聚起强大的力量，没有成为主流的选择呢？关于创新经济体系的设计目前仅存在于论文、实验室，以及利基市场中。庞大的线性模式经济仍在发展，企业不断缩短产品周期、压低生产成本，良性循环的概念在竞争中似乎毫无立足之地。陈旧体系的渐进性完善工作似乎成了创新体系的头号大敌。提升、优化、修补是人类最擅长的工作，但系统层面的变革却截然不同。在传统工业模式即将走向终结的阶段，“完善现状”与“彻底变革”两种论调会展开激烈的较量。走向净正面模式的发展不会随着时间的推移而自然地出现。无论是法律法规，心理状态，又或是现实生活，人类早已深陷传统形态，因而挣脱困境并非易事。人类需要创造新的系统，并将其视为符合社会利益的新选择，人类需要明白能否把握这一选择，决定了人类的命运。为了走出困境，人类需要直面认知失调的问题，重新思考眼前的选择，把控好即将到来的临界转变。而且，这次转变的起点与 20 世纪七八十年代的环保主义已经大不相同，如果从系统层面上成功落实这一计划，那么经济效益将会清晰可见。

一个不作为的寓言故事——停滞不前的心理状态

在撰写此书期间，巴西某矿场的大坝决口，6 000 万吨混合着大量矿渣的污泥倾泻而下，流入曾被称为“甜蜜之河”的多希河。污泥来自萨马科公司的铁矿，事故还造成了至少 17 人死亡，多希河流域 500 多公里的生态系统遭到了严重破坏，热带雨林、圣埃斯皮里图海滩、当地珍稀海龟无一幸免。随着大量污泥板结，农田的土壤肥力会受到影响，河床结构会发生变化，从而改变河水流向。而且，这些污泥可能存在有毒物质。虽然矿业公司报告这些污泥没有毒性，但是政府部门坚持强调，如果接触到污泥一定要认真冲洗干净、谨慎处理受污染的衣物。另外也有证据显示，污泥中含有大量醚胺这种巴西矿业中常见的化合物。根据空气产品公司（化学品制造企业）网站介绍，醚胺“难以进行生物降解，毒性高，严重影响水生生物”。多希河流域的生产力以及环境面貌恐怕需要数十年才能恢复。

依赖于资源开采的代价如此惨重，但在很多人看来，没有资源开采与环境恶化的未来似乎并不现实。摆脱当前无限开采资源的模式，选择循环式的发展方法，看上去合情合理，但是又让人感觉不可能实现。一方面，人类渴求改变的成果；另一方面，人类又质疑改变的可行性，所以最终很多人选择放弃机会。这不就像是伊索寓言中的狐狸吗？

眼见葡萄成熟，多想一尝味道；
奈何藤蔓太高，狐狸总够不到；
满心怨念却要强颜欢笑；

大喊一声“葡萄太酸，不吃为妙”。

故事中，狐狸看到高高的藤蔓上挂着熟透的葡萄，垂涎欲滴，可就是摘不到。狐狸没有承认是自己的问题，反倒指责葡萄太酸了，根本不值得自己花时间去摘。狐狸说服自己相信了没有葡萄日子还好过一些。面对认知失调的痛苦，狐狸在自相矛盾的想法中不知所措，它最终的做法在心理学上又称作“适应性偏好形成”。面对选择，人们挑简单的，而困难的那个就会被抛弃、被诋毁、被戏谑。

这与人类的处境何其相似。故事中的狐狸不愿意尝试其他方法去摘葡萄，而人类也不愿意尝试新的方法。看着葡萄藤，明知道葡萄甜滋滋，却告诉自己不可能得到，老样子也挺好。然而在现实世界，不追求“葡萄”的代价何其惨重——环境恶化、债台高筑、社会矛盾激化。本书也列举了诸多事例，证明转换为新模式是可行而且现实的选择。哲学家、环保主义者、支持选择性使用资源的经济学家很早之前就已经提出要脱离有限的资源来发展经济。人们也慢慢感受到这种经济模式的优点，也认识到落实这一模式的可能性在增加而成本在下降。技术创新不断带来精彩的“特斯拉时刻”——行业颠覆者勇敢地挑战曾经坚不可摧的老牌企业，例如德国的能源行业巨头意昂集团和莱茵集团；《巴黎协定》则为人类带来了重要的转型机遇。那么我们是不是已经踏上了新的征程？从颠覆走向革命需要付出什么呢？

认知失调的行为在人们的生活中随处可见。有的家庭拥有三辆燃油家用汽车，同时又关心气候变化。有人能够清晰地阐述传统农业对水土和地貌的影响，不利于食品品质提升与农业发展，但说完没多久就去快餐店买了一个汉堡包。有的企业派遣员工去参加关于循环经济的会议，但是由于市场需求的压力，其生产的下一代产品依旧是低价值且难以回收再利用的产品。自相矛盾的言行让人无所适从。为了逃避内心的谴责，人们并没有革新自己的生活方式或者商业模式，人们的应对方式是改变自己的想法，使其适应自己的行为选择（“就算我放弃买车，也不能够改变什么”），或者是提出一些新想法重新说服自己（“我的新车肯定比较环保”），又或者是忽略特定的信息（“尾气排放与气候变化的关系并没有得到印证”）。社会科学家们真应该好好分析一下，到底是哪个原因阻碍了变革，到底是忽略特定信息，还是操控自我意识？是因为人们根本不愿意承认本书第一部分所陈述的观点，还是因为不相信或者不了解人类已经掌握了变革的能力？人们不愿意采取行动是不是觉得个人的行为微不足道，无法改变大局？

其实无论原因何在，心理学家已经指明了解决问题的方向。认知失调会导致行为与认知不一致，这可能会推动人们去学习、去改变。这一点已经在建构主义教育中得到积极的应用。当学生们碰到了相互矛盾的想法，会对即将到来的意识导向做好准备。当今社会上大多数人因环境问题产生了焦虑，也许这就是变革的土壤，新的意识即将生根发芽。

填补想象空间

摆脱资源密集的负面增长模式并不是人类历史上第一次系统性的转变，后来的人们回顾之前的事件，当时的决定通常看似轻而易举、理所应当。在奴隶制未被废除之前，许多权威人士为其辩护，其中就包括 1777 年在英国下议院发表演说的国会议员坦普尔·勒特雷尔。这些人认为废除奴隶制将会给经济带来灾难性的影响，而且即便英国不进行奴隶贸易，别的国家也会采取同样的做法。竞争对手荷兰、法国会接过英国的“贸易额”，奴隶们的境况反而会更加糟糕。在维多利亚时代，童工是经济中的一大支柱。步入 20 世纪，雇用童工的现象在欧洲与美国依旧普遍存在。如果你的学生时期是在 20 世纪 80 年代以前，那么你应该还记得当时老师可以坐在教室里抽烟，这一行为的禁止之后也同样引发了漫长的争论。无论是妇女权利还是强制性安全带措施，每一个转变都是历经多年才得以实现——从陈旧的社会规范到观念的冲突碰撞，从短视的现实主义到全新的社会契约。从奴隶制引发公众讨论到最终被废除，历时 200 多年；从英国开展妇女参政活动到 1928 年妇女最终获得选举权利，历经 60 多年。蕾切尔·卡逊的《寂静的春天》出版后 10 年，DDT 才被禁用。20 世纪 30 年代，驾车需系安全带这一观念首次提出，但直到 20 世纪 70 年代强制性法规才在所有地区得到贯彻落实。1969 年芬兰航空首先在飞机上落实禁烟，19 年之后，也就是 1988 年，飞机上禁止吸烟才得到了全面推行。

每一次转变都是认知失调的演绎，当新的行为规范得到法律认可，在社会中得以普及，那认知失调也就随之消失。这个过程中必然会涌现出各种话题与观点，然而每次转变都需要直面短视的现实主义观点与看似合情合理的论调。

选择长远的视角可以重塑对当下困境的理解，还可以进一步打开系统性转变的可能性。对于眼前的选择，以“事后之见”来思考，问问自己，如果全新的标准成为现实，那时的人们将如何看待当下的行为：上百万吨的塑料进入市场，使用之后没有相应的基础设施予以回收处理；石油、煤炭、天然气的开采不断扩大；农业中的氮肥、磷肥得不到充分利用，大量流失；全球年产 9 000 万辆汽车，人类只能加以粗糙的回收处理与循环利用。在 2015 年，这些行为显然都是理所当然的。

鸭子还是兔子——范式危机

科学类书籍一般销量都不高，但是托马斯·库恩的《科学革命的结构》自1962年出版之后已经售出140万册。在第一版发行50年之后，销量依旧可观，库恩对于范式转移的有力阐述依旧能够触动人们的内心，其书经久不衰，甚至也赢得了千禧一代的关注。库恩发现，科学界的工作、辩论与进步都围绕着既定的科学理论展开，例如爱因斯坦的相对论和玻尔的原子模型。大多数的实验都是为了验证并进一步巩固现有的理论体系。这就是所谓的“常态科学”。当常态科学无法解释某一现象的，也就意味着出现了“异常现象”。科学家们会尝试将“异常现象”代入现有的范式进行分析，但越来越多证据表明异常现象与现有的范式根本不兼容，那么现有的范式就陷入了危机。有些科学家就会开始寻找新的方法来诠释自己的分析，进而提出新的范式。新旧范式展开了较量，通常要经历很长一段时间，天平才会开始向新范式倾斜。随着越来越多的科学家接受了新的范式，反对声得以消失，对于旧范式的投入自然就会变少，对于转变的准备也会变得越充分。

一直以来，人们认为科学呈线性递增式发展，而库恩对科学发展的诠释彻底扭转了传统认知，“范式转移”成为主流。彻底的转变通常需要较长时间以及证据的充分累积。转变的核心即“完形转变”——在错视图中突然看到兔子的时刻。那么在本书的讨论中，旧的“完形”是依赖于资源的传统经济，其以稀缺性原则为主导，人类社会的繁荣发展必将导致环境恶化，企业“不那么糟”的表现已经是不错的成就。从这个角度看问题，在经济发展中恢复环境活力，提供充足的财富，提升生态系统的生产效率，造福子孙后代，都不可能实现。不论是根据历史经验，还是根据思想意识，都无法推导出这些成果。

库恩的著作出版距今已经过去了50年，群众心理学家对其进行了十分具体的分析，描述了陈旧范式倾塌的过程以及前提条件。他们发现，当10%的人群肯定了全新的理念，过去的体系就将开始倾塌。这个分析的来源可能有些出人意料，它来自 SCNARC（美国陆军建立并提供资金的社会认识网络学术研究中心）。SCNARC 的目标之一就是了解暴动与反暴动行为是如何影响或者控制人群的，研究的理念基础就是“真正的斗争是人们意念的斗争”。2011 年，SCNARC 在《物理学报》上发表文章《少数人群信念推动社会共识的产生》，研究团队通过精密的计算机建模分析发现了少数人的信念成为多数人观点的临界点。SCNARC 的主任博尔斯洛·思奇曼斯基总结研究成果时说道：“当持有坚定观点的人口比例低于 10%，理念的传播就不会有明显进步……一旦比例超过 10%，理念传播就似星火燎原。”论文作者们也提及了相关历史事件，例如英国的妇女参政运动、突尼斯与埃及的“阿拉伯之春”。在 SCNARC 的研究之前，其他科学家提出过更高的临界值。高低差距取决于少数群体的影响力：马尔科姆·格拉德威尔在其畅销书《引爆点》中指出传播人士、内行人士、销售人士是快速传播新创意的有力推动者。SCNARC 的研究发现，持有自己观点的人群的信念坚定程度比其所能影响的人际网络类型更重要。在 SCNARC 的建模分析中，无论观点的来源如何，只要坚定信念的人数比例达到 10%，观点就开始迅速传播。格拉德威尔提出的传播速度来自组织规模的力量。当组织规模为 150 人（也被称为“邓巴数”）时，传播观点的能量最强大。如果群体中有人的立场相互对立，例如雇用单位与雇员代表、意见相左的政客与社会活动家，那么能量就会更加强大。观点的交替与再生可以打开寻找新方案的空间，重塑讨论，并促使不同参与者汇集到一起去寻求共同立场。

那么，当前的增长引擎已经出现问题，有益生态、成本合理、更为公平的发展模式赢得了不少支持，“坚定信念人群”也已经出现（环保主义消费者也有 10% 左右了），为什么新的发展模式依旧未成燎原之势？到底需要什么才能达到逆转点呢？

创造“特斯拉时刻”

说服自己相信巨变即将到来并不容易，因为以往的经验与这一结论完全对立。当经济变革近在咫尺时，不妨回顾一下历史上巨变到来之前的那些犹疑，每一次人们都感觉无法接受新的现实。

• 1873 年，维多利亚女王的御用外科医生说道：“明智而人道的外科医生绝对不会打开腹部、胸部和大脑。”

• 1895 年，苏格兰数学家和物理学家开尔文勋爵在学生面前宣称：“重于空气的物体不可能飞行。”

• 20 世纪早期，在瑞士的阿彭策尔区，当地居民往铁路上扔石头，因为他们认为地铁是邪恶的存在。

• 1957 年，Prentice Hall 出版社负责商业书籍的编辑告诉他的同事：“英国各个地方我都去过了，我和那些最厉害的人也聊过了，我敢保证，数据处理不过是一时的狂热，明年就没影了。”

• 弗瑞德 · 史密斯在耶鲁大学就读期间，提出了创立优质的隔夜快递服务的想法，管理学教授批阅：“这个概念有趣而信息丰富，但是要得到比 C 等更好的成绩，这个计划应该具有可行性。”后来，史密斯建立了联邦快递公司（FedEx）。

• 1968 年 8 月，《商业周刊》报道称：“美国汽车市场已经有 50 多个外国品牌，日本汽车企业抢占美国市场的可能性极低。”

• 在玛格丽特 · 撒切尔夫人当选英国首相的 5 年前，她曾亲口说道：“在我有生之年，不可能有人当选女首相。”

回望历史，在经历了无数的社会、经济与技术变革后，此时的我们看到当初的质疑不由得摇头慨叹。但在最近的发展中，历史又在重演，例如可再生能源革命。气候变化的威胁激发起人类对可再生能源的追求。然而，大多数企业面对每千瓦时高于 50 美分的成本时感觉如临大敌，所以选择放弃。在 21 世纪之初，只有为数不多的企业一马当先，大举投资太阳能光伏与风能技术。面对同样的发展信号——市场价格、政策规制、学术研究——前后两类企业的解读截然不同，后者看到了清洁能源系统的未来。这些企业在能源领域印证了“摩尔定律”：发电成本价格开始有规律地大幅下降。快速的发展让可再生能源成了又一个“自证预言”。因为企业为了保持发展速度需要大量投资于研发工作，投资当然又加快了发展的速度。在相互推动的良性循环之下，发展中出现了重大转折点：先锋企业对于未来的能源系统必定清洁而高效的坚定信念成了行业中的共识，也成了所有企业的生存标准。

研发投资的重心迅速转移，在太阳能光伏、电池、电动汽车等各个领域，技术飞跃接踵而来。如今，可再生能源正在朝着电网平价的目标稳步迈进，为能源行业的老牌企业带来了颠覆性的影响。2000 年，投资可再生能源仿佛是在用钱打水漂；发电成本、规模经济、既得利益和企业思维模式这些因素似乎都指明了化石燃料的地位坚如磐石。实则大错特错呀！

那么下一次的变革又在何处？很多人认为交通出行领域很有可能出现翻天覆地的变化。一方面，新的交通出行体系能够为消费者创造更大的价值，这一观点在本书第二部分已做过讨论；另一方面，划时代的产品特斯拉使消费者对于交通出行的感受出现了很大的转变。特斯拉公司的前景仍有待观察，企业本身也显然未达到“净正面”原则的要求，但是特斯拉的出现确实是汽车行业的转折点，也就是历史上的特斯拉时刻。传统范式中，绿色环保必然意味着克制与节俭。特斯拉却将驾驶过程与软件驱动产品结合在了一起，带来了全新的品质体验。这些注重环保的行为从一开始就遭到了歧视与耻笑，而现在，情况大不相同，驾驶特斯拉或者利用Nest应用实现家居生活智能化，不但是现代都市生活的体现，更像一种时尚达人的作风。当“特斯拉时刻”接二连三地出现，就说明“净正面”的目标或许即将实现。

第 16 章

塑造市场

政府的新角色

在美国建立欣欣向荣的创新生态体系不仅需要创业者和企业家具有远见卓识与冒险精神，还需要联邦政府对创新的“基石”进行投资。

——《回到未来 II》

经济学家认为，摆脱当前地球危机有一个简单的办法，那就是为外部效应定价。当企业与消费者认识到污染、社会剥削等外部效应的成本，自然就会改变自己的选择，优化结果。但是近年来的发展与经济学家所预言的恰恰相反。随着全球市场的价格竞争日趋激烈，各国政府无意再给经济发展施加更高的成本，因为它们担心这会影响国家经济的竞争力与增长速度，从而引发就业问题。一边是清洁能源、健康产品、宜居城市、共享繁荣，另一边是短期增长与就业保障，于是各国政府陷入了进退两难的困境。回旋空间极为有限，宏观与微观经济手段威力不再。恶性循环不断上演，经济表现屡创新低。

而就在最近，事情似乎出现了转机。中国与欧盟已经开始了新一轮的非严格意义上的竞争。这是一场良性竞争，两大经济体都开始在循环经济上争取优势。中国将循环经济的相关规定列入了“十三五”规划中。稀缺资源的管理与回收得到政府高度重视。中国已经认识到，当前的污染程度将会直接影响国家的崛起和经济愿景的落实，而且当前的资源生产率也限制了经济发展的空间。中国的单位 GDP 二氧化碳排放量是德国的4.5倍，是美国的3.5倍；在塑料回收方面，中国的回收率为11%，欧洲为35%。但是，中国在绿色能源方面取得了显著进步，即在不到5年的时间里新增太阳能装机容量30吉瓦，资源生产率也有所提升。与此同时，欧盟也开始在资源生产率的提升上持续发力。2014年，欧盟委员会经过激烈的讨论，决定出台宏大的“循环经济一揽子计划”，以逐步使欧盟摆脱对资源的依赖，并降低创新的成本、提升创新的动力。在全新的资源生产率竞争中，竞争双方都是赢家：欧盟能够重新赢得部分增值产品的优势，中国能够更有效地利用劳动成本的优势，而双方都可以解决依赖资源、环境恶化等问题。

虽然这样的经济战略目前处于起步阶段，还并不完善，但必定会给经济发展带来新的活力。劳动生产率激增推动了历史上的第一、二次工业革命，中国和欧盟完全有可能以相似的发展机制再创历史。在两次工业革命期间，劳动力市场的发展使得更高的劳动生产率得以转化为更高的收入，从而激励企业不断提升劳动生产率。在1900年到2000年，美国的劳动生产率上升了8倍，创造了前所未有的财富。同理，资源生产率的提升也能够刺激新的发展。当资源生产率像“劳动生产率”一样得到规范明确的定义，这又会成为一个自证预言，摩尔定律将再次上演。一直以来，人们都认为经济发展中的劳动生产率会不断提升；同理，信息技术行业也将摩尔定律视作科学的发展规律，认为其会一直持续下去。因此，商业模式的搭建就会以这一定律为基础，根据这一定律，芯片生产商的发展路线图中已经将性能不断提升的状况考虑在内，即便当下技术仍未成熟，技术水平较低；软件开发部门也会默认芯片性能不断提升，并根据这一前提设计软件；IT产品与服务的提供商认定，只有加快创新速度才能够减轻利润率方面的压力。正因如此，技术行业由此形成了自我实现、自我稳定的良性循环。那么政府又要如何在资源效率上推动这样的发展呢？

一旦政府认识到资源生产力系统中的竞争机会，典型的政策工具就会出现，包括税收、减少有害资源等宏观经济政策，以及“创造市场”的微观经济政策。为了推动市场融合，政府需要将劳动力的税收负担转移至（有限的）资源上。第 5 章第 3 节指出，在国家经济中，劳动力与资源的地位并不平等，有限资源与可再生资源也存在如此的不平等。在欧盟，有限资源占总体资源使用的 89%，可再生资源仅占 11%。另外，在欧盟的税收中，劳动力相关税收占 52%，环保相关税收仅为 6%，其中又只有 4% 为资源税收（也就是说针对资源的税收仅为整体税收的 0.3%）。而且环保相关税收的占比自 1999 年以来一直在下降。政府与社会各界正在试图扭转这一趋势，希望在短期内提升资源生产率，增加就业岗位，减少灰色经济地带。为此，各方也进行了不少倡议与助推工作。2015 年，IMF（国际货币基金组织）在其报告中强调：“将税负从劳动力转移至消费与资本收益领域可以使生产效率大幅提升。”虽然资源税收方面的潜力不可忽视，但是这方面的工作饱受争议，进展十分缓慢，雪上加霜的是，时间已经越来越紧迫。政府应该转向微观与中观经济手段，改革系统。

市场的创造者——重塑市场的艺术

20 世纪 80 年代新自由主义者与市场怀疑论者展开了争论，2008 年金融危机之后相似的争论再次上演。其实早在 20 世纪五六十年代，自称为“秩序自由主义者”的经济学家们就提出了更为细腻的观点。秩序自由主义的核心就是市场需要规则明确的治理，以确保市场中的各种力量能够为社会利益服务，这听起来似乎直指当今社会的问题。当时，包括威廉·洛卜克和瓦尔特·欧根在内的很多经济学家结合 20 世纪二三十年代自由放任的市场状况以及 40 年代政府干预后的状况，提出了一些观点，这些观点为德国与欧洲后来开创经济奇迹奠定了基础，当今政党无论左右，都应该借鉴学习这些观点。这些文化经济学家继承了马克斯·韦伯的传统，对于物质至上与价值观受到侵蚀持批判态度。其中最主要的流派被称为“弗莱堡学派”，该学派的主要理念包括完全竞争不可能存在、不受管控的市场也无利于人类社会的健康发展，以及私有企业的强大力量与条理分明的市场规则同样重要。该学派的许多理论很有见地，例如，企业法应得到严格执行，利益相关者应承担责任，独立货币银行应当维系价格稳定，实行累进税率，保持财政平衡，管制垄断行为，各方薪资自主解决，对于困难人口实行最低收入制度。

当前经济发展迫切需要从资源依赖中解放出来，秩序自由主义的观点在当下更加值得回顾与反思。在20世纪50年代，威廉·洛卜克就指出，环境领域的工作如果没有政府支持是无法完成的。洛卜克坚信，塑造社会形态最为有效的方式就是创造市场、调整市场和改革市场。政府应该成为市场的塑造者：制造“秩序”，让市场产出理想的结果。是的，早在20世纪中期，经济学家就告诉我们，社会所需要的是大规模的市场规划，而不是小规模的介入手段。对于眼前大规模的变革，人类需要对市场进行设计与定义，使其从依托资源的增长转向“递增性增长”。

为了建立递增性经济，人类需要反思资源市场的概念。建立新的能源资源市场，所需要的努力至少不亚于2008年金融危机之后的市场改革所需要的。未来能源市场的蓝图已经越来越清晰：需要为可再生能源创造公平的竞争环境，并营造良好的市场环境欢迎新企业进入。遗憾的是建立高效材料库的要求尚不明确。这里提出8个具体的市场规则，以期革新资源市场，这些规则有的是针对使用过后的材料，有的是针对使用中的材料（正面清单，规定用途，共享模式），还有的是关于新要素市场。以上规则都可见成效，但对于管理部门来说有很多还是未知领域。

- **合规或自回收：**当前大部分浪费现象的共同根源就是每个人都可以将任何东西投到共同的垃圾系统中。所有的激励措施都收效甚微。这种情况必须改变，而且也完全能够得到改变，事实上，只要将当前系统替换为“合规或自回收”的新系统就可以了。生产商的材料只有符合要求，即含有营养物质、无毒性无污染和可追踪等等，它们才可以进入公共材料库中。所有材料，包括金属、纸张、玻璃、化学物质、有机物等等，在产品设计时都需要符合用后回收的规定，以避免减损同一材料库中其他产品的价值。塑料制品不得含有阻碍再利用的添加剂，金属应该保持纯度，纸张不得含有毒性油墨，废水不得含有违禁化学物。不符合标准的材料必须由生产商自己回收到私有材料库中。对于不合规的材料，厂家回收就是新的普遍适用标准。生产者也可以将责任转嫁给第三方机构，只要双方协定好价格即可。合规材料进入公共回收系统，不合规材料进入私有回收系统。

- **严格定义使用过程：**本书已经讨论到，经过第一次使用周期后，材料 95% 的价值就会流失，巨大的外部效应也会出现，其根本原因就在于粗糙的产品设计。在未来，进入市场的产品必须明确规定用途、使用周期以及流通路径，布朗嘉特与麦克唐纳的“从摇篮到摇篮”的设计概念就对其进行了规划。虽然三个目标都需要巨大的改变才能实现，但值得人们付出努力。生产商要明确指出产品使用结束后，到底是进入多次循环使用的技术领域，还是进入自然生态领域。如果是后者，那么产品制造必须排除一系列物质：毒性物质、致癌物质、致畸物质、内分泌干扰素、造成生物积累或者臭氧层空洞的物质、不可降解物质等等。除了用途与流通路径，产品周期也需要得到严格规定。这需要生产者与使用者之间达成共识。苹果公司推出了拥有 29 只独立手臂的回收机器人 LIAM，其能在 11 秒之内完成苹果 6s 手机的拆卸工作。目前一般的手机回收中，最复杂的智能手机回收工作只能将 41 种元素中的 9 种提取出来，而且还不是最稀缺的元素，相比之下，苹果的回收机器人实现了巨大的飞跃。但只有规定了产品使用周期，苹果这个精密的流程才能够运作。要知道，每一次产品组装都与若干年后的产品拆卸流程密切相关。如果某期拆卸项目已经结束，即使收回对口的产品也没有意义，而且还会影响下一步的创新工作。

• **“正面清单”：**建立材料库还需要另一个“范式转移”，那就是从“负面清单”管理转变为“正面清单”管理，从而终止与“禁用物质”的赛跑。绿色和平组织的“时装去毒”行动罗列了包括全氟化合物（PFCs）在内的 200 多种有毒物质，这一组织希望全球 35 个时装品牌都能够做出逐步放弃使用这类化学物质的承诺。但是，时装行业使用的化学物质多达 17 000 种，禁用物质很快就会被其他更加复杂的化合物取代。迈克尔 · 布朗嘉特在采访中表示，以负面清单的方式进行管理，人类将永远落后（见附录 1）。所以要为健康、可进行生物降解的良性物质建立清单，让各个行业就这个“正面清单”达成共识。良性材料就像是循环经济体中的流通货币，这种货币能让价值链的各个单元实现合作，并且不必承担价值损失。塑料包装行业正在尝试建立“塑料公约”，以约束塑料生产，虽然这仅适用符合垃圾处理要求的物质，但这始终是可喜的第一步。

• **零垃圾填埋：**全球仍有 44% 的材料最终进入了垃圾填埋场，在欧洲，这个比例大约是 40%，但是各个国家情况不同，德国最低（仅为 3%），保加利亚最高（高达 98%）。当前经济体系中的浪费十分严重，废弃物还会占用土地资源，污染地下水，引发健康问题，导致经济损失，影响恶劣至极。政府必须认识到，为了推动经济增长，逐步淘汰垃圾填埋才是直接有效的方法。当然，不同国家在这方面的工作进展各不相同。在欧洲，部分国家已经淘汰了一部分垃圾填埋场，现在的关键是如何让更多的国家加入这一行列。在菲律宾，几乎没有符合卫生标准的垃圾填埋场，如果能够提升管理标准，不但能够减少垃圾胡乱堆放的现象、减少无规划的焚烧，而且在将来回收利用技术成熟之后，还可以对垃圾场进行二次开采和资源化利用。严管乱丢乱放现象以及道路堆放垃圾的问题、建立更严格的填埋场管理机制（提升卫生标准、调整倾倒垃圾费用等等），能够推动闭环经济发展模式的建立，提高回收率，增加回收价值，带来“从摇篮到摇篮”的产品。

- **共享：**前文已经详尽分析并诠释了共享模式的益处，共享服务将会为经济注入新鲜而强大的动力。目前对优步、爱彼迎等公司的共享模式的讨论主要围绕公平市场、共享经济益处展开，而这种讨论并没有反映对共享模式的支持与肯定。面对出租车司机、酒店行业人士的抗议，政府陷入了困境。新企业也好，老牌企业也好，共享经济的颠覆者也好，政府应该为所有的竞争方创造公平环境，在社会与环境标准、保险规定、职责公开上报等方面一视同仁。一旦规则得到落实，政府的工作就是推动增长，而不是干扰共享模式的发展。相反，政府应该积极推动共享模式的发展，包括基础设施与工业配套的建设、产品的推广等等。根据美国斯坦福大学斯蒂芬·赫克教授的分析，在加利福尼亚州，优步的出现使得传统出租车业务量减少了一半，但由于新的用车需求出现，交通出行整体的业务量上升了 5 倍。政府应该开始重视共享模式的机遇，推动建立公平高效的市场。

- **新要素市场：**政府应该为新的要素建立市场。拥堵费、排污交易、生态银行、生态系统服务抵押、水权、执照要求（出海天数、敏感栖息地入境许可、开发权）等不但能大幅提升资源生产率，而且也会为 21 世纪的市场设定准入条件、推动前所未有的经济发展。只有为新要素建立市场，才能够催生有益的经济活动，提升收入并拉动增长。

- **生态系统服务市场：**生态系统本身就具有一定价值。与此同时，生态系统也为人类提供了具有重要经济价值的益处：森林和泥炭地可以储水，森林还可以截存二氧化碳（每年价值约 3.7 万亿美元）；湿地能够对某些类型的污水进行生物处理；蜜蜂等昆虫能够为果园提供授粉服务（在瑞士，该服务价值就高达每年 2.13 亿美元），乡村地区也是休闲度假的好去处。这些价值至关重要，将这些价值变现，就能够为重要的生态系统提供保护资金。大自然保护协会（TNC）等组织提供了重要数据：这些生态系统为哥伦比亚的波哥大、南非的开普敦等 100 个大型城市中 7 亿人口提供重要的生态系统服务。在这些城市中，生态系统处于“赢利状态”，而且成本较低。世界自然保护联盟估测，生态系统服务的蕴含的市场价值大约在 16 万亿至 64 万亿美元之间，但人类能够挖掘的仅有 1 000 亿到 1 500 亿美元。为了缩小这一差距，各国政府应该建立相应市场、消除障碍。各国政府应当加大投资、建造卫星监测等基础设施、为长尾风险提供担保。这些数字必将转化为经济上的发展，不仅仅是 GPI 定义的增长，也是 GDP 定义的增长。
- **道路空间：**交通拥堵是个大问题，其会引发无效生产时间、市区资产贬值。英国伦敦、瑞典斯德哥尔摩、新加坡已经成功实施了拥堵收费制度，大大缓解了城市拥堵问题。拥堵收费制度带来的好处远不止于此。《内部增长》的团队还建模测算了这一制度所释放出来的空闲劳动时间，分析了其经济影响。建模分析的结果显示，失业率将会下降 0.2%，每户家庭的可支配收入将上升 2.3%，GDP 将增长 1.4%，可谓是多重红利。

对于各国政府来说，为了资源的合理利用而建设市场，前景光明。这些市场与当前的金融市场有一定的相似之处：既有自然竞争，也有人为管控。争论对于市场是应该加强监管还是解除监管并没有太大意义。当前所有的市场，尤其是本书分析的几大成熟市场，即交通出行、住房和食品市场，都受到了严格的规管。塑造市场以提供更好的成果，这也正是秩序自由主义经济政策的核心。早在半个世纪之前，德国经济奇迹的大功臣威廉·洛卜克就对自然资本做出了如下定义：“专业化的农业生产如果要合理发展下去，那就需要一种能够保持土壤肥力的技术，如今在欧洲，水土流失日益严重，开发这种技术的重要性也更加突出。”回顾历史，眼前的转变似乎早在预想之中。

聚焦增长

创新的重要性已经得到了广泛认同。经济合作与发展组织在报告中写道：“今天，创新表现已经成为衡量竞争力与国家进步的重要标准。而且，在应对气候变化和实现可持续发展方面，创新将发挥重要作用。”创新也会以不同的形式造福社会。哈佛大学的克莱顿·克里斯坦森区分了创新的几种类型。第一种是替代型创新，即以性能更优的产品替代旧产品。例如，苹果 5 手机替代苹果 4 手机，宝马 3 系轿车替代以往车型，时装店出现新的潮流产品。第二种是效率型创新，即企业通过各种方式以更低的成本提供产品与服务。例如在生产车间使用机器人，优化零售空间和在线销售等等。前两类创新以不同方式解决了需求问题，但对于增长和就业来说，这两类创新的影响力十分有限。第三种市场开拓性创新则与上述两种创新截然不同，其应对的是新的需求或新的消费的领域。市场开拓型创新应对的是未出现的消费领域，而不是现有的消费领域。克里斯坦森列举了几个案例：肯尼亚的手机移动支付服务 M–Pesa 推出后，使用银行服务的人口比例从 20% 上升至 80%；南非的 MTN 集团推出了低价手机，使非洲的手机使用率大幅上升；印度的 Aravind 眼科医院提供了低成本的眼部手术，曾经无法承担费用的人群成了消费者。

政府应当将向净正面的转变视作市场开拓型创新过程，以进一步推动增长与就业。回收、循环、翻新、再利用都能有效应对在新消费领域出现的问题。正因如此，形成闭环才能大大推动经济发展。2012年，南非政府落实了新的法规，强制回收轮胎，回收系统由一家企业专门管理。以往废旧轮胎的处理方式都是直接用明火焚烧，然后再回收剩余的钢丝，处理过程中也不存在健康保障措施。在新规落实3年后，70%的轮胎得到回收。回收重量从8 000吨上升至6万吨。这个回收系统就是在应对新消费领域方面，创造了巨大的经济价值。预测到2020年，系统将产生1 900个工作岗位，创造800万美元的经济价值，并大幅减少二氧化碳排放。磷回收、厌氧消化、手机拆卸、土地复垦、二氧化碳回收和都市农业都能激发新消费领域的活力，它创造就业，促进增长，累积资本，拉动内需，为产业国际化奠定基础。这一模式已经呈现在日本、韩国、中国台湾地区的发展中，本田汽车公司、巴西航空工业公司、智利的农业部门也借助这一模式取得了巨大的成就。

当前政府部门、世界银行、国际货币基金组织的投资，都主要用于替代型创新和效率型创新，具体来说集中于基础设施建设或者是采掘业，这些投资未能真正推动经济发展。在市场开拓型创新理念的指导下，政府能够重新调配资本，调整市场规范，开展商业教育，引导符合“净正面”原则的创新。发展中经济体尤其要摆脱为全球市场提供廉价产品的模式，寻找市场开拓型创新机遇，推出自己的产品，将本国的经验与品牌推向国际舞台。

中观经济的崛起——“舆论导向”的力量

2004年，库尔特·多普菲、约翰·福斯特、杰森·波茨三人在论文中写道："发展过程中的变化并非宏观或微观的，而是中观的。"在他们看来，经济并不是各个效用最大化要素最终实现全面均衡的理性相互作用，经济是各种规则与组织关系交互作用所构成的整体系统，各种联系息息相关，但并非买卖交易性质。三位经济学家的根本观点给政府带来了积极的信息。当前，调整贷款利率之类的传统经济措施威力不再，三位经济学家的论点在微观经济与宏观经济之间指明了新的应对空间：根据全新的系统规则让各类机构组织协作共进，汇集一切力量推动新的发展趋势。在系统性变革的时代，政府要肩负起舆论导向的职责，并推动人们摆脱传统经济模式所带来的困境。反过来这又会加强经济体中不同参与者的良性互动，使人们改变旁观者的姿态，积极行动，从而形成稳定的前进趋势。建立新经济模式的完美风暴大致会呈现出如下过程：

• 当企业认知到净正面经济是正在崛起的新经济模式时，就会投资于新材料、循环产品和相关商业模式。企业会重新把控供应链、追求更高的生产标准与更严格的行业公约，并推动整个价值链达成共识。面对消费者，企业不再以"不太糟"的产品作为目标，而是清晰地阐明以"卓越"产品为目标的路线图，并明确规划好产品进步的节点。

• 政府识别了企业发展释放出的信号，并因此改变了经济发展的衡量标准，从以 GDP 为中心转向以地球资本为中心。外部效应得以被公开讨论，企业也将降低外部效应作为基础工作与激励目标。越来越多的资金进入循环经济的基础设施建设领域。市场开拓型创新得以落实，产品用后处理行业等新兴市场蓬勃发展，直接拉动就业。

• 为了与企业和政府保持合作关系，研究机构与学术机构大举投资递增性经济技术，例如新材料、材料追踪、再生能源管理和再生土地管理。在建筑、农业、化学、市场营销等领域，向"净正面"经济转型必将带来翻天覆地的变化，发展动力将达到历史高峰。

• 如果进行长期投资、积极推动转变、投资相关基础设施领域，那么金融机构也会从其他市场参与者的发展动态中受益，这类机构会更加注重长期的估值，以新的视角看待风险，提升透明度标准，例如启动“碳披露”项目（CDP）。

• 消费者会更加看重品质而非数量，看重获取途径而不是保有方式。对自身使用的产品，消费者会要求生产者提升其透明度、提供更清晰准确的数据。他们不再是单纯的消费者，而是“产消者”。在能源领域、内容领域和知识产权领域出现了产消合一的趋势，而且这种产消合一也逐步向实体产品领域发展。消费者与企业的关系发生了变化，变得更加长久，消费者变得更注重服务品质，更强调个性化。在更紧密的关系中，服务的净正面性成了更加重要的问题。

• 工会将迎接新市场、新领域、新就业群体，它们应将创新技术视为就业的动力而非阻力，并为新技能的规划与培训做好准备。工会的大力支持主要源自全球化竞争的激烈程度逐步降低。递增性经济更强调自给自足，相比极端的全球化竞争状态，递增性经济更倾向于利用本土劳动力资源。

当然，在这个发展过程中还有很多参与者：行业协会、税收部门、专利机构、学校、合作社、能源供应方以及非政府组织等等。每一类参与者都能发挥作用。关键在于经济体中的不同参与者要形成良性互动，而政府要大力释放发展信号，并将整个社会推入新的发展模式中。

第17章

多即不同

表达力、透明度与信任关系的革命

> 我很欣慰地告诉大家，我们已经找到了解决当前困境的有效方法。
>
> ——费列罗公司高层管理人员在旗舰产品Nutella榛子酱引发网络抗议行动之后所做的回应

互联网也是推动递增性经济成为现实的重要原因。一方面，互联网为产品或者技术设施提供了共享、追踪、转售、修复等功能和技术；另一方面，互联网本身就是变革的技术媒介。互联网提供了点对点、多对多的平台，其推动了集体对话、汇集起关键群体，并激发企业采取行动。如果没有互联网，当前很多群体活动、创新工作、以互信关系为基础的资金筹集根本就无法实现。互联网改变了人类生活，也给心力交瘁的经济学家带来了希望。也许，真正的变革工作正潜伏在互联网之中。

表达力的革命

2013年7月11日，绿色和平组织的6名女性活动家成功组织了一次抗议活动：她们爬上了伦敦市中心的碎片大厦。这次活动是为了抗议壳牌石油公司在北极地区的钻探活动，消息瞬间就横扫各个网站与社交媒体。多年来，绿色和平组织的宣传活动一直以大胆激进闻名，攀爬碎片大厦的抗议活动将这种大胆激进推上高峰。以往需要上万名抗议者才能实现的宣传影响，现在 6 位勇敢的活动家通过互联网的传播能力就可以实现了。宣传人员与网络活动家现在越来越强大，他们在网络上设立的数字路障取代了曾经在大街上设立的实体障碍。遭到抗议的企业正在想方设法地应对各种状况。谴责更为有效，更具穿透力，也让受谴责方无处可逃。但是对于建立净正面经济来说，这还远远不够。

第二，网络能够激励行动。2008 年中国发生汶川地震，据统计有 69 225 人死亡。许多家庭的独生子女罹难，悲痛的父母们认为校园建筑坍塌的原因是质量不达标，于是就此向公共部门问责。通过互联网，这一事件吸引了大量关注，相关部门也对建筑质量进行了查验。在印度尼西亚也发生过相似的事件：在网络舆论的监督下，热带雨林的滥砍滥伐现象终于有所减轻。利用众包平台 Tomnod 进行全球动员，利用智能手机拍照发文、发布实时警报等方式来核实当地情况，国际活动家与本土活动家更加紧密地联系在了一起。

第三，互联网为建立新的发展规范铺平了道路。2015 年，美国明尼苏达州的牙医在津巴布韦万基国家公园附近猎杀了当地著名的狮子塞茜尔，这一行为引发了民众强烈的谴责，大型野生动物狩猎也因此再也无法被视作体面的行为。这些抗议浪潮建立起了新的社会规范，虽然不能终止此类狩猎，但是可以防止其进一步蔓延。凭借着互联网媒介，以递增、再生与循环为基础的全新道德规范将会逐步进入人们的生活，乱排乱放的产业行为将受到严厉的谴责。同志权利、素食主义、人体彩绘等通过互联网得到了推动。同理，“零废物”的标准也会通过网络更加迅速地走进人们的生活，并带来更深远的影响。

每个人的数据——新的透明度

经济发展史上最大规模的“搭便车”行为就是对无标价资源的过

度利用，造成这一行为的原因基本在于信息不完备。从前，人们不知道“自己的牛啃了多少牧草”，而现在，牛群移动的模式，每头牛的热量摄入、产奶量和排粪量等所有信息都能以极低成本获取，一清二楚。从前，人们不知道每个企业和家庭到底排放了多少污水，以及污水中的具体成分是什么，而现在，通过遥感技术就可实现，而且成本也微不足道。从前，人们无法得知出行高峰、低峰时期的车流量与道路状况，而现在，17.5 亿智能手机用户提供了实时数据。从前，人们无法得知含有氯化物的有害塑料源自何处，现在溯源已经毫无难度。从前，人们不知道公海中有哪些船只越界进入了海洋保护区或者专属经济区，而现在，通过网络就可以对越界船只进行追踪。大数据是一把双刃剑。在公共领域，信息规划可以有力推动递增性经济的建设，人们终于有机会将资源与自然资本带离隐晦不明的地带，并为其建立产权制度和问责制度、进行量化统计，还可以制裁违规者。数据追踪使自然资本得到了量化与标价。这就使得人类拥有将外部效应内部化的绝佳机会。

众筹与区块链——信任关系的革命

再生性的净正面经济其实代表的是商业模式革命，它需要大量新型资本的支持。众筹模式就使很多初创企业获得了资金，尤其是那些非传统的企业。目前，众筹投资市场价值高达 344 亿美元，许多环境领域的先锋企业，例如 Mosaic 和 Open Utility，都是通过众筹模式募集到了资金。对于筹资与净正面商业模式来说，渗透力最强的创新应该是区块链技术。区块链是数字交易的革命，它使人们不再需要中央管理机构审核、清算交易。

区块链是一个分布式的加密数据库，在共享的开发源代码网络上以数字账本来记录交易。这一技术的应用省去了逐次查验交易的工作，能够节省高达数十亿美元的成本。《经济学人》将其称为“信任机器”。银行以及其他企业已经开始认识到这个新技术蕴藏的巨大潜力。有25家银行最近联合建立了区块链技术公司R3 CEV。得到信任的交易记录对于新的发展作用不小，这类事例不胜枚举。为了让资源能够在技术领域流通，零部件交易就显得十分重要了。但是到目前为止，零部件的质量以及前一使用者的信息都未能获得保障。但是，如果这些零部件附有识别信息，之前的使用者与使用状况也已经录入区块链账本中，那么零部件的价值就可以得到保证。洪都拉斯和希腊的土地登记部门最近已经开始测试区块链技术的应用，它们认为“公地悲剧”体现了人类对最重要的环境资本管理不当，其原因在于没有人为“公地”担负责任，而通过落实更好的产权制度，再加上区块链账本的保障，这个问题就能迎刃而解。另外，区块链技术也为小额支付提供了安全保障机制，能够有力推动共享经济的发展，以及依赖于高频小额度支付的循环经济。更多事例不再赘述。

丰富多样而值得信任的分布式信息、多对多的社交媒体渠道就是新经济最根本的基础设施。这些基础设施为曾经数据匮乏的资源领域提高了透明度、带来了问责制，使无形资产交易成为现实，也使不同参与者在共同利益的驱动下汇集在一起。

第 18 章

新型企业家

高瞻远瞩的企业文化

我敢保证，等到“消费”在社会上成为一个负面词语，再说什么挽救企业必定为时已晚。

——某全球日用品公司董事会成员

大部分的企业高管都发现，企业在 3 个方面的压力与日俱增，迫切需要找到解决办法。第一，竞争愈加激烈，效率方面的提升空间基本趋近于零，时间压力也更大。第二，企业要与消费者重新建立联系，重新确认自己是在为消费者的最大化收益服务。第三，企业还要防范日渐累积的风险，避免巨大的风险在瞬间摧毁数亿资产与百年历史（大众汽车、英国石油公司、雀巢公司、可口可乐公司等的负面新闻）。随着各方面的压力不断提升，摆脱迷局的时间已经所剩无几，企业需要从最根本的层面进行改革。越来越多的人认识到，以“净正面”原则为指引，对产品、供应链、商业模式同步进行创新设计，或许正是走出困境的方法。

不断下降的收益：大部分行业的市场竞争近乎残酷，利润极其微薄。在全球市场，1980 年到 2010 年，利润率一直大幅上升，但现在已经陷入停滞，甚至有下降趋势。麦肯锡全球研究院预测，从 2015 年到 2025 年，企业盈利在全球 GDP 中的占比将从 9.8% 下降至 7.9%。这主要是因为市场准入门槛降低、市场波动增强、经济增速放缓这些因素加剧了竞争的激烈程度。各个行业将朝着创意密集方向发展，创新者必将成为最大的赢家。

品牌的社会意义：大部分老牌企业在发展中竟然也和自己的消费者产生了冲突。2015 年，全球广告宣传支出总计高达 5 400 亿美元，与此同时，企业又在向消费者传递出另一种信息，即增加消费并不符合消费者本身以及地球的利益。可持续发展报告中有大量信息表明，消费产品造成的社会危害与环境破坏虽然在缓慢减少，但仍旧存在。因此，企业传递的矛盾信息就是心理学中所谓的“认知失调”。这种状态不利于长远的发展，企业管理层也逐渐感受到了这一点，并在非公开的场合提出了这个问题。正如迈克尔·布朗嘉特所说，企业需要从“不太糟”的状态走向“良好”的状态，并且重新定义自己品牌的社会影响。

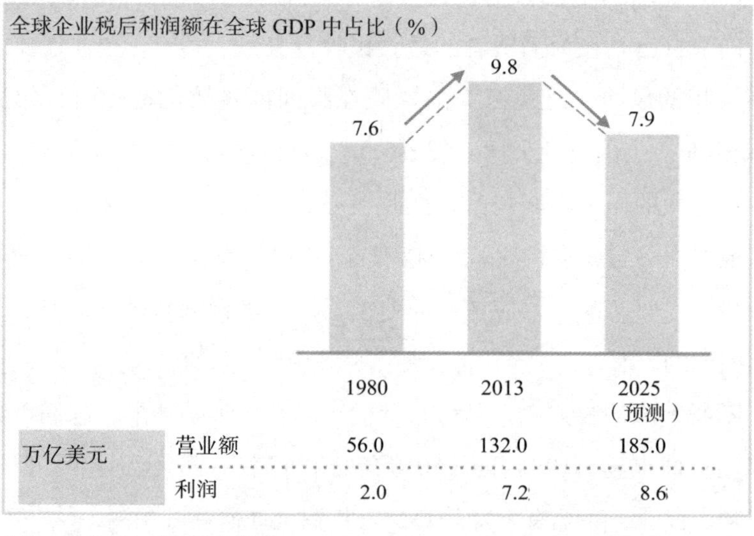

来源：麦肯锡全球研究院数据

图 18.1　未来 10 年中，全球企业的营业额会大幅上升，但是盈利在全球 GDP 中的占比将下降

系统性风险：企业所面临的系统层面的风险也是与日俱增。大部分风险都与资源相关，企业在发展过程中依赖资源，而使用过的资源又返回公共系统以及环境之中，在这整个过程中存在不少问题。大众汽车、英国石油、埃克森美孚和淡水河谷等企业已经在血淋淋的案例中展示了风险所在。对于企业来说，追求有益地球的产品、消除浪费、控制成本显然是正确的。

想要解决当前的问题并不简单。但是，针对全球企业的首席执行官与管理人员所感受到的压力与预感到的风险，作者相信本书所讨论的经济模式就是一条可行的减压排险之路。新一代的投资者与管理人员已经看到了新模式的闪光点。这也是我们对未来抱有乐观态度的理由。

拥抱新规则——走出困境

从迈克尔·波特到加里·哈默尔再到克莱顿·克里斯坦森，管理学大师们的高见不谋而合：创新需要走在市场规范、顾客需求和法律要求的前面。不断变化的商业环境往往潜藏着差异化、套利和风险溢价的机遇。当前的资源生产率受到挑战也正是如此。斯蒂芬·赫克与马特·罗杰斯在其出版的书籍中表示，这是“百年以来最大的商机”。正面、强韧、注重品质与服务的产业理应受到大力推崇，但实际上这些产业却近乎无人问津。新的标准与市场规则以良好的初衷为依托，却遭到企业的抗拒。很多时候，业界人士反对环保法规，是因为他们认为这必将导致行业竞争力下降，会引发企业破产甚至就业岗位流失等问题。这些问题可能会发生，因而应该引起政府的重视，哈特·霍奇斯对美国 12 项最具争议的重大环保法案进行了实证分析，分析结果显示，每一项所产生的成本都比立法讨论时给出的数据要低，大部分仅产生预计成本的1/10甚至更低。例如，消除苯污染的合规成本最初预计的是每个工厂35万美元，但实际成本却近乎为零。美国国家环境保护局于1980年推出的“焦炉排放法案”最初被预计会产生40亿美元的成本，但实际成本不到4亿美元。限制氯乙烯排放浓度上限原本预计会带来每年1.09亿美元的成本，而且会让“整个行业走向灭亡并在经济层面产生极为恶劣的后果”，但是，根据沃顿商学院的回顾性研究，其真实成本为每年2 000万美元，这个数字对于整个行业的影响微乎其微。实际成本与预估成本存在巨大差距，可能是因为一开始就存在估值过高的倾向。更重要的一个原因就是人们低估了清洁技术成本的下降幅度以及清洁技术对生产效率的提升幅度。大部分的案例都表明，最早采用新技术的企业在新的竞争环境下已经获益匪浅。

表18.1 环境法律的合规成本在绝大多数情况下比预期要低

污染物	落实前估值	落实后估值 / 经修订估值	成本高估比例
石棉	1.5亿美元（对制造业及绝缘材料产业的影响总和）	7 500万美元	—
苯	每个工厂35万美元	每个工厂的平均成本几乎为零	—
氯氟烃	1988年预计10年之内减排50%，成本为27亿美元	1992年预测8年可完全淘汰，成本为38亿美元	—
汽车空调系统	每车650至1 200美元	每车40至400美元	63%~2 900%
美国职业安全与健康管理局的炼焦炉排放标准（20世纪70年代）	2亿至10亿美元	1.6亿美元	25%~525%

（续表）

污染物	落实前估值	落实后估值 / 经修订估值	成本高估比例
美国国家环境保护局的炼焦炉排放标准（20 世纪 80 年代）	40 亿美元	2.5 亿至 4 亿美元	900%~1 500%
棉尘	每年 7 亿美元	每年 2.05 亿美元	24%
哈龙	1989 年认为不可能完全放弃使用	1993 年，放弃使用从经济层面和技术层面都已可行	—
垃圾渗沥液	20 世纪 80 年代中期，148 亿美元	1990 年，57 亿美元	159%
二氧化硫	40 亿至 50 亿美元	—	—
露天采矿	每吨煤炭 6 至 12 美元	每吨煤炭 0.5 至 1 美元	500%~2 300%
氯乙烯	每年 1.09 亿美元	每年 2 000 万美元	445%

来源：哈特·霍奇斯

第二次“精益生产”运动

未来论坛、世界自然基金会英国分会、气候组织在英国电信集团的支持下于 2010 年发起了“净正面计划”，这一计划旨在引导企业走向净正面的商业管理模式。计划为企业罗列了 12 条为最终实现“净正面”目标而需要遵循的原则。在过去 8 年中，相关组织与全球各地不同行业的企业展开了合作，并帮助不同规模的企业获得更好的环境和社会效益。合作经验显示，企业需要学习一套基础的技能。一旦能够落实这些工作，企业就能获得新的竞争力。作为项目参与者，作者在与企业管理者讨论这一变化的时候，时常会以“精益生产”做类比。“精益生产”这一理念来自丰田公司，丰田公司自 20 世纪 60 年代起就一直在践行这样的生产理念，20 世纪 80 年代之后，该理念在全球高管层中风行。简而言之，“精益生产”针对的就是企业整个价值链中的浪费问题，它旨在教育各个级别的员工细心寻找并消除不同类别的浪费现象。这一理念广受青睐，因为在该理念的指导下，企业能够洞察曾经未能“看见”的提升空间，从而做出改进。“精益生产”的管理大师新乡重夫说道：“最危险的浪费就是我们不能察觉的浪费。”“精益生产”运动席卷全球，其最初的来源仅是一个潜力无限的新想法、一种供应链与企业运作的新视角。“精益生产”理念带来了各类法规或者补贴措施都未能达到的显著进步；而且，其对创新的长远影响仍在持续，已经远远超出当前人们的预想。

第 8 章提到的 ReSOLVE 框架催生了第一波创新浪潮，其发展成果已经初现，但这仅仅是第一步。全球经济中存在着众多系统性浪费现象，其中的机遇仍未得到应有的重视，因此，ReSOLVE 战略将会为未来数十年的价值创造培育沃土。以清洁能源领域为例，当“市场”认识到其重要性，政策信号也表明社会需要此类发展后，惊人的技术革命将一触即发，社会面貌也将迎来翻天覆地的改变。因此，当全球真正认识到了系统性浪费中潜藏的机遇并开始认真应对时，第二波、第三波的创新浪潮也就必将如期而至，超越想象。

复杂工作的内部化——管理系统层面的变化

递增性经济需要企业进入未知的领域。在这一领域中，消费者意识尚未完全建立，他们仍然心有警惕，资本市场组织松散、欠缺规管，行业标准仍未出台，价值链还在努力优化负面产品，业内监管要么无足重轻要么就适得其反，企业员工对变化充满质疑，也未掌握合适的应对技能。产品或者服务往往需要匹配相应的产业系统，而在这一情境中，创新企业的成果需要适应一个还在缓慢成形的新系统。那么根据交通出行、能源、农业等领域的已有经验，企业如何力争上游，为新系统的铸造尽一己之力呢？

面对复杂的系统层面的变化，很多先锋企业从不同方面入手，例如配套设施、供应链、研发工作、技能培训还有资金等等，将挑战内部化。特斯拉公司自己建立了超级充电站网络，而不是等待公共基础设施发展完备。奈斯派索公司认为，如果要使其畅销产品咖啡胶囊形成闭环，最好的方法就是建立私有回收系统。鹿特丹港与荷兰合作银行、Bikker 咨询公司 、Van Gansewinkel 垃圾处理服务公司开展合作，在国家法律仍对这一问题尚无明确规定的情况下，率先建立起了循环中心，并采取了一系列具体措施来回收塑料、磷和二氧化碳等物质。因为供应原因导致系统难以撼动时，某些企业选择了将研发工作内部化。乐高玩具公司发现市场不能够提供其所需的原材料，于是就建立了可持续原材料中心，着手开发新一代的无毒生物塑料。另外，当前市场也未能为净正面技能开发工作提供充分条件。前文提到的“净正面计划”在这方面提供了有益的指导，艾伦·麦克阿瑟基金会等非政府组织也开始向自身的成员或者公众提供相关培训，以帮助他们建立循环经济意识，“从摇篮到摇篮”产品创新研究所等机构也为此推出了“催化项目”。企业发现员工难以通过公共教育接受合理的技能培训，于是开始在公司内部开展职业教育项目以及可持续发展学术项目。戴姆勒公司就建立起了环保示范与学习中心，对高能效生产的各方面工作提供培训。

在系统层面开拓创新时，企业面临的主要障碍就是资金筹措。面对全新的产品设计、系统结构和商业模式，传统资本市场无法衡量其中的机遇与风险。为了应对筹资缓慢的问题，企业可以利用特许权融资的办法。具体说来就是，先锋创新企业可以不选择债券融资或者股权融资然后变现的模式，而选择为投资者的资金设立特许权，企业向投资者支付 2%~6% 的营业收入作为特许权资金提成，直到金额达到本金的一定倍数为止。当前的特许权融资市场规模为 1 000 亿美元，这种方式运转难度小、风险低。

进行系统创新的企业需要学会打破隔阂。在较为成熟的企业中，不同领域的专家很少需要聚集在一起展开工作，而新系统的铸造有赖于各个领域的进步，产品开发人员、市场推广人员、供应链管理人员、采购人员以及废弃品处理人员在系统创新中，需要定期汇集在一起。同样，在各个企业之间，有益地球的创新工作也需要团队合作精神。企业可以组建联盟，与政府或者非政府组织展开合作，因为后两者掌握着定义未来体系的影响力。无垃圾海洋的愿景、新塑料经济、氢动力出行系统、加速能源转换、可持续发展目标这些工作都需要不同利益方的合作。在系统规划中，与第三方组织展开合作也逐步成了企业的重要竞争技能。

高瞻远瞩——把握企业的主动权

越来越多的研究表明，短时的行为倾向产生于某些短期的诱因。这不仅给社会增加了负担，也会造成经济损失。企业所有者应该把握好企业前进的方向，管理人员也应切实担负起对企业的责任。这一工作的核心在于企业要调整管理体系，专注于长远的利益，以家族企业的传承精神来要求自己。时任麦肯锡全球总裁鲍达民在《哈佛商业评论》的文章中提出了若干策略，比如给予董事会成员更明确的目标以及更多规划工作的时间，董事会与管理层建立更具战略性的对话机制，管理层薪资水平与企业的长远绩效挂钩，管理层人员评估周期延长，管理层（至少）以一年薪水作为投资额，在投资合同的签订中保证长期投资者具有更多发言权。同时也需要促使企业文化转变，首席执行官们不仅需要在业内游刃有余，在社会与私人领域也需要不断提升影响力。当前的现实已经说明，相较于优化短期收益，学会应对产品责任、原料市场、消费者带来的冲击，才更能使企业受益。英国石油公司、埃克森美孚公司、Mozilla 公司（火狐浏览器所有者）、美泰公司等企业的案例已经充分说明了这一点。首席执行官应当成为企业长远发展的守护者与领导者，而不是只看重眼前利益的管理人员。

在追求净正面经济的过程中，也出现了新的趋势与新的视角。2015 年 11 月 24 日，德国保险业巨头安联保险集团宣布，计划逐步退出煤炭行业。这是私营领域的一个大动作，同时也是投资者从化石燃料领域大规模撤离的缩影。现在，已有 2 000 名独立投资人与 400 个组织选择放弃投资煤炭、石油以及天然气领域，这些机构包括位于挪威的全球最大主权财富基金，以及美国加利福尼亚的两家全球大型养老基金，所涉投资金额高达 2.6 万亿美元，可以说这是史上最大规模的股东行动。这是一种由良好的公民意识驱动的行为，也是对消费者与政府的期待做出的积极回应。苹果公司首席执行官蒂姆·库克告诉那些质疑环保工作的投资者，他们如果不认同苹果公司注重绿色环保与长远利益的计划，那么就不要持有公司股票，他拒绝成为“投资回报率的奴隶”。

第19章

变革的益处

螺旋式上升循环

任何物体都处于匀速直线运动或静止状态，直到有外力迫使它改变运动状态为止。

——艾萨克·牛顿

写作本书的初衷来源于一个根本性的问题。2015年当欧盟委员会启动“循环经济一揽子”计划的讨论工作时，有一个问题已经日益引起人们的关注，那就是人类是否能够承担这一场“实验”的成本呢？

作者团队与企业、政府领导展开了合作，在多次讨论、访问、分析中得出了答案——可以。而且，如果不向递增性的财富创造模式转变，现有经济模式产生的成本将是人类无法承担的。作者愈加肯定，资本递增需要尽快取代收入最大化的地位。短期看来，两者似乎相互对立，但从长远来看并非如此。截至目前，所有数据都显示，生态系统耗竭，开采成本上升，资源市场不受控制，全球依赖性更强，消费疲软，外部效应剧增，种种趋势开始影响GDP的增长，今天依旧在持续。有益地球的战略才能够协调经济增长与生产资本、人力资本以及社会资本的长远积累。此类资本的积聚决定了个人与社会能否持续繁荣。为了实现两者的协调，人类不能再执着于维护陈旧的体系，而是要积极创造全新体系，迎接新体系所带来的种种益处。

第一阶段的益处——低成本、高效率、无污染

思维的变革已经展开。过去，质疑循环回收利用、可再生能源、严格的材料标准的成本过高，也无可厚非。就算成本不高，便利程度也会降低。但是在今天，可再生能源、共享模式、零部件回收、视情维修（CBM）、营养物质回收、产业搭配、大规模土地复垦……无一不表明高价之说早已经不住考验。这些趋势都指向了一个循环度更高、再生能力更强的递增性经济。其中益处已经触手可及。

低成本

相较于私家车出行，以共享、电力续航、自动化为特征的全新出行模式使家庭的出行更加自由。按次付费的电动工具、翻新的打印机、可降解餐具、共享办公空间等各种产品及服务的成本都在不断地下降，而且只要管理得当，它们的便捷程度与使用性能也会不断提升。在德国等欧洲国家，产品降价趋势也带来相似的效果。据估算，在革新的零售模式得到大幅推广后，用户所付出的成本大大降低，通货膨胀现象也得到遏制。这会对城市中心地带、供应链和供应源头造成一定的压力，有时也会影响产品质量。本书第二部分提出的新系统能够保证在低成本的同时减少负面的影响。

高效率

大批量的生产与自动化技术的应用使得生产效率不断提升、成本不断下降。但是，推动劳动生产率提高的努力持续已久，而资源市场却越来越不稳定，所以，提高资源利用率才是当务之急。荷兰地毯公

司 Desso 以更低的成本将回收的地毯转化为新地毯；雷诺汽车实现了汽车的再制造；瑞士家具公司 Girsberger 将办公家具回收再利用，节省了投入，打击了恶劣的灰色市场交易；JustPark 技术公司专门管理城市停车区域，大幅提升了交通出行系统的效率。所有的方案都带来了积极成果，供应商与消费者都享受到了更高的效率。

可持续

随着外部成本降低，包括生产商在内的社会整体也会持续受益。在经济发展过程中，交通拥堵造成时间损失，办公空间成本过高阻碍创业，废水处理不当导致矿质肥料流失，氯化物处理耗资巨大……这些都对经济发展造成了不良影响。其源头都是因为产品设计、工业流程存在明显缺陷。

传统的线性发展模式依旧深刻影响着当前的环境监管、供应链、消费习惯，但即便在这样的条件下，作者团队的数据表明，变革在第一阶段带来的益处已经真实可感。那企业怎么没有争先恐后地争取变革机遇呢？利用当前的机遇确实要处理很多复杂问题，企业需要学习新技能，面对新风险，承担较高的交易成本。对于普通企业来说，做出改变的代价确实较高。但是，对于既有预见性又能灵活应对风险的行业先锋，当下的机遇不可错失。

第二阶段的益处——强劲的增长与就业

有益地球的经济会带来新的竞争，并改变生产与分享财富的模式。只要解决资源市场问题，经济长期停滞、就业岗位流失和市场风险等主要问题自然会销声匿迹。这种说法看上去太过乐观，但是，只要辅以正确的宏观政策，第二阶段的益处确实有助于化解经济发展中的风险。

经济增长

前文已经讨论到，GPI、IWI 等其他财富指标的增长在 1985 年左右就开始与 GDP 的增长分道扬镳。GDP 增长与国家资本总额的差距越拉越大，很多国家都陷入了不良增长状态。30 多年过去了，经济增长也开始跌跌撞撞、步履蹒跚，部分原因正是地球资源耗竭。显然，重整地球资本、改革社会体系最终会带来更高的 GDP 增长，这已经是必然趋势。因为在转变过程中，资产的生产效率会提升。值得注意的一点是，研究分析显示，向递增性、净正面资本模式转变的过程中，GDP 就已经得到了提升。具体原因很简单，从经济中剔除结构性的浪费现象将会挖掘出更多资源，并进一步提升资源生产率。例如，人们陷入交通拥堵的时间会减少，价值较低的土地会用于停车，大拆大建的现象会减少。第 9 章讨论到，受到转型的积极影响，欧洲 GDP 到 2030 年会再增长 7%，这相当于每年保持着 0.5% 的额外增速。作者认为，对于欧洲（与其他地区）的政策机构来说，这正是一次绝好的改革机会，其魅力不输 20 世纪 90 年代欧洲的市场一体化。

就业率提升

推行共享模式、重复利用，提升资源利用率，减少农业投入，都会使得初级工业产出下降，相关就业也自然会受到影响。污染减少使得清理工作需求减少，产品设计提升使得监控工作需求减少，交通出行自动化使得事故减少，但这些良性发展趋势同样也会给就业市场带来负面影响。在循环性再生经济中，就业问题确实值得关注。然而，根据未来劳动力研究的元分析结果，真实的情况可能对就业反而是有益无害的。研究指出了循环经济发展过程中需要建立大量基础设施项目。在循环经济中，以非正规劳动力为主的领域将得到规范化。另外，回收、再制造、翻新、再利用等工作都属于服务领域，相比自动化程度较高的工业领域，这些领域对劳动力的需求反而更高。确实，在转变过程中，有部分工作会消失不复存在。采矿、石油开采和天然气开采等第一产业显然需要大幅转型，但是大部分的工作消失并不会在某个领域集中爆发。在每个行业，敏捷应变才能赢得竞争，迟缓麻木必将被淘汰。在转型过程中，政府需要保持中立角色，其不应打击新的发展势头，而是要帮助人们迅速适应新经济模式、获得重要的新技能。为了人民的福祉，政府的作用也应该是推动转变，而不是阻碍变革步伐。

抗震力增强

战后经济起起伏伏基本都与油价密切相关。人类对于资源的依赖在石油市场中清晰可见。20 世纪 70 年代，资源价格居高不下，导致相关经济体爆发危机。但是，能源或者资源价格走低也会带来负面影响：俄罗斯、尼日利亚、南非等大宗商品出口国会受到冲击，资源消耗大国在效率提升方面的投资迟迟得不到回报，甚至还会出现货币贬值等问题。贸易战中重要资源能帮助国家获取优势。石油、磷、稀土金属等资源的交易往往涉及政治成本。净正面经济将会使竞争环境更加公平（当然阳光充沛的国家会稍占优势）、降低市场风险并缓解不稳定状况。

第三阶段的益处——慷慨精神、社会公平与无限可能

在作者看来，递增性经济的益处长久而深远。从稀缺性范式向富足范式转移必将成为影响人类社会的又一大重要变革。当前热议的社会问题可能也会得到缓解，例如社会两极化，对分享财富的恐惧增加。

慷慨精神

资源稀缺并不是导致贪婪的唯一原因，但绝对是重要原因。当然，在如今的讨论中，稀缺资源主要指的是某些特定资源。另外，各类资源的转化都会产生极高的环境成本。地球及其资源，以及人类可以从中获取的财富，都有限度，进一步拓展的可能性也微乎其微，可以说，这样的观点影响了人类对于人口与移民的态度。地球超载日已经提前到了 8 月 13 日，人口的增长预期不断增加——75 亿，90 亿，100 亿，110 亿，这一串的数字引发了更多的不安情绪。面对这一预期，全球出现了各类生育计划项目，这一趋势引发了激烈的争论，也带来了深深的无力感，最终逐步转变为对新生命的倦意，让人类走向了道德崩塌的边界。宣称新生儿是地球上的“不受欢迎人士”可谓创下道德新低，如果这种原本消极的态度转化为更主动的排斥行为，腐蚀人类同情心，后果将更加可怕。然而在欧洲、非洲、澳大利亚、墨西哥等地区，出现大规模移民情况的时候，人们的惯性反应反映出这样的趋势日益明显和强烈。在稀缺资源的范式中，生态系统耗竭，水资源匮乏，碳排放预算有限，人口的流入变成了一种威胁。现在不妨换个视角看看：

如果说从太阳获取的能源就是财富的终极来源，如果每个国家都能掌握方法使资源生产率提升 5 倍、10 倍，甚至 50 倍，并通过高

效的系统来利用这一财富，人类对人口变化的态度又会发生什么变化呢？当能源充裕，交通、住房和工业生产的状况都大为改善时，痛苦、贪婪、焦虑等负面情绪就会自动消失吗？当然不是。然而与此同时，如果人们能够修复生态系统，特别是人口快速增长的地区以及移民的来源地区，如果人们能够有力减缓全球变暖的速度，如果人们能够以更少的生产资本满足更多的人类需求，那么当前某些恶性趋势就能得到有效遏制。慷慨包容的社会文化需要更为富足的经济范式。

社会公平

在大部分社会中，不平等现象日益加剧，在德国、北欧等一贯崇尚平等的地区，也出现了反向发展。不平等现象在美国依旧很严重。而在大力谋求发展的金砖五国中，不平等也成了经济增长不可避免的伴生物。产生不平等现象的原因很多，例如劳动力市场全球化、技术替代人力、资本市场的波动变化。有时候在缺乏监管的资本市场，劳动法律也放大了不平等问题。在递增性经济中会发生什么改变呢？其实很多方面都会发生转变。“产消合一”意味着消费者在消费之外也能生产内容（通过“脸书”平台）、生产产品（通过 3D 打印技术）、生产能源（通过屋顶光伏设备），这意味着价值将从生产者向消费者转移。“产消合一”其实也是前文中“净正面”模式的基础。此外，对于石油、稀土金属、磷、土地、水等资源，无论是哪类资源的拥有者，其寻租行为将得到遏制。近年来，市场力量已经向资源拥有者大幅倾斜，而在循环经济中，市场力量才会从系统层面得到恢复。

再者，发展循环性再生经济，也意味着向知识型经济加速靠拢。传统产业的工作岗位减少，现代化产业的工作岗位增多，其中就包括本书第二部分所列举的工作案例。这些工作机械化程度低，更难以替代，更注重消费者的主观体验，而且也应该会带来更高的收入。另外，在群体、国家乃至全球社会中，环境恶化的经济成本往往是由经济困难的群体所承担的，所以，当越来越多的有毒有害物质与垃圾得到妥善处理，生态原因造成的贫困现象也会随之消失。

无限的可能

递增性经济最具魅力之处在于其激发了人们的想象力，触动了人们对机遇的感知和对未来的畅想。作者团队有幸能与众多“千禧一代”年轻人分享经验。在每次的交流中，递增性思维、循环经济原则对大家思想的触动程度令我们感到惊喜。大家的思路得到解放，经济繁荣与严格治理不再是非此即彼的抉择。在净正面的世界中，创意真正获得了自由。“从摇篮到摇篮”的课程已经被超额预订，有越来越多的合作伙伴想要加入循环经济项目，其工作岗位供不应求。在生产过程中排出营养物质而不是废物，在经济活动中优化地球系统，在发展过程中积累地球资本，这些概念太令人着迷。无论面对我们的同事、学生或是孩子，讨论总是一发不可收拾。这是全新的“爱丽丝仙境”——由技术驱动，由自然规定原则。

脱离了物质依赖的循环经济也有可能无法实现这么多益处。但是，与一味追求规模的工业经济相比，经过良好规划的循环经济必将带来更大的社会福祉。

第 20 章

爆发

机遇的转折点

> 在联盟理事会的所有商议讨论、所有立法工作、所有公务行为中，你必须将个人利益置之度外。如果你的侄子侄女指责你的过错或者不当，不要无视这种警告，而要在伟大法律中去寻找正义与公平的标杆。为了整个民族的福祉而观察、倾听，不仅看重当下，也要关注未来的世世代代，即便他们仍未降生。
>
> ——易洛魁族联盟

人类已经来到独一无二的重要时刻，改变迫在眉睫，新生力量浩瀚无边，变革前景超乎想象，这一切在现实生活中也能真切感受到。作者在与企业高管、公共领域领导者、科学家、朋友、孩子的交谈中发现，多数人在感知新机遇的兴奋中又有一些焦虑，人类的消费、出行、生活，到底会变成什么样呢？在本书的讨论中，作者汇集了大量的事实依据，希望帮助大家了解人类的发展已经来到了关键节点，只要把握时机，这将成为独一无二的发展分水岭。那么，此刻人类又处于什么状态呢？在 20 世纪的发展过程中，人类创造了前所未有的财富，帮助数十亿人口摆脱贫穷，战胜了多种疾病，加强了全球各地的联系，数十亿人过上了更加安全和舒适的现代化生活。然而，在 20 世纪晚期，很多发展趋势开始逆转。这种逆转或者说分歧的开端是 1985 年，此后 30 年间，创新技术与商业平台发展势头强劲。在历史上，这段时期也许是“脱轨期”，从更为乐观的角度看，也可能是“转型期”。第 3 章已经讨论过，20 世纪 80 年代中期后，GDP、就业、真实收入以及收入分配开始出现分歧。与此同时，人类开始逐步认识到滥用地球资源的问题，发现很多错误已经难以挽回。人类自身也暴露于越来越严重的系统震荡中——动荡的大宗商品市场（2008 年的钢铁市场、2014 年的石油市场），极端天气事件（飓风桑迪），供应链断裂（泰国水灾引发供应链危机），地缘政治风波（欧洲难民危机），大型基础设施崩溃（日本福岛事件）。曾经有分析认为，这只是发展过程中的副作用，通过强化法规、完善管理、努力实现可持续性目标等措施就可以予以应对，然而事实并非如此。问题的根源是经济模式一直依赖于开采和开发资源。这一模式的成本开始超越其收益。甚至在很多领域、很多地区出现了不良经济增长。

前文讨论到，在资源密集型发展模式下，收益已经大幅下降。好在自 2016 年起，出现了能够适应新现实的增长模式（也正是本书的核心信息）——眼前已然在进行的技术与商业模式变革，辐射到媒体、金融服务、电信行业，并逐步进入能源、交通领域，还进一步向所有的工业领域、农业领域、生态管理领域蔓延。新系统以惊人的力量从有限的资源中创造财富，保守估计，资源生产率将提升 3~5 倍，超越历史水平。我们变革的最终目标不仅是资源生产率更高的经济，更是有利于地球的体系、全新的竞争动态还有全新的发展规范。

本书阐述了行动的理由以及不行动的代价。另外，还描述了眼前的转变。这个时代将充满创造性的破坏、颠覆性的设计、传统理念的检验和丰富的实验，经济价值将会在各个参与者之间转移，保守迟缓必将付出巨大的代价。为了实现目标，新的设计原则必须取代陈旧的原则，新的规划必须足以应对变革的爆发，真正的领导力必须替代短视的管理行为。本书也就此提出了建议。新的递增性系统需要建立充足的可再生能源、“从摇篮到摇篮”的材料库、基于循环再生原则的高效工业体系这三大支柱以满足人类的需求。这些基础工作将会由下一代人接手，他们将创造自己所期待的未来。

在人类历史中，质疑、混乱与焦虑的阶段总是与蓬勃发展的势头、众志成城的亢奋状态交错出现。这些恰恰都是重要的转折点，只不过有时向坏，有时向好。此书的目的就是要指明人类当前面临的重要机遇。错过了，那将是全人类的损失。昂扬斗志，放手一搏，正当此时。

第五部分

附录

5

附录 1

势在必行的转变——五种视角

本书描述的转变需要循序渐进，但有别于以往，这一次是系统层面的转变，其涉及创新技术、个人行为、行业行为和治理系统，当然，还有社会规范。为了得到全面的理解，作者团队采访了来自不同领域的 5 位领导者。选择这 5 位接受采访的原因在于他们以不同的方式影响了人们的工作与思考方式，每一位受访者都极具颠覆性思维，并在各自的领域积极推动着变革，对于当前的工业模式，他们一致认定需要进行深刻而彻底的转变。5 位受访者的观点对本书许多内容深有影响，这里将最原始的采访内容呈现出来，以确保读者们能够获得最全面的有益观点。对话过程有所删减，但仍尽可能地保留了原始的语句。各个采访分别强调了转变中的其中一面，它们结合起来便构成了有益的颠覆。

• 让 – 马可 · 迪瓦森是奈斯派索（胶囊咖啡机品牌）的首席执行官，该企业已经完全颠覆了咖啡价值链，建立了新的商业模式，实现了咖啡的去商品化，使整个价值链受益。迪瓦森讲述了奈斯派索实现“净正面”的前景，同时也谈到，对于企业来说，传统商业模式本身就存在盈利与环境的冲突，轻微的调整并无太大用处，建立有益于环境的颠覆性商业模式才是解决问题的关键。

• 海因里希·贝特福德–施特罗姆主教是德国基督新教的主教，也是全球新教的非正式领袖。他指出，发展有益于全球的经济必须要进行“改革”，这关乎人们的心灵与灵魂，也与人们的收入息息相关，他还认为，社会规范与经济刺激手段也需要同时改变，以确保转变获得成功。

• 尼古拉斯·斯特恩勋爵撰写了《斯特恩报告：气候变化经济学》，他是全球著名的气候变化经济学家之一。他强调生产效率、循环材料以及清洁能源是有效应对气候变化的重要工具。他也阐述了清洁健康的环境在未来会成为城市与国家的关键竞争优势。

• 迈克尔·布朗嘉特是著名的环境思想家，本书不断提及的“从摇篮到摇篮”概念正来源于他。布朗嘉特将眼前的转变视为巨大的工业创新机遇，认为其除了造福环境，还会带来当前经济正需要的变革与复兴。

• 穆罕默德·尤努斯是一位社会企业家，也是诺贝尔和平奖得主，他支持以小额贷款推动经济与社会发展。他说，经济模式应该反映出人性中无私与自私的两面，而不仅仅是后者。尤努斯认为创新与技术的巨大力量将成为新模式的基本构成要素，但他也感觉到，当前创新工作的方向有误，如果创新能够聚焦于当前的社会问题，如果良好的“社会技术”能够得到开发，那么结果将非同凡响。

奈斯派索公司首席执行官让–马可·迪瓦森的采访记录

问：对于您来说，环境问题是重中之重，那么奈斯派索为此采用了什么战略呢？

答：可持续性在我们的商业模式和品牌价值中根深蒂固。实现的方式就是创造共同价值，我们要确保消费者和企业受益，更要让农民

受益。通过“AAA 可持续质量”项目，我们与全球 7 万多名农民展开合作。公司派遣了 300 多名农学家到咖啡种植国家，一对一地帮助当地农民，以确保咖啡种植在品质、环境保护、社会影响等各方面都符合最高标准。因为这些农民的咖啡豆品质非常高，我们所支付的价格比市场价高出 30%~40%。

因为关注品质，所以我们才会将咖啡“去商品化”，以确保消费者和农民的利益。消费者可以准确了解咖啡豆的来源，我们在咖啡与农民之间建立起直接联系，因而消费者可以更好地了解奈斯派索创造共同价值的理念，更加关心咖啡种植群体的状况。我们相信这会对消费者的选择产生重大影响。

另外，我们也减少了供应链上的碳足迹，在铝制胶囊的生产中寻求更好的循环利用方案。经常有人会问到铝材的问题，答案是我们经分析发现，铝材包装能最大限度地保留咖啡的新鲜度与香气，而且可以无限循环。我们鼓励并积极推动全球的循环回收工作，在“胶囊”包装的生命周期问题上也正在实验新的应对方法，未来几年可能就会扩大规模。“定量咖啡”的整个产品周期其实就是资源效率的体现——用定量的咖啡和定量的水来煮一杯奈斯派索咖啡，而且我们的机器非常智能，水的加热与保温都不会过度，都是刚刚好。因此，“定量咖啡”相比于滴滤咖啡其实更加环保。

问：企业竞争力与环境保护可能存在冲突，这引发了很多讨论，您怎么看呢？企业采取积极的环保措施是否合理，市场份额会不会被那些不积极的企业抢走呢？

答：两者之间的关系确实不好处理，如果企业只有短期视角，希望迅速获得收益，这个关系确实很难处理。但是如果以长远的视角来衡量，这个紧张关系就消失了。可持续性与竞争力是互补的，是相辅相成的。可持续性企业行为已经成为提高企业竞争力的必备条件，在未来，消费者、政府和金融市场会在这方面提出更高的要求。

关于竞争力的讨论，我觉得还有一个方面被忽视了，那就是人才问题。在就任奈斯派索的首席执行官之前，我是雀巢公司的人事部主管，那时候为了确保雀巢公司能够吸引青年才俊，我耗费了不少心思。如果想要招聘到最佳人选、留住人才并使他们团结，那么企业一定要有责任心，要与员工有一致的价值观。良好的企业价值观在招聘市场上绝对是主要竞争力。

问：奈斯派索显然是咖啡价值链中的“颠覆者”。对于创造有益全球的经济，您觉得行业颠覆在其中有何作用呢？

答：我认为，当今很多颠覆性企业都是可持续发展领域的开拓先锋，这绝对不是巧合。这些企业找到了方法来大幅提升生产效率、重塑价值链，与此同时，它们也造福了环境。

我一再强调，奈斯派索的商业模式必须支撑可持续发展，这点不容妥协。随着我们的企业进一步发展壮大，我们与传统市场的咖啡交易的差别越明显，可持续发展的动力也越强劲。这是一个良性循环。

颠覆，并不是一蹴而就的简单工作。 如果总是讨论权衡，如果认为可持续发展是负担，那不可能有所成就。颠覆力量会迫使企业重新衡量自己的战略和商业模式，我也提到，改造自身也会为企业自身以及社会、环境带来好处。

问：像奈斯派索这样的企业在实现“净正面”目标的过程中能走多远呢？我们在书中描绘的愿景对于您的企业以及相似企业来说是否

符合实际，毕竟这些企业都是以实体产品业务为主，又依赖于相当复杂的国际供应链。

答：我认为，这个愿景是符合当前的趋势、符合实际发展的。当前，我们已经可以直观地看到并控制奈斯派索的环境足迹，我们还在很多潜力巨大的领域都取得了进步。对于是否需要为公司设定“净正面”目标，我们已经进行了深入的调查，经分析总结可以确定，这绝对是可以实现的。奈斯派索有决心也有能力去实现这一愿景。

对海因里希·贝特福德－施特罗姆主教的采访记录

问：您认为社会深层有什么重大的转变将会影响当前逐步展开的一些变革？

答：我认为是不确定性增强。世界不再像从前那么简单，在东方与西方的冲突中，以前只有两面，而现在有了很多很多面。叙利亚的局势就是典型事例，多方角力，没有人能找到解决办法。其实，这样的例子还有很多。当前的问题错综复杂，很多人已经无法理解。但与此同时，在德国，也有越来越多的人认识到必须做出某些改变，尤其是生活方式和商业模式方面的改变。除了德国，看看巴黎气候变化大会，这一点也是越来越明显，当前的商业模式是无法让贫穷国家脱离贫穷的。当前经济对资源的要求也越来越高，资源的储量也越来越难以维系经济的发展。世界自然基金会计算了不同国家的资源需求，最后的结论就是，如果当前的经济

与商业模式不改变，那么到2030年需要两个地球的资源才能支撑人类发展。在气候研究方面，我们发现，学术研究的成果经常出现在各种政治辩论中，也逐步进入了人们的生活，不过最重要的还是政治决策。宗教人士讨论气候问题已经有数十年了，包括二氧化碳排放目标在内的那些数据在20世纪90年代时就已经出现在宗教文件中了。后来，政策文件中也出现了这些数据。

问：那么前景是比较乐观还是比较悲观呢？

答：作为宗教界领袖，我个人感受就是经济领域的领导者需要我们。双方都希望能够展开对话，因为这些话题至关重要。对于我来说，这就是希望的信号，这就是正在发生的重大转变。在社会发展与生活方式方面，人们将迎来大转变，而这与商业模式息息相关。眼前的任务就是思考如何应对这个重大转变。

问：很多人告诉我们，如果没有经济层面的理由来支持变革，那就等于没有变革的理由，大家是不会行动的，甚至都不会跟从引导。所以要么为了经济原因行动，要么不行动。但是您说的有所不同，您觉得支撑变革的还有道德、政治、法律、精神层面的各种原因。那么人们是不是过分强调了变革中的经济因素？

答：是的，我认为存在过度强调的危险。我知道经济因素的重要性，例如价格因素等。我也知道，德国在环境问题上的工作，从提升公众意识的角度看，确实成果显著，但如果是从资金投入的角度分析，其效果十分有限。因此我很清楚对于低收入人群来说，经济因素是十分重要的。我认为，思想和道德信仰对于人们的意义也十分重要，只是存在程度上的差异。思想道德的力量也推动了历史。

问：在推动变革的过程中，借助经济上的理由是否对变革有帮助呢？还是说会造成反面效果，即贬低了地球的价值，将自然商品化呢？

答：我认为，应该寻找两种动力的共通之处，人们内心知道什么是正确的事情，但不一定会做，这也就是《圣经》中说的“原罪”。在以道德为基础的准则之外，可以用激励机制的准则作为补充，帮助人们识别正确的目标。我认为，教会不应只是草草勾勒出人与自然和谐相处的画面，最理想的情况应是思想道德和精神力量都足够强大，能够让人们有意念坚持自己的行为。

但是，更为现实一点的是，我们也需要考虑到大部分人都比较短视，因此也要结合激励机制。道德思想对于某些人群的影响力较弱，我们需要想办法让他们也能采取行动。例如，生态税收就是一种办法。产品价格应该体现出其在生态方面的影响，缴税标准也应该考虑这个因素，这样，人们就会减少对某些产品的消费。在这类税收政策下，生态价值更高的产品会更加便宜，消费者的购买行为也会得到有效和正确的引导。这个方法就体现了如何利用合适的激励方法支持道德理念，其实这样的例子还有很多。

问：有没有什么历史经验或者生动类比值得当下的人们学习呢？什么时候才能够实现真正的转变呢？

答：我当然希望以自己最熟悉的历史来说明，那就是 500 年前的宗教改革运动。宗教改革运动当时带来的改变超出了人们的想象。当时的教会作为判别善与恶、天堂与地狱的上帝代理人，概括而言，其权威绝对不容置疑。教会是社会系统的核心，大家都认为没有教会自己就不可能得到救赎。

随后，马丁·路德提出了“唯独基督”——只有耶稣基督在生命中有决定性意义。他认为，教会很重要，但是在救赎方面，并不能起到决定性的作用，民众自身与耶稣基督的关系决定了救赎。路德描绘了“幸福的替换”，即当一个人没有了心理上的负担，不再害怕地狱与永恒的黑暗，他的内心就获得了自由。这是真正的变革，其意义非同凡响。在此之前没有人能够想象出这样的变化，而改革运动改变了历史，改变了许许多多的人。这是教会的一个例子，在全世界以及人类历史上都具有重要意义，而且超出人们的想象。

问：那么就当前的生态危机来说，可以从中学习到什么呢？你觉得是否应该设定一个具有吸引力的状态作为目标？还是说鉴于各种情况不尽相同，应该创造更多的“铺路石”？

答：我们不应该低估的第一件事就是人类行动的各种可能性。宗教改革之前谁能想象到，来自威腾堡的一个小修士就能改变历史呢。这个事例就能激励那些希望改变世界的人。他们可能常会听到：“你太天真了”“你就是个理想主义者”“你永远不可能改变世界”。我不这么认为，人类的行动可以改变世界，也许“你”就可以。

另外一点就是如果想要改变历史，首先要打动人心。仅有雄厚的资金和明智的想法还不够，一定要触及人们的灵魂。 在生态方面的变革，可能还需要第三个因素，那就是改革压力。马丁·路德进行改革时，他的压力来自人们的恐惧。人们害怕瘟疫和疾病，末日降临的感觉、对地狱的恐惧折磨着人们。而马丁·路德的新教义解放了他们的灵魂。

如果要触动灵魂，第一，要创造一个愿景。教会在这方面可以发挥作用。我们需要一个能够触动人们内心的愿景，让人们认识到那是他们想要的生活。这可能听起来有点天真，但我依旧相信，当人们知道自己与其他人类或者非人类不再处于冲突关系中，会感到更加幸福。宗教信仰能够为这样的愿景提供更多支撑。我的愿望就是教会能够超越过去几十年的局限，惠及更多的人。还有就是年轻人能够理解生命中不仅仅只有金钱。物质财富从短期来看诱惑很大，但是深层的幸福来源于精神基础。一项关于幸福的研究结果已经清晰地显示，幸福的要素与《圣经》中的内容密切相关。研究提道：“尝试带着感激生活”，这是《圣经》的中心思想。每个祷告者都要心怀感恩，感恩生命，而不是将生命中获得的一切视作理所当然的，如果能够这样想，那么将会带来很大不同。

第二，人们需要学会原谅。“天父原谅我们的罪过，我们原谅得罪我们的人。”这也是教义核心之一。第三，活在当下而不要焦虑未来。这里可以再次引用《圣经》中的语句：“看天空中的鸟儿；它们不需要播种，不需要收割，不需要存粮，但是仁慈的天父会喂养它们。因此，不要焦虑。”这也是同样道理。我认为，与过去相比，宗教信仰在现代生活中起到更为关键的作用。这股力量能够强化未来生活的愿景，也就是人人都能够有尊严地生活，同时自然环境也不会受到破坏。这样就再好不过了。这是我最大的愿望。

问：最后一个问题，您对于未来愿景中最具体的期盼是什么呢？人们的生活是什么样的呢？

答：我认为，消费会减少，所以物质产品也会少一些。人际关系会是生活中更为重要的一部分，因为缺乏人际往来是导致高水平消费的原因。人们不再需要利用消费来弥补缺乏人际交往带来的空虚，同时也能改善与自然环境的关系。人们会意识到，他们可以骑车出行：享受骑车的过程，并且不会增加二氧化碳排放，相比开车，他们会感受到更大的幸福。

当将来的人们回首现在，循环经济的特色是再平常不过的事情，这种循环经济有益于人类，成本更低，而且也不会产生垃圾处理的问题。唯一需要面对的就是过去的“原罪”。100 年前，人们为什么制造了垃圾？他们为什么要那么做？这么危险的材料在上百万年的时间内都会持续存在，持续威胁人类。这些是未来的人们会思考的问题，就像今天的史学家会思考为什么人们选举出来的领导人后来成了独裁者。

尼古拉斯·斯特恩勋爵的采访记录

问：鉴于近几十年的巨大变化，很多根深蒂固又老生常谈的问题，例如碳排放密集型以及材料密集型的经济发展，都可以在系统层面以及实践层面进行转变，值得欣慰。您会以什么事情做类比呢？

答：我会从两个方面寻找类比情况。第一个是我亲身经历的事情，第二个是经济发展史中的情况。

我个人经历的事情就是印度北部的绿色革命，即大举投资灌溉技术。因为印度进行了土地改革，耕作群体对土地拥有了更大的权利，也就更愿意进行投资，尤其是在灌溉方面。随后体制层面也出现了法律法规的改革，带来了很多其他益处。

农业灌溉方面的变化实现后，其他发展也就接踵而来，很多人开始投资抽水设备的维护，并参与机械化的过程中。人们的收入增加了，于是开始建房子。那些最开始参与农业发展中的人又学到了新技能，尽管不是什么高科技，但足以帮助他们进入房屋建筑行业。

在这个事例中，如果要找出促进了发展的因素，那就是体制变化以及与水泵相关的技术变化。最终影响巨大。这一改革最早开始是 20 世纪 50 年代，到了八九十年代已经逐步拓展到农业之外的各个领域。我作为研究人员也近距离地观察了其中的发展变化。

问：那另一个类比呢？

我个人比较偏向于经济学研究而不是经济史研究，不过这里有一个来自经济史的类比。我们都需要从经济史中学习，尤其是克里斯托弗·弗里曼的作品，他为技术历史撰写了很多文章，很多都受到了约瑟夫·熊彼特的影响。

弗里曼认为，第一波技术发展浪潮出现在 18 世纪下半叶，那时机械化即将起步；20 世纪还出现了两次技术发展浪潮：汽车的大批量生产和世纪末出现的数字技术。

谁能确定我们正走向何方呢？可能我们即将迎来新的技术浪潮，但还没有人可以确定。我虽然不是历史学家，但是我想到目前为止应该至少有五次技术浪潮。接下来的应该是第六次，其中包括数字内容、生物技术、循环经济、气候变化和能源改革等。我想，这次变革将会超越其他所有同时发生的事情。因此我觉得人类正处于经济发展历史中最激动人心的时期，特别是目前气候变化迫切要求人们对城市和能源系统大幅投资。在气候问题上，我们的回旋余地非常小，建立新的能源系统已经迫在眉睫。

问：听起来您十分相信科学技术，但是阅读您的书籍后，我发现您并不认为技术本身能够“修复”问题。您认为，有什么机制能够让技术融入社会经济的过程更加顺利呢？

答：有，它们是技术、社会化以及稳健的经济政策。印度的土地改革和社会改革是在独立自强、政治稳定的基础上逐步形成的社会变化。随后才有了其他技术的发展，以及更良好的经济政策。其实这种变化发生的速度并不快，但是这些趋势都是相互联系的。

我认为“技术修复”这种说法不太有利于解决问题。但是，我确实承认技术是当前很多问题的病灶，例如效率、可持续性、回收、翻新等等。技术使得各种各样的社会变化成为可能。共享模式的崛起就是由技术推动的社会变化。所以说，我认为“技术修复”听起来有点不妥，但是与其他趋势结合则会带来重大成就。所有的社会组织都会将政策转化为刺激经济的措施，而且它们在这方面也做得越来越好。

问：哪些地区更有利于实现这个结合呢？是应追求良好的技术发展，还是要让社会适应含有政治因素的经济发展？经济发展是偏向硅谷模式，还是偏向北欧模式呢？

答：没有哪个地方是完美的。新加坡或者北欧国家也有很多趋势仍在结合，而一些人们普遍不看好的国家现在也开始出现了转变。

譬如说，墨西哥的税制改革和能源政策优化相互结合，让人们看到了发展的希望，而波哥大（哥伦比亚首都）这类城市，现在正在就快速公交系统进行技术创新，这又依赖于公共交通与信息的管理。

虽然当前变革还处于国家层面的早期发展变化中，但正因如此，在我看来，其包含的潜力非常巨大。虽说是早期，但还是出现了很多鼓舞人心的事例，而且非常具有感染力。

问：本书想要强调的观点就是整个工业发展引擎一直严重依赖资源，除了“去碳化”，我们还提出了第二个要务，那就是“去物质化”。您在气候变化方面的经历无人可比，那么您觉得我们有没有机会更快地推动这个议程呢？

答：应对气候变化的行动迫在眉睫，而且时间非常紧张。能否将升温控制在 2 摄氏度内，取决于未来 20 年中人类的行动，尤其是城市地区的人类行动。从现在到 2050 年，城市人口会从 35 亿增长至 65 亿，随后增速才会放缓。那么城市的构建就显得尤为重要了。我们要采取完全不同的方式，大幅提升效率，大幅减少碳排放。

这种转变一定程度上也会对经济中的资源利用产生影响。其实有很多方法可以实现这种转变，例如提升效率、推动共享、提供扶持等等。这个问题需要通过在系统层面有效结合各成分来解决。很明显的一个例子就是电力供应。不同供应商供应的电力要融入一个电网系统中，这一融合工作要与需求相结合，我们可以通过比以往更加细致的工作在这个融合过程中施加影响。

另外一个例子就是交通。公共交通、私人交通、无人驾驶汽车在良好的管理下正在融入一个新平台。数百年来，公共交通与私人交通的管理一直是分离的。随着数字技术的发展，信息管理的发展，交通领域也将发生变化。当拥有了更充足的信息、更强的出行能力，人们在城市中心的出行也就更加便捷。

材料系统中也有很好的事例。建筑中的钢材使用存在很大的转变机遇。截至目前，在大部分的建筑中，钢材都被包裹在混凝土里，因而拆除建筑时，很难把钢材分离出来。所以，人们将来可能需要找到钢材的替代品，或者开发出新的系统来分离这些材料。

问：在您看来，这样的变革能否引发高效竞争，不同地区是否会争相实现变革呢？您认为最乐观的前景是什么呢？就算某些想法看似还很难实现也可以。

答：我认为，国家之间、城市之间，形成竞争关系十分重要，尤其是后者。在当今世界中，资本是流动的，劳动力是流动的，思想是流动的，信息是流动的。那么，你要去哪里呢？你会选择到创造力丰富、生产效率高的地方工作，你会选择空气新鲜、交通便捷的地区工作和居住，你会为孩子选择安全舒适、教育水平高的地区，让他们可以享受五彩缤纷的文化体验。

所以，城市的规划需要考虑人们的生活、工作、健康、娱乐，这是非常重要的。规划良好，城市就会迎来繁荣。所以，我觉得城市之间的竞争在很多方面都能够推动更大的成功。如果城市在这些方面没有做好规划，未来必将衰落。

迈克尔·布朗嘉特的采访记录

问：您会用什么类比来说明深层的系统变革是可以实现的呢？历

史上出现过什么相似的状况吗？

答：欧洲在未来技术方面失去了重大机会，比如基因工程、纳米技术，错失的原因各不相同；在电子技术方面，一开始我们就认为这和欧洲没有关系，因为中国和日本的企业承担了这些工作。在数字化思维、数字化工作方面，我们也错失了重要机会。

在基础设施方面，我们与其他国家相比，可能落后了15~20年的时间。我们现在能做的就是让事情变好，而不是让糟糕的状况得到一定缓解。我们可以重新设计产品，以走出40年来的恶性循环。我们可以用数字化思维测试新产品。“从摇篮到摇篮”的思维有重要意义。我们利用材料时，技术圈和生物圈两者都需要考虑。

为了实现这一点，需要新的精神，需要强化物料管理，需要从消极角度去反思环境问题，从而找到创新的切入点。这种情况下，循环经济的理念大有作用，也会给欧洲国家带来竞争优势。

问：您参与这些问题的讨论已经有30年了，除了数字化之外，政治、企业、社会等方面还出现了哪些变化？当前有什么已经不一样了？

答：要知道，所有伟大的思想都需要时间来证明。移动电话和互联网分别经历了50年和40年，才最终得到普及。所以我们要耐心地去学习和证明。

这不是道德问题，而是质量问题。这不是责任感的问题，而是创新的问题。人们有机会去展示新的创新过程，例如，通过循环经济的模式，或者通过“从摇篮到摇篮”的思维。最有意思的事情就是在社交网络的世界中，年轻人——喜欢自拍的年青一代，他们想对自己的所作所为感到骄傲自豪。对他们来说，社交网络对其的认可至少和金钱一样重要。那么，制造垃圾为人所不齿，没有人想在社交媒体上以这种形象出现。这是一个巨大的变化。

问：您觉得我们的生活方式在 20 年之后会是什么样的呢？当前人们的何种行为会让将来的人们摇头叹息呢？您能谈谈比较乐观的未来生活吗？

答：1986 年，学生们在分析电视机的时候，我问道：“你们希望拥有 4 360 种不同的化学物质还是拥有一台电视机？”那个时候我是从共产主义的视角出发，针对所有制提出了这一问题。在冷战期间，我们非常注重个人所有制，那可以说是一种信仰。但是受到冷战时期影响的那代人现在基本退出历史舞台了。现在的年轻人，懂得了服务更加重要。接受服务可以让人们比自己持有某商品更加舒适。因此，现在就出现了很多新形式的产品。这个转变比我预想中要快得多，年青一代现在更喜欢使用商品，而不是非要拥有商品，这个理念非常好。优步、爱彼迎之类的企业提供的就是服务。它们很早之前就已经启动了这项工作，但是现在的创新趋势迎来了高潮。

问：那是不是说我们需要经历后物质主义的疲乏期，然后才能迎来新的服务与消费模式呢？如果是这样，中国和印度什么时候才能够真正加入这个趋势？

答：首先，这不是“去物质化”，这是“再物质化”。这不是追求“零物质”，而是关于物质与服务的关系。3D 打印材料对人类健康和环境都很危险，数字化时代的物质基础非常薄弱。

所以，这不是说要减轻危害，而是要对自己所拥有的感到满足，是要发扬慷慨精神，是要让大家学会感恩，而非执着于减少 10% 的伤害。当你质疑人类在这个地球上的存在时，当你认为没有人类地球可能会更好时，人们会变得更加贪婪，更加愤怒。当人们有了安全感，有了归属感，才会变得更加友好，即使最贫穷的人也会乐于分享。理解这一点很重要，地球上很快会有 100 亿人口，我们不应把人当作负担。如果把人口视作负担，人们的行为就会向这个方向靠拢，如果把人口视作机遇，其行为又会往这个方向上靠拢。

在肯定了“从摇篮到摇篮”理念的学校中你就能发现这一点。瑞典和荷兰的学校中已经完全消除了破坏公物的行为，因为孩子们得到了尊重，他们希望成为正面的榜样。

问：也就是说，人人都有潜力，这一点我很明白。那在这个竞争中，谁会成为赢家呢，具体来说，会是哪些国家或者哪些企业呢？

答：首先，在欧洲，尤其是德国，有大量资金用于鼓励“不太糟”的行为。例如，人们为了减少打印产品中的有毒化学物质，投资了很多很多钱，有毒化学物质的数量从 90 种下降到 50 种，但实际并没有带来什么好处。你想一下，一个人被枪击 50 次和被枪击 90 次有区别吗？我们要从目标的角度进行思考，从效果的角度进行思考，而不是在本来就很糟糕的事情上谈优化，如果一开始就是错的，再怎么努力也是错的。

我们要从源头上确保生产的是健康产品。因此，我们需要重新确立目标。这和效率没有关系，这是效果的问题。举个例子，从传统意义上讲，东德曾经的环境保护工作要比西德的好得多。这一环境保护系统就是低效的，他们甚至连武器都没有摧毁。

25 年前两德统一时，我正在德国北部，眼前的一切令人泪目。那里简直就是农业荒漠，虽然有相关环境法，但是受高效的“破坏行动”影响，环境得不到保护。我们需要重新思考全新的理念，以及如何管理人类在这个地球上的活动。

我们需要完全不同的农业，未来的赢家应该是以都市农业为主的。我们的饮食应该从食物链的底端入手，我们应当充分利用藻类、细菌、菌类的作用，在未来，牛肉应该是周末享用的大餐，而不是日常饮食的一部分。

我们需要学习更加有效地维系社会发展。患有慢性疾病的人群，例如阿尔茨海默病患者等，应该得到更多的关注；现在这些人群大都在养老院或者医院过着越来越没有尊严的生活。如果做到了这些，我们就会成为未来的赢家。

我们要知道，错误的东西不应该再优化。例如，轮胎的使用寿命比 30 年前更长了，可能是之前的两倍，但是轮胎中的橡胶粉尘是十分危险的物质，极其不利于人类健康。以前，橡胶可能会对道路上的环境有影响，但是现在橡胶粉尘被吸入人体，这是极其糟糕的。我们经常消费的东西应该得到创新，例如鞋跟、刹车片、轮胎等等，这些产品的设计过程应该充分考虑最终如何将这些产品再融入生态系统中。

问：那么在年轻人口不断增长的社会中，您的最优预期是什么呢？整个改革议程的临界点出现在哪一年呢？

答：目前，我们正在不断失去活力，因为我们所做的事情其实中国和印度也能做到，而且成本更低。可能到了某些节点，我们将不再能够改变整个系统，因为我们将不再拥有合适的技能。

举个例子，我们花了 24 年的时间才开发出可以降解的皮革。在过去，全球 20% 的铬用于皮革鞣制处理，而 2009 年时，罗伊特林根的最后一所皮革鞣制学校关闭了。现在已经没有大型的（铬）鞣制公司了。宝马 I3 纯电动车使用了天然的植物鞣革，现在每一台宝马新车用的都是这种皮革。许多领域将面临重大变革，而这些变革所需的技能我们可能很难掌握。我们必须现在就行动起来。

临界点可以从两个方面说，我们可以在接下来的40年中以责备与羞辱的方式来刺激创新，又或者我们可以努力成为印度和中国的创新模范。德国慕尼黑对于很多游客来说就是一个博物馆，如果其未来也能成为创新博物馆那就更好了。而且，如果我们没有展现出良好的示范作用，整个系统就会自我毁灭。我们必须以身作则，绘制出良好的改革蓝图，因为我们已经等不起印度和中国再用40年的时间以责备和羞辱的方式刺激创新了。

所以我们迫切需要改变，当前系统的活力正在一天天耗竭，如果还是以传统的糟糕产品在国际市场上竞争，成本还不如其他地区低，那么我们很快就会失去自己的强项与优势。

为了全球的未来，我想，变革的时刻已经到来。

穆罕默德·尤努斯的采访记录

问：您在哪些方面看到变革已经发挥了作用？哪些方面在思想与行动上出现了巨大的转变？哪些新的社会标准得到有效建立？我们应该学习哪些范例呢？

答：我以可持续发展目标为例，其中共包含了17个大目标，169个子目标。我们要把这17项目标的达标情况当作成绩单。在学校里，成绩单可以展示你的学习情况，而可持续发展目标的成绩单则展示了整个地球的情况。这些都是人类自己创造的东西，当然也有我们犯下的

错误。

我看着这些错误，会想人们哪里做错了，怎么会产生这些问题，然后想想如果 2030 年之前，人类奇迹般地实现了所有目标，那么全世界人民肯定会为此大肆庆祝。那新的问题就来了，怎么确保那时候的人们不会重蹈覆辙呢？同样的发展模式，还是会带来同样的问题。稍不留神，那些问题就全都回来了，甚至会有更多问题出现。因此，我认为目标很重要，但是更要注意问题的根源在哪里，从源头解决，这样才不会重蹈覆辙。

只要经济还建立在欲望的基础上，发展机器就依然坚挺，依然能够带来最原始的东西，即更多的金钱。即使有一些调整，有一些表面的变化，但是整个机器的目的仍旧是产出更多的金钱。

我认为可以从这个道理中获得启发。正因如此，我们需要理解最根本的人性。人是贪婪的，欲望没有尽头，就像一个小孩子在玩具店里会不停地拿玩具。之所以出现这种不断索取的行为，是因为人类创造了企业——还要将企业利益最大化。为了让商业更贴近人性，我们要看到人性的两面，即自私和无私，然后在这个基础上发展企业。只有这样，企业中无私的一面才能变得越来越重要。

问：那看来今天已经出现了这种情况，对吗？

答：当前已经出现了，但是未来可能会变得更糟。现在，62 位富豪的财富总和相当于全球半数人口的财富。重新利用资源能不能解决这一难题呢？不能，因为我们并没有改变“机器”本身。机器会不断地吸收能量，它是不会自己停下来的。只有重新定义“商业”，才能让其他方面的改变有意义。

问：您的意思是，我们不仅仅要重新规划政治、经济，整个社会和文化都需要改变？

答：基本涵盖所有东西。当财富开始聚集，权力也会聚集，两者息息相关，共同掌控着社会发展。

问：您分析了这些问题的解决方案后，提出最大的乐观因素来自技术，这是为什么？

答：我说过，技术是即将到来的最强大力量，它有能力改变世界，而且是迅速改变世界。但是，技术的开发需要有一定的目标。今天，所有的技术开发者都以赢利为目的，如果挣不到钱，谁会想开发新的系统呢？如果技术由利益驱动，一个产品就能衍生出15个不同版本，每个版本都有一个新性能，这样开发者就能挣到更多钱。

问：也就是说人们会倾向于丢弃一个产品，再去购买新产品？

答：是的！这就是技术开发的问题。开发这些技术的人也可以去开发其他的新技术，解决贫困人口的教育问题等等。但是他们不想这么做，因为那些技术挣不到很多钱。只要追逐利益的人掌控着一切，他们就会按照自己的意愿去开发产品。

新技术可以用于生产高档家具、豪华汽车以及高端设备，但是不会用于解决真正的问题。再举个例子，开发人员可以设计一个不需要成本的医疗健康体系，他们能做到，但这不是他们想做的事情。只要技术仍是由利益驱动的，我们便无法改变这种局面。

问：您能否举一个例子说明人们为了特定目的开发了某种技术，而该技术起到了预想的作用？

答：我认为目前还没有，比如，人类开发互联网并不是出于良好的初衷。

问：是为了钱？

答：不，不是为了钱。现在，推动技术发展的是追求利益的人以及发动战争的人。不要忘记，互联网是由发动战争的人而不是利益追求者所开发的，只是其后来传播到了利益追求者那儿。

问：那我们能不能顺着这个例子继续设想，当危机感特别强烈的时候，人们几近要以战争的方式应对挑战时，有没有可能在某个时刻，人类能够联合起来，以技术形式和共同努力来应对危机？

答：这时候就会出现社会技术。我说过，开发社会技术的人有能力开发其他技术，他们拥有解决问题的能力，他们也应该解决问题。当前很多技术，如果追溯源头，其实都是二级技术。刚刚提到的互联网，最开始是为了在战争中确保安全的通信，现在则成了全球商业的基石。这些技术的开发成本，几乎足以消除全球的贫困现象，每一年的开发成本都高达万亿美元！要知道，一万亿美元，无论投资于什么，都会有不少收获。

问：您个人的工作也是意义非凡的革命，您为贫困人口建立了更为系统化的金融业，这在以往是无法想象的。我们可以从中学习到什么呢？

答：之所以能够实现这种变革，是因为它不需要投资：不需要政府投资也不需要其他任何机构的投资。如果这需要上万亿美元的投资，那根本不可能实现。我们创造的东西仅仅是为了我们自己的财富。所以我们不需要去找捐赠机构，不需要去找银行。获得了执照后，我们就建立了银行，我们就把存款作为扩张资金，就像新入行的银行家一样，吸收存款，发放贷款。这有什么难呢？我就能做到。那个时候每个人都觉得这不可能实现，因为没有先例。但是没有先例，并不意味着没有实现的可能，这就是其中的道理。

问：最后一个问题，如果我们能够实现一些目标，30 年之后，人们会过上什么样的生活呢，您最乐观的预期是什么？如果人们在技术、政府、社会、市场和商业层成都做出了正确的选择，未来会是什么样子的呢？

答：我总是非常乐观，原因在于我对人类的命运抱有坚定的信念。人类最终是会胜利的。我认为无论犯下什么错误，人类总有巨大的创新能力，最终都能找到正确的道路。

另外，我对当今年青一代也非常有信心。这一代的年轻人与我们那个时候的年轻人不一样了。我们年轻的时候，要竭尽所能地活下去，要找工作，买房子，买车，要争取好的教育。那是我们那一代人，全球的战后一代都是这样。因为他们失去了所有，所以他们要找回一切，他们不停地开发建造，有了第一座房子，特别自豪，有了第一辆车，特别自豪，把孩子送上大学，特别自豪。

但是现在的年轻人拥有一切，他们的父母已经为他们提供了所有。他们有房子住，有车开，甚至可能还不止一辆车，他们能接受好的教育。他们不需要艰苦的奋斗，不需要像父辈那样为了每一分钱去吃苦，不需要为了上大学去餐厅洗盘子。现在的年青一代已经不需要再经历那些事情。他们的生活已经很好了。

他们掌握着极大的权力——技术。他们能够与他人建立联系，能够获取新的知识。点一下鼠标，他们所需的知识就呈现在眼前，而且是以他们所需的模式呈现。他们的父母可能要去图书馆，他们大清早就要去排队，好在开馆的时候抢先进去借到自己想要的书。

年青一代相较于上一代更倾向于对社会问题做出回应。那么我们要抢先接触这些年轻人，不要让他们被其他花哨的事情所诱惑。我们的教育系统仍然像工厂一样，不断产出求职者。学生们在毕业的时候得到一张纸，表示他已经有资格成为好员工。我们为企业提供了适合就业的年轻人。这是所有大学的成就。没有人会说："我们培养了具有批判性思维、具有创业精神的年轻人。"

我们要告诉年轻人：满足于一份工作并不可取。作为一个独立的人，你的梦想不应是在别人的产业中卑躬屈膝。你是自由的个体，应该做自己的事情。白手起家，是人类的天性。我们要创造这样的环境，而不是去创造一批又一批的求职者，我们要培养职业的创造者、企业家。

当每个人都具有了创业精神，那将会产生巨大的变化！

问：教育他们自立自强？

答：是的！教育他们自立自强。不要让他们觉得自己一个人什么都做不了。我非常具有创新精神，我喜欢解决问题，当我降生在这个地球上，我就是要去解决问题的。这是我生存下来的原因。

附录 2

美好经济的种子——探访改革前沿

这一部分将会展示全新的良性经济已经开始萌芽。作者整理了来自全球的 6 个精彩案例，展现了企业通过创新而创造出真正的增长，与此同时也解决了书中提及的许多问题。希望这些案例能够对您有所启示，激发您对美好经济的畅想。在市场、资源生产率方面的所有颠覆性变化都有一个重要特点——进展幅度可不是 5%，也不是 10%，而是 5 倍、10 倍的高速进步。不过，虽然这些案例中的企业非常成功，但也仅占当前经济体量的 1%，它们还需要得到更大的关注。

超越肉类公司——善待动物，创意吃“肉”

“我感觉没有区别。”2013 年，比尔·盖茨尝试了初创企业“超越肉类”公司的首款商业产品素食鸡柳后，在博客上写下了这段评论。超越肉类公司（Beyond Meat）以大豆和豌豆为原料生产肉类替代品。《纽约时报》的食品专栏记者马克·比特曼也表达了同样的观点，“大家应该分辨不出‘超越肉类’的产品和真正的鸡肉有什么区别。至少我没吃出区别，而且品鉴食物是我的专业。”至此之后，该公司又新增了“牛肉”产品线，其中包括用于搭配墨西哥馅饼的“牛肉碎”、各类“牛肉馅”产品，还有“野兽汉堡”，这些产品同样好评如潮。公司发展迅速，截至 2014 年年底，美国有 6 000 家商店出售其产品，这些产品不仅在专营有机食品的全食超市有售，也出现在很多更常见的超市中，例如西夫韦、塔吉特、大众连锁超市等。2013 年到 2014 年，该公司的销售额上升 250%，而剩余肉类替代品市场的增长仅为 0.5%。与传统肉类食品相比，“超越肉类”的产品价格稍高，而与高端肉类产品相比其价格则较低。

该公司的首席执行官伊森·布朗在美国马里兰州的乳牛场长大，父亲是教授环境伦理学的哲学家，在潜移默化的影响中，布朗不禁疑惑，有没有比传统生产方式更好的提供肉类的方式呢？布朗表示，一开始主要是考虑到动物福利问题：“倒不是有感情，而是关乎公平。为什么我们对狗这么好，对猪却不同？”进入职场之后，布朗曾在一家燃料电池企业工作，在那儿，他更加深入地了解到在气候变化、森林滥砍滥伐、土壤退化和水源污染等问题上，肉类生产有很大的负面影响。布朗说道：“我开始思考，为什么不通过植物来创造动物蛋白呢？是不是存在生物学上的困难？然后我就开始寻找能够解答这个问题的人。”

最终，他找到了密苏里大学的两位教授，他们是谢富弘与哈罗德·赫夫，两人已经为找到“外观与口感都与真实鸡肉尽可能相似的”素食替代品开展了近 10 年的研究。两位教授尝试在不同的温度与压力条件下对不同的原料进行处理，以仿制出鸡肉的“肉感”，他们最终发现大豆与豌豆的混合产物在质感上非常接近真正的鸡肉。要知道，“质感”一直是肉类替代品制造中的一大难题。经过数十年的开发，肉类替代品的口味与气味都与真实肉类相差无几，但是研究人员一直无法模拟出肉类那种略带嚼劲的口感。消费者觉得豆制品等其他的替代品都比肉类口感更黏，可能也正因如此，这类产品的市场份额长期得不到扩大。于是，布朗与这两位教授决定要将新的研究成果推向市场，

2010 年，两位教授将技术注册为“超越肉类”。

“超越肉类”计划到 2020 年，使全球肉类消费下降 25%。这一目标非常宏大，但即便仅部分实现，也是十分巨大的转变。在过去 40 年中，全球肉类需求增长了三倍，按照目前的发展趋势，到 2050 年肉类消费还会翻倍。当前，全球大约有 15 亿头牛，在宝贵的可耕地中，有 33% 的土地用于畜牧养殖。而且，肉类生产过程中直接排放的温室气体占全球总排放量的 18%，如果将间接影响计算在内，例如砍伐森林以扩大农牧用地，这一比例会更高。

肉类替代品所需的资源远远小于普通肉类生产：400 克大豆和豌豆就能够制造出 1 千克的“超越鸡肉”（鸡肉中水分占 60%），生产 1 千克的普通鸡肉则需要 3 千克的饲料。对比饲料的热量与产出肉类的热量，差距悬殊。鸡肉的投产比是 9∶1，猪肉是 11∶1，牛肉是 36∶1。

替代品也比普通的肉类更健康。“野兽汉堡”比普通的牛肉馅汉堡含有更多的蛋白质，比牛奶含有更多钙质，比三文鱼含有更多的 ω–3 脂肪酸，比蓝莓含有更多抗氧化物。而且，普通牛肉的生产过程中已经出现了抗药性极强的“超级细菌”，肉类替代品的生产则不存在这个问题。肉类替代品的益处不胜枚举。但仍有消费者表示怀疑：“这不是有违自然吗，这不就是加工食品？”布朗回应道：“这当然是加工食品，面包也是加工食品，只要能接受面包，就能接受我们的产品，肉类替代品也只是将原材料加热、冷却、加压，再无其他。”

“超越肉类”的大股东除了比尔·盖茨还有风险投资公司凯鹏华盈的公司合伙人阿莫·德什潘德，他说道：“我们认为，这个产业未来可达到当今肉类生产行业的规模”。布朗表示：“规避肉类生产中的瓶颈问题，也就是牲畜养殖问题后，成本可以进一步降低，那么扩大肉类替代品的规模完全可以实现。在扩大规模的过程中，我们的产品将在成本层面战胜牛肉。虽然牛肉产业规模大，且比较成熟，但在成本上正面临巨大的挑战。2010 年以来，牛肉的成本优势已经不再明显，与某些等级的牛肉产品相比，我们的产品已经颇具竞争力。”

在作者看来，价值高达 7 405 亿美元的全球肉类生产行业在未来 10 年中可能会面临典型的技术颠覆型变革。“超越肉类”公司及其同行会继续开发新的肉类替代品，会让更多的消费者感到“素肉”已经完全可以替代肉类，而且新型“素肉”会更便宜、更健康、更有益于环境。布朗说道：“如果我们的产品比真正的肉类品质更高，价格更低，那么未来的市场颠覆必将发生。”

生物气体公交车——垃圾变燃料

世界上的很多城市已经出现了生物气体公交车，作者认为，这个创新就充分体现了变革过程中的多重益处。瑞典首都斯德哥尔摩市从 2010 年开始利用废水污泥生产生物气体。在此之前，废水污泥主要被运往热电厂处理，其产生热能会进入市区的供暖系统。

现在，最大的污水处理厂中配备了厌氧消化设备，废水污泥会在合适的温度以及化学环境中得到处理，处理周期为 2~3 周，处理的同时还会产生气体。废水污泥中 70% 的能量在此过程中得到回收，未经净化的“原气体”中，有 55% 为甲烷，40% 为二氧化碳，5% 为硫化氢等。原气体会被输入专门的洗涤塔中，净化之后，我们将得到含有 98% 甲烷的气体，可将其用作公交车燃料，与天然气相似。2010 年至今，斯德哥尔摩市有越来越多的住户会分离出固体垃圾，将其送入厌氧消化系统中处理。到 2013 年，斯德哥尔摩市的生物气体生产达到每年 108 吉瓦时，能够为 259 辆当地公交车提供动力，替代了同等数量的柴油公交车。那么原来用于供暖的热能减少了怎么办呢？要解决这一问题，首先要提升系统能效，另外就是从其他气温较高的城市（供暖需求较低）获取垃圾原料。从别的城市运回垃圾是不是有点奇怪？不妨设想一下，在世界上的很多地方，热能的价值其实不是特别高，但是在北欧国家，冬季漫长而寒冷，对其庞大的城市供暖系统来说，热能在这里能发挥出更大的作用。

这一项目给环境、经济都带了众多益处。首先，柴油公交车被生物气体公交车替代，市中心交通的二氧化碳排放量下降了 70%~80%；与此同时，颗粒物排放（呼吸道疾病的主要原因）也基本消除；公交噪音进一步降低。总体而言，当地环境质量进一步提升。另外，生物气体回收之后，剩余的废料回归土地，成为生物肥料，氮磷的闭合循环系统由此形成，在全球氮磷流动浪费巨大的背景下，这个闭环成了斯德哥尔摩市的环境优势。另外，以能源单位计算，生物气体的生产成本低于购买柴油的成本，项目实际上为斯德哥尔摩市带来了经济收益。此外，生物气体公交车比柴油公交车的运营成本更低，因为生物气体的输送十分简单，只要在污水处理厂与公交车总站搭建管道即可。

鉴于成功的经验，斯德哥尔摩市已经开始建立更多的生物气体生产设施。在作者看来，这不仅处理好了垃圾管理问题，而且让公交车系统更加清洁，让氮磷流动得到更好的利用，也减少了斯德哥尔摩市居民的纳税负担。

这样的创新方案理应在全球进行推广。很多城市目前也面临着相似的垃圾问题和交通问题。如果在全球城市中，大部分的柴油公交车都被生物气体公交车所取代，那么很多方面都会出现显著的进步。

AutoLib——法国出行新模式

位于巴黎的 AutoLib 公司，在汽车共享服务中取得了巨大成就，并展现出了共享出行的多种好处。消费者可注册成为 AutoLib 的用户，一次性支付 120 欧元的年费，当需要用车时，在手机端预订车辆，说明用车时间与取车、还车地点，AutoLib 公司在巴黎有 900 多个专属车位，因此用户一般都可以就近选择取车地点。此外，利用手机端的密码即可打开车锁，因而不需要与 AutoLib 公司的工作人员面对面交流即可开始享受用车服务。所有的车辆都以电力驱动，只要拔下充电插头，就可以开车行驶了。一般车型的费用是半小时 5.5 欧元。

这一共享模式在消费者中大受欢迎。2011 年该服务才启动，到 2014 年 AutoLib 公司已经拥有了 15.5 万名注册用户、3 000 辆共享车辆，且每年的规模增长将近三倍。与此同时，消费者也受益良多：他们摆脱了当车主的种种麻烦事，也不需要到处寻找停车位，而且共享车辆不需要自己去充电，服务价格介于出租车与地铁之间。如果不需要频繁用车，那么使用 AutoLib 公司的共享车辆的成本基本不会超过保有私家车的成本。

从社会角度分析，其中的好处也不少：停车空间需求下降（因为共享汽车利用率高，停泊的概率就下降了），高效的电动汽车传动系统意味着污染减少、温室气体排放下降以及噪音降低。从生产源头分析，对环境的益处更为明显。AutoLib 公司表示，一辆共享汽车可以替代 7 辆私家车。也就是说，汽车生产中的钢材和铜材等资源投入得以减少。另外，共享服务的成本效率高，意味着家庭支出中有了更大的可支配空间，这也是一个经济激励因素。

焦耳无限——新型太阳燃料

位于美国马萨诸塞州的焦耳无限公司正在开拓新领域，二氧化碳、阳光与水等原料，经过特殊的催化剂处理生产出液体碳氢燃料。

如果公司能够降低生产这种“太阳燃料”的成本，全球市场将会迎来又一次颠覆。生产过程主要是将大量的废弃二氧化碳（化工厂在生产过程中经常会产出的大量二氧化碳副产品等）注入水、催化剂以及微量营养素的混合物中，然后将混合物暴露于强烈的太阳光下，这类似于光合作用的过程。但光合作用产生的是氧气，这个过程中的物质搭配使得太阳能变成了液体燃料——乙醇或者柴油。产出燃料还可进一步分离或净化。从某种程度上说，焦耳无限的生产过程类似于化石燃料产生的过程，只不过速度提升了上万倍。

公司预计，未来生产燃料的成本大概相当于每桶石油 50 美元。如果能够实现目标，这类新燃料将具备强大的优势。第一，其实现了碳中和；第二，生产原料在大部分国家中都十分充裕，也就是说，可以在当地创造就业，同时也会减少地缘政治冲突；第三，就是生产过程中不存在健康风险或者安全隐患。焦耳无限公司正在阳光充裕的地方建造第一批大规模的商业生产基地，预计占地 6~7 平方公里。

冰岛的 CRI 循环国际公司也在相似领域中展开了积极行动。CRI 主要是以二氧化碳和氢（氢本身可通过水和可再生能源产出）生产出可再生甲醇，用以替代汽车中的化石燃料。根据 CRI 对产品生命周期的整体分析，使用这一新型燃料将会减少 90% 的温室气体排放。这一案例也再次证明了新技术推动进展的速度十分惊人，一旦成功，将会大大改变当前的燃料市场。

亚马逊雨林——丛林保卫战

全球仅存的森林资源中，有 30% 位于巴西，滥伐森林也成为这里的重大环境挑战。非法伐木是造成问题的主要原因，但还有一部分问题源自刀耕火种的原始农业活动。在牲畜养殖的过程中，农民砍伐森林，扩大牧场，在种植粮食的过程中，农民没有使用肥料或者轮流耕作的方法以充分利用现有的土地，反而不断开垦新土地。这样做带来的后果是什么呢？1996年至2005年，每年有19 559平方公里（相当于丹麦国土面积的一半）的热带雨林被开垦，这一过程造成了大量的碳排放，每年巴西森林排入大气的二氧化碳高达10亿吨，是德国排放量的4倍之多。滥伐森林也带来了其他的环境问题，例如土壤退化、生物栖息地流失。这还引发了社会问题，因为农业人口不断流动，造成了住房、医疗与教育方面的压力。

多种因素叠加造成了这一局面：很多农业人口十分贫穷，甚至没有资金购买肥料或者先进的农业设备；监控管理缺失，不能及时探测土地开垦的活动，发现问题时往往已经难以挽回；治理糟糕，腐败丛生，使问题进一步恶化。各种因素的影响之下，即便人们知道滥伐森林危害无穷，但似乎它已成了人们心中无法解决的大难题。

最近，情况有所改观。2014年，巴西的森林砍伐面积缩小至5 012平方公里，相较于1996年至2005年的平均水平，下降幅度高达75%；这意味着在不久的将来，滥砍滥伐森林将得到全面的遏制。另外，二氧化碳减排幅度高达每年7亿吨，超过了美国与欧盟在《联合国气候变化框架公约》中到2020年的减排承诺总额。另外，多种土地复垦计划已经开始落实，在未来十年中，巴西很可能会开始进行森林再植，恢复森林面积。这一变化不但意味着当地的问题得到应对，同时也说明巴西会成为全球重要的碳汇所在地。

到底是什么原因带来了这些变化呢？第一，巴西落实了卫星监控系统项目，从而能够每两周获得森林砍伐的状况，掌握情况后，一只专门队伍会马上采取应对行动。第二，大型的屠宰场与大豆农场开始执行新的行为准则，如果供应商进行了刀耕火种的农业活动，将会被追责。国际食品生产机构与餐饮连锁品牌也利用自身强大的购买力推动更有利于环境的农业活动。第三，巴西于 2010 年开始执行新的森林法规，针对森林砍伐与土地开垦行为建立了更严格的法律框架。其中还包括旨在提升农业生产效率、减少刀耕火种行为的创新融资机制。2008 年，为上述众多转型筹集资金的“亚马逊基金”正式成立，其接收来自各国政府以及慈善组织的捐赠，挪威政府最先进行了捐款，而且数额最大。这一事例充分展现了有益颠覆的概念和驱动力，即新型技术与中观经济（在本案例中是行业内部合作搭配全球资金）的结合，可以解决很多以前难以解决的问题。

再看看土地复垦方面的案例。清洁空气行动集团（CAAC）与非洲、印度的自给型农民展开了合作，支持他们在土地上植树造林。该集团还提供了部分前期资金，主要用于植树和农业培训，并对整个过程展开监控。农民们首先获得了稳定的饲料与木材，随着农业生产效率的提升，逐步在其他方面受益，例如土壤退化得到缓解，地貌得到修复、变得更加美观。合作取得了极好的效果：清洁空气行动集团与 75 000 名农民展开合作，90% 的农民选择继续参与项目；肯尼亚实现了每年每公顷土地 22 吨的碳吸收，乌干达为 31 吨，这远远超出了某外部机构 1~3 吨的预测。

还有很多方法也带来了积极的影响，例如萨弗瑞研究所创立的“全面管理放牧计划”。在全球 20 亿公顷的退化土地中，只要有 10%~15% 的土地能够应用这些创新方法，取得的效果就可以抵消美国数十年的温室气体排放。这也再次说明颠覆性变革的影响何其巨大。

巴尔博糖业——重建农业与生态的关系

如果要寻找未来农业的发展方向，可能没有多少人会想到巴西的圣保罗州。然而莱恩蒂诺·巴尔博二世的革新工作正在此处展开。巴尔博是其家族糖业公司的首席执行官，他30年中不断探索糖类生产的创新方式，近年来终于取得了可喜的成果。20世纪80年代，巴尔博从农业经济学专业毕业后，马上就投身到家族产业“巴尔博糖业”中。这也是巴西最大的糖业公司之一。在那个时候，公司的生产工序与现代农业生产的基本原则并无太大差异：大规模的单一品种种植，以化肥、杀虫剂、改良种苗和机械化技术等提升生产效率。

巴尔博本人希望将这些通通抛弃。他的目标是实现农业生产的自给自足，即在农业生产中保护好所有的生态资源，包括水源、土壤肥力、生物多样性、大气等。巴尔博坚信自然具有强大的自我调节能力，因此开发了新的农业作业方法——生态系统复兴型农业（ERA）。其核心理念就是将土壤本身的肥力与结构恢复到密集农业生产之前的水平，并在这个过程中提升农业生产效率、减少资源投入和恢复生态系统。

巴尔博划定了16 000公顷的甘蔗种植园专门进行此项实验。第一个转变就是停止焚烧。很多甘蔗种植户在收获之前会放火焚烧叶子、昆虫、蛇群等。因此，在收割的过程中，由于焚烧过程中有些糖分已经融化并滴入土壤中，农民不仅要收甘蔗，还要回收这部分糖。这部分糖需要清洗，大概每小时耗水300万升。焚烧也带走了土壤中的宝贵养分。巴尔博利用5年时间开发出了新的机械收割设备，于是农民便不再需要进行焚烧，20吨的叶子得以保留，重新进入土壤，即将氮肥输送回土壤中，同时减少了野草的生长。

第二个改变就是换置轮胎。巴尔博采用了极软胎并排出其中部分气体，以减少轮胎对土地的影响。他说道：“农业设备非常重，碾压土地的时候，会改变土壤的物理结构，并减弱土壤的蓄水能力。”第三个转变针对生产中的副产品，农场将液体糖类残渣回撒到土地中，固体残渣则进行焚烧，以产生蒸汽，提供电力。第四个转变就是全面停用矿物肥料和杀虫剂，因为上文提到，营养物质回到了土壤中，所以便不再需要它们了。另外，蚯蚓、白蚁和真菌等能够遏制害虫生长。每公顷土地上还释放了 1 200 只黄蜂，消灭有害于甘蔗的蛾子。

实验开始的时候，效果很不理想。1992 年至 2000 年，甘蔗产量非常低，环境效应也不是很明显。但随着时间的推移，土壤覆盖物积聚，肥力开始上升，成果慢慢显现，甚至收获了意想不到的效果。“土壤蓄水能力提升 4 倍，耐侵蚀力提升 5 倍，有机物质增加 3 倍。”甘蔗实验园现在可以实现一年六收或者七收，要知道，传统甘蔗园只有五收。而且巴尔博发现，未来可能不需要完全砍除甘蔗了。新型的种植方法也带来了经济效益。与一般的生产商相比，生产效率提升了 23%；每年生产的有机糖类高达 75 000 吨，在全球有机糖类市场中占据 34% 的份额。由于很多知名食品公司愿意为有机糖类支付高价，因此，每吨有机糖类的收入比一般糖类更高，收入来源也更稳定。巴尔博糖业的成功案例成了大宗商品产业又一个鼓舞人心的信号，它证明推动变革能带来收益、生产与环境的多面进步。

致　谢

本书是颠覆性变革三大有利条件共同作用的成果。首先，感谢家人能够包容写作过程中不分昼夜的时间安排以及由此带来的其他麻烦。其实，正是因为在餐桌上与爱人还有孩子们展开了讨论，作者才更加坚信撰写此书的意义。此外，作者三人在麦肯锡公司的工作时间共计46年，客户们的经历是此书不可或缺的养分来源。感谢客户们的信任，在合作过程中，我们领略到了非凡的真知灼见，也为书中的理念找到了事实依据与正面印证。最后，感谢所有鼓励并支持我们完成本书的各界人士。

本书能够完成在此要感谢很多人。感谢SystemiQ公司的杰里米·奥本海姆与迈克尔·荣格长期以来为我们提供了诸多宝贵的观点，之后也有不少各个行业的标志性人物为我们助力：哈内兹·伯多克尼克，罗伯特·艾尔，艾伦·麦克阿瑟，安德里亚斯·默克尔，安德鲁·莫雷，恩斯特–里奇·冯·维斯萨特，乔斯·布莱里奥，肯·韦伯斯特，阿什玛·萨克德维，威廉·默克，安德斯·威克曼，斯蒂芬·赫克，约翰·伯恩斯坦，托马斯·冯·米舍克，约翰内斯·梅尔，托马斯·卡什。感谢SystemiQ公司的合作伙伴以及麦肯锡公司的前同事为我们提供了帮助：莫腾·罗西，史蒂芬·施瓦茨，豪克·恩格尔，伊万·米奥，赛义夫·哈米德，桑德·德福鲁，阿德里安·文森特，海尔格·万索恩特，罗布·奥索莫，尤尼·席雷恩，马可·阿尔巴尼，莎伦·布顿，克斯廷·亨博格，多萝西·达尔德，史蒂夫·约翰·马库斯·哈默，肯·萨默斯，鲁本·科朗克，于尔格·卡普里，斯蒂芬妮·哈博尔德，布罗迪·博兰。非常感谢本书团队的不懈努力：布里塔·里德尔，贾妮克·莱特曼，皮亚·赫登，海德·斯塔赫特，詹纳·荣－欧哈甘。感谢我们的老朋友兼合作伙伴鲍达民为本书作序，作者三人在麦肯锡任职期间，他亦予以不少帮助。最后还要非常感谢接受访问的五位行业领袖——让－马可·迪瓦森，海因里希·贝特福德－施特罗姆主教，尼古拉斯·斯特恩勋爵，迈克尔·布朗嘉特，穆罕默德·尤努斯，他们不但提供了新的视角，也为我们留下了难忘的回忆与对话。